中国汽车人才培养工程教材

汽车检测与诊断技术

主　编　赵英勋
副主编　郭健忠　丁礼灯
　　　　席　敏　罗怡红
参　编　李世伟　吴沛桦
主　审　麻友良

机械工业出版社

本书系统地介绍了汽车检测与故障诊断技术，详细叙述了汽车电控系统的检测诊断，突出反映了现代汽车检测诊断的新技术、新设备、新方法。本书共分五个单元，内容包括汽车检测诊断基础理论、发动机的检测与诊断、底盘的检测与诊断、整车检测技术、车身及附件的检测与诊断。

本书内容丰富，具有较强的实践性，可作为高职高专汽车运用技术、汽车检测与维修、汽车电子技术、汽车技术服务与营销等专业的教材使用，也可作为汽车制造、营销、运输、检测、维修等相关企业的培训教材使用，同时还可供汽车检测维修技术人员学习和参考。

图书在版编目(CIP)数据

汽车检测与诊断技术/赵英勋主编. —北京：机械工业出版社，2011.5(2021.1重印)

中国汽车人才培养工程教材

ISBN 978-7-111-34706-4

Ⅰ.①汽… Ⅱ.①赵… Ⅲ.①汽车—故障检测—教材 ②汽车—故障诊断—教材 Ⅳ.①U472.9

中国版本图书馆CIP数据核字(2011)第089842号

机械工业出版社(北京市百万庄大街22号 邮政编码100037)

策划编辑：赵海青 责任编辑：杨 帆 责任校对：刘怡丹

封面设计：马精明 责任印制：李 昂

北京铭成印刷有限公司印刷

2021年1月第1版第8次印刷

184mm×260mm · 20.25印张 · 499千字

14 001—15 000册

标准书号：ISBN 978-7-111-34706-4

定价：45.00元

凡购本书，如有缺页、倒页、脱页，由本社发行部调换

电话服务	网络服务
服务咨询热线：010-88379833	机 工 官 网：www.cmpbook.com
读者购书热线：010-88379649	机 工 官 博：weibo.com/cmp1952
	教育服务网：www.cmpedu.com
封面无防伪标均为盗版	金 书 网：www.golden-book.com

前　　言

汽车检测与诊断技术是高职高专汽车类各专业一门实用性较强的学科。它已贯穿于汽车运行、汽车维护、汽车修理以及交通安全和环境保护等各个领域，并在汽车维修生产和管理部门动态监督汽车技术状况等方面发挥着极其重要的作用。因此，作为汽车类各专业的学生和相关的汽车使用、管理、维修等从业人员，应掌握汽车检测与诊断技术。

本书注意吸收发达国家先进的职教理念和方法，打破传统教材的章节模式，采用以专项能力培养为单元，以项目教学为主体，以任务驱动为目标的方法组织编写。本书详细地阐述了现代汽车检测诊断的基础理论；全面介绍了汽车发动机、底盘、车身与附件常见故障的检测诊断方法以及整车检测技术；着重介绍了现代汽车发动机电子控制系统、电子控制自动变速器、电子控制动力转向系统、电子控制防抱死制动系统、电子控制防滑转系统、电子控制悬架系统和电子控制安全气囊系统故障的检测诊断方法。

本书注重理论联系实际，重在技能培养，力求把传授知识和技能培养有机结合起来，提高学生在汽车检测诊断中的实际操作技能和解决复杂问题的能力，突出其适应性、实用性和针对性；结合汽车新技术、先进的检测设备，添加了前沿性的检测技术，能着力反映本学科最新研究成果，把握其前瞻性、科学性、知识性和实用性；在叙述上做到了图文并茂、深入浅出、通俗易懂、简单明了。为提高教学效果，本书还配有配套的多媒体教学课件。

本书由武汉科技大学赵英勋担任主编，由武汉科技大学郭健忠、长江职业学院丁礼灯、长江职业学院席敏、湖北科技职业学院罗怡红担任副主编。单元一由郭健忠编写，单元二由赵英勋、丁礼灯、罗怡红编写，单元三由赵英勋编写，单元四由席敏、襄樊职业技术学院李世伟编写，单元五由湖北科技职业学院吴沛桦编写。

武汉科技大学麻友良教授对本书进行了认真的审阅，并提出了许多宝贵的建议，在此表示衷心的感谢！在本书撰写过程中，参阅了大量的书籍资料，获益匪浅，在此向这些作者深表谢意！由于作者水平所限，书中难免存在不足和错误，敬请各位读者批评指正。

编　者

2011.01

目　　录

单元一　汽车检测诊断基础理论

项目一　汽车检测诊断技术概论

学习目标：

- 了解汽车检测诊断的基本内涵
- 领会汽车检测诊断在汽车服务领域的作用
- 了解汽车检测诊断技术的发展历程
- 熟悉汽车检测诊断技术的发展方向

任务一　了解汽车检测诊断技术的概念及作用

一、汽车检测诊断技术及其体系

汽车检测与诊断技术包括汽车检测技术和故障诊断技术，简称汽车检测诊断技术或汽车诊断技术。它是研究汽车检测方法、检测原理、诊断理论，在汽车不解体(或仅拆卸下个别小件)的条件下进行检测，确定汽车技术状况及其故障的一门学科。

汽车检测诊断技术是检测诊断理论与方法的一种工程实现，它包括检测设备的研制、诊断参数的制定、汽车故障的诊断和汽车技术状况的预测等多方面的内容。它是一门涉及机械、电子控制、数学、可靠性理论、测试和汽车使用技术等方面的综合性应用学科，它以先进的检测技术为基础，以科学的检测方法为手段，以准确的诊断为目的，通过对汽车性能参数或工作能力的检测，依靠人工智能科学地确定汽车的技术状态，识别、判断故障，甚至预测故障，为汽车继续运行或进厂维修提供可靠的依据。

现代汽车的检测诊断技术是一种全新的、现代化的技术，它与传统的人工检查、经验诊断有原则上的不同，它是借助科学技术的新成就，利用必要的仪器、设备，在满足整车不解体的条件下进行检测，从而确定汽车技术状况、工作能力或故障部位的。它具有科学、高效、省力、准确的特点。随着汽车技术的飞速发展，高新技术的广泛运用以及汽车电子化程度的不断提高，汽车检测与诊断技术本身所包含的知识、侧重的内容、涉及的范围、利用的设备以及采取的方法均会发生很大变化。从目前应用的情况看，汽车检测诊断技术，将始终贯穿于汽车运用、汽车维护、汽车修理以及交通安全和环境保护等各个领域，并起着越来越重要的作用。

二、汽车检测诊断技术的作用

汽车在使用过程中，其技术状况变差、出现故障是不可避免的。如果能够利用汽车检测诊断技术，对汽车的运行状态作出判断，及时发现故障，并采取相应对策，则可以提高汽车的使用可靠性，避免恶性事故的发生，同时还可充分发挥汽车的效能，减少维修费用，获得更好的经济效益。对于汽车服务领域来说，汽车检测诊断技术的作用主要表现在以下几个方面。

1. 汽车检测诊断技术是实施汽车维修制度的重要保证

我国现行的汽车维修制度属于计划预防维修制度，车辆的维修必须贯彻预防为主、定期检测、强制维护、视情修理的原则。这种维修制度是根据车辆检测诊断和鉴定的结果，对车辆进行视情处理，施以不同的作业范围，这样可以减少不必要的拆卸，避免盲目维修或失修现象的发生，能最大限度地发挥零件的使用潜力，大大提高汽车的可靠性和使用经济效益。然而，这一维修制度的实施，是以先进的汽车检测诊断技术为前提的。可以想象，如果没有汽车检测诊断技术，要实现视情维修就是一句空话。因此，我国交通部《汽车运输业车辆技术管理规定中》明确指出：汽车检测诊断技术，是检查、鉴定车辆技术状况和维修质量的重要手段，是促进维修技术发展，实现视情修理的重要保证。

2. 汽车检测诊断技术是提高维修效率、监督维修质量的重要措施

随着汽车工业的发展，汽车保有量迅猛增长，汽车维修任务相应加大；同时，由于汽车的结构日益复杂，电子化程度越来越高，汽车维修难度相应加大，由此产生的后果是熟练的汽车维修人员严重短缺，单凭经验进行汽车维修已不能适应现代汽车的技术要求。

在车辆技术保障中，资料统计表明，查找故障的时间约为70%，而排除和维修的时间约占30%。因此为提高汽车维修效率，应采用先进的汽车检测诊断技术。随着汽车结构的日益复杂化，汽车检测诊断技术的地位也越来越高，人们更加依赖汽车检测诊断技术。没有检测诊断技术，车辆的故障就不能迅速排除，车辆的技术状况就不能迅速恢复；没有检测诊断技术，车辆的维修质量也不能得到有效的监督。因此，汽车检测诊断技术在汽车技术保障中具有十分重要的作用，是提高维修效率、保证维修质量的重要措施。

3. 汽车检测诊断技术是确保行车安全的重要手段

随着汽车保有量的增加，汽车交通事故造成人身伤亡的现象十分严重，现已构成不可忽视的社会问题。面对日益严峻的交通形势，采用现代汽车检测诊断技术，利用先进的检测仪器，能对机动车辆加强安全技术检测，对汽车的技术状况做出准确的诊断，找出隐患及时排除，发现问题及时维修，确保汽车的行车安全。

任务二　了解汽车检测诊断技术的发展状况

汽车检测诊断技术是现代化生产发展的产物，它是随着汽车技术的不断完善化、多功能化和自动化而发展起来的。随着汽车技术的发展，汽车的结构越来越复杂，电子化程度越来越高，因而对汽车故障的诊断、排除的难度就越来越大，人们对检测不断提出新的要求，刺激着汽车诊断技术的向前发展。同时发展了的汽车诊断技术，不仅可减少维修汽车所需的劳动量，提高维修汽车的经济效益，而且能对汽车产品质量或维修质量做出客观评价，为汽车技术或维修技术的合理改进提供基础数据，从而促进汽车工业和维修业的发展。而汽车检测诊断技术则跟随汽车技术发展不断提出的新要求，以适应汽车维修市场的需要。

一、国外汽车检测诊断技术的发展历程

汽车检测诊断技术在工业发达的国家早已受到重视，早在20世纪中叶，就形成了以故

障诊断和性能调试为主的单项检测技术。进入20世纪60年代后，检测诊断技术获得了较大发展，出现了简易的汽车检测站，随着汽车工业的发展，电子系统的广泛应用，传统的手摸、耳听，拆拆装装地进行故障诊断的方法已难以立足。为此，发达国家的汽车公司及机械维修设备制造厂借鉴20世纪60年代在航天、军工方面首先发展起来的机器故障诊断技术，积极开发汽车诊断系统，20世纪70年代开发出的车外诊断专用设备，能对特定车辆进行多项目的检测，汽车诊断技术已发展成为检测控制自动化、数据采集自动化、数据处理自动化、检测结果打印自动化的综合检测技术。

自发动机电子控制装置普遍使用后，汽车电控系统的故障诊断已逐渐向随车诊断发展。1977年，在美国通用公司的一种轿车上采用了发动机点火控制的随车诊断装置，它具有自动诊断功能，能检测发动机冷却液温度、电路回路故障和电压下降等情况。一旦有异常，微机就能进行故障软控制，并显示“检查点火装置”字样，该检测是通过微机程序系统进行的，并具有储存和数据检测功能。以此为开端，通用、福特、日产、丰田等公司陆续开发出了具有自行诊断功能的随车诊断装置。

20世纪80年代，发达国家的随车诊断已成为汽车电器故障诊断的主流，不少轿车具有故障自诊断功能，有的随车诊断设备还可根据其显示器的指令进行操作，来获取故障信息。而此时的车外诊断专用设备更具有诊断复杂故障的能力，如汽车专家诊断系统。这种专家诊断系统就是模拟熟练的汽车诊断专家思维的计算机程序，它将汽车专家的知识移植于诊断方法之中。一些发达国家的汽车检测诊断新技术已达到了广泛应用的阶段，给交通安全、环境保护、节约能源、降低运输成本等方面，带来了明显的社会效益和经济效益。

20世纪90年代，汽车自诊断技术飞速发展，出现了OBD(On Board Diagnostic)自诊断系统。该系统自问世以来得到了不断的改进和完善，相继出现了OBD-Ⅰ、OBD-Ⅱ。早期的OBD，是世界各个汽车制造厂商独立自行设计的，各个车型之间无法共用，必须采用不同的诊断系统；后来的OBD-Ⅰ，采用了标准相同的16孔诊断插座，但仍保留与OBD相同的故障码，各车型之间仍然无法互换，所以必须采用不同的诊断系统；经过改进的OBD-Ⅱ采用了标准相同的16孔诊断插座、相同的故障码及通用的资料传输标准SAE或ISO格式，可用相同的诊断系统。1994年，全球约有20%的汽车制造厂商已采用OBD-Ⅱ标准，1995年约有40%的汽车制造厂商采用OBD-Ⅱ标准，从1996年起，全球所有的汽车制造厂商全面采用OBD-Ⅱ标准。从1996年开始，所有在美国销售的新型汽车都采用了OBD-Ⅱ标准诊断系统。

2000年至今，国外汽车诊断设备发展的重要特征是直接采用各种自动化的综合诊断技术，增加难度较大的诊断项目，扩大诊断范围，提高对非常复杂故障的诊断能力和预测故障的能力，使汽车检测与故障诊断技术向新的高度发展。

总体上讲，工业化发达国家的汽车检测诊断技术，在管理上实现了“制度化”；在检测基础技术方面实现了“标准化”；在检测方式上向“智能化、自动化”的方向不断发展。

二、我国汽车检测诊断技术的发展概况

我国汽车检测诊断技术起步较晚，着手开发汽车故障诊断技术始于20世纪60年代中后期，最初由交通科学研究院和天津市公共汽车三场合作，研制汽车综合试验台，成为我国汽车检测与诊断技术的发展迈出的第一步。1977年，国家为了改变汽车运输维修落后的局面，

下达了“汽车不解体检验技术”的研究课题，这是新中国成立以来，国家对汽车维修科研下达的第一个国家课题，标志着我国汽车诊断技术开始了新的起点。但真正受到重视是从20世纪80年代初开始的，当时，我国汽车保有量急剧增加，为保证车辆安全运行，减少交通事故，政府有关部门采取了很多积极措施，在全国中等以上城市，建成了许多安全性能检测站，促进了汽车检测诊断技术的发展。20世纪80年代，由于国产汽车没有应用微机控制，汽车检测诊断技术发展较慢，随车诊断几乎是空白，车外诊断是当时我国诊断技术的主流。进入20世纪90年代后，随着计算机技术在我国的迅猛发展及电子控制系统在汽车上的广泛应用，使得汽车检测与诊断技术在我国产生了革命性的变化。此时，汽车维修检测市场上，不仅出现了大量的诊断硬件设施，同时应用计算机的汽车故障诊断专家系统软件也有了长足的发展。我国自行研制生产的诊断设备已由单机设备发展为配套设备，由单功能发展为多功能，由手工操纵发展为自动控制，并逐步开发出了实用的汽车诊断专家系统。我国汽车随车诊断技术也有快速的发展，我国在2005年7月1日实施的GB 18352.3—2005《轻型汽车污染物排放限值及测量方法(中国Ⅲ、Ⅳ阶段)》中规定：轻型汽车必须装备车载诊断(OBD)系统。

目前已研制出并投入使用的汽车诊断设备中，用于发动机诊断的主要有：发动机无负荷测功仪、发动机综合测试仪、专用解码器、电子示波器、点火正时仪、废气分析仪、发动机异响诊断仪、机油快速分析仪、铁谱分析仪、油耗计、气缸漏气量检测仪等；用于底盘诊断的主要有：底盘测功机、制动试验台、侧滑试验台、四轮定位仪、车速表试验台、灯光检验仪、车轮动平衡机等。目前在我国已建成了1000多个汽车检测站，可以说已基本形成了全国性的汽车检测网，汽车检测与诊断技术已初具规模。

三、我国汽车检测诊断技术展望

虽然我国汽车检测诊断技术发展很快，但与世界先进水平相比，还有一定的距离。为使我国的汽车检测诊断技术赶超世界先进水平并适应汽车技术高速发展的需要，应从汽车检测技术基础、检测设备智能化、检测诊断网络化及汽车故障预测等方面进行研究和发展。

1. 实现汽车检测技术基础的规范化

我国汽车检测诊断技术在发展过程中，普遍重视硬件技术，而忽视或是轻视了难度大、投入多、社会效益明显的检测方法、限值标准等基础性技术的研究。随着汽车诊断技术的发展，应加强基础研究，完善与硬件配套的软件建设，制定定量化的检测标准，统一规范全国各地的检测要求及操作技术。

2. 提高汽车检测诊断设备的性能和智能化水平

随着汽车诊断技术的发展，汽车诊断设备将向多功能综合式和自动化方向发展，同时，测试仪器也将趋向小型化、轻量化、测量放大一体化、非接触化、智能化，而且还会不断地提高检测诊断设备的性能，进一步提高诊断系统的智能化水平，增加诊断项目，扩大检测范围，提高产品的可靠性。目前的诊断设备主要是针对汽车电器和电控系统的故障，只能诊断汽车的部分性能和故障，而对汽车发动机、底盘机械故障的诊断，还缺乏方便、实用的仪器设备和检测方法，仍然以人工经验法为主。随着新技术的出现和新产品的开发，相信在不远的将来，利用汽车诊断设备全方位诊断汽车故障将会成为汽车维修领域的主流。

3. 实现汽车检测诊断网络化

随着计算机网络技术的普及，汽车检测诊断也将实现网络化。网络化可为汽车检测诊断提供源源不断的信息，人们从网上可以很方便地与世界上很多汽车公司、厂家联络，获得汽车故障诊断信息，而且随时可以得到具有高水平的“故障诊断专家系统”的指导，随着可视网络技术的投入使用，远在千里之外的专家能像在现场一样，逐步地指导检修人员诊断和排除故障。另外，利用信息高速公路，可将全国的汽车检测站联成一个广域网，使交通管理部门随时掌握车辆的状况。

4. 逐步实现汽车故障的预测

实现汽车故障的预测是今后汽车诊断技术发展的一个重要课题，其重要性在于通过预测可以预知诊断对象——汽车或其总成的未来技术状况，并确定其剩余的工作寿命和运行潜力，预报无故障期限，从而做到事先预防和减少危险性故障。发动机可采用分析机油的金属（Fe、Cu、Pb 等）含量、黏度、不溶解成分、总碱值、燃油混入量及水分，对照发动机故障的数据资料，根据机油的各种成分和性能变化与发动机故障的相互关系，来诊断发动机的技术状况。但到目前为止，整车故障的预测实际上还没有真正解决。这首先是因为诊断设备还不完善，其次是缺少必要的结构参数和输出过程参数的变化规律资料。根据这些情况，我们应逐步加强对汽车的实验与理论的研究，掌握汽车技术状态的变化与其组成的零部件发生磨损、变形、疲劳或腐蚀，引起配合特性变化的规律，确定诊断参数和诊断标准，开发包括检测技术、预测技术和分析技术在内的诊断软件，利用科学技术的新成果和先进技术，尽可能地在车辆的关键部位装入车载式监测传感器来获取诊断信息，采用随车计算机及连续不断进行检测的指示仪表，对汽车的转轴、轴承、齿轮、润滑油、排放系统、油耗、振动等进行有效的监测，对汽车的渐发性故障进行有效的预报。

总之，汽车检测诊断技术的发展远景是自动化寻找故障和实现诊断，提高检测的准确程度和以最小的劳动消耗实现高的可靠性。

项目二　汽车检测系统和检测类型

学习目标：

- 了解汽车检测系统的组成及作用
- 熟悉典型汽车检测系统的检测原理
- 领会汽车检测系统的基本要求
- 知道汽车各类检测的性质及目的

任务一　熟悉汽车检测系统

汽车检测是指确定汽车技术状况或工作能力的检查，目前，汽车的不解体检测需要依赖汽车检测系统来完成。

一、检测系统的基本组成

现代汽车检测系统主要由传感器、信号变换部分、显示记录等部分组成，图 1-1 所示为检测系统最基本的组成结构框图，它能将汽车的被测物理量经检测、放大、转换和显示或记录等变换成便于观测者直接感觉的信号。

图1-1　汽车检测系统框图

1. 传感器

传感器是检测系统的信号获取装置。它将被测物理量转换成容易检测、传输或处理的以电量为主要形式的信号。例如，将机械位移量转换为电阻、电容或电感等电参数的变化，将振动或声音信号转换成电压或电荷的变化信号等。传感器实际上是人的感觉器官的延伸，扩展了人的信息获取功能，使人们可以探索那些无法用感官直接检测的汽车内部故障信息。

2. 信号变换部分

信号变换部分是对传感器所送出的信号进行加工。如将电阻抗变为电压或电流，将信号放大、调制与解调、阻抗变换、线性化以及转换成数字编码信号等。经过这样的加工可使之变为一些合乎需要，便于输送、显示或记录，以及可作进一步后续处理的信号。从广义上看，信号变换部分实际上是传感器与信号处理之间的一种“接口”。在汽车检测的实际工作中，信号变换部分有时可以是由很多仪器组合成的一个完成特定功能的复杂群体，有时也可能简单到仅有一个变换电路，甚至可能仅是一根导线。

3. 显示与记录部分

显示与记录部分是将所测信号变为一种能为人们感觉所理解的形式，以供人们观测和分析。该部分通常使用电表来指示所检测的数值，并用示波器来显示波形。为了在被测信号消失之后，仍然可以重新观察或再现，还需要使用记录仪或存储器，将检测的信号记录或存储下来。

二、现代汽车检测系统

现代汽车检测系统常将检测信号的后续处理引入其中，且普遍采用计算机辅助测试，利用计算机来分析、处理、存储、显示检测信号。由于在检测过程中，多数还是采用输出模拟信号的传感器，因此，为了实现计算机对被测信号的分析和数据处理，需要将传感器输出的模拟量，经过预处理并依靠模—数(记为 A/D)转换器转换为计算机所需要的数字量。由于检测结果往往需要模拟记录、显示以及模拟过程控制，因此，计算机测试系统又必须采用数—模(记为 D/A)转换器，把数字量转换为模拟输出量。

图1-2所示为汽车悬架振动性能检测系统原理图。它是由实现信息转换、传输和处理的一些装置组合成的检测系统。检测时，将被测的悬架车轮置于检测台上，检测台在激振源作用下对承载板进行激振，从而使台面—汽车系统产生共振，而通过承载板下面的传感器 A_1、A_2，测量汽车的振动参数(振动幅值、振动频率、相位差)，并经过预处理电路，送入与微机接口的多通道模拟信号输入子系统。微机一方面采集各点被测信号并进行分析和处理；另一方面按计算机程序的要求，通过模拟信号输出子系统去控制振动的振动源。计算机分析和处理的结果，输出至外围设备：打印机和绘图仪。汽车悬架振动性能检测系统实现了测量和控制的一体化，它通过测量汽车共振时垂直振动的频率、振幅以及输出振动波形曲线并经检测系统处理来获得汽车悬架减振性能的评价结果。

汽车发动机综合性能分析仪是现代汽车检测系统的典型应用实例，它主要由信号提取装

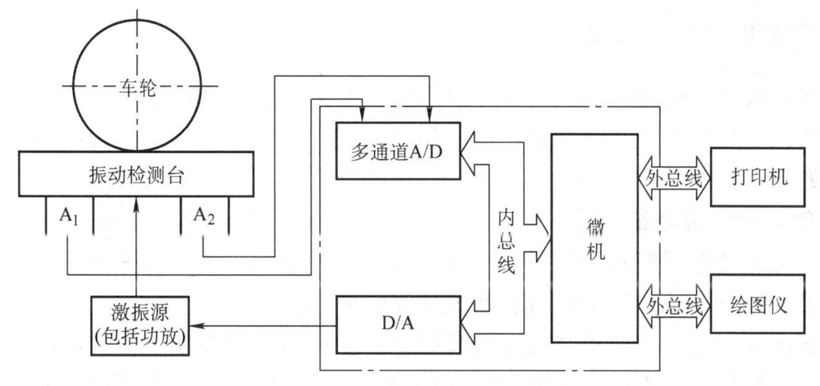

图 1-2　汽车悬架振动性能检测系统

置、前端处理器和微机系统等组成，如图 1-3 所示。信号提取装置由各类夹持器、探针、传

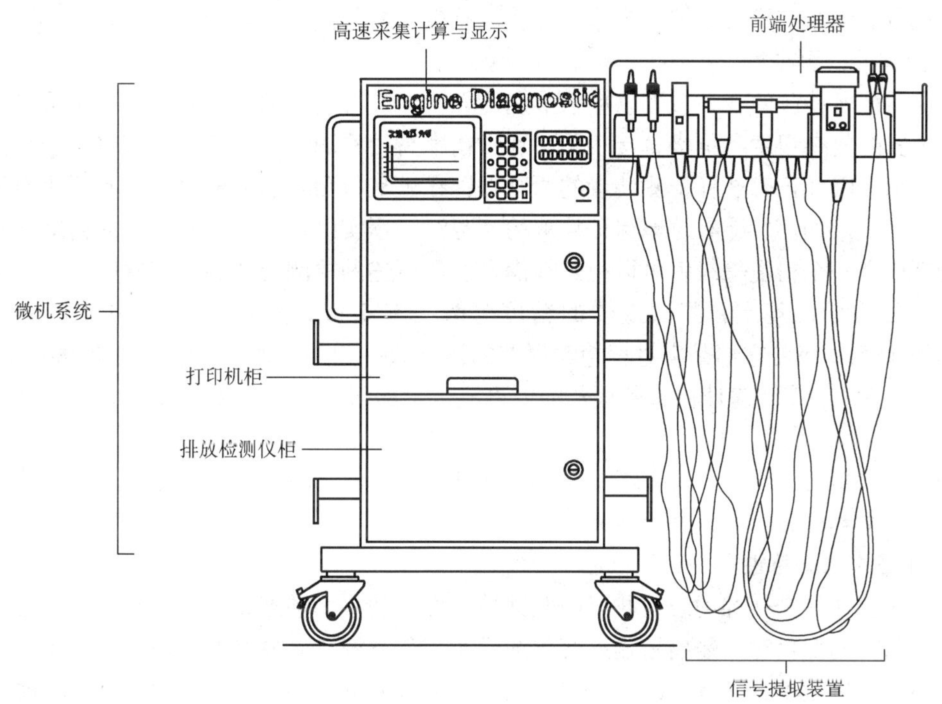

图 1-3　发动机综合性能分析仪外形图

感器和连接电缆等组成，它的任务是拾取汽车被测点的参数值，提取发动机的各种状态信号。鉴于被测点的机械结构和参数性质不同，信号提取装置必须具有多种形式以适应不同的测试部位。前端处理器包括部分采集信号的预处理和信号转接，并承担与主机的并行通信。前端处理器的任务是将发动机的所有传感器信号，经衰减、滤波、放大、整形处理后，转换成标准的数字信号，送入信号采集系统。微机系统主要包括主机、显示器、键盘和打印机等部件，它的任务是承担测试过程的数据采集、处理、显示和打印等工作。

提示：现代汽车检测系统一般可实现自动检测、实时数据处理、数据存储和数据表或图形的显示和输出，有的还可以根据检测结果进行故障分析诊断，提高检测诊断的效率。

三、汽车检测系统的基本要求

汽车检测系统是要检测出被测对象中人们所需要的某些特征参数信号，不管中间经过多少环节的变换，必须忠实地从信源点把所需信息通过其载体信号传输到输出端。为此，对检测系统具有如下基本要求。

1. 能有效地检测被测量

检测系统首先应保证能有效地检测规定检测项目中所涉及的所有被测量，满足检测所必需的功能要求。因此，检测系统应具有适当的灵敏度和足够的分辨率。

灵敏度是指输出信号变化量与输入信号变化量的比值，它反映了检测系统对输入量变化的敏感程度，其值越大，表示系统越灵敏，检测微弱变化信号的能力越强。但如果灵敏度过高，其系统的示值稳定性反而会越差且检测范围越窄，故灵敏度的选择应适当。

分辨率是指检测系统能测量到最小输入量变化的能力，即能引起输出量发生变化的最小输入变化量。当系统具有足够分辨率时，就能有效地检测微弱变化的被测量。

2. 足够的检测精度

检测系统所检测的各种被测量应该准确可靠，即应有足够的检测精度。检测系统的精度与检测装置的复杂程度和价格直接相关，通常精度高的检测装置，其结构亦较复杂，价格也会成倍增加。因此正确选择检测装置的原则是：在满足检测要求的前提下，不要片面地追求高精度。那么，如何才能有效地保证检测精度呢？工程实践表明：检测装置的精度比检测所要求的精度高一个精度等级就可以很好地满足上面所述的检测装置的选用原则。

我国相关标准规定，测试仪器的精度等级共有 7 级，分别是 0.1、0.2、0.5、1.0、1.5、2.5 和 5.0 级。它们是满量程绝对误差的百分数，如某转速计的量程为 6000r/min，精度等级为 0.5，则该转速计在满量程范围内可能产生的最大绝对误差为 $6000\text{r/min} \times 0.5\% = 30\text{r/min}$。

提示：仪器的精度是指满量程范围内可能产生的最大误差（引用误差），但这并不等于在每次测量中都会出现那么大的误差。

3. 良好的动态特性

汽车检测往往是一种动态检测，因此其检测性能需要用动态特性加以描述。动态特性是指输入量随时间变化时，输出随输入变化的规律。若系统具有良好的动态特性，则整个检测过程其传输信号就不会失真，因此，检测时可以用系统的输出（响应）信号来正确地估计输入信号（被测信号），从而提取和辨识信号中的有用信息。

提示：一项复杂的汽车检测工作，往往需要将多种不同功能的仪器组合起来才能完成其检测任务，因此需要合理地组建汽车检测系统，应充分注意传感器的接入对测试系统动态特性的影响及仪器设备带来的负载效应，以保证检测系统具有良好的动态特性。

任务二　了解汽车检测类型

汽车采用何种类型的检测，主要取决于其检测的目的。若按汽车检测目的分类，则汽车检测可分为如下四种类型。

一、综合性能检测

综合性能检测是指对汽车实行定期和不定期综合性能方面的检测，如对汽车动力性、安全性、燃油经济性、使用可靠性、排气污染物、噪声，以及整车装备状态与完整性、防雨密封性等多种技术性能的检测，其目的是在汽车不解体情况下，确定运输车辆的技术状况和工作能力，评定车辆的技术等级，确保运输车辆具有良好的动力性、经济性、安全性、可靠性等使用性能和减少对环境的污染程度，以创造更大的经济效益和社会效益。

提示：汽车技术状况等级评定必须采用综合性能检测。

二、安全环保性能检测

安全环保性能检测是指对汽车实行定期和不定期的安全运行和环保性能检测，如对汽车制动、侧滑、灯光、排放、噪声、车速表的检测等，其目的是建立安全和公害的监控体系，强化汽车的安全管理，确保汽车具有符合要求的外观、良好的安全性能和规定范围内的环境污染程度，使汽车能在安全、高效和低污染的工况下运行。

提示：汽车年检常用安全环保性能检测。

三、汽车故障检测

汽车故障检测是指对故障汽车的检测，其目的是在不解体(或仅卸下个别小件)情况下，查出汽车故障的确切部位和产生的原因，从而确定故障的排除方法，提高故障的排除效率，使汽车尽快恢复正常。

四、汽车维修检测

汽车维修检测包括汽车维护检测和汽车修理检测两类。

汽车维护检测是指汽车二级维护检测，它分为二级维护前检测和二级维护竣工检测。二级维护前检测在汽车维修企业进行，其检测目的是诊断二级维护汽车的故障或实际技术状况，从而确定二级维护附加作业；二级维护竣工检测在汽车检测站进行，检测站根据二级维护竣工检测项目和检测标准检测送检汽车，其目的是监控汽车的二级维护质量，竣工检测合格的车辆方可出厂，否则应返回维修企业重新进行二级维护，直至达到二级维护竣工检测合格为止。

汽车修理检测主要是指汽车大修检测，它分为修理前、修理中、修理后检测。修理前的检测，目的是找出汽车技术状况与标准值相差的程度，从而确定汽车是否需要大修或应采取何种技术措施，以实现视情修理；修理中的检测是局部检测、过程检测，目的是进行质量监控，有时还可确诊故障的具体部位和原因，从而提高修理质量及修理效率；修理后的检测在汽车检测站进行，检测站根据汽车大修质量竣工标准检测送检汽车，目的是检验汽车的使用性能是否得到恢复，以确保修理质量。

提示：在汽车使用过程中，为了解在用汽车的技术状况，应对汽车进行适当的检测，每次检测的时机应根据最佳检测诊断周期而定，也可与汽车的正常维护、修理周期以及汽车年检相互配合。

项目三　汽车故障诊断基础

学习目标：

- 了解汽车故障类型并能分析故障原因
- 熟悉汽车故障诊断信息常用的获取方法
- 熟悉汽车故障诊断的基本方法
- 能用故障树法、故障征兆模拟法分析诊断汽车故障

任务一　了解汽车故障

汽车故障是指汽车零部件或总成完全或部分丧失工作能力的现象，故障症状是故障的具体表现。汽车在使用过程中，由于技术状况的不断下降，一般都会出现种种故障。为了迅速排除故障，应了解汽车故障的类型，并熟悉汽车故障产生的原因。

一、汽车故障类型

尽管汽车故障错综复杂、多种多样，但按一定的方法可将汽车故障划分下述几种主要类型。

1. 按故障存在的系统可分为汽车电器故障和汽车机械故障

汽车电器故障又分为数字电路故障和模拟电路故障，数字电路故障目前可方便地通过专用检测诊断设备(如汽车解码器)进行高效快速的诊断，而模拟电路故障一般是借助经验或通过电路模拟得到故障征兆，然后通过测试进行确诊。汽车机械故障范围较广，通常是利用汽车运行过程中的二次效应所提供的信息，如温升、噪声、机油状态、振动及各种物理、化学特性的变化来进行诊断。

提示：汽车电器故障不解体检测相对容易，而汽车内部机械故障的不解体检测相对较难。

2. 按故障形成的速度可分为突发性故障和渐发性故障

突发性故障是指发生前无任何征兆的故障，它不能靠早期的诊断来预测，故障的发生具有偶然性，如汽车行驶时，铁钉刺破轮胎，钢板弹簧突然折断等。而渐发性故障，是指汽车技术状况连续变化，最终恶化而导致的故障，这种故障常有一个逐渐发展的过程，故障的发生具有必然性，因此，能够通过早期诊断来预测，如发动机气缸磨损或曲轴轴颈磨损就属于渐发性故障。

提示：突发性故障尽管难以预测，但它一般容易排除；而渐发性故障一经发生，就意味着零部件寿命的终结，对于汽车而言，则往往是大修或报废的标志。

3. 按故障的存在时间可分为间歇性故障和永久性故障

间歇性故障的特点是有时发生，有时消失，如汽油机供油系统气阻故障；而永久性故障则只有在更换某些零部件后，才能使得故障排除，功能恢复，如曲轴轴瓦烧损、发动机拉缸等。

4. 按故障显现的情况可分为功能故障和潜在故障

导致汽车功能丧失或性能下降的故障称为功能故障，这类故障可通过直接感受或测定其

输出参数来判定，如发动机不能起动或发动机输出功率下降；潜在故障是指正在逐渐发展但尚未对功能产生影响的故障，如曲轴、连杆的裂纹，当尚未扩展到极限程度使其断裂时，这些都为潜在故障。

5. 按故障造成后果的严重程度可分为轻微故障、一般故障、严重故障、致命故障

轻微故障一般不会导致汽车停驶或性能下降，不需要更换零件，用随车工具作适当调整即可排除，如气门脚响、怠速过高等。一般故障可能会导致汽车性能下降或汽车停驶，但不会导致主要部件和总成的严重损坏，可更换易损零件或用随车工具在短时间内排除，如来油不畅、滤清器堵塞、个别传感器损坏等。严重故障可能导致主要零件的严重损坏，必须停驶，并且不能用更换零件或用随车工具在短时间内排除，如发动机拉缸、烧瓦等。致命故障可能引起车毁人亡的恶性重大事故，如柴油车飞车、制动系统失效、转向系统失控等。

提示：上述故障的分类有些是相互交叉的，而且随着故障的发展，一种类型的故障可以转化为另一种类型故障。

二、汽车故障原因

汽车各部件产生故障是由某些零件失效引起的。引发汽车零件失效的因素很多，主要是工作条件恶劣、设计制造存在缺陷以及使用维修不当等三个方面。

1. 工作条件恶劣

汽车零件工作条件包括零件的受力状况和工作环境。汽车运行时，绝大多数汽车零件（如活塞、曲轴、齿轮、轴承等）是在动态应力下工作的，由于汽车起步、停车以及速度经常变化，使汽车零件承受着冲击、交变应力，从而加速零件的磨损或变形引发故障。另外，汽车零件往往不只承受一种载荷作用，而是同时承受几种类型载荷的复合作用，若零件的载荷超过其允许承受能力，则会导致零件失效。

汽车零件在不同的环境介质和不同的温度下工作，容易引起零件的腐蚀磨损、磨料磨损以及热应力引起的热变形、热疲劳等失效。某些工作介质还可导致汽车零件材料脆化、高分子材料老化进而引发故障。

提示：若汽车的工作环境条件恶化，如长期在坎坷不平的路段重载行驶、在高温条件下大负荷高速运转、汽车经常猛加速或常用紧急制动等，则容易诱发故障。

2. 设计制造缺陷

设计制造缺陷主要是指零件因设计不合理、选材不当、制造工艺不良而存在的先天不足。设计不合理是汽车零件失效的主要原因之一，例如轴的台阶处过渡圆角过小，会造成应力集中，这些应力可能会成为汽车零件破坏的根源。花键、键槽、油孔、销钉孔等在设计时如果没有充分考虑到这些形状对截面削弱而造成的应力集中，也将会引起零件早期疲劳损坏。材料选择不当及制造工艺过程中因操作不当而使零件产生的裂纹、较大的残余内应力以及较差的表面质量都可能成为零件失效的原因。某些过盈配合零件的装配精度不够，能导致相配合零件之间的滑移和变形，将会产生微动磨损，加速零件的失效。某些间隙配合零件的装配间隙过大，则会导致汽车零件冲击过大而引发故障，并容易产生异响，使汽车的使用性能下降；而如果装配间隙过小，则零件运转时就会造成摩擦力、摩擦热过大，容易加快配合件的损坏，如发动机拉缸、烧瓦等。

3. 使用维修不当

汽车在使用过程中的超载、润滑不良、滤清效果不好、违反操作规程、汽车维护和修理不当等情况，都会引起汽车零件的早期损坏。

汽车严重超载时，其各总成承受的负荷增加，发动机容易出现拉缸、烧瓦现象，底盘容易出现损坏车架、车桥、悬架、弹簧、轮胎等现象；汽车润滑不良时，汽车相对运动部件的摩擦阻力会加大，其运动部件的磨损会加剧；汽车机油滤清器、燃油滤清器、空气滤清器维护不当时，滤清效果不好，会加快发动机的磨损；汽车操作不当，如起步不平稳、急加速、超速行车、常用紧急制动等，会加大汽车的动载荷，容易加速汽车零件的损坏；汽车维护和修理不当，如配件质量欠佳、维修工艺不当、装配质量不好等，会在汽车中留下故障隐患，导致汽车在使用过程中技术状况不断恶化。

任务二　熟悉汽车故障诊断信息的获取方法

汽车故障诊断信息是指汽车出现故障时通过某种形式表现出来的特征信息，利用它可以诊断汽车产生的故障。故障诊断信息获取的常用方法有直接观察法、磨损残余物检测法、温度测量法、压力测量法、汽车性能检测法及振动噪声检测法等。

一、直接观察法

对汽车运行状况进行直接观察，凭借检测诊断人员积累下来的经验可以对车辆技术状况进行判断。这种方法是定性的，或者说是较粗略的。这种方法速度慢，其准确性取决于检测人员的技术水平，较适合于诊断比较常见和明显的故障。直接观察法主要有如下内容。

1）"问"。问车主，了解汽车的使用情况，包括汽车的行驶里程、经常运行的条件、维护保养情况、车辆技术状况、故障产生的时间和具体症状等，为诊断分析故障掌握第一手资料。

2）"看"。看发动机工作状况，如排气管颜色、排气颜色、机油颜色及液面高低、各部件是否漏油、漏水、漏气；看汽车电路的连接有无脱落、损坏现象；看汽车各部件表面有无破裂、锈蚀等，然后再综合分析判断故障。

3）"听"。听发动机各部件的工作响声，并和正常响声比较分析判断出哪些部位响声异常，异响一般是发生故障和产生事故的前兆，因此必须认真对待。

4）"摸"。用手查摸有关部位的温度和振动情况判断相应部件工作是否正常；轻拉电控系统的接口连线判断其是否松动；轻摇汽车各部件连接感觉其是否松动等。

5）"嗅"。嗅汽车工作时有无异味，若嗅到有浓汽油味、橡胶烤焦味、摩擦片烧煳味等，表明所嗅部位有故障，必须仔细检查这些部位。

6）"试"。试车检查，了解发动机技术状况，如各缸工作是否均匀，高速工作是否间断和振动，急加、减速过渡是否平滑稳定，是否有爆燃、敲缸现象等。了解底盘的技术状况，如进行滑行试验，若滑行距离过短，则说明传动系统或行驶系统有故障；进行制动试验，若制动距离过长或制动跑偏，则说明制动系统有故障。

二、磨损残余物测定法

汽车零件，如轴承、齿轮、活塞环、气缸等，在运行过程中的磨损残余物会存留在润滑油中，通过测定润滑油中磨损物的成分及含量，能获得汽车零部件迅速失效的信息，进而确定汽车运动件中哪个零件发生磨损。磨损残余物可通过油样分析、润滑油混浊度的变化等方法来测定。

三、温度测定法

汽车正常工作时，汽车零部件的温度会在一定范围内变化。如正常燃烧时，汽车发动机冷却液温度约为 80～95℃，温度过高或过低都意味着冷却系统工作不良；而发动机排气温度过高则可能是点火过晚或混合气过稀所致。因此，通过测定汽车零部件的工作温度，可以获取零部件工作是否正常的信息。零部件的温度可采用接触法和非接触法测量：传统的冷却液温度传感器采用接触测量法，它是利用敏感元件与水接触后其电性能参数的变化来测定冷却液温度的；而红外成像法是一种非接触测量法，它将被测物体的红外辐射转换成热图像和温度值而显示出来，它是利用被测物体自身发射的红外辐射不同于周围部件的红外辐射的特点来检测被测物体的表面温度及温度分布的。

四、压力测量法

汽车在一定条件下运行时，某些部位的压力应具有规定的数值，若偏离该数值，则说明这些部位存在故障。如发动机气缸压缩压力过低，说明气缸密封不良；发动机机油压力过低，说明润滑系统有故障，或曲轴轴承间隙过大等。因此，通过某些压力的检测，可以获取零部件或系统工作是否正常的信息。汽车检测中需要检测的压力参数有：机油压力、发动机气缸压缩压力、进气管真空度、燃料系统供油压力、各种助力装置产生的压力等。一般的检测方法是将压力信号转换成电信号，经处理后由仪表输出。

五、汽车性能测定法

汽车技术状况的好坏往往可以通过汽车性能指标参数的变化来反映，如发动机气缸磨损严重、进排气门漏气等都会导致汽车动力性下降、加速时间增长。一般来说，没有故障的车辆其总体性能指标较高。因此，可通过测定汽车性能指标来获取汽车是否存在故障的信息。评价汽车性能的指标有动力性指标、经济性指标、安全性指标、通过性指标、平顺性指标等。这些指标中的参数可通过相应的检测装置测定。

任务三　掌握汽车故障诊断的常用方法

汽车故障诊断是指为确定汽车技术状况或查明汽车故障发生的部位、原因，所进行检查、分析和判断的过程。为了正确地诊断故障，必须运用现代检测手段(包括外观、气味、振动、声响、感觉、仪器等)、现代科学技术和丰富的实践经验进行综合分析和判断。

一、汽车故障诊断的基本方法

从完成故障诊断过程的方式来看，现代汽车故障诊断的基本方法有如下几种。

1. 人工经验诊断法

人工经验诊断法是指利用人工观察、经验检查、推理分析以及逻辑判断进行故障诊断的方法。诊断时，诊断人员凭借丰富的实践经验和一定的理论知识，利用简单工具，在不解体汽车或局部解体情况下，根据汽车在工作中表现出来的外部异常状况，通过眼看、手摸、耳听等手段，边检查、边试验、边分析，从而确定汽车故障部位和原因以及汽车的技术状况。人工经验诊断法一般不需专用仪器设备，可随时随地应用。

提示： 人工经验诊断法对诊断人员的经验依赖性强，要求诊断人员有较高的技术水平，此外还存在诊断速度慢、准确性差及不能进行定量分析等缺点。

2. 仪器分析诊断法

仪器分析诊断法是指汽车在不解体情况下，利用各种专用仪器和设备获取汽车的各种数据，并根据这些数据来进行故障诊断的方法。诊断时，利用现代检测设施对整车、总成或机构进行测试，并通过对诊断参数测试值、变化特性曲线、波形等的分析判断，定量确定汽车技术状况或确诊汽车故障部位和原因。采用微机控制的仪器设备能自动分析、判断、存储并打印诊断结果。

提示： 仪器分析诊断法具有诊断速度快、准确性高、能定量分析的优势，但检测设备的投资较大，成本较高。

3. 自诊断法

自诊断法是指利用汽车电控单元(ECU)的自诊断功能进行故障诊断的方法。自诊断功能就是利用监测电路来检测传感器、执行器以及微处理器的各种实际参数，并将其与存储器中的标准数据进行比较，从而判定系统是否存在故障。当判定系统存在故障时，电控单元将故障信息以故障码的形式存入存储器，并控制警告灯向驾驶人发出警告信号。自诊断法，需要通过一定的操作方式，把汽车电控系统中电控单元的故障码提取出来，然后通过查阅相应的“故障码表”来确定故障的部位和原因。

在实际检测诊断工作中，上述三种方法并不相互独立，而是相辅相成的。人工经验诊断法是故障诊断的基础，它在汽车诊断的任何时期均具有十分重要的实用价值，即使有汽车专家诊断系统，它也是把人脑的分析、判断通过计算机语言转化成计算机的分析判断。仪器分析诊断法是在人工经验诊断基础上发展起来的诊断方法，它在汽车故障诊断中所占的比例日益增大，使用现代仪器设备诊断是汽车检测诊断技术发展的必然趋势。自诊断法，对于汽车电子控制系统十分有效，而且快捷准确，这是其他方法无可比拟的，随着计算机控制技术的发展和在汽车上的广泛应用，自诊断法将会显示出更多的优势，发挥出更大的作用。

二、汽车故障诊断的分析方法

1. 故障树分析法

汽车是由多个不同功能的子系统构成的复杂机电系统，其故障产生的原因往往较为复杂，而采用故障树分析法进行汽车故障原因的诊断，效果较好。

(1) 故障树基本概念　故障树分析法(Fault Tree Analysis)简称 FTA 法，是一种将系统故障形成的原因由总体至部分按树枝状逐渐细化的逻辑分析方法，其目的是确定故障的原因、影响因素及发生概率。

故障树分析法是把所研究系统的故障作为分析目标，然后寻找直接导致这一故障发生的全部因素，再找出造成下一级事件发生的全部直接因素，一直追查到那些原始的、无需再深究的因素为止。通常把最不希望发生的事件即故障事件称为顶事件，无需深究的形成系统故障的基本事件称为底事件或初始事件，介于顶事件与底事件之间的一切事件称为中间事件。

用相应的符号代表这些事件，再用适当的逻辑门符号把顶事件、中间事件和底事件连接成树形图，这样的树形图就称为故障树，它可以清楚地表示系统的特定事件与各个子系统或各个部件故障事件之间的逻辑关系。

故障树分析法不仅可以定性分析故障发生的机理，而且还能定量地预测故障发生的概率。故障树分析法简便、直观，可以一目了然地看出故障的原因与形成过程，发现潜在的问题，有利于防患未然和预报故障。

（2）故障树分析过程　应用故障树分析故障时，其过程如下。

1）给系统明确的定义，选定可能发生的不希望事件作为顶事件。

2）对系统的故障进行定义，分析故障形成的各种原因。

3）作出故障树逻辑图。

4）对故障树结构做定性分析。

5）对故障树结构做定量分析。

（3）故障树的建立　在故障树图中，常使用一些符号表示事件与原因之间的因果关系、逻辑关系。其常用的符号可分作两类，代表故障事件的符号，以及联系事件之间的逻辑门符号。故障树分析法的常用符号及其含义见表1-1。

表1-1　故障树分析法常用符号及含义

符　　号	名　　称	含　　义
矩形符号	故障事件	表示底事件之外的所有中间事件和顶事件
圆形符号	基本事件	表示初始事件，是不能再分解的事件，即故障发生的基本原因
屋形符号	非故障性事件	表示偶然发生的非故障性事件
棱形符号	省略事件	表示暂时不分析或发生概率极小的事件
X_1、X_2、…、X_n 与门符号(AND)	“与”逻辑关系	事件X_1、X_2、…、X_n同时发生，事件A才发生
X_1、X_2、…、X_n 或门符号(OR)	“或”逻辑关系	事件X_1、X_2、…、X_n有一个发生，事件A就会发生

建立故障树时，首先把要分析的顶事件即故障事件扼要地写在矩形框内，置于故障树的最上端，并用“T”表示作为故障树的第一级；在顶事件下面，通过分析写出引起顶事件直接原因的事件，作为故障树的第二级，用“A”表示；以下继续分析还可列出第三级、第四级……，直到列出最基本原因的初始事件为止，并用“X”表示；暂时不分析的省略事件用“D”表示。上、下级事件之间有着“或”、“与”关系，用逻辑门符号联系，这样就形成了故障树。在故障树图中，每一级事件都是上一级事件的直接原因，同时又是下一级事件的直接结果。图 1-4 所示为发动机不能起动的故障树。

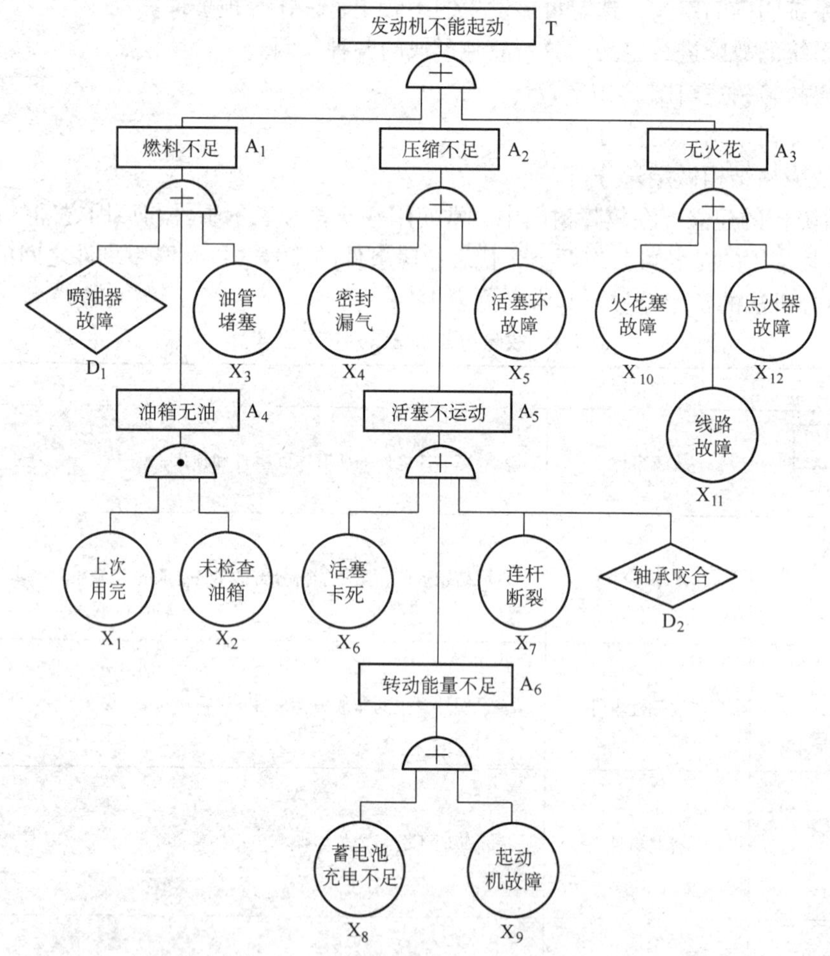

图 1-4　发动机不能起动的故障树

（4）故障树定性分析　定性分析就是分析系统出现某种故障(顶事件)有多少种可能性。这可通过分析故障树，确定系统的最小割集来解决。

若故障树的某几个底事件的集合发生时，将引起顶事件发生，则这个集合就称为割集。在故障树的割集中，若去掉其中任一底事件后就不再是割集的那些割集，称为最小割集。由于最小割集发生时，其顶事件必然发生，因此一故障树的全部最小割集的完整集合则代表了顶事件发生的所有可能性。

在故障诊断中，最小割集的意义在于它描绘出了消除顶事件、维修最少应做的那些工作。同时，研究最小割集可以发现系统的最薄弱环节，找出系统维修工作的重点。

（5）故障树定量分析　定量分析就是分析系统发生故障的各个可靠性特征量，估计故障事件（顶事件）出现的概率，以评价系统的可靠性。

汽车故障的发生有的具有随机性，属偶然事件，其发生的可能性大小可用发生概率的大小度量。因此，可以根据系统中各基本事件发生的概率，按故障树的逻辑结构，应用逻辑与、或的概率计算公式逐级向上运算，直至求出故障事件（顶事件）发生的概率。

提示： 故障树分析法采用的是逻辑推断方法，在人工经验诊断和智能专家系统诊断故障中，都会自觉或不自觉地应用故障树分析法。

2. 故障征兆模拟试验分析法

在汽车电控系统的故障诊断中往往会遇到一种间歇性故障，它根据汽车的行驶条件、状况，时而出现时而消失。而当需要对这类故障进行诊断时，它又没有明显的故障征兆，但其故障又确实存在，这种特性给故障的诊断带来了一定的困难。此时，利用征兆模拟试验分析法诊断故障较好。

征兆模拟试验法是在充分分析和了解故障的基础上，采用与车辆出现故障时相同或相似的条件和环境进行试验模拟，再现故障，从而进行故障部位排查和原因诊断。故障征兆模拟试验分析法主要有如下几种。

（1）振动法　汽车在坏路面上运行时，电控系统容易出现故障，振动可能是产生故障的原因，此时可采用振动法模拟。对发动机电控系统的导线束、插接器、传感器、执行器等元器件，进行人为的敲打振动，如在水平、垂直方向上拉动摇摆，以检查其是否存在虚焊、松动、接触不良、导线断裂等故障，并根据被检测装置的反应来分析诊断。

注意： 振动模拟时，一定不能用力过度，否则会造成新的损伤或故障！

（2）加热法　有些故障只在热车时出现，其电控系统的有关零部件受热温度过高可能是引起故障的原因，此时可采用加热法模拟。可用电吹风或类似的加热工具加热可能引起故障的零部件，如传感器、执行器等元器件，检查故障是否出现。当加热某个元器件时，故障出现，则表明该元器件为故障件，应维修或更换故障件。

注意： 对有关电子元器件进行加热时，其加热温度必须控制在60℃以下，而且不可直接加热电控单元中的元器件，以免造成新的损坏。

（3）加湿法　有些故障在雨天或潮湿环境时出现，而干燥晴天又正常，此时可采用加湿法模拟。模拟时，可用水喷淋在发动机散热器前面，间接改变发动机电控系统的湿度和温度，检查发动机是否发生故障。

注意： 加湿模拟时，水不可直接喷淋在发动机零部件上，更不能将水直接喷淋到电子器件上，尤其应防止水渗漏到电控单元内部，以防损坏电控系统或腐蚀元器件。

（4）电器全接通法　有些故障在电负荷过大时出现，此时可采用电器全接通法模拟。模拟时，可接通全车所有的用电设备，如音响、空调、前照灯等，检查是否发生故障。

（5）电阻法或电压法　在电路诊断中，当怀疑电阻式传感器存在故障时，可采用电阻法模拟。模拟时，用电阻元件代替被怀疑的电阻式传感器，并根据代替后的反映来分析诊断传感器是否存在故障。例如：当怀疑冷却液温度传感器损坏时，可将一只与冷却液温度传感器阻值大小相当的电阻，串联在冷却液温度传感器的插接器上，进行模拟试验，以便诊断该冷却液温度传感器是否存在故障。

在电路诊断中，当怀疑某信号传感器损坏时，可采用电压法模拟。模拟时，以外接的合适电压或用合适的元器件，来代替被怀疑损坏的传感器，进行电压信号模拟试验，以便诊断该传感器是否损坏。

提示： 在故障征兆模拟时，检测人员必须注意：应根据不同故障对象采用不同的模拟试验；模拟试验的强度和持续的时间要严格掌握；模拟试验的范围要严格控制；模拟试验的故障表现形式，应耐心观察、仔细分析，以便快速确诊故障之所在。

项目四　汽车诊断参数与诊断周期

学习目标：

- 了解汽车诊断参数及其标准的概念和作用
- 熟悉常用的汽车诊断参数
- 能正确选择汽车诊断参数及其标准
- 领会最佳诊断周期概念并能确定汽车的诊断周期

选择合适的汽车诊断参数，制定合理的汽车诊断标准，确定最佳的汽车诊断周期是现代汽车检测诊断技术的重要组成部分，是汽车检测与故障诊断的前提。

任务一　了解汽车诊断参数

一、汽车诊断参数

在不解体条件下直接测量汽车结构参数常常受到限制，因此，在进行汽车诊断时，需要找出一组与汽车结构参数有联系并能足够表达汽车技术状况的直接或间接参数，通过对这些参数的测量来确定汽车技术状况的好坏。这种供诊断用的，表征汽车、总成及机构技术状况的参数称为汽车诊断参数。

通常，诊断参数不是孤立的，它与诊断对象的工作状况和外界条件都有密切的关系。而诊断对象的工作状况和外界条件往往受测试规范的制约。因此，采用某诊断参数时，一定要注意测试规范。没有测试规范，诊断参数值就没有意义。诊断参数值都是对一定测试规范而言的，如测量功率是针对一定转速、一定节气门开度和规定的测量条件而言；测量制动距离是针对一定制动初速度、一定载荷和规定的道路条件而言。

注意： 为了提高诊断的正确性，必须严格掌握与规定要求一致的测试规范，应当把测试规范与诊断参数看成一个整体。

二、汽车诊断参数分类

汽车诊断参数按形成的方法可分为三大类：即工作过程参数、伴随过程参数和几何尺寸参数。

1. 工作过程参数

工作过程参数是指汽车工作时输出的一些可供测量的物理量和化学量，或指体现汽车及总成功能的参数，例如：发动机功率、油耗、汽车制动距离等。它可反映汽车或总成技术状况的主要信息，能显示诊断对象的功能质量，是对汽车技术状况进行综合评价的主要依据，常用于汽车或总成的初步诊断，是深入诊断的基础。

2. 伴随过程参数

伴随过程参数是指系统工作时伴随工作过程输出的一些可测量，例如：发热、声响、振动等。它具有很强的通用性，能反映有关诊断对象技术状况的局部信息，常用于复杂系统的深入诊断。

3. 几何尺寸参数

几何尺寸参数是指由各机构零件尺寸间的关系决定的参数，例如：间隙、自由行程、车轮定位参数等。它是诊断对象的实在信息，能反映诊断对象的具体结构要素是否满足要求。几何尺寸参数与其他参数配合使用，无论是初步诊断，还是深入诊断，均可对汽车技术状况的评价或故障诊断起到重要的作用。

虽然每一类诊断参数都有不同的含义，但它们都是用来描述汽车或总成技术状况的状态参数。这些状态参数与汽车或总成的结构参数变化有一定的函数关系，因此可通过检测状态参数的变化来准确描述结构参数的变化，从而达到不解体诊断汽车的目的。在确定汽车技术状况或判断某些复杂故障时，需采用不同类型的诊断参数进行综合诊断。

提示：汽车不工作时，工作过程参数、伴随过程参数均无法测量。

汽车常用诊断参数见表 1-2。

表 1-2　汽车常用的诊断参数

诊断对象	诊断参数
汽车整车	最高车速/(km/h) 最大爬坡度(%) 0→100km/h 的加速时间/s 驱动轮输出功率/kW 驱动轮驱动力/N 汽车燃油消耗量/(L/100km) 侧倾稳定角(°)
发动机总体	额定转速/(r/min) 额定功率/kW 最大转矩/N·m 最大转矩的转速/(r/min) 怠速转速/(r/min) 燃油消耗量/(L/h) 单缸断火(油)时转速下降率(%) 发动机 HC、CO、NO_X浓度排放量 发动机微粒(PM)排放率(g/m^3)或(g/km) 柴油机烟度 R_b 值和光吸收系数 K/m^{-1}
曲柄连杆机构	气缸压力/MPa 气缸间隙/mm 曲轴箱窜气量/(L/min) 气缸漏气量/kPa 气缸漏气率(%) 进气管真空度/kPa 进气管压力/kPa
配气机构	气门间隙/mm 凸轮轴转角(°) 配气相位(°)
点火系统	蓄电池电压/V 初级电路电压/V 各缸点火电压/kV 各缸短路点火电压/kV 各缸断路点火电压/kV 电子点火器闭合角(°) 各缸点火波形重叠角(°) 点火提前角(°) 火花塞间隙/mm
润滑系统	机油压力/kPa 机油温度/℃ 理化性能指标变化量 清净性系数变化量 机油污染指数 介电常数变化量 金属微粒的含量，质量分数(%) 机油消耗量/kg
冷却系统	冷却液温度/℃ 电动风扇开启、停转时的冷却液温度/℃ 散热器冷却液入口与出口温差/℃ 风扇传动带张力/(N/mm)

（续）

诊断对象	诊断参数	诊断对象	诊断参数
冷却系统	风扇离合器接合、断开时的温度/℃ 节温器主阀门开始开启和全开时的温度/℃ 节温器主阀门全开时的升程/mm	制动系统	驻车制动力/N 充分发出的平均减速度/(m/s^2) 产生最大制动力时的踏板力/N 产生最大驻车制动力时的操纵力/N 制动完全释放时间/s 汽车制动滑移率(%)
汽油机供给系统	空燃比 过量空气系数 电喷发动机喷油器喷油量/mL 电喷发动机各缸喷油不均匀度(%) 电动汽油泵泵油压力/kPa 喷射系统压力/kPa 喷射系统保持压力/kPa 喷射时间/ms	转向系统	转向盘自由转动量(°) 转向盘操纵力/N 最小转弯直径/m 转向轮最大转角(°)
柴油机供给系统	输油泵输油压力/kPa 喷油泵高压油管最高压力/kPa 喷油泵高压油管残余压力/kPa 喷油器针阀开启压力/kPa 喷油器针阀关闭压力/kPa 喷油器针阀升程/mm 各缸供油不均匀度(%) 供油提前角(°) 各缸供油间隔(°) 每一工作循环供油量/mL	行驶系统	车轮侧滑量/(m/km) 车轮前束/mm 前束角(°) 推力角(°) 车轮外倾角(°) 主销后倾角(°) 主销内倾角(°) 转向20°时的张角 左右轴距差/mm 车轮静不平衡量/g 车轮动不平衡量/g 车轮端面圆跳动量/mm 车轮径向圆跳动量/mm 悬架吸收率 悬架效率
传动系统	传动系统游动角度(°) 传动系统机械传动效率(%) 传动系统功率损失/kW 汽车滑行距离/m 传动系统噪声/dB 传动系统总成工作温度/℃	其他	前照灯发光强度/cd 前照灯光轴偏移量/mm 前照灯基准中心高度/mm 车速表示值误差 喇叭声级/dB(A) 汽车定置噪声限值/dB(A) 加速行驶车外噪声限值/dB(A)
制动系统	制动距离/m 地面制动力/N 左右制动力差值/N 制动阻滞力/N 制动系统协调时间/s		

三、汽车诊断参数选择原则

能够表征汽车技术状况的参数很多，而且同一技术性能可采用不同参数反映。究竟选择哪些参数作为诊断参数，如何选择合适的诊断参数，应研究诊断参数随汽车技术状况变化的规律，从技术上和经济上综合分析确定，诊断参数应满足下列原则。

1. 灵敏性

灵敏性通常用诊断参数的灵敏度来表示。灵敏度是指汽车诊断参数相对于汽车技术状况的变化率。灵敏度高意味着汽车技术状况发生微小变化时，其诊断参数的变化范围较大。因此，选择灵敏度值高的诊断参数来诊断汽车技术状况，可以提高汽车诊断的可靠性。例如：

气缸磨损后，作为结构参数的气缸间隙就增加了，从而可导致发动机的诊断参数发生变化，如功率下降、气缸漏气率增加。虽然功率和漏气率都可以作为发动机气缸磨损的诊断参数，但是漏气率的变化要比功率变化明显，故选用灵敏性高的漏气率作为诊断参数更为可靠。

2. 单值性

单值性是指汽车技术状况参数从初始值变化到终了值的过程中，诊断参数的变化应与技术状况参数的变化一一对应。诊断参数不应出现极值，否则同一诊断参数将对应两个不同的技术状况参数，使得汽车的技术状况无法判断。因此，诊断参数必须具有单值性。

3. 稳定性

稳定性是指在相同的测试条件下，诊断参数的多次测量值保持一致的程度。其测量值的离散性(即方差)越小，说明其重复一致的程度越高，稳定性越好，这样的检测诊断就越可靠。因此，所选的诊断参数应具有良好的稳定性。

4. 信息性

信息性是指诊断参数对汽车技术状况具有的表征性。表征性好的诊断参数，能揭示汽车技术状况的特征和现象，反映汽车技术状况的全部情况。诊断参数的信息性越好，包含汽车技术状况的信息量就越多，得出的诊断结论也就越可靠。因此，所选的诊断参数应具有较好的信息性。

5. 经济性

经济性是指所确定的诊断参数在用于实际诊断时，其诊断作业费用的多少，包括人力、工时、场地、仪器、设备和能源消耗等项费用。诊断费用过高的诊断参数是不可取的，经济性好的诊断参数，所需要的诊断作业费用一般较低。

6. 方便性

方便性是指所确定的诊断参数在用于实际诊断时，其设备应简单，其工艺应简便，其测量应容易。若测量费时、费力而且不方便，则再好的参数，人们也会弃之不用。

任务二　熟悉汽车检测诊断参数标准

为了定量评价汽车及总成的技术状况，确定维修的范围和深度，预报无故障工作里程，只有诊断参数是不够的，还必须制定合理的汽车诊断参数标准，以提供一个比较尺度。

一、诊断参数标准

汽车诊断参数标准是指对汽车诊断参数限值的统一规定。它是从技术、经济的观点出发，表示汽车处于某种工作能力状态下所测的诊断参数界限值。

汽车诊断参数标准一般应包括：诊断参数初始标准、诊断参数许用标准和诊断参数极限标准。这些诊断参数标准既可以是一个值，也可以是一个范围。

诊断参数的初始标准相当于无技术故障的新车诊断参数的大小，这往往是最佳值，可作为新车和大修车的诊断标准。

诊断参数的许用标准是指汽车无需维修可继续使用时，诊断参数的允许界限值，它是汽车维修工作中定期诊断的主要标准。当诊断结果超过许用标准时，即使汽车还有工作能力，也需要进行维修，否则，汽车的技术经济性能将会下降，故障率将会上升。

诊断参数的极限标准是指汽车即将失去工作能力或技术性能即将变坏时所对应的诊断参

数值。当汽车技术状况低于极限标准后，汽车技术经济性能将严重下降，甚至不能继续使用。在汽车使用过程中，经常对汽车进行检测，将检测结果与诊断参数极限标准进行比较，可以预测汽车的使用寿命。

二、诊断参数标准的分类

按检测诊断标准的来源可分为国家标准、行业标准、地方标准和企业标准四类。

1. 国家标准

国家标准是国家制定的冠以中华人民共和国国家标准字样颁布的标准。国家标准一般由行业部委提出，由国家质量技术监督局发布，全国参照执行，具有强制性和权威性。国家标准又分为强制性标准和推荐性标准，如 GB 18352. 3—2005《轻型汽车污染物排放限值及测量方法(中国Ⅲ、Ⅳ阶段)》中的排放限值标准就是强制性标准，而 GB/T 18344—2001《汽车维护、检测、诊断技术规范》中的标准就是推荐性标准。汽车诊断参数的国家标准很多，主要与汽车行车安全、环境保护、能源消耗有关，如制动距离、噪声、排放污染物含量、汽车燃油消耗量等限值标准。使用这些参数标准进行检测诊断时，只能从严，不可放宽，以保证国家标准的严肃性和权威性。

2. 行业标准

行业标准是部级或国家委员会级制定的冠以中华人民共和国某行业标准字样颁布的标准。行业标准一般在部、委系统内或行业内贯彻执行，具有强制性和权威性。例如我国交通部颁布的 JT/T 198—2004《营运车辆技术等级划分和评定要求》，通常作为交通系统和运输行业的部分诊断标准。

3. 地方标准

地方标准是省级、地市级、县级制定并发布的标准，在地方范围内贯彻执行，具有强制性和权威性。地方标准通常是根据本地具体情况制定的，其标准内容可能比上级标准更细化，其标准限值可能比上级标准更严格，以满足本地区的特殊要求。

4. 企业标准

企业标准是汽车制造厂商或汽车维修企业根据自己的实际情况制定的标准，由于各自企业的性质不同，因而其企业标准也有差异。

汽车制造厂商提供的标准是根据其设计要求、制造水平，为保证汽车的使用性能和技术状况而制定的。它通过技术文件对汽车某些参数规定其限值，并将其限值作为诊断参数标准，主要与汽车的使用性能参数、结构参数、调整数据有关，如发动机功率、汽车爬坡能力、气缸间隙、曲轴轴承间隙、配气相位等标准。它们通常可通过一定的函数关系与诊断参数进行换算，可以直接用诊断参数限值代替诊断标准。这些标准与汽车的可靠性、寿命和经济性的优化指标有关。

汽车维修企业提供的诊断标准是根据其技术素质、维修要求等具体情况，为保证维修质量而制定的。其维修诊断标准一般与汽车使用经济性和可靠性密切相关，其诊断标准限值往往比上级标准更严，要求更高，以确保汽车维修质量和树立良好的企业形象。

三、诊断参数标准的制定

诊断参数标准是评价汽车技术状况的依据，若诊断参数标准制定得不合理，就不能据此对汽车状况作出合乎实际的评价，其结果是因过早维修而造成不必要的浪费，或者是维修不及时使汽车带病运行，从而不能保证其技术经济指标和行驶安全性，因此应科学合理地制定诊断参数标准。

制定诊断参数标准是一项比较复杂的工作，既要考虑技术、经济、安全等方面的因素，又要考虑标准是否适应大多数汽车的诊断，同时还应注意与国际标准接轨。确定诊断标准的一般方法如下。

1. 统计法

统计法是指通过随机选择相当数量有工作能力的在用汽车，对所研究的诊断参数进行全面测试，找出正常状况下诊断参数测试值的分布规律，然后经综合考虑并以大多数在用汽车合格为前提制定诊断参数标准的一种方法。

2. 试验法

试验法是指在实际使用条件或在实验室工作条件下，通过试验和测量制定诊断参数标准的一种方法。采用实车试验时，为使诊断参数标准制定合理，必须有足够数量的汽车，在不同使用条件下进行长期实车试验，因此其试验周期长、费用高。采用实验室台架试验时，往往通过控制试验条件，采取强化运行、加速损坏的手段来加速试验进程获得诊断参数标准，因此其试验费用一般较高。

3. 计算法

计算法是指建立在理论分析的基础上，通过一定的数学模型计算获得诊断参数标准的一种方法。例如，通过理论分析，可知发动机气缸压缩压力是压缩比的函数，当压缩比一定时，其气缸压缩压力应有确定的数值，因此，通过计算分析可确定气缸压缩压力的诊断参数标准。但由于汽车实际工作条件极为复杂，影响因素很多，计算法所依赖的数学模型还不能完全反映汽车工作的实际状况，因此计算法得到的一些数据，通常应作充分的修正后才能作为诊断参数标准。

4. 类比法

类比法是指利用类似结构在类似使用条件下已建立的诊断标准，根据自己的实际情况加以比较，从而确定诊断参数标准的一种方法。它借鉴了以往的使用经验，具有经济、简便、实用的特点。类比法在实际工作中得到了广泛的应用，如我国 GB 18285—2000《在用车排气污染物限值及测试方法》中的加速模拟工况试验限值及试验方法是类比美国国家环保局标准 EPA-AA-RSPD-IM-96-2《加速模拟工况试验规程、排放标准、质量控制要求及设备技术要求技术导则》制定的；又如我国机动车辆允许噪声国家标准（GB 1495—1979）就是类比国际标准化组织规定的测试方法（ISO R362）制定的。

5. 相对法

相对法是指通过对正常汽车总成或零部件进行测试后，采用一定的处理措施确定诊断参数标准的一种方法。通常的做法是测定一定数量正常的汽车总成或零部件的运行参数，确定一个基准值，然后用一个适当的系数乘上基准值即可得到诊断参数标准。在实际工作中，这种方法具有实用价值。由于我国目前技术水平和经济实力的限制，一个产品投入使用后，不可能对一些渐变故障的破坏特征有十分清楚的了解。因此，为了能对一些重要部件进行监测与诊断，可用相对法确定诊断参数标准。

提示：不管采用哪种方法，制定的诊断参数标准，都要在实际中试用、修改后才能最后确定，且随着汽车技术的发展、经济实力的增强和人们对汽车使用性能要求的提高，诊断参数标准常常也需要进行修正。

任务三　了解汽车诊断周期

汽车诊断周期是指汽车诊断的间隔期，以汽车行驶里程或使用时间表示。科学地确定诊断周期，对于经济、可靠地保障汽车技术状况具有重要的作用。

一、最佳诊断周期

诊断周期如果过短，汽车的技术状况没有什么变化或变化很小，执行诊断就会造成浪费；相反，诊断周期如果过长，则有可能在下一次诊断之前，汽车的故障已经发生，导致汽车不能在安全、经济状况下运行，且错失汽车维修良机，使汽车因故障停驶的损耗费用增加。因此需要一个最佳诊断周期，按最佳诊断周期诊断汽车，既能使车辆在无故障状态下运行，又能使车辆的检测诊断、维修费用降到最低。

最佳诊断周期是根据技术与经济相结合的原则进行定义的，它是指能保证车辆的完好率最高而消耗的费用最少的诊断周期。据此，可以通过计算的方法确定最佳诊断周期。

二、确定最佳诊断周期应考虑的因素

在确定汽车最佳诊断周期时，只依赖理论计算是远远不够的，因为还有很多因素影响着最佳诊断周期。确定诊断周期时，必须重点考虑下列因素。

1. 各构件的故障率不同

汽车是一个不等强度的复杂系统，各机构的故障率及故障间的平均行程一般并不相同。即使是同一总成、机构内的不同零件，其故障率和故障间平均行程也不会相同。从可靠性着想，通常取总成内故障概率最大的零部件的故障间平均行程作为制定诊断周期的依据，而不能仅以计算结果确定最佳诊断周期。另外，由于汽车是由许多总成、机构组成的，不可能对每一个总成或机构都规定一个诊断周期，因此通常把需要诊断的总成或机构，按诊断周期相近的原则组合在一级诊断中，对汽车执行与现行维护制度类似的分级诊断。

2. 各系统的重要性不同

有关汽车行车安全的系统如转向系统、制动系统等，在确定诊断周期时，其可靠性始终是首要的，而经济性的考虑则占据次要地位。因此，对于与汽车行车安全有关的系统或机构，不能仅以计算结果为依据建立最佳诊断周期，而应从安全角度出发，以保证足够高的可靠度为条件来确定诊断周期，因而其诊断周期常较其他系统或机构的诊断周期短得多。

3. 汽车技术状况不同

汽车的新旧程度、行驶里程、技术状况等级不同，其最佳诊断周期显然也不会一样。凡是新车或大修车、行驶里程较少的车、技术状况等级为一级的车，其最佳诊断周期一般较长，反之则短。对于大规模的汽车运输企业，由于车辆数量较多，汽车的使用年限不一，技术状况等级不同，因此汽车的无故障行驶里程也会在很宽的范围内变化。故在确定最佳诊断周期时，应按车种、使用年限、技术状况等级分成若干类别，使每一类车的无故障行驶里程

相差不大，并据此分别建立每一类车的诊断周期。

4. 汽车使用条件不同

汽车的使用条件如气候条件、道路条件、装载条件、燃润料质量、驾驶技术等条件不同，其最佳诊断周期显然也不会一样。凡是处于气候恶劣、道路状况极差、经常超载或拖挂行驶、燃润料质量得不到保障、驾驶技术不佳等使用条件的汽车，其最佳诊断周期一般较短，反之则长。

三、推荐的汽车诊断周期

根据交通部《汽车运输业技术管理规定》，我国汽车实行计划预防维修制度，车辆维修必须贯彻“预防为主、强制维护、定期检测、视情修理”的原则。该规定要求车辆二级维护前都应进行检测诊断和技术评定，以确定附加作业或修理项目；又规定车辆修理应根据车辆检测诊断和技术鉴定的结果，视情按不同作业范围和深度进行。既然规定在二级维护前进行检测诊断，则二级维护周期(间隔里程)就可作为推荐的汽车诊断周期，若选择的汽车诊断周期比它长，则就是违规；若比它短，则汽车技术状况还好，是一种浪费。实际上，汽车二级维护周期就是我国目前最佳的诊断周期。

由于我国地域辽阔，汽车使用条件复杂，车辆结构性能、制造水平不同，因此，我国对各种车型的二级维护周期没有统一的规定。目前，汽车二级维护周期基本上是参照生产厂家汽车使用说明书的规定和以往的使用经验来确定。通常，中型货车的二级维护周期约为10000～15000km；轿车二级维护周期约为30000km。

提示：汽车的诊断周期可根据车型、二级维护周期的行驶里程和各地的具体使用条件确定。

项目五　汽车检测站

学习目标：

- 了解汽车检测站的任务和类型
- 了解汽车综合检测站的组成
- 熟悉汽车安全环保检测线、综合检测线的检测内容
- 熟悉汽车检测站的检测工艺流程

汽车检测站是指综合运用现代检测技术，对运输车辆技术状况进行监督检测和技术服务的机构。它采用现代检测设备，按照规定的程序、方法，通过一系列技术操作行为，不解体检测汽车各种参数，诊断汽车可能出现的故障，为全面、准确评价汽车的使用性能和技术状况提供可靠的依据。

任务一　了解汽车检测站

一、汽车检测站的任务

根据交通部第29号部令《汽车运输业车辆综合性能检测站管理办法》及GB/T 17993—2005《汽车综合性能检测站能力的通用要求》的规定，汽车检测站的主要任务或服务功能

如下。

1）依法对在用运输车辆的技术状况进行检测诊断。

2）依法对车辆维修竣工质量进行检测。

3）接受委托，对车辆改装、改造、延长报废期及其有关新工艺、新技术、新产品、科研成果鉴定等项目进行检测，提供检测结果。

4）接受公安、环保、商检、计量、保险和司法机关等部门的委托，为其进行有关项目的检测，提供检测结果。

目前，国家公安部要求对于公路上行驶的汽车必须定期到检测站进行安全环保性能检测；交通部要求对于运营中的车辆必须定期到检测站进行综合性能检测。经认定的检测站，对运输车辆的技术状况进行监督检测时，应不以盈利为目的。

二、汽车检测站的类型

1. 按汽车检测站的服务功能分类

根据检测站的服务功能，可分为汽车安全环保检测站、综合检测站和维修检测站。不同类型的检测站其作用也有所不同。

（1）安全环保检测站　汽车安全环保检测站是国家的执法机构。它根据国家的有关法规，定期检查车辆中与安全和环境有关的项目。它一般是针对汽车行驶安全和对环境的污染程度进行总体检测，并与国家有关标准比较，给出“合格”或“不合格”的结果，而不进行具体的故障诊断和分析。汽车安全环保检测站一般设有一条或多条安全环保检测线。

（2）综合检测站　汽车综合检测站既能担负车辆安全、环保方面的检测任务，又能担负汽车维修中的技术检测任务，同时还能承担科研、制造和教学等部门的有关汽车性能试验和参数测定。这种检测站设备多而齐全，自动化程度高，既可进行快速检测，以适应年检要求；又可以进行高精度的测试，以满足技术评定的需要。这种检测站的检测结果既可作为交通运输管理部门发放或吊扣车辆营运证的依据，也可作为维修单位车辆维修质量的凭证。汽车综合检测站一般都设有安全环保检测线和综合性能检测线。

（3）维修检测站　汽车维修检测站通常由汽车运输企业或维修企业建立，其作用是为车辆维修部门服务。它以汽车性能检测和故障诊断为主要内容。在汽车维修前，检测站通过对汽车技术状况的检测和故障诊断确定汽车维护的附加作业、小修项目以及车辆是否需要大修；在汽车维修后，检测站通过对汽车的技术性能检测，可以监控汽车的维修质量。维修检测站一般设有一条或多条综合性能检测线。

2. 按检测站的工作职能分类

根据检测站的职能，可分为A级检测站、B级检测站和C级检测站。不同类型的检测站其工作职责也不一样。

（1）A级检测站　A级检测站能全面承担检测站的任务。它能检测车辆的制动、侧滑、灯光、转向、前轮定位、车速、车轮动平衡、底盘输出功率、燃料消耗、发动机功率和点火系统状况，以及异响、磨损、变形、裂纹、噪声、废气排放等状况。

提示： A级检测站出具的检测结果或证明，可以作为汽车维修单位维修质量的凭证。

（2）B级检测站　B级检测站能承担在用车辆技术状况和车辆维修质量检测的任务。它能检测车辆的制动、侧滑、灯光、转向、车轮动平衡、燃料消耗、发动机功率和点火系统状况，以及异响、变形、噪声、废气排放等状况。

提示：B级检测站出具的检测结果或证明，也可以作为汽车维修单位维修质量的凭证。

（3）C级检测站　C级检测站能承担在用车辆技术状况的检测。它能检测车辆的制动、侧滑、灯光、转向、车轮动平衡、燃料消耗、发动机功率及异响、噪声、废气排放等状况。

任务二　了解汽车综合检测站组成及检测内容

一、汽车综合检测站的组成

目前国内已建立的或正在筹建的检测站大多为汽车A级综合检测站，即独立完整的汽车综合检测站，它主要由检测车间、业务大厅、停车场、试车道路、辅助设施等组成。

1. 检测车间

检测车间是检测站的核心，检测线设置其内。检测车间根据检测站的检测纲领、承担的检测项目及执行的技术标准，一般设有单条或多条自动检测线。

有的检测站设置有多个检测车间，如安全环保检测车间、综合性能检测车间、外检车间、测功车间、调试车间等，可对汽车进行分门别类的检测。

2. 业务大厅

业务大厅是检测站的办公场地，车辆的报检、打印报表、办证等都在业务大厅内完成。大厅墙上一般设置有检测站的检测工作程序、员工工作守则、服务质量承诺、检测收费标准以及其他信息资料。有的业务大厅设置车辆检测动态显示装置，以供观看。大厅内通常还设置车主休息区，以供车主休息等待。

3. 停车场

停车场是被检车辆停车的场地。停车场地一般分为待检停车区和已检停车区，它们分开设置，并有明显的标识加以区分。在已检停车区、待检停车区通常有专职人员对车辆进行指挥和调度，以充分保证场内车辆安全、有序，不会发生拥堵和瓶颈现象，从而确保检测线高效运行。

4. 试车道

试车道用于汽车的道路试验，它主要用于受检汽车的委托性检测或争议仲裁性检测。从安全角度考虑，试车道一般设置在检测车间后面，并在试车道进出口区域有明显的警示标志，防止非工作人员和非试车车辆自行进入，以免引起安全事故。

另外，还有驻车坡道，用于驻车制动试验，通常驻车坡道设置在试车道尽头。

5. 辅助设施

检测站的辅助设施是为车辆检测提供服务和保障的各种设施的总称。一般包括检测所需的能源供给设施、办公设施、职工休息生活设施以及车辆调修设施等。

二、汽车综合检测站的检测内容

1. 检测种类

汽车综合检测站对机动车实施检测主要划分为五类，即：综合性能检测、安全环保性能检测、修理质量测检、二级维护竣工检测、委托检测。

2. 检测项目

若检测种类不同，则检测所依据的标准就不同，因此其检测的项目和参数也会发生相应变化。

（1）综合性能检测　综合性能检测项目主要是：发动机性能、驱动轮输出功率、制动性能、驻车制动器性能、前照灯特性、车速表性能、车轮定位、车轮动平衡、转向性能、侧滑性能、尾气排放物含量、噪声、轴荷、客车防雨密封性、悬架特性、使用可靠性、外部检视。

（2）安全环保性能检测　安全环保性能检测项目主要是：制动性能、前照灯特性、车速表性能、侧滑性能、尾气排放物含量、噪声、轴荷、使用可靠性、外部检视。

（3）修理质量检测　修理质量检测项目主要是：发动机性能、制动性能、前照灯特性、车速表性能、车轮定位、转向性能、侧滑性能、尾气排放物含量、轴荷、客车防雨密封性、使用可靠性、外部检视。

（4）二级维护竣工检测　二级维护竣工检测项目主要是：发动机性能、制动性能、车轮定位、转向性能、车轮动平衡、侧滑性能、尾气排放物含量、轴荷、外部检视。

（5）委托检测　委托检测项目由用户指定，可以是检测线上的任何检测项目，也可以是路试检测项目。

3. 检测参数

各类检测项目的主要检测参数如下。

（1）发动机性能　发动机无负荷功率、怠速转速、气缸压力、起动电压、起动电流、蓄电池电压及内阻、汽油机燃油喷射压力、柴油机供油压力等。有时还应检测如下参数：点火提前角、配气相位、点火波形、点火高压、单缸转速降、喷油压力、针阀开启压力、燃油雾化质量、供油泵供油量、供油均匀性及曲轴箱污染物。

（2）驱动轮输出功率　校正驱动轮输出功率、滑行距离、整车加速时间。

（3）制动性能　行车制动力、同轴制动力平衡、车轮阻滞力、制动协调时间、驻车制动力。

（4）前照灯特性　基准中心高度、远光灯发光强度、远/近光灯光轴偏移量及前照灯配光特性。

（5）车速表性能　车速表示值误差。

（6）车轮定位　车轮前束、车轮外倾角、主销后倾角、主销内倾角等。

（7）转向性能　转向盘自由转动量、转向盘操纵力、转向轮转向角。

（8）侧滑性能　车轮横向侧滑量。

（9）尾气排放物含量　对于汽油机主要有：碳氢化合物、一氧化碳、二氧化碳、氮氧化合物、氧气；对于柴油机主要有：微粒、波许烟度值、光吸收系数。

（10）噪声　喇叭声级、客车车内噪声、车辆定置噪声、驾驶人耳旁噪声。

（11）轴荷　各轴质量、整车质量。

（12）悬架特性　悬架吸收率、悬架效率。

（13）车轮平衡　动不平衡量、静不平衡量。

（14）客车防雨密封性　客车门窗泄漏量。

（15）使用可靠性

1）发动机异响：敲缸、活塞销、连杆轴瓦、曲轴轴瓦、气门敲击等。

2）底盘异响：离合器、变速器、传动轴、主减速器等。

3）总成螺栓、铆钉紧固：发动机（附离合器）紧固、底盘传动系统紧固、转向装置紧固、悬架装置紧固、制动器（系）紧固、轮胎螺栓（母）紧固、半轴螺栓（母）紧固、备胎紧固、车轴U型螺栓（母）紧固、油箱螺栓（母）紧固等。

4）主要部件间隙：车轮轮毂、传动轴万向节、传动轴轴承、传动轴滑动槽、转向横直拉杆球头、转向节主销、钢板弹簧衬套（销）、减振器杆件衬套（销）、传动轴跳动量等。

5）重要部位缺陷：承载轴（桥）裂纹，转向系杆件（臂）裂纹，悬架弹性组件裂纹及位移，车架裂纹，制动管路磨损、老化、龟裂等。

（16）外部检视

1）车辆唯一性确认：车牌号码/颜色/车主（单位）、整备质量或座位数、车型类别/整车外廓尺寸、厂牌型号和出厂编号（或VIN代码）、车架号码/悬架形式、发动机形式/号码、驱动形式、燃油类别、车身颜色、制动形式、车辆轴数、前照灯制式等。

2）整车装备完整有效性基本检验：车容/漆面、后/侧视镜、车门/行李箱门/车窗及门窗玻璃、车门手把/车门锁/行李箱锁、安全门/安全窗/安全带/灭火器、刮水器/洗涤器、灯光/仪表/信号装置及控制、车内地板、车身外缘对称部位左右差、车身对称部位高度差、左右轴距差、挡泥板、轮胎气压、轮胎规格及胎冠花纹深度、牵引车与挂车联接机构、可见螺栓/管/线紧固、漏油/漏水/漏气/漏电、离合器操纵装置自由行程、行车制动系统操纵装置自由行程、应急制动系统操纵装置自由行程、驻车制动系统操纵装置自由行程等。

任务三　熟悉汽车综合检测站的检测线及其工位布置

一般的综合检测站有两条检测线，一条为安全环保检测线，主要承担车管部门对车辆进行年审的任务；另一条为综合检测线，主要承担对车辆技术状况的检测诊断。也有的大型检测站设置有多条安全环保检测线，如大、小型汽车通用检测线，小型汽车专用检测线等，还可以设置多条综合检测线。不管是安全环保检测线，还是综合检测线，它们都由多个检测工位组成，布置形式多为直线通道式，即检测工位按一定顺序分布在直线通道上，有利于流水作业。

一、汽车安全环保检测线及其工位布置

汽车安全环保检测线检测的主要内容基本一致，包括检测侧滑、轴重、制动、前照灯、喇叭、车速表和排放污染物等，但项目的组合、工位的设置因实际情况的不同也有差异，通常设置3~5个工位。国内采用的典型四工位安全环保检测线的工艺布局如图1-5所示。

1. 外部检视工位

外部检视工位设置在室外，属于人工检验，主要进行车辆唯一性确认、整车装备完整有效性检查等。把外检放在第一道工序，是为其他检测项目打好基础，如遇有外检关键项不合格的，将不得进入下一道工位检测。

2. 排放、车速表工位

排放、车速表工位检测项目是排放检测、车速表检测、车底外观检查、汽车底盘间隙检

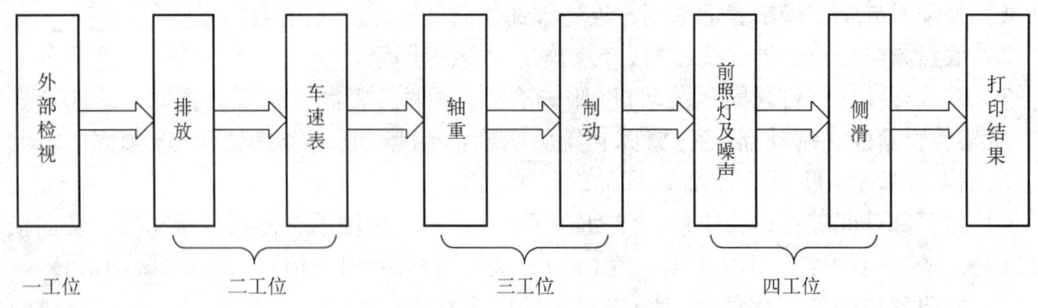

图 1-5　四工位安全环保检测线布置图

测、汽车使用可靠性检查等。本工位配置的主要设备有：不分光红外分析仪、不透光烟度计、车速表校验试验台、汽车底盘间隙检测台等，另外还配有地沟，专用于车底外观及可靠性检查。

3. 轴重、制动工位

轴重、制动工位进行轴重和制动检测，其主要检测项目是检测各轴轴重、各轮制动力、制动力平衡、车轮阻滞力、驻车制动力、制动系统协调时间。本工位配置的主要设备有：制动试验台、轴重计，或带有轴重检测功能的制动试验台。

4. 前照灯、噪声及侧滑工位

前照灯、噪声及侧滑工位检测项目是前照灯发光强度、光束照射方向、喇叭声级、车轮侧滑量等。本工位配置的主要设备有：汽车前照灯检测仪、声级计和双滑板式侧滑试验台。

这种检测线工艺布局的主要特点是：各工位检测项目搭配恰当，工艺节拍性好，工位停留时间短，检测效率高；各工位布局合理，污染严重的排放项目放在检测线入门处，便于及时排出废气、炭烟，减少车辆排放对检测现场的空气污染；检测车间的噪声小，因为噪声较大的高怠速废气检测、自由加速烟度检测、40km/h 的车速表检测都放在检测线入门处，有利于向外传播，以减少对检测车间内的噪声污染。

二、汽车综合检测线及其工位布置

综合检测线布置形式多种多样，有的设置 3 ~ 4 个工位，有的设置 8 ~ 10 个工位，它们具有各自的特点，但都能完成全能综合检测的功能。下面介绍两种典型的综合检测线。

1. 四工位全能综合检测线

四工位全能综合检测线的工位设置及布局是：外部检视工位→车轮定位工位→制动工位→底盘测功工位，它包括了安全环保检测线的主要检测设备和检测项目。

（1）外部检视工位　本工位设置在室外，进行外部检视，主要进行车辆唯一性确认、整车装备完整有效性检查。

（2）车轮定位工位　本工位主要检测项目有：车轮动平衡检验、车轮定位检查、车轮侧滑量检测、底盘间隙检查、传动系统游动间隙检测、转向系检测、悬架检测。

（3）制动工位　本工位的主要检测项目有：轴重、各轮制动力、制动力平衡、车轮阻滞力、驻车制动力、制动系协调时间。

（4）底盘测功工位　本工位的主要检测项目有：底盘测功、车速表校验、油耗测量、排放检测、电气检测、发动机各大系统综合检测、前照灯检验、噪声测定。

综合检测线上各工位的车辆，由于检测项目不一、检测深度不同，很难在相同的时间内检测完毕，容易造成检测堵车现象。为此，可在各工位横向布置成尽头式、穿过式或其他形式，以适应检测的需要，提高检测效率。这种四工位全能综合检测线，在我国早期建成的综合检测站并不少见。

说明：我国早已建成的综合检测站很多采用一般综合检测线，它设置的工位不包括安全环保检测线的主要检测项目，但能承担除安全环保检测项目以外的汽车综合检测任务。

2. 十工位全能综合检测线

我国近期建成的综合检测站，通常将规定的各种检测项目设置成较多工位，依据检测类别，按一定顺序布置成全能综合检测线。典型的十工位全能综合检测线布局方案如图 1-6 所示。

（1）检测工位内容　各工位主要检测内容、项目、设备，见表 1-3。

（2）检测线工艺布局特点

1）检测线将所有检测项目划分为 10 个检测工位，其中 8 个室内工位，2 个室外工位。将 10 个工位，划分为两段，一段为常规必检项目，第一工位至五工位，布置成一条线；另一段为深入诊断项目，第六工位至十工位，布置成一条线。这种工艺有利于多条检测线的布局，可将第六工位至十工位作为各条线的共享部分，其室外的外部检视和车身密封性工位也可共享。

2）检测线能适应流水作业，易实现自动控制和检测网络化，其检测效率高，若每工位各有一辆车同时检测，则可实现 10 辆车的在线检测。

3）检测线不仅能全面满足各项检测要求，而且还可根据承担的检测任务，有效地进行检测项目和工位的灵活组合，合理地使用资源，并使检测效率更高。

① 对车辆进行综合性能检测或对车辆技术等级评定时，应执行 GB 18565—2001《营运车辆综合性能要求和检验方法》、JT/T 198—2004《营运车辆技术等级划分和评定要求》标准，此时 10 个工位同时在线检测 10 辆车。

② 对车辆进行安全环保检测时，应执行 GB 7258—2004/XG3—2008《机动车安全技术条件》国家标准第 3 号修改单，通过一、二、三、四、五工位检测可以覆盖全部项目和参数，能同时在线检测五辆车。

③ 对车辆进行修理质量检测时，应执行 GB/T 15746. 1—1995《汽车修理质量检查评定标准 整车大修》标准，通过第一、二、三、四、五、七、八、十工位检测，可以覆盖全部项目和参数，能同时在线检测 8 辆车。

④ 对车辆进行二级维护竣工检测时，应执行 GB/T 18344—2001《汽车维护、检测、诊断技术规范》标准，通过第一、二、三、四、七、八、九工位检测，可以覆盖全部项目和参数，能同时在线检测 7 辆车。

⑤ 在接受委托检测时，可根据有关标准和用户要求，选择适当的检测项目和工位，能全面完成所委托的检测任务。

4）检测时对车间的排放污染及噪声污染相对较少，原因是：排放与噪声污染严重的第一工位、第六工位均设置在检测线的入门处，检测时有害气体可大量的直接排到室外，噪声也有利于向外传播。

提示：综合检测站在年审时，可用安全环保检测线和全能综合检测线同时检测车辆，以

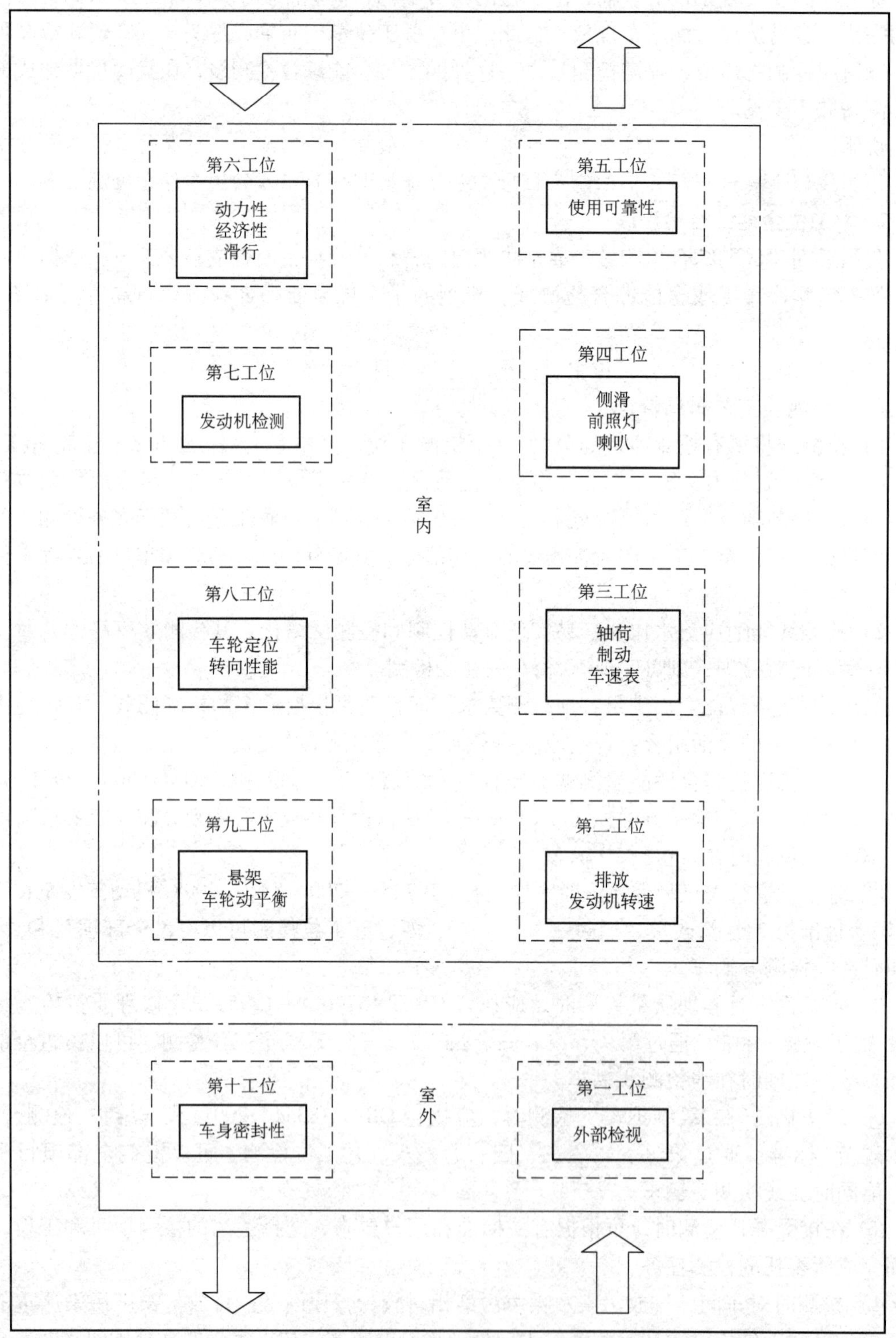

图 1-6　十工位全能综合检测线工位设置及布局

提高检测效率和效益。

表 1-3　各工位检测内容及设备

工位号	主要检测内容	主要检测项目或参数	主要检测设备
第一工位	外部检视	车辆唯一性确认、整车装备完整有效性检查	钢卷尺、钢直尺、轮胎压力表、轮胎花纹深度尺
第二工位	排放污染物	点燃式发动机：HC、CO、NO_X	排气分析仪（带发动机转速显示）
		压燃式发动机：烟度、光吸收系数	滤纸式烟度计、不透光烟度计
第三工位	制动	轴荷、制动力、制动力平衡、车轮阻滞力、制动协调时间、驻车制动力	滚筒反力式制动试验台或平板式制动试验台
	车速表	车速表示值误差	汽车车速表试验台
第四工位	侧滑	转向轮侧滑量	侧滑检验台
	前照灯	基准中心高度、远光光强、远近光光束中心偏移量	前照灯检测仪
	喇叭	喇叭噪声	声级计
第五工位	使用可靠性	发动机异响、底盘异响、总成紧固螺栓及铆钉紧固、主要部件间隙、重要部位缺陷	底盘间隙检测仪、地沟、扭力扳手、专用手锤和专用设备检验
第六工位	整车动力性	驱动轮输出功率、整车外特性曲线、加速性能、加速性能曲线	底盘测功机、油耗计、大气压力表、温度计、湿度计
	燃料经济性	等速百公里燃料消耗量	
	滑行性能	滑行距离、滑行时间	
第七工位	发动机检测	发动机技术性能、发动机性能参数、电子控制系统、电喷系统、气缸压力、机油污染指数	发动机综合性能检测仪、润滑油质分析仪、气缸压力表
第八工位	车轮定位	车轮前束值/张角、车轮外倾角、主销内倾角、主销后倾角、推力角、转向 20°时的张角、车轮轮距	前轮定位仪或四轮定位仪
	转向性能	转向盘自由转动量、转向盘操纵力、转向轮最大转角	转向盘转向力—角仪、转向轮转角仪
第九工位	悬架	吸收率、左右轮吸收率差、悬架特性曲线、悬架效率、左右轮悬架效率差	悬架装置检测台
	车轮动平衡	车轮动平衡	就车式车轮动平衡仪
第十工位	车身密封性	车身淋雨试验	淋雨试验台或专用装置

任务四　熟悉汽车检测站的检测工艺程序

一、汽车检测站的检测工艺流程

汽车进入检测站后，只有按照规定的检测工艺路线和程序流动，才能完成整个检测过程。对于一个独立完整的检测站，汽车进站后的检测工艺流程如图 1-7 所示。

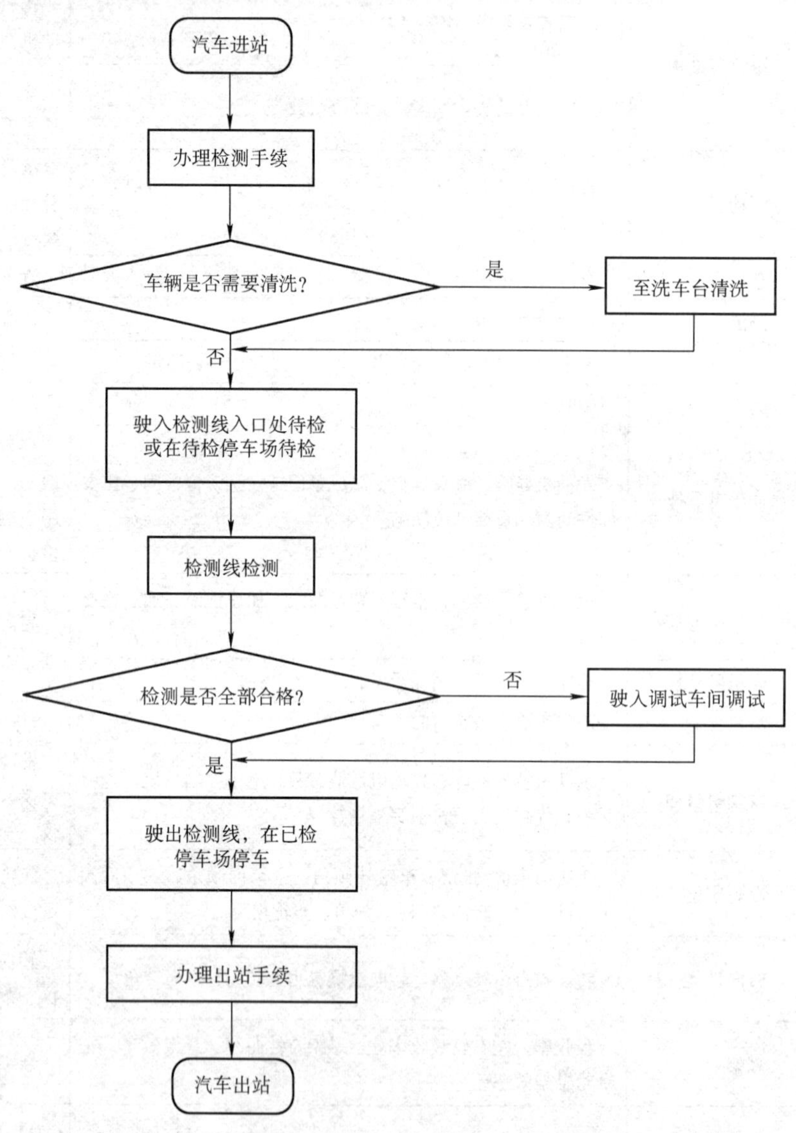

图 1-7　汽车检测站检测工艺流程图

二、汽车检测线的检测工艺流程

汽车检测线的工位布置是固定的，进入检测线的汽车按工位顺序进行流水检测作业。下面以图 1-5 所示的四工位安全环保性能检测线为例，说明其检测的工艺流程，其工艺流程如

图 1-8 所示。

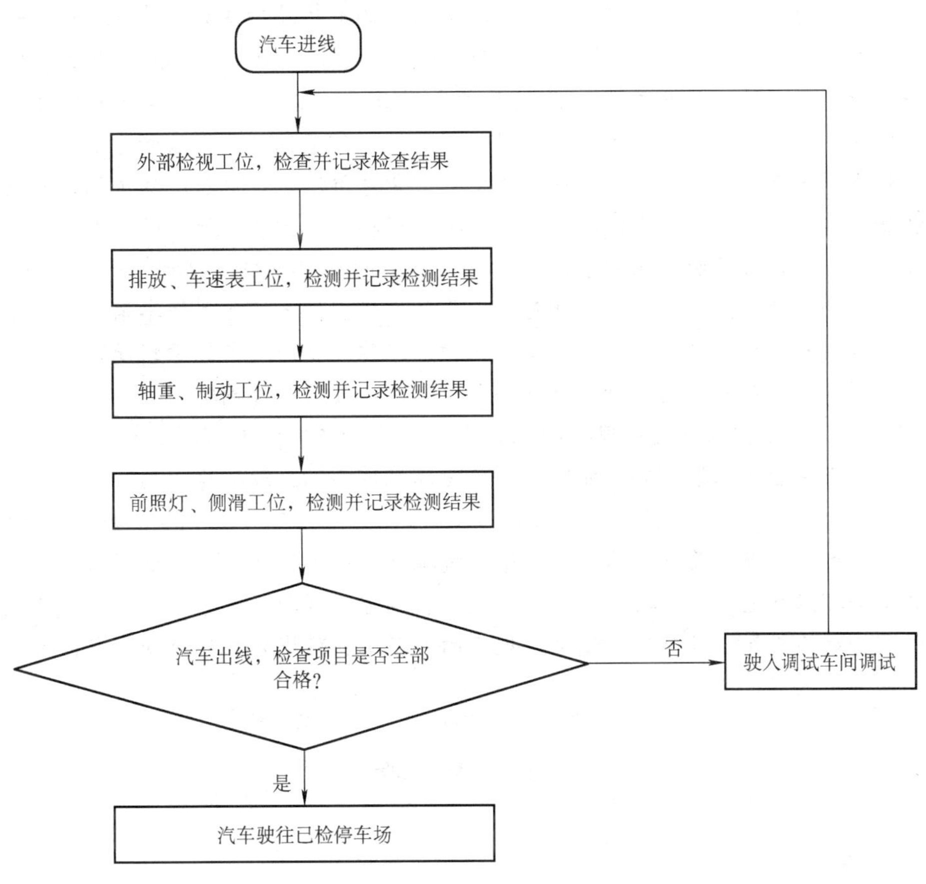

图 1-8　汽车安全环保检测线工艺流程图

本单元小结

1. 汽车检测诊断技术是研究汽车检测方法、检测原理、诊断理论，在汽车不解体(或仅卸下个别小件)的条件下检测，确定汽车技术状况及其故障的一门学科。现代汽车检测诊断技术是实施汽车维修制度的重要保证，是提高维修效率、监督维修质量的重要措施，同时也是确保行车安全的重要手段。

2. 汽车检测是指确定汽车技术状况或工作能力的检查，不解体检测需要依赖汽车检测系统来完成。现代汽车检测系统主要由传感器、信号变换部分、显示记录部分等组成，而且常将检测信号的后续处理引入系统中，普遍采用计算机辅助测试，利用计算机来分析、处理、存储、显示检测信号。根据检测目的不同，汽车检测可分为综合性能检测、安全环保性能检测、故障检测和维修检测四种类型。

3. 汽车故障是指汽车零部件或总成完全或部分丧失工作能力的现象。汽车故障产生通常是由汽车零件失效引起的，而引发汽车零件失效的因素主要是工作条件恶劣、设计制造存在缺陷以及使用维修不当等三个方面。汽车故障诊断是指为确定汽车技术状况或查明汽车故障部位、原因所进行检查、分析和判断的过程，故障诊断的基本方法有人工经验诊断法、仪器分析诊断法和自诊断法，而故障诊断的分析方法主要有故障树法和故障征兆模拟试验法。

4. 汽车诊断参数是指供诊断用的，表征汽车、总成及机构技术状况的参数。诊断参数分为工作过程参数、伴随过程参数和几何尺寸参数三类，它们都是汽车技术状况的状态参数。好的诊断参数应具有：灵敏性、单值性、稳定性、信息性、经济性和方便性。汽车诊断参数标准是指对汽车诊断参数限值的统一规定，它是评价汽车技术状况的依据，一般包括诊断参数初始标准、诊断参数许用标准和诊断参数极限标准，按诊断标准的来源可分为国家标准、行业标准、地方标准和企业标准。诊断参数标准的制定应科学合理，制定方法主要有：统计法、试验法、计算法、类比法和相对法。最佳诊断周期是指能保证车辆的完好率最高而消耗的费用最少的诊断周期，推荐汽车二级维护周期作为我国汽车的诊断周期，实际诊断周期可根据车型、二级维护周期的行驶里程和各地的具体使用条件确定。

5. 汽车检测站是指综合运用现代检测技术，对运输车辆技术状况进行监督检测和技术服务的机构。汽车检测站按服务功能可分为安全环保检测站、综合检测站和维修检测站；按服务功能可分为 A 级站、B 级站和 C 级站。汽车综合检测站可对机动车实施综合性能检测、安全环保性能检测、修理质量测检、二级维护竣工检测、委托检测。安全环保检测站用来检测汽车的安全环保性能，主要检测项目有：侧滑、轴重、制动、前照灯、喇叭、车速表、排放污染物及外部检视等。汽车在检测站按规定的检测工艺路线和程序流动，在检测线按规定的工位顺序进行流水检测作业。

思 考 题

1. 根据我国汽车维修市场的现状，分析汽车检测诊断技术的作用。
2. 分析典型汽车检测系统的组成及作用。
3. 现代汽车故障诊断的基本方法有哪些？各有什么特点？
4. 何为故障树分析法？怎样建立系统的故障树？
5. 何谓诊断参数？诊断参数的选择原则是什么？
6. 如何确定诊断参数标准和最佳的诊断周期？
7. 汽车检测站的任务是什么？
8. 综合检测站检测的主要内容有哪些？
9. 安全环保检测线主要检测哪些项目？

单元二　发动机的检测与诊断

项目一　发动机功率的检测

学习目标：

- 了解发动机功率检测的类型
- 熟悉无负荷测功原理
- 能利用无负荷测功仪检测发动机功率和各缸功率均衡性
- 会分析发动机功率及各缸功率均衡性的检测结果

发动机输出的有效功率是发动机的综合性能评价指标，通过该指标可以定性地确定发动机的技术状况，并定量地获得发动机的动力性。因此，发动机功率检测是汽车不解体检测中最基本的检测项目。

任务一　了解发动机功率检测的基本原理和类型

一、发动机功率检测的基本原理

发动机有效功率的表达式如下：

$$P_e = \frac{T_{tq} n}{9550} \tag{2-1}$$

式中　P_e——发动机有效功率（kW）；

T_{tq}——发动机转矩（N·m）；

n——发动机转速（r/min）。

只要能测出发动机输出轴上的转矩和此时的转速，则可通过式（2-1）求得发动机的有效功率。测功仪器通常是利用这一原理来测功的，可见，发动机有效功率的测量是属于间接测量。

二、发动机功率检测的类型

发动机曲轴对外输出功率时，其转矩与外界提供的阻力矩是相互平衡的。根据外界提供阻力矩的性质，发动机功率检测方法可分为有负荷测功和无负荷测功两种类型。

1. 有负荷测功

有负荷测功时，外界提供稳定的制动负载来平衡发动机的输出转矩，此时发动机转速维持不变，因此有负荷测功也称为稳态测功。有负荷测功必须在专门台架上进行，需要专门的测功设备给发动机加载。其特点是：测功准确，测试时间长，测试费用高。对于发动机设计、制造及院校科研部门的性能试验，必须使用有负荷测功。

2. 无负荷测功

无负荷测功时，外界负载为零，只利用曲轴飞轮等旋转件的惯性力矩来平衡发动机的输出转矩，此时发动机转速必须变化，因此无负荷测功也称动态测功。无负荷测功不需将发动机从车上拆下，可实现就车不解体检测。其特点是：所用仪器轻便，价格便宜，测功速度快，方法简单，但测功精度较低。在汽车维修企业、检测站和交通管理部门，目前应用较多是的是无负荷测功。

任务二　熟悉发动机无负荷测功原理

一、无负荷测功原理

根据检测方法的不同，无负荷测功分为瞬时功率检测和平均功率检测。瞬时功率是指发动机在加速运转时某一转速所对应的功率；平均功率是指发动机在加速运转时某一指定转速范围内的平均功率。

1. 瞬时功率检测原理

把发动机的所有运动部件等效地看做一个绕曲轴轴线旋转的回转体。没有外界负荷的发动机，在怠速情况下突然踩下加速踏板时，发动机发出的动力除克服各种机械阻力矩外，其有效转矩将全部用来加速发动机运动部件，其加速时的惯性阻力矩为该工况下的唯一负载，因此其加速过程的运动方程为

$$T_{tq}=J\frac{d\omega}{dt}=J\frac{\pi}{30}\frac{dn}{dt} \tag{2-2}$$

式中　T_{tq}——发动机转矩(N·m)；

J——发动机运动部件对曲轴轴线的当量转动惯量($kg\cdot m^2$)，对于一定的发动机，J 视作常量；

$\frac{d\omega}{dt}$——曲轴的角加速度($1/s^2$)；

n——发动机转速（r/min)；

$\frac{dn}{dt}$——曲轴转速变化率(r/s^2)。

将式(2-2)代入式(2-1)整理得

$$P_e=Cn\frac{dn}{dt} \tag{2-3}$$

式中　P_e——发动机功率(kW)；

C——与发动机当量转动惯量有关的常量，$C=\frac{\pi}{30}\frac{J}{9550}$。

由于在动态测试时，发动机的进气、燃烧状况与稳态时不同，其有效功率相对小些，因而应进行功率修正，其修正系数可由发动机稳态测功和动态测功的对比试验确定，如设功率修正系数为 k，则发动机有效功率为

$$P_e = C_1 n \frac{dn}{dt} \tag{2-4}$$

式中　C_1——与发动机当量转动惯量和功率修正有关的常量，$C_1 = kC$。

式(2-4)表明，发动机在加速过程中某一转速下的功率，与该转速及其转速变化率呈正比。因此，只要测出加速过程中的这一转速 n 及其对应的转速变化率$\frac{dn}{dt}$，则可求得该转速下的发动机功率。实际应用中，往往通过测取发动机额定转速下的功率，来评价发动机的动力性，进而判断发动机的技术状况。

2. 平均功率检测原理

根据功能原理知，发动机驱动曲轴转动所做的功等于曲轴旋转动能的增量，其数学表达式为：

$$A = \frac{1}{2} J(\omega_2^2 - \omega_1^2) \times \frac{1}{1000} \tag{2-5}$$

式中　J——发动机当量转动惯量，同前；

ω_1，ω_2——发动机加速过程测定区间的曲轴起始角速度和终止角速度(1/s)；

A——在 $\omega_1 \to \omega_2$ 的加速过程中，发动机曲轴输出的有效功(kJ)。

设曲轴角速度加速过程测定区间 $\omega_1 \sim \omega_2$ 对应的发动机转速为 $n_1 \sim n_2$，加速所经历的时间为 ΔT，则这一时间间隔的平均功率为 $A / \Delta T$，变换后得：

$$P_{av} = C_2 \frac{1}{\Delta T} \tag{2-6}$$

式中　P_{av}——平均功率(kW)；

ΔT——加速时间(s)；

C_2——与发动机当量转动惯量和起、止转速有关的系数，$C_2 = \frac{1}{1000} \times \frac{1}{2} J \left(\frac{\pi}{30}\right)^2 (n_2^2 - n_1^2)$，当起、止转速 n_1、n_2 以及 J 给定时，C_2 为常量。

式(2-6)表明，发动机在加速过程中的平均功率与加速时间成反比，即突然踩下加速踏板时，发动机由转速 n_1 加速到转速 n_2 的时间越长，表明发动机功率越小；反之，加速时间越短，表明发动机功率越大。因此，只要测取某一转速范围的加速时间，则可得到发动机相应的平均功率，定性评价发动机的动力性。

提示：实际应用中，往往是将额定功率作为发动机的动力性评价指标。因此，应将测出的某一转速范围的平均功率转化为稳态时额定转速下的功率进行对比评价。根据稳态测功与动态测功的对比试验得知，发动机额定转速下的功率与相应加速状况下测得的平均功率之间存在一近似常量关系。通常人们利用这种关系，根据加速时间 ΔT 与额定转速下的功率对应情况，来对无负荷测功仪进行标定，这样通过测量加速时间就可直接测得额定转速下的功率，即发动机最大功率，从而定量地评价发动机的动力性。

二、无负荷测功仪的组成与工作原理

瞬时功率的检测在实际操作中有一定的困难，因此，大多数无负荷测功仪采用了平均功率检测原理。这种无负荷测功仪主要由转速信号传感器、转速脉冲整形装置、起始转速触发器、终止转速触发器、时标、计算与控制装置和显示装置等组成，如图 2-1 所示。

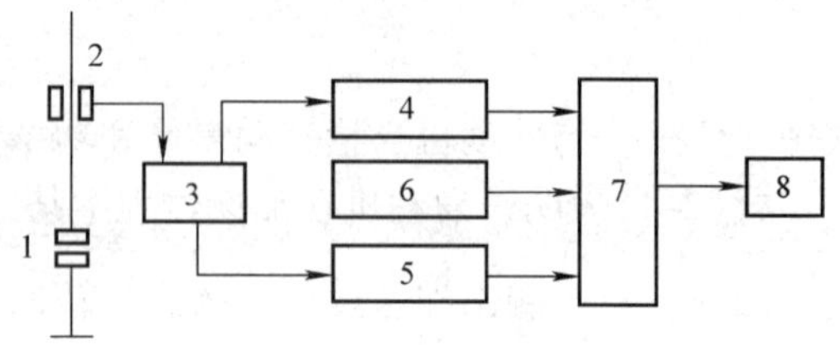

图 2-1　无负荷平均功率测功仪主框图
1—断电器触点　2—转速信号传感器
3—转速脉冲整形装置　4—起始转速触发器
5—终止转速触发器　6—时标
7—计算与控制装置　8—显示装置

测功时，转速信号传感器通过点火系统低压电路或高压电路，或高压油管处(柴油机)感应出发动机的转速脉冲信号，然后送入转速脉冲整形装置整形为矩形触发脉冲，并转变为平均电压信号，该电压值与发动机转速成正比。在发动机加速过程中，当转速达到起始转速时，与起始转速对应的电压信号通过起始转速触发器触发计算与控制电路，使时标信号进入计算器并寄存；当发动机加速到终止转速时，与终止转速对应的电压信号通过终止转速触发器又去触发计算与控制电路，使时标信号停止进入计数器，并把寄存器中时标脉冲数经数模转换成电信号，通过显示装置显示出加速时间或最大功率。

任务三　掌握发动机无负荷测功方法

一、发动机无负荷测功方法

无负荷测功前，先将发动机与传动系统分离，按说明书规定连接测功仪的传感器、接线并调整及设置测功仪，然后起动发动机并使发动机的温度达到规定值。测功时，在发动机怠速状态下，迅速踩下加速踏板，使发动机加速，当转速超过终止转速时，功率表便可显示被测发动机的功率。为了取得较准确的测量值，应重复测量几次，取平均值。

二、各缸功率均衡性检测方法

各缸功率均衡性可通过发动机各单缸功率和单缸断火后的转速变化来反映，利用无负荷测功仪可检测发动机单缸功率和单缸断火后的转速变化。

单缸功率的检测方法是：先测出各缸都工作时的发动机功率，然后在某气缸断火(高压短路或柴油机输油管断开)情况下，再测量发动机功率，两功率之差即为断火气缸的单缸功率。

单缸断火后转速变化的检测方法是：使发动机在一定转速下运行，然后将某缸突然断火，由于发动机的指示功率减少，导致克服原转速的摩擦功率不够，从而使发动机重新平衡运转的转速降低，此时便可测出其转速的下降值。

三、无负荷测功仪的使用方法

无负荷测功仪既可以制成单一功能的便携式测功仪，又可以与其他测试仪表组合成发动机综合检测仪，下面以远征 EA1000 发动机综合性能分析仪为例，来说明无负荷测功仪的使用方法。

1. 测试前的准备

1）调整发动机使其处于最佳技术状态，预热发动机至正常工作温度(80 ~ 90℃)。

2）接通电源，打开检测仪总开关、显示器开关、主机开关，预热仪器。

3）将汽车(或发动机)点火开关置 OFF，然后按仪器使用说明书给定的方法，连接好测试线和传感器。

4）启动检测程序。用鼠标左键双击显示器上“远征发动机检测仪”图标，启动检测仪综合性能检测程序，其主机将进入系统自检画面，通过系统自检后，进入用户数据录入界面，点击“修改”按钮，录入汽车用户资料，然后点击“确定”按钮，显示屏就出现检测程序主、副菜单，如图2-2所示。

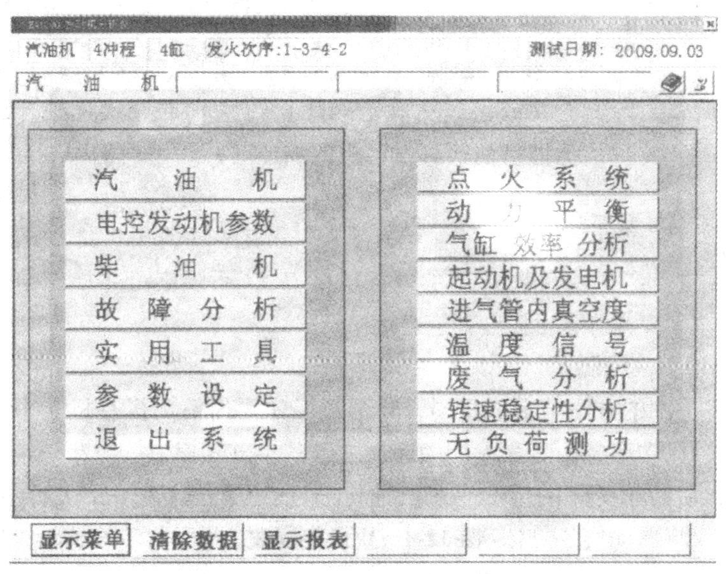

图2-2　EA1000发动机分析仪主菜单

5）在主菜单下，用鼠标左键点击“汽油机”或“柴油机”，在汽油机/柴油机下级菜单中再选择“无负荷测功”，系统即进入无负荷测功界面，如图2-3所示。

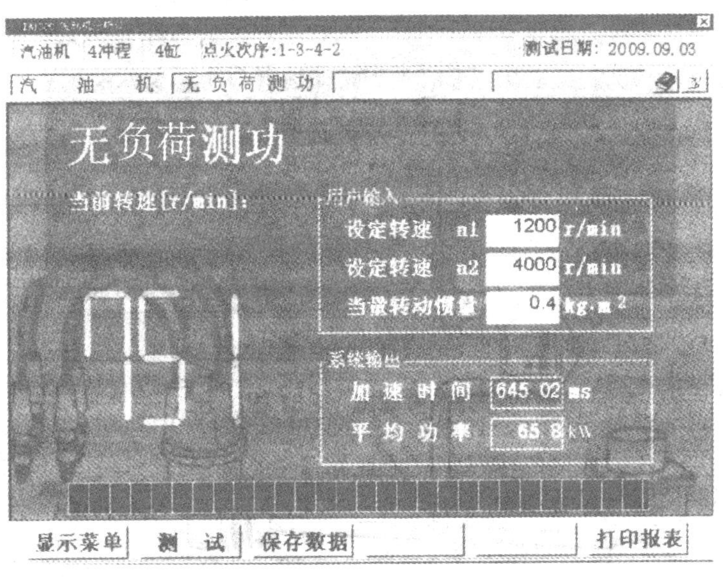

图2-3　EA1000无负荷测功界面

6）根据发动机转速工作范围，设定起始转速 n_1 和终止转速 n_2。本例中设 n_1 为 1200r/min，n_2 为 4000r/min。

7）根据发动机的型号输入转动惯量的数值，本例中选 $J=0.4\text{kg}\cdot\text{m}^2$。

2. 功率测试

1）使发动机与传动系分离，让发动机在怠速下稳定运转。

2）用鼠标左键点击“测试”，界面开始出现 5s 倒计时。

3）当倒计时为“0”时，有蓝色色棒显示，此时迅速将加速踏板踩到最大位置，使发动机转速猛然上升，当转速达到或超过所确定的终止转速 n_2 时，迅速松开加速踏板，使发动机回到怠速工况，此时系统将自动检测发动机的加速时间、平均功率并显示其数值，如图 2-3 所示。

4）为保证测试结果可靠，一般可重复测量 3 次取其平均值作为其测量结果。

5）用鼠标左键点击“保存数据”或“打印报表”，系统则可将检测结果进行保存或打印输出，点击“显示菜单”返回。

3. 各缸功率均衡性检测

1）单缸功率检测的方法与上述相同，只不过需先测出发动机整机功率，再测出某单缸断火情况下的发动机功率，两者之差即为断火之缸的单缸功率。

2）单缸断火后转速变化的检测。在汽油机/柴油机下级菜单中，启动“动力平衡”菜单，发动机分析仪将自动使各缸依次断火，从而获得各缸断火前转速、断火后转速以及转速下降的百分比，并记录、打印、计算平均值。

四、无负荷测功时应注意的事项

1）发动机当量转动惯量 J 值的选取要准确。J 值的大小将直接影响无负荷测功的精度，故 J 值的选取应相当慎重。通常，仪器生产厂家提供的某些车型的 J 值多为发动机台架试验测得。这种试验一般不带风扇和空气滤清器，与就车测试的条件不同。因此，必须使用有关使用部门提供的就车测试的发动机当量转动惯量 J 值。对于新型或初次测试的车型，必须经过大量的试验，并与出厂数据和发动机台架试验数据对比后，才能得出适当的当量转动惯量 J 值。

若被测发动机的转动惯量未知，则应先测定其转动惯量。其方法为：先选好一台已知最大功率 P_{max} 的同类型发动机，并设定其转动惯量为 J_1，利用无负荷测功仪对该发动机进行多次功率测量。若测得的最大功率为 P_1，则被测发动机的转动惯量 J 可按下式计算：

$$J=\frac{J_1}{P_1}P_{max}$$

2）发动机加速区间的转速 n_1、n_2 的选取要适当。通常起始转速 n_1 应高于发动机怠速转速，常取发动机怠速转速的 150%，以减少怠速的影响，提高测量精度；终止转速 n_2 应取额定转速，以便检测发动机最大功率。

3）检测时，踩加速踏板的速度和力度要均匀，且要求重复性好，以保证检测结果具有良好的稳定性。

4）使用不同的无负荷测功仪时，应严格按各自的使用说明书操作，不可生搬硬套。

任务四　正确分析发动机功率的检测结果

一、发动机功率检测结果分析

无负荷测功检测获得的是在用汽车发动机最大功率，它是评价发动机动力性的一个重要参数，我国在 GB 7258—2004 XG 3—2008《机动车运行安全技术条件》国家标准第 3 号修改单中就有明确规定：车用发动机功率不得低于原额定功率的 75%。部分汽车发动机的动力性指标(不带风扇、空气压缩机、空气滤清器、排气消声器等附件时的输出功率)如表 2-1 所示。

提示：若发动机功率偏低，则应首先检查燃料供给系统和点火系统技术状况。若该两系统正常，则应检查气缸的密封性，以判断发动机机械部分是否存在故障。当怀疑是个别气缸技术状况不良而导致整机功率偏低时，可进行单缸断火后测功验证。

表 2-1　部分汽车发动机的动力性指标

汽车型号	排量/L	最大功率/kW	最大功率对应转速/(r/min)
东风标致 307	2.0	108	6000
PASSAT 新领驭 1.8T	1.78	120	5700
LAVIDA 朗逸 1.6L	1.6	77	5000
别克 GLX	2.98	126	5200
TIGUAN 途观 1.8TSI	1.8	118	6200
雷克萨斯 400	3.9	193	5300
红旗 CA7200	2.21	65	4800
东风 EQ1092	5.42	99	3000
解放 CA1091	5.6	99	3000

二、发动机各缸功率均衡性检测结果分析

各缸功率均衡性是判断发动机技术状况的一个重要指标，是发动机检测诊断的一个重要内容，利用各缸功率均衡性检测结果可以评价发动机各缸工作状况。

1. 各单缸功率检测结果分析

技术状况良好的发动机，其运转应平稳，各缸发出的功率应一致。但发动机长期使用后，由于结构、供油系统以及点火系统方面的差异，各气缸实际发出的功率还是会有所不同，特别是当某气缸存在故障时，这种差别就更大。例如，在某一转速下，若某气缸火花塞突然断火，则该气缸就不能做功，发动机总功率就会下降。因此，根据轮流将各缸断火测出的发动机各单缸功率，可以判断各缸技术状况是否良好。

提示：若各单缸功率相同，则说明发动机各缸功率均衡性好；若某缸断火后，测得的功率没有变化，则说明其单缸功率为零，该缸完全不工作。若发动机单缸功率偏低，则一般系该缸高压线、分线插座或火花塞技术状况不佳、气缸密封性不良所致，应更换、调整或维修。

2. 单缸断火后转速变化检测结果分析

工作正常的发动机，在某一转速下稳定空转时，发动机的指示功率与摩擦消耗功率是平

衡的。此时，若取消任一气缸的工作，发动机转速都会有相同的下降值。因此，可以利用在单缸断火情况下测得的发动机转速下降值，来评价各缸的工作状况。

通常在发动机各缸工作都正常的情况下，以某一平衡转速下单缸断火时发动机转速下降的平均值作为诊断标准，表2-2给出了某些发动机以800r/min转速稳定工作条件下，单缸断火后转速下降平均值的诊断标准。

表2-2 发动机单缸断火后转速下降平均值

发动机气缸数	转速下降平均值/(r/min)	发动机气缸数	转速下降平均值/(r/min)
4	80~100	8	40~60
6	60~80		

提示：若各缸轮换断火时，转速下降的幅度大而且基本相同，则说明各缸工作状况良好，各缸功率均衡性好；若各缸转速下降的幅度差别很大，则说明各缸功率均衡性差，有些缸工作不正常；若某缸转速下降的幅度较标准小，则说明其单缸功率小，该缸工作状况不良；若某缸转速下降值等于零，则说明其单缸功率为零，该缸不工作。

注意：检测时，单缸断火后的转速下降值应符合诊断标准，且要求最高和最低下降值之差不大于转速下降平均值的30%。

应该指出，利用单缸断火后转速下降值来检测各缸功率均衡性，对于缸数很多(8缸以上)的发动机是不适宜的。因为气缸数越多，单缸断火后转速下降值就越小，测量误差就越大，判断各缸工作性能的难度也就越大。

项目二　气缸密封性的检测诊断

学习目标：

- 了解发动机气缸密封性检测的作用
- 能利用气缸压力表、发动机综合性能分析仪检测气缸压缩压力并诊断故障
- 能利用气缸漏气量检测仪检测气缸漏气量、漏气率并诊断故障
- 能利用真空表、发动机综合性能分析仪检测进气歧管真空度并诊断故障

气缸密封性是由发动机活塞组、气门与气门座以及气缸盖、气缸体、气缸垫等零件保证的，发动机在使用过程中，若气缸与活塞组因磨损使配合间隙过大，气门与气门座因磨损、烧蚀而关闭不严，缸体、缸盖因受力变形而导致密封面翘曲，则气缸密封性就会变差，其表征参数如气缸压缩压力、气缸漏气量、进气管真空度等也会发生相应变化，通过检测其表征参数就可以评价气缸的密封性。良好的气缸密封性是保证发动机缸内压力正常并有足够动力输出的基本条件，也是保证发动机高效经济工作的一个重要因素。因此，通过气缸密封性的检测可容易判断发动机的基本技术状况。

任务一　掌握气缸压缩压力的检测诊断方法

气缸压缩压力是指缸内气体压缩终了时的压力。它是气缸密封性最直接的评价指标，常

用来诊断发动机性能和气缸活塞组的技术状况。

一、用气缸压力表检测气缸压缩压力

1. 气缸压力表

气缸压力表有多种结构形式，如图 2-4 所示，一般由表盘、导管、单向阀和接头等组成。压力表盘的作用是指示压力；压力表接头的作用是连接火花塞或喷油器安装孔，有螺纹管接头和锥形或阶梯形橡胶接头两种；单向阀的作用是，当阀处于关闭位置时可保持测得的气缸压缩压力读数，当阀打开时可使压力表指针回零。

2. 检测气缸压缩压力

用气缸压力表检测发动机气缸压缩压力的方法如下。

1）将发动机运转至正常工作温度（冷却液温度达 70 ~ 90℃）后停机。

2）拧出各缸火花塞或喷油器，以减少曲轴转动阻力。汽油机还应将节气门和阻风门全开，以减少空气阻力。

3）将气缸压力表锥形橡胶接头扶正压紧在火花塞或喷油器安装孔上，如图 2-5 所示。

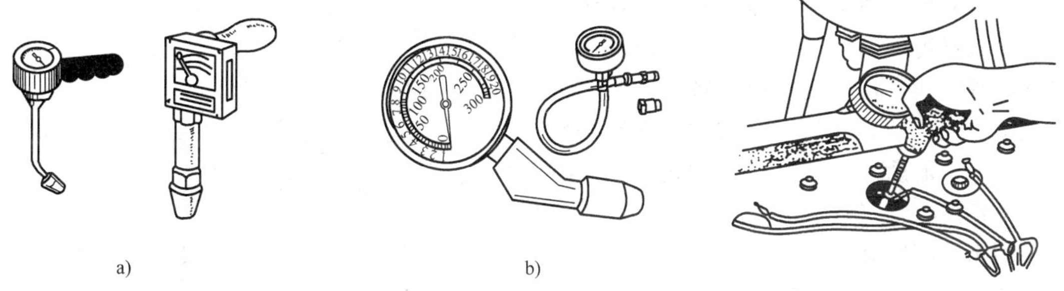

a)　b)

图 2-4　气缸压力表

a）汽油机气缸压力表　b）柴油机气缸压力表

图 2-5　测量气缸压缩压力

4）用起动机带动发动机运转，其转速应符合原厂规定，转动 3 ~ 5s，待压力表指针指示并保持最大压力后停止转动。

5）取下气缸压力表，记下读数，按下单向阀使压力表指针回零。

6）为使测量数据准确，每缸应重复测量 2 ~ 3 次，取其平均值作为被测气缸的压缩压力。

7）依次测量各缸，即可得到各缸的压缩压力。

3. 检测特点

1）检测实用可靠，简单易行，经济实惠，适用于气缸组技术状况的常规诊断。

2）检测效率低，需拆火花塞或喷油器（柴油机），且一缸一缸地测量，不适应现代化检测要求。

3）检测精度受发动机转速变化的影响大。研究表明，在曲轴转速低于 1000r/min 的范围内，较小的转速变化会带来较大的气缸压缩压力值变化。为减少测量误差，应使发动机检测转速符合要求。

提示： 用气缸压力表检测气缸压缩压力是传统检测诊断中应用最广泛的一种方法，适用于各种汽车维修企业。

二、用发动机综合性能分析仪检测气缸压缩压力

1. 检测原理

发动机综合性能分析仪可在不拆卸火花塞或喷油器的情况下，测定发动机各缸的压缩压力。其检测原理是利用电流传感器测出起动机起动过程中起动电流的变化，通过仪器屏幕显示其波形来间接测定发动机各缸的压缩压力。

起动机驱动发动机时起动阻力矩与起动电流呈线性关系，即起动阻力矩越大，起动电流就越大。发动机起动阻力矩是由机械阻力矩和气缸内压缩气体的反力矩两部分组成，正常情况下机械阻力矩可认为是常数，而缸内压缩气体的反力矩则是随气缸压缩过程而波动的变量。因此起动发动机时，起动电流的变化与气缸压力的变化存在着对应的关系，所以可通过测量反映阻力矩波动的起动机电流变化曲线来确定气缸的压缩压力。

图 2-6 所示为六缸发动机起动机电流与曲轴转角的关系曲线。它清楚地表明，起动电流值是变化的，其变化是因气缸内压缩压力的波动而引起的，且其电流波形各段的峰值与各缸的最大压缩压力成正比。若能确定某一电流峰值所对应的气缸，则可按点火次序确定各缸所对应的起动电流峰值，其大小可代表相应气缸最大压缩压力值。通常各缸电流波形峰值所对应的缸号是通过点火传感器或喷油传感器先确定第一缸波形的位置而推得的。

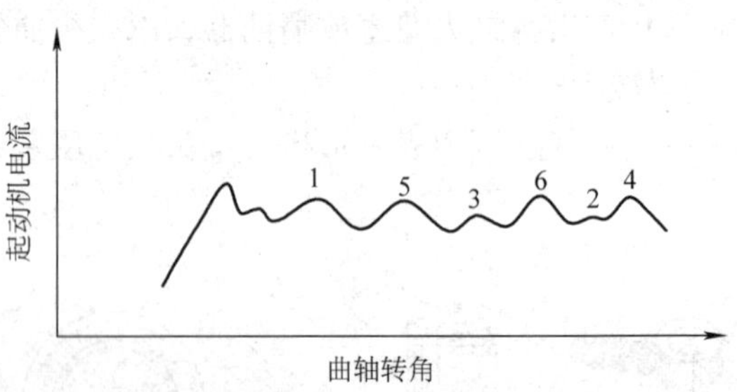

图 2-6　起动机起动电流与曲轴转角关系曲线

提示：检测时，若显示的各缸电流波形振幅一致，且峰值又在规定范围内，说明各缸压缩压力符合要求；若各缸波形振幅不一致，对应某缸电流峰值低于规定范围，则说明该缸压缩压力不足。

国产 QFC—5 型、WFJ—1、EA1000 型发动机综合性能分析仪就是依据上述原理检测发动机气缸压缩压力的。不少发动机综合性能分析仪把起动电流的波形变成柱方图来显示各缸的气缸压缩压力，非常直观。

2. 检测方法

不同的发动机综合性能分析仪，其检测方法也略有差异。下面以 EA1000 型为例说明发动机气缸压缩压力的检测方法。

1）将发动机运转至正常工作温度(冷却液温度达 70 ~ 90℃)后停机。

2）接通电源，打开分析仪总开关、显示器开关、主机开关，预热仪器。

3）按仪器使用说明书给定的方法，连接好测试线和传感器。

4）启动检测程序。用鼠标左键双击显示器上“远征发动机检测仪”图标，启动检测仪综合性能检测程序，其主机将进入系统自检画面，通过系统自检后，进入用户数据录入界面，点击“修改”按钮，录入汽车用户资料，然后点击“确定”按钮，显示屏就出现检测程序主、副菜单。

5）用鼠标选择“起动机及发电机”，进入起动电流检测功能。

6）按下“检测”键，起动发动机，分析仪自动发出全部断油指令，仪器屏幕将显示出

发动机转速、起动电流，同时绘制出起动电流曲线和相对气缸压力的柱方图，从而检测出各气缸压缩压力及其变化量，如图2-7所示。

7）视需要打印输出检测结果。

3. 检测特点

用发动机综合性能分析仪检测气缸压缩压力，不需拆装火花塞或喷油器（柴油机），且能同时检测各个气缸，因而其检测速度快、效率高。它适用于发动机一般技术状况的定性检查。

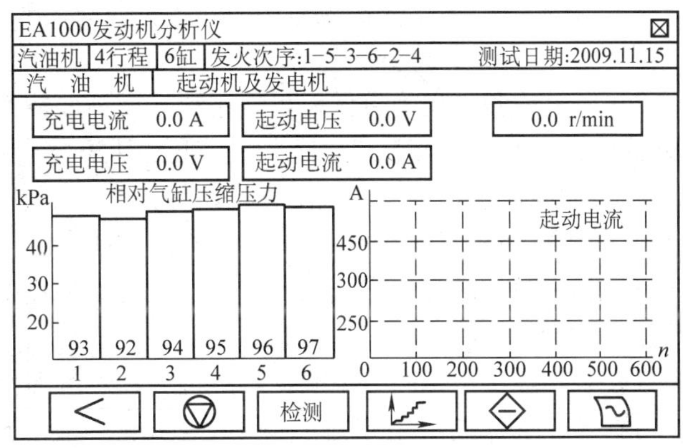

图2-7　起动电流及起动电压检测

三、气缸压缩压力的诊断

1. 气缸压缩压力诊断标准

发动机气缸压缩压力标准值一般由制造厂提供。由于发动机结构和压缩比不同，各车型气缸压缩压力的标准值也不尽相同，表2-3为几种车型发动机气缸压缩压力的标准值。

表2-3　几种车型发动机的气缸压缩压力标准值

车　型	压　缩　比	气缸压缩压力/kPa	测定转速/(r/min)
桑塔纳2000(AFE)	9.0	1000～1300	200～250
奥迪100 1.8L	8.5	800～1000	200～250
神龙富康(TU3F2/K)	8.8	1200	200～250
广州本田雅阁2.3L	8.9	930～1230	200～250
解放CA1091	7.4	930	100～150
北京BJ1040	7.2	785～981	200～250
跃进NJ1041	7.5	980	200～250
天津大发	9.0	1225	200～250

根据检测性质的不同，其诊断标准也略有差异。对于营运车辆发动机的性能检测，根据GB 18565—2001《营运车辆综合性能要求和检验方法》的规定，发动机各气缸压缩压力应不小于原设计规定值的85%；每缸压力与各缸平均压力的差：汽油机应小于8%，柴油机应小于10%。对于发动机大修的竣工检验，根据GB/T 15746.2—1995《汽车修理质量检查评定标准　发动机大修》的规定，发动机各气缸压缩压力应符合原设计规定；每缸压力与各缸平均压力的差：汽油机应小于8%，柴油机应小于10%。

2. 气缸压缩压力诊断

根据气缸压缩压力检测的结果，可以评价发动机的技术状况。若气缸压缩压力超过标准，过低或过高，则说明发动机气缸组技术状况不良，存在故障。通常可根据以下几种情况作出诊断。

1）有的气缸在2～3次测量中，压力读数时高时低，相差较大，说明其进排气门有时关闭不严。

2）一缸或数缸压力偏低，可以用清洁而黏度较大的机油20～30mL，注入压力偏低缸火花塞或喷油器孔内再测量气缸压力。若压力上升接近标准压力，则说明该气缸、活塞环、活塞磨损过大或活塞环对口或气缸臂拉伤等；若压力基本无变化，则说明该缸进排气门关闭不严或气缸衬垫密封不良。

3）相邻两缸压力相当低，而其他缸正常，加注机油后检测其压力仍然很低，说明相邻两缸间气缸衬垫烧损窜气。

4）个别缸压力偏高，说明这些缸可能积炭过多而导致燃烧室容积减少所致。

5）各缸压力都偏高，汽车行驶中又出现过热或爆燃，则可能是：燃烧室积炭过多，或经几次大修因缸径加大、缸盖接合平面修理磨削过度，或气缸衬垫过薄而使压缩比增大所致。

任务二　掌握气缸漏气量的检测诊断方法

气缸漏气量是指活塞处于压缩行程上止点附近时缸内一定压力的气体，通过气缸活塞组配合副间隙、活塞环对口、进排气门密封面、气缸衬垫密封面泄漏的空气量，它直接反映气缸密封性。气缸漏气量越大，则气缸密封性就越差。

一、气缸漏气量的检测

1. 气缸漏气量检测仪

气缸漏气量的检测可通过气缸漏气量检测仪进行。图2-8所示为QLY—1型气缸漏气量检测仪的结构原理图，它主要由调压阀、进气压力表、测量表、空气量孔、橡胶软管、快换管接头和充气嘴等组成。此外，还得配备外部气源、活塞位置指示器，其中外部气源用以提供相当于气缸压缩压力的压缩空气，而活塞位置指示器用来确定各缸活塞压缩行程及其上止点位置。

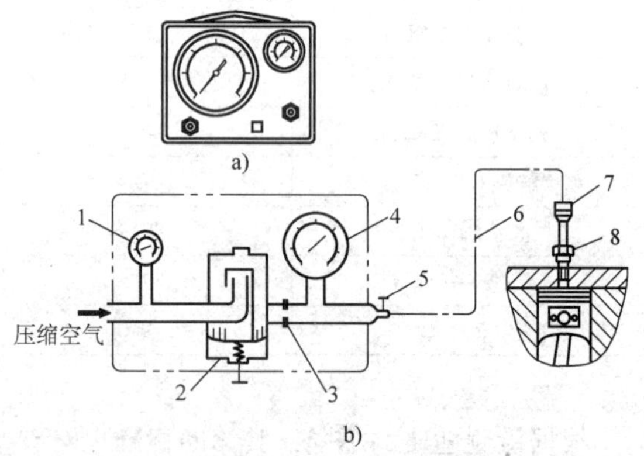

图2-8　气缸漏气量检测仪结构原理图

a）仪器外形图　b）工作原理图

1—进气压力表　2—调压阀　3—空气量孔　4—测量表　5—出气阀　6—橡胶软管　7—快换接头　8—充气嘴

2. 气缸漏气量检测原理

检测时，发动机不运转，活塞处于压缩行程上止点附近，从火花塞或喷油器安装孔处通入一定压力的空气，通过测量气缸内空气压力的变化情况，来表征气缸的漏气量。

经过调控的一定压力的外部气源压缩空气按箭头发向进入漏气量检测仪，其压力由进气压力表1显示，随后压缩空气经由调压阀、空气量孔、橡胶软管、快换管接头和充气嘴进入气缸，气缸内压力由测量表4显示。

由于气缸内各配合副总有一定的间隙，压缩空气将从气缸内的不密封处泄漏出去，所以空气量孔3后面的空气压力将会下降，其测量表4的压力越小，说明漏气量就越大。因此，通过检测测量表4的压力就可得到气缸漏气量。通常，测量表上气缸漏气量的标定单位为kPa或MPa。

若测量表的标定单位为百分数，则这种检测仪可用来检测气缸漏气率。这种检测仪的标定方法是：接通外部压缩空气，关闭出气阀5，调整调压阀2，使测量表4指针指向额定进气压力，并将其作为0点，表示漏气率为零，气缸不漏气；打开出气阀5，让压缩空气全部经量孔后与大气相通，此时压力表指示刻度标为100%，表示漏气率为100%，气缸内的压缩空气全部漏掉；在测量表0～100%之间等分100份，每一份即为1%的漏气量。用此仪表测得的是气缸的漏气率。

3. 气缸漏气量检测方法

下面以QLY—1型气缸漏气量检测仪为例，说明汽油机气缸漏气量的检测方法。

1）将发动机预热至正常工作温度后停机。

2）用压缩空气吹净火花塞孔处的脏物，并拧下所有火花塞，装上充气嘴。

3）转动曲轴，使第1缸活塞位于压缩行程上止点，并拆下分电器盖及分火头，装上活塞位置指示器，如图2-9所示。

4）将变速杆置于高速挡，并拉紧驻车制动器操纵杆，以防压缩空气进入气缸后推动活塞下移。

5）调定测量表初始压力。将仪器与气源接通，在出气阀完全关闭情况下，调整调压阀，使测量表初始压力为400kPa。

6）在第1缸充气嘴接上快换接头，打开出气阀，向第1缸充入压缩空气，此时测量表的读数便反映了该缸的漏气量。同时测听可能漏气部位是否有漏气声，以便确诊故障所在。

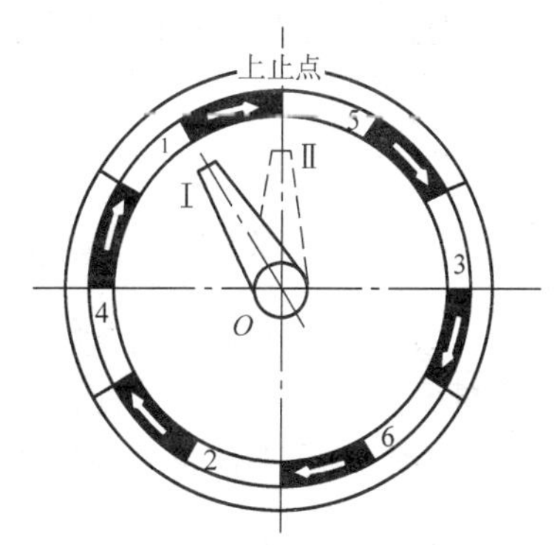

图2-9　六缸活塞位置指示器
Ⅰ—压缩行程开始位置　Ⅱ—压缩行程上止点
1—5—3—6—2—4—发动机工作顺序

7）转动曲轴，根据点火顺序，使活塞位置指示器指针指向各缸上止点位置，按上述方法分别检测各缸漏气量。为使检测结果可靠，各缸应重复再检测一次，取平均值作为各缸的漏气量。

二、气缸漏气的故障诊断

1. 气缸漏气诊断标准

气缸漏气量检测时，测量表读数越接近其调定的初始压力，说明其漏气量越少，气缸密封性越好。QLY—1型气缸漏气量检测仪使用说明书规定：对于国产货车发动机，在测量表调定初始压力为400kPa的条件下，当测量表读数大于或等于250kPa时，表示气缸密封性正常，发动机可继续使用；当测量表读数小于250kPa时，表示气缸密封性差，不符合要求，应确诊故障部位并排除故障。

气缸漏气率检测时，测量表读数越大，表示漏气量越多。通常，漏气率在0～10%，表示气缸密封性良好；漏气率在10%～20%，表示气缸密封性一般；漏气率在20%～30%，表示气缸密封性较差。一般来说，当漏气率达30%～40%时，若能确认进排气门、气缸衬垫、气缸盖和气缸等是密封的，则说明气缸活塞摩擦副的磨损临近极限值，已到了需换活塞环或擸磨缸的程度。

2. 气缸密封性故障诊断

若气缸密封性不符合要求，则检测时可采用下列辅助手段诊断其故障部位。

1）在空气滤清器入口处监听，若有漏气声，则表明该缸进气门与座密封不良。

2）在消声器管口处监听，若有漏气声，则表明该缸排气门与座密封不良。

3）在散热器加水口处观察，若有气泡冒出，则表明该缸与水道相通，多为气缸衬垫密封不良漏气所致。

4）在被测气缸相邻缸火花塞孔处监听，若有漏气声，则表明相邻两缸之间的气缸衬垫烧穿漏气。

5）经上述检查，若其进排气门、气缸衬垫等处不漏气，而检测的气缸漏气量仍超标，则表明气缸与活塞的磨损严重使配合间隙过大，或者活塞环对口、损坏、弹性不足而失去密封作用，导致漏气量过大。此时，在曲轴箱加机油孔处能监听到严重的漏气声。

6）通过检测活塞在压缩行程进气门关闭后不同位置的气缸漏气量变化，可以估计各气缸纵向磨损情况。

任务三　熟悉进气歧管真空度的检测诊断方法

进气歧管真空度是指进气歧管内的进气压力与外界大气压力之差。其真空度数值随气缸活塞组的磨损而变化，并与配气机构零件状况以及点火系统和供油系统的调整有关。因此，检测进气管真空度不仅可以评价发动机气缸的密封性，而且还能诊断相关系统的故障。

一、用真空表检测诊断进气歧管真空度

1. 进气歧管真空度的检测

真空表是检测汽油机进气歧管真空度最常用的工具，它主要由表头和软管构成，软管一头固定在真空表上，另一头可方便地连接在进气歧管的检测孔上。

真空度的检测通常在怠速条件下进行，因为怠速时进气管真空度较高，同时技术状况良好的汽油机怠速时，进气管真空度具有较为稳定的数值，另外怠速时真空度对进气管和气缸密封性不良状况最为敏感。进气歧管真空度检测步骤如下。

1）预热发动机至正常工作温度。

2）将真空表软管与进气歧管上的检测孔连接。

3）将变速杆置于空挡位置，发动机怠速稳定运转。

4）在真空表上读取真空度读数，如图 2-10 所示。白针表示稳定，黑针表示漂移或波动。

5）必要时，应按规定改变节气门的开度，看真空度读数的变化情况来诊断相关故障。

2. 进气歧管真空度的诊断

（1）进气歧管真空度诊断标准　一般进气歧管真空度怠速时都有规定的正常值和波动范围。根据 GB/T 15746. 2—1995《汽车修理质量检查评定标准　发动机大修》的规定，大修竣工的汽油发动机在怠速时，进气歧管真空度应在 57 ~ 70kPa 范围内；进气歧管真空度波动：六缸汽油机不超过 3kPa，四缸汽油机不超过 5kPa（大气压力以海平面为准）。

提示：进气歧管真空度随海拔高度升高而降低。海拔每升高 1000m，真空度将降低

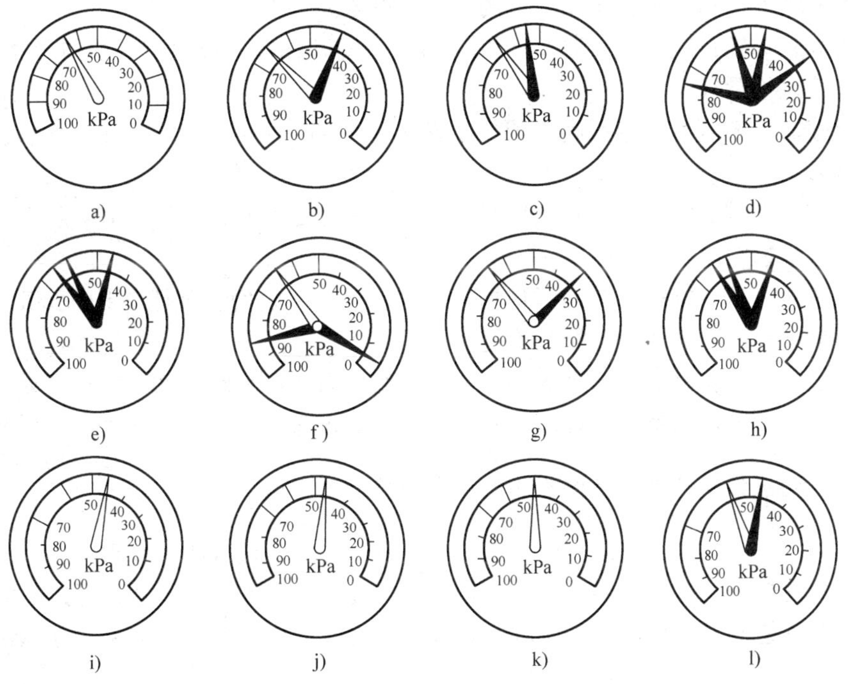

图 2-10　真空表检测实例

10kPa 左右。因此其进气歧管真空度的诊断标准，也应根据当地海拔高度进行修正。

（2）进气歧管真空度诊断分析　检测时，通过对真空表指针摆动状态的研判和对进气歧管真空度检测结果的分析，可诊断发动机的技术状况和故障，下面是一些典型的诊断实例（汽油机）。

1）怠速时，若真空表指针稳定在 57～70kPa 之间，如图 2-10a 所示，则表明气缸密封性正常。此外，海拔高度每升高 500m，真空度应相应降低 4～5kPa。

2）怠速时，若真空表指针跌落 3～23kPa，如图 2-10b 所示，而且指针有规律地摆动，则表明气门与气门座密封不良。

3）怠速时，若真空表指针时常快速跌落 10～16kPa，如图 2-10c 所示，则表明气门与导管卡滞。

4）怠速时，若真空表指针在 33～74kPa 范围内缓慢摆动，且随发动机转速升高摆动加剧，如图 2-10d 所示，则表明气门弹簧弹力不足。

5）怠速时，若真空表指针较正常值低 10～13kPa，且缓慢地在 47～60kPa 范围内摆动，如图 2-10e 所示，则表明气门导管磨损严重。

6）当发动机转速升至 2000r/min 左右时，突然关闭节气门，若真空表指针迅速跌落至 6～16kPa以下；当节气门关闭时，若指针不能回复到 83kPa，如图 2-10f 所示，则表明活塞环失效。当快速开启节气门时，若指针不低于 6～16kPa，则表明活塞环工作状况良好。

7）怠速时，若真空表指针从正常值突然跌落至 33kPa，随后指针又恢复至正常值，在发动机运转过程中，真空表指针总是这样来回的波动，如图 2-10g 所示，则表明气缸衬垫窜气。

8）怠速时，若真空表指针不规则跌落，如图 2-10h 所示，则表明发动机的混合气过稀；

若真空表指针缓慢摆动，则表明发动机的混合气过浓。

9）怠速时，若真空表指示值比正常值约低 10～30kPa，但很稳定，如图 2-10i 所示，则表明进气歧管衬垫漏气。

10）怠速时，若真空表指针稳定地指示在 47～57kPa 之间，如图 2-10j 所示，则表明发动机点火过迟。

11）怠速时，若真空表指针稳定地指示在 27～50kPa 之间，如图 2-10k 所示，则表明发动机气门开启过迟。

12）怠速时，若真空表指针缓慢地摆动在 47～54kPa 之间，如图 2-10l 所示，则表明火花塞电极间隙太小，断电器触点接触不良。

提示：进气歧管真空度是一种综合性检测，能检测多种故障现象，能从多方面反映发动机的技术状况，但不足之处是往往不能确定故障的具体原因。

二、用发动机综合性能分析仪检测诊断进气歧管真空度

往复式活塞发动机的进气过程是间歇的，这必然会引起进气压力脉动，导致进气歧管真空度波动，而气缸密封性状况会影响进气歧管真空度波动的波形。因此，通过发动机综合性能分析仪不解体检测发动机进气歧管真空度波形，可以分析、判断气缸密封性和诊断相关机件的故障。

1. 进气歧管真空度的波形检测

发动机综合性能分析仪可以检测进气歧管真空度波形。由传感器采集到的进气歧管真空度的电压信号，经仪器处理后送入显示器，于是屏幕上便可显示出进气歧管真空度波形。进气歧管真空度波形的检测步骤如下。

1）预热发动机至正常工作温度。

2）将检测仪真空度传感器与发动机相应部件连接。对于电控燃油喷射发动机，有的采用三通接头使传感器与发动机真空软管相连，有的在进气歧管上装专用传感器相连。

3）使发动机稳定运转在规定转速。

4）开启检测仪器，仪器屏幕则显示被检测发动机进气歧管真空度的波形，图 2-11 所示为四缸发动机进气歧管真空度的标准波形。

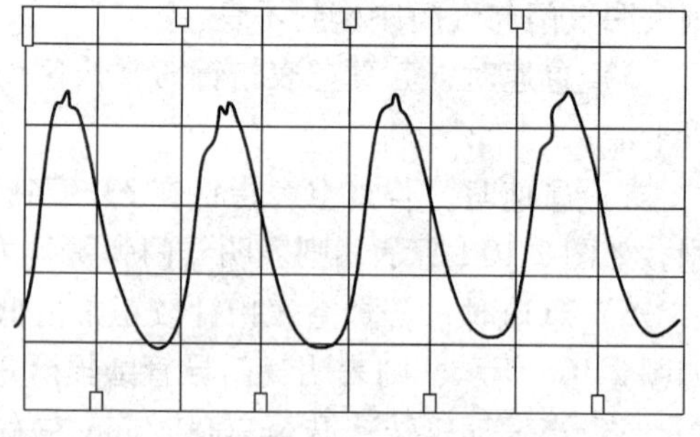

图 2-11　四缸发动机进气歧管真空度标准波形

2. 进气歧管真空的波形分析

发动机技术状况良好时，各缸进气歧管真空度波形基本相似，只是因进气歧管形状与断面情况不尽相同，致使其进气真空度波形稍有差异。但若气缸的结构参数或技术状况变化，则进气歧管真空度波形会有明显改变，如气缸与活塞配合副磨损使其密封性变差、气缸衬垫或气门漏气、气门弹簧弹性不足、混合气过浓或过稀等均会引起进气歧管真空度波形的改变，由此判断发动机故障是十分方便有效的。

诊断时，将发动机进气歧管各缸真空度的检测波形进行对照比较，若各缸进气过程所造成的进气歧管负压基本一致，且与标准波形相同，则说明该发动机进气系统和气缸活塞组技

术状况正常；若个别气缸波形异常，则说明进气系统和气缸活塞组存在故障，图 2-12 所示为四缸发动机第 4 缸进气门严重漏气的进气歧管真空度波形。

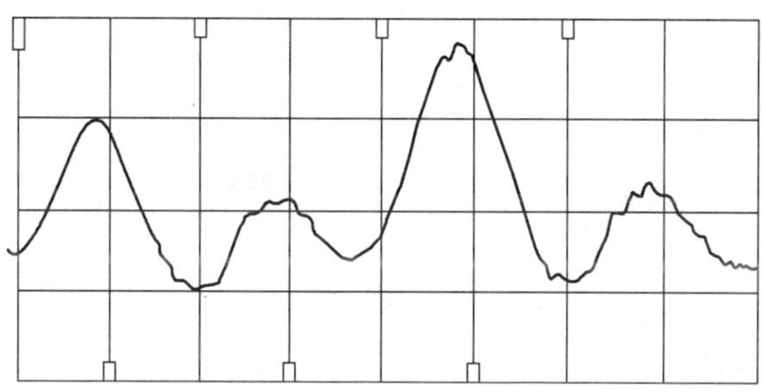

图 2-12 四缸发动机第 4 缸进气门漏气的进气歧管真空度波形

项目三 起动系统的检测诊断

学习目标：

- 了解发动机综合性能分析仪检测起动系统的方法
- 能利用万用表检测起动系统线路并诊断故障
- 熟悉起动机性能检测的方法并能正确分析检测结果
- 能对起动系统的常见故障进行分析与诊断

任务一 熟悉起动系统性能的检测方法

起动系统性能的好坏，决定了发动机起动的难易程度。良好的起动系统能使发动机有足够高的起动转速，并使发动机迅速起动。当发动机起动困难时，应对起动系统的性能进行检测。

一、起动系统性能的不解体检测

1. 用发动机综合性能分析仪检测

很多发动机综合性能分析仪都能检测起动系统性能参数如起动电流、起动电压、起动转速等，以诊断起动系统故障。

检测前，开启发动机综合性能分析仪，并将各种传感器按规定接到发动机。检测时，先选择检测起动系统项目，然后起动起动机约 4s，于是检测仪将自动检测起动电流、起动电压、起动转速等参数，并在仪器屏幕上显示检测结果数据或曲线。

各检测参数应满足诊断标准的要求，否则说明起动系统性能不良。通常，汽油机起动电流约为 100～200A，柴油机为 200～600A，但不同的发动机及起动机类型其标准也不一样。当发动机机械负荷正常时，若起动电流过大，说明起动机绕组有短路或接地故障。蓄电池起动电压不能过低，否则说明蓄电池严重亏电或内阻过大，汽油机起动电压不应低于 9V。起动转速越高，说明起动性能越好，若起动转速过低而发动机机械负荷正常，则说明起动系统电路存在故障。

2. 用万用表检测

起动电路电阻过大是导致起动机起动电压过低、起动困难的常见原因，利用万用表电压挡就车检测起动电路的电压降，能方便判断起动电路中各接点的接触状态是否正常、线路电阻是否过大。

起动电路中万用表的检测点如图 2-13 所示，各点检测时，应将万用表的正极接线柱与电缆最接近蓄电池的正极端连接，将万用表的负极接线柱与所测电缆的另一端连接。其检测步骤如下：

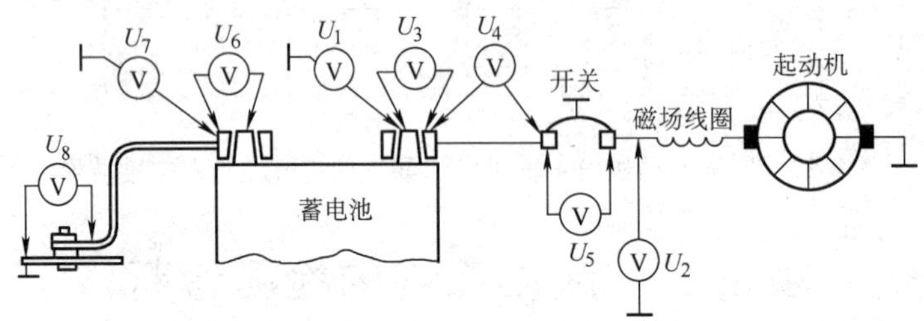

图 2-13　起动电路检测点

1）将万用表的正负极接线柱按方向接入电压检测点(图 2-13)。

2）转动点火开关使起动机运转，但发动机不得起动(可拔掉中央高压线)。

3）用万用表的电压挡测出各点的电压。

注意：每次检测时间不能太长，应尽快完成，以免烧坏起动机绕组。

起动机运转时，若 U_7读数接近于零，U_1与 U_2读数接近，则说明起动电路的接触状况良好，导电正常；若 U_2读数比 U_1小得太多，则说明起动电路线路间存在高电阻，接触不良。

通常，电缆两端的电压降应低于 0.2V(如 U_4)，否则说明电缆电阻过大，应更换电缆；开关间的电压降应低于 0.1V(如 U_5)，否则说明其触点烧蚀接触不良，应修复或更换开关；接点的电压降应低于 0.1V(如 U_3、U_6、U_8)，否则说明接点接触不良，应查出高电阻原因，重新连接。

二、拆下起动机检测

起动机是汽车起动系统的主要部件，起动机性能的好坏对汽车的起动性能具有决定性作用。当起动系统线路正常而发动机难以起动时，可拆下起动机，进行性能检测。

1. 控制性能检测

采用电磁式控制电路的汽车起动系统，其主要控制装置就是电磁开关。其控制性能检测主要是对起动机电磁开关的吸引线圈、保持线圈、复位弹簧的性能检查，其检测的目的是确定电磁开关是否存在故障。下面以常用的起动机电磁开关(图 2-14a)为例说明其性能检测。

(1) 吸引线圈检查

1）将起动机固定在钳台上。

2）拆下起动机端子 C 上的励磁线圈的引线。

3）按照图 2-14b 所示的方法，用带夹电缆将蓄电池负极分别与端子 C 和起动机壳体连接。

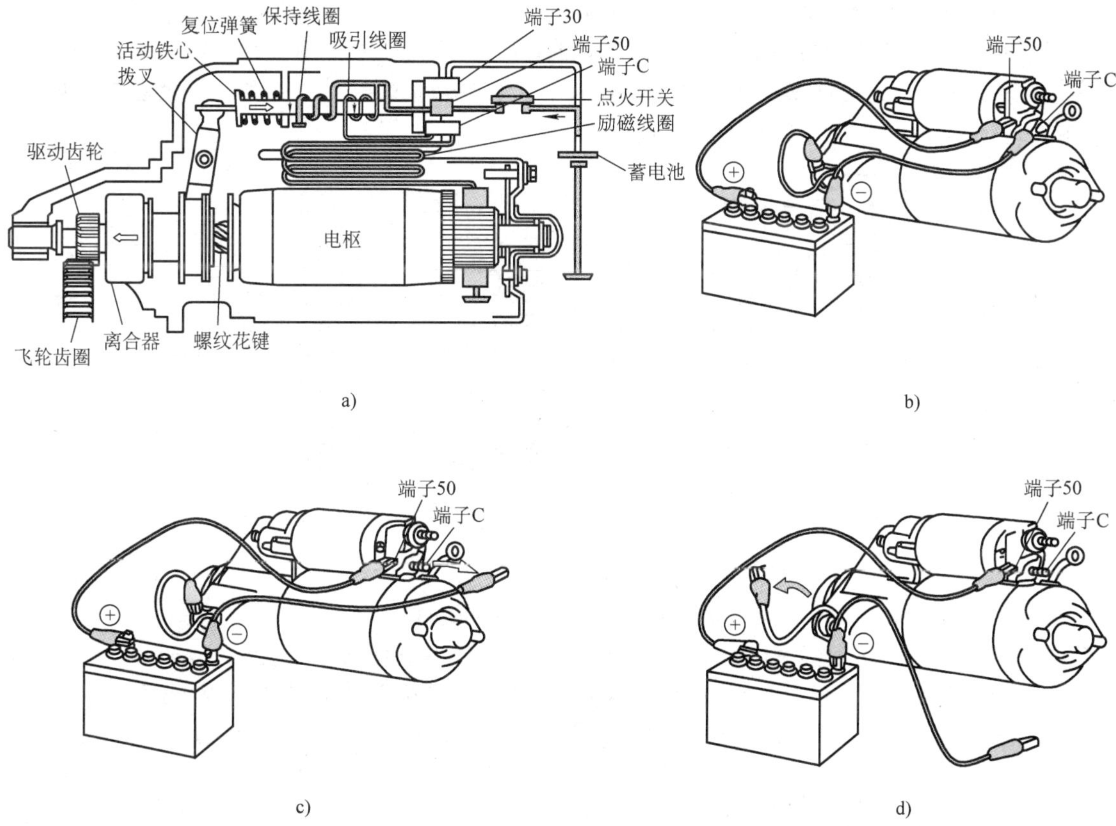

图 2-14　控制性能检测

a）起动机及电磁开关结构简图　b）吸引线圈检查　c）保持线圈检查　d）复位弹簧检查

4）用带夹电缆将起动机端子 50 与蓄电池正极连接，此时观察驱动齿轮。

若驱动齿轮向外伸出，则说明吸引线圈性能良好；若驱动齿轮不动，则说明吸引线圈断路。

（2）保持线圈检查　在吸引线圈检查的基础上，当驱动齿轮在伸出位置时，拆下电磁开关端子 C 上的电缆夹，如图 2-14c 所示，此时驱动齿轮应保持在伸出位置不动，否则说明保持线圈断路或接地不良。

（3）复位弹簧检查　按图 2-14d 所示方法，拆下蓄电池负极接起动机壳体的电缆夹，此时驱动齿轮若能迅速退回到原始位置，则表明电磁开关复位弹簧性能良好；若驱动齿轮不动或回位缓慢，则说明弹簧损坏或性能不良。

2. 空载性能检测

空载性能检测也称空载试验，它是检测起动机接通电源空载时的转速和电流。其检测目的是确定起动机有无机械故障以及电气故障。

（1）检测方法　该检测最好在起动机专用试验台上进行。若无专用试验台，则可固定在台虎钳上进行检测，其检测方法如下。

1）在台虎钳上固定起动机。

2）按图 2-15 所示的方法连接导线。

3）将点火开关拨到起动挡位置，使起动机运转。

4）待起动机转速稳定后，测量电流、电压和转速。

注意： 检测时，蓄电池应充足电，以便正确反映起动机的性能。另外，每次空载检测时间不要超过1min，以免起动机过热损坏。

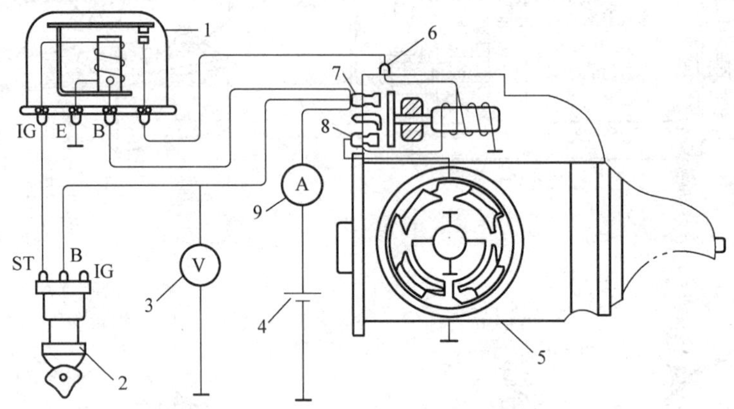

图2-15　起动机性能检测线路

1—起动继电器　2—点火开关　3—电压表　4—蓄电池　5—起动机
6—起动开关接线柱（端子50）　7—电源接线柱（端子30）　8—磁场绕组端子（端子C）　9—电流表

（2）检测标准

1）起动机运转应均匀、电刷无较强火花。

2）测量的电流、转速应符合标准规定，常用起动机的空载性能参数标准见表2-4。

表2-4　常用起动机的性能参数

起动机型号	额定参数		空载特性		制动特性			适用车型
	电压/V	功率/kW	电流/A	转速/(r/min)	电压/V	电流/A	转矩/N·m	
QD124F	12	1.47	≤90	≥5000	8	≤650	≥29.4	东风 EQ1090
QD1211	12	1.8	≤90	≥5000	7.5	≤750	≥34	东风 EQ1090
QD122C	12	1.47	≤75	≥4700	8	≤600	≥29.4	东风 EQ2100
QD124A	12	1.85	≤95	≥5000	8	≤600	≥24	解放 CA1091
QD124H	12	1.47	≤90	≥5000	8	≤600	≥29.4	解放 CA1091
QD1238A	12	1.1	≤75	≥7500	8	≤480	≥12.7	跃进 NJ1041C
QD121	12	1.1	≤100	≥5000	8	≤525	≥15.7	北京 BJ2020
QD1225	12	0.96	≤45	≥6000	7	≤480	≥13	上海桑塔纳
DW1.4	12	1.4	≤67	≥2900	9.6	≤160	≥13	北京切诺基
QD25	24	3.5	≤90	≥6000	9	≤900	≥34.3	跃进 NJ1061
QD2754	24	5.4	≤80	≥5500	12	≤1450	≥78.4	斯泰尔系列

（3）检测分析

1）若电流大、转速低，则可能是起动机存在机械故障或有电器故障。机械故障的原因有：轴承(或铜套)磨损过多使电枢轴与轴承不同心、电枢轴弯曲使电枢与磁极发生摩擦、装配过紧使摩擦阻力矩过大等。电器故障的原因有：电枢绕组、磁场绕组有短路或接地现象。

2）若电流小、转速低，则说明起动机内部电路有接触不良之处。故障原因有：电刷与换向器接触不良或电刷弹簧压力不足等。

3. 制动性能检测

制动性能检测又称转矩试验，它是检测起动机接通电源而驱动齿轮完全制动时的电流和转矩。检测目的是确定起动机的起动性能是否良好，有无电器故障。

（1）检测方法　起动机的制动性能检测应在专用试验台上进行，其检测原理如图2-16所示。检测时确保蓄电池充足电，检测方法如下：

1）将起动机固定在专用试验台上。

2）给起动机驱动齿轮加上负载(即制动)，如测力弹簧。

3）给起动机通电，然后迅速读取电流表、电压表和转矩的示值。

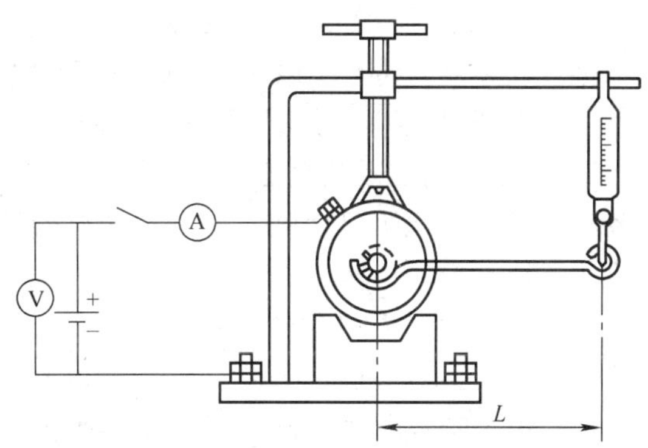

图2-16　起动机制动性能检测

注意：制动性能测检时，起动机工作电流大，动作要迅速，一次试验时间不要超过5s，以免烧坏起动机线圈和对蓄电池造成不利影响。

（2）检测标准　起动机制动性能测检时的工作电流、电压和转矩应符合标准规定，常用的起动机制动性能参数标准见表2-4。

（3）检测分析

1）若电流大、转矩小，则说明磁场绕组或电枢绕组有匝间短路或接地故障，导致产生转矩的有效线圈匝数减少。

2）若转矩和电流都小，则说明起动机内接触电阻过大或主电路接触不良，如电刷与换向器接触不良或电刷弹簧压力不足等。

3）若检测过程中电枢轴能转动，则说明起动机的单向离合器打滑。

任务二　掌握起动系统常见故障的诊断方法

起动系统常见的故障主要有起动机不转、起动机转动无力及起动机空转，根据其故障现象进行分析，可以诊断其故障原因和部位。

一、起动机不转

（1）故障现象　接通点火开关至起动位置时，起动机不转，无任何动作迹象。

（2）故障原因

1）电源供电故障。可能是：蓄电池损坏或电量不足，起动电路导线断路，导线连接松动，接线柱接触不良。

2）起动机故障。可能是：磁场绕组或电枢绕组有断路或短路，换向器与电刷接触不良，绝缘电刷接地，电枢轴弯曲与磁极卡滞，起动机轴承过紧或损坏卡死。

3）电磁开关故障。可能是：电磁开关线圈断路、短路、接地，电磁开关触点烧蚀、接触不良。

4）起动继电器故障。可能是：起动继电器线圈断路、短路、接地，起动继电器触点接触不良。

5）点火开关故障。可能是：点火开关接线脱落、松动或接触不良。

（3）故障诊断

1）按喇叭、开前照灯，看是否有电。若前照灯不亮、喇叭不响，说明蓄电池损坏，或蓄电池导线断路；若喇叭声响不正常，灯光暗，说明蓄电池电量不足，或导线接头松动，这些都表明电源供电存在故障。若喇叭声响、灯光正常，则进行下步检查。

2）用旋具将起动机电磁开关上的起动机电源接线柱与起动机磁场绕组接线柱短接，若起动机不转，则说明起动机存在电器或机械故障，其原因可能是内部电路有断路或接触不良，也可能是起动机转轴机械卡死；若起动机转动正常，则进行下步检查。

3）用旋具将电磁开关接线柱与起动机电源接线柱相连，若起动机不转，则说明起动机电磁开关有故障；若起动机运转正常，则说明故障在起动继电器及其有关线路，可进行下步检查。

4）用旋具将起动继电器上连接蓄电池和连接起动机的两接线柱直接相连，若起动机不转，则说明两接线柱至电磁开关的线路断路或接触不良；若起动机能正常运转，则进行下步检查。

5）将起动继电器上连接蓄电池和连接点火开关的两接线柱直接相连，若起动机能正常运转，则故障在起动继电器至点火开关的导线或点火开关；若起动机不转，则说明是起动继电器故障，可能是其触点接触不良或继电器磁力线圈断路，应将其拆修或更换起动继电器。

二、起动机转动无力

（1）故障现象　接通点火开关至起动位置时，起动机转动缓慢无力，起动转速过低，起动发动机困难。

（2）故障原因

1）电源供电故障。可能是：蓄电池充电不足，起动电路导线连接松动，接线柱接触不良。

2）起动机故障。可能是：换向器与电刷接触不良，磁场绕组或电枢绕组有局部短路，起动机轴承过紧或松旷，电枢轴弯曲与磁极刮碰。

3）电磁开关故障。可能是：电磁开关接触盘和触点因烧蚀而接触不良。

4）发动机方面故障。可能是：曲轴转动阻力过大。

（3）故障诊断

1）接通点火开关，在起动机转动无力时，用旋具将起动机电源接线柱与起动机磁场绕组接线柱短接，若起动机变得转动有力，则表明电磁开关接触盘和触点烧蚀而导电不良；若起动机转动状况不变，则进行下步检查。

2）检查蓄电池极桩与线夹、起动电路导线插头是否松动，在起动机刚运转不久后用手触摸导线连接处是否发热。若某连接处松动或发热，则表明该处接触不良；若线路连接正常，则进行下步检查。

3）检查蓄电池是否亏电。现代汽车普遍采用免维护蓄电池，这种蓄电池大多数在盖上设有一个孔形的密度指示器（俗称电眼），如图 2-17 所示。它会根据电解液密度的变化而改变颜色，通过不同的颜色来显示蓄电池的状态：当电眼呈绿色时，表明蓄电池电量较足，蓄电池正常；当电眼呈黑色时，表明蓄电池电量不足，需要及时充电；当电眼显示淡黄色或没有颜色，表明蓄电池的酸液液面过低或内部有故障，需要修理或进行更换。对于一般的蓄电池，需检查蓄电池端电压，若蓄电池端电压过低或起动机运转时端电压下降过多，则说明蓄电池性能不良。若蓄电池正常，则进行下步检查。

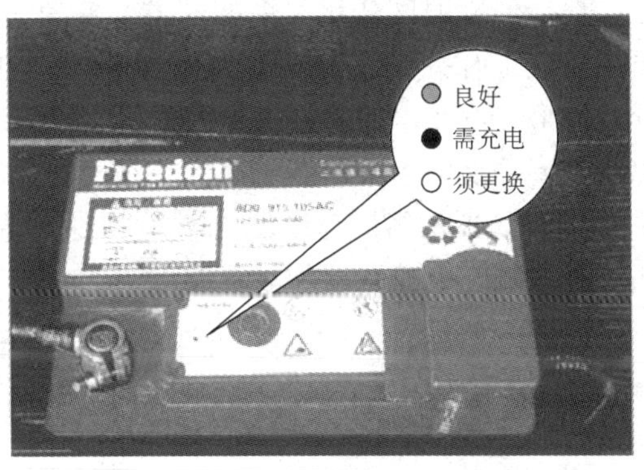

图 2-17　蓄电池密度指示器

4）拆下起动机，对起动机进行空载性能和制动性能检查，若起动电流、转矩等参数不符合规定要求，则故障在起动机，应拆修起动机。若起动机工作正常，性能良好，则说明发动机曲轴的转动阻力过大。

三、起动机空转

（1）故障现象　起动发动机时，起动机高速旋转，但发动机曲轴不转。

（2）故障原因

1）飞轮齿圈有缺损或起动机驱动齿轮严重磨损或打坏。

2）单向离合器打滑。

（3）故障诊断

1）起动时，若起动机在空转的同时伴有齿轮的撞击声，则表明飞轮齿圈有缺损或起动机驱动齿轮严重磨损或打坏，致使驱动齿轮不能进入啮合。

2）起动时，起动机驱动齿轮能与飞轮齿圈啮合，但起动机仍然空转，则表明起动机单向离合器打滑，其故障可能是单向离合器弹簧损坏或弹簧太软、单向离合器摩擦件磨损过甚。

项目四　点火系统的检测诊断

学习目标：

- 了解发动机点火波形的基本概念
- 能正确使用汽车专用示波器检测点火波形并诊断故障
- 能用经验法、仪器法检测和调整发动机点火正时
- 能对点火系统的常见故障进行分析与诊断

任务一　掌握点火系统波形的检测诊断方法

一、点火波形的检测

1. 点火波形检测仪器

汽油机点火波形常用汽车专用示波器来检测。示波器是指用波形显示或记录电量（如电

压、电流等)随时间变化关系的仪器，它是一种多用途的测量仪器。汽车专用示波器是指主要用于汽车有关波形、参数检测的仪器，它能检测点火波形、供油压力波形、真空度波形、异响波形、汽车电控元件信号波形等。汽车专用示波器既可以制成单一功能的示波器，也可以制成多功能的示波器。

（1）仪器的组成与原理　图2-18所示为一种多功能汽车专用示波器，它主要由检测探头、外接线、电控系统和显示器等组成。

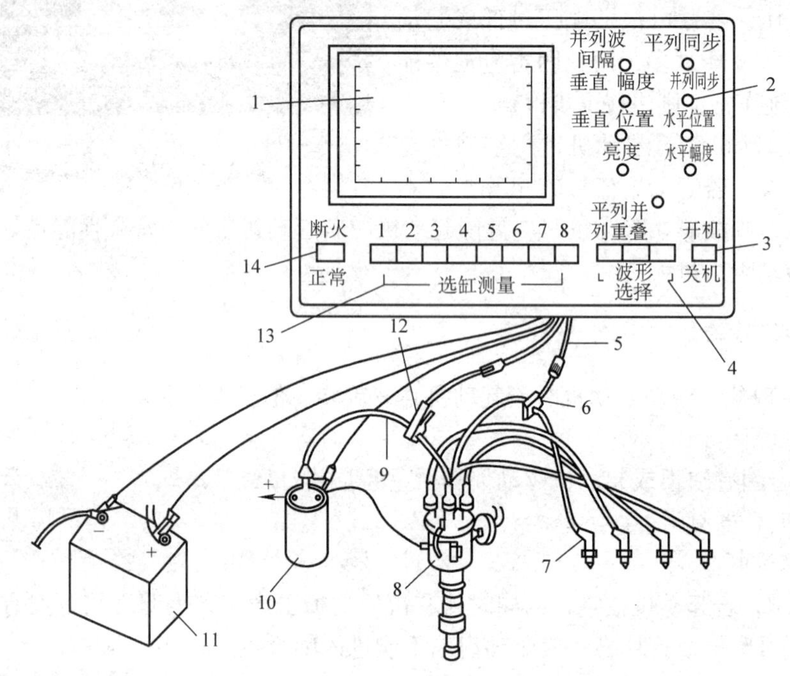

图2-18　汽车专用示波器及其连接

1—显示器　2—波形控制旋钮　3—电源开关　4—波形选择按钮　5—外接线　6、12—探头(感应夹)
7—火花塞　8—分电器　9—中央高压线　10—点火线圈　11—蓄电池
13—选缸测试按钮　14—断火按钮

检测探头及外接线用于连接测量点，并向示波器输入信号。检测探头实际上就是示波器的信号获取装置(传感器)，它用来感应测量点的被测信号，该信号通过其外接线传输给示波器的电控系统。

电控系统用来接受、处理外接线输入的信号和波形控制旋钮输入的控制信号，并将其传送给显示器控制输出波形。现代示波器多是带有微处理器的电控系统，它能将模拟电压信号转换为数字信号输至显示器，并具有记忆功能，能实现对检测波形的显示、记录、打印和储存进行控制。

显示器用来显示被测信号的波形，以供人们观测和分析。传统的汽车专用示波器多采用阴极射线管(CRT)显示器；目前的汽车专用示波器多采用液晶显示器(LCD)，它属于非发光显示，具有工作电压低(一般为3V)、耗电少、显示面积大、图形清晰度高、体积小、重量轻等优点。

（2）仪器的调节与使用

1）仪器的调节。汽车专用示波器的调节主要是指对Y轴电压和对X轴时间的调整。对于非微机控制的示波器，一般采用开关、按键和旋钮等实现对波形的垂直幅度、水平幅度、垂直位置、水平位置、亮度和清晰度等的调整。对于微机控制的示波器，通常采用菜单式操作，可用按钮或鼠标选择所需的检测或调整项目。有的汽车专用示波器具有自动设定功能，可免除手动调节的麻烦。

2）仪器的使用。开启示波器，将示波器的一根外接线探头连接到被测线路电压取样点，另一根外接线接地，被测的电压波形就会在屏幕上显示。两根外接线端部探头的距离越近，干扰的信号就越小，检测的波形就越稳定。

2. 点火波形检测

（1）点火波形检测的基本方法　点火线圈相当于一个变压器，在初级线圈周期性通电和断电的过程中，初、次级线圈都因电流变化而感应电动势，而此时初、次级电压随时间变化的波形就是点火波形，它有初级电压(一次电压)波形和次级电压(二次电压)波形之分。

点火波形的检测是汽车不解体检测的一个重要项目，它通常由汽车专用示波器测取，其检测方法如图2-19所示。检测时，使发动机运转，将示波器探针分别连接点火线圈的“－”接柱和接地，可以测得初级电压波形；将示波器的外接线用感应夹连接高压线，另一个探针接地，可测得次级电压波形。

（2）点火波形检测实例　下面以Fluke 98汽车专用示波器为例说明点火波形的检测。

1）初级点火波形检测。测试时用屏蔽测试线连接至通道A并连接至点火系统的初级，如图2-20a所示。对于传统点火系统，感应式信号拾取器连接COM/TRIGGER输入，再夹在1缸的高压线上，并且靠近火花塞。

检测菜单选择：主菜单→点火系统→初级点火，其检测功能键和结果显示如图2-20b所示。

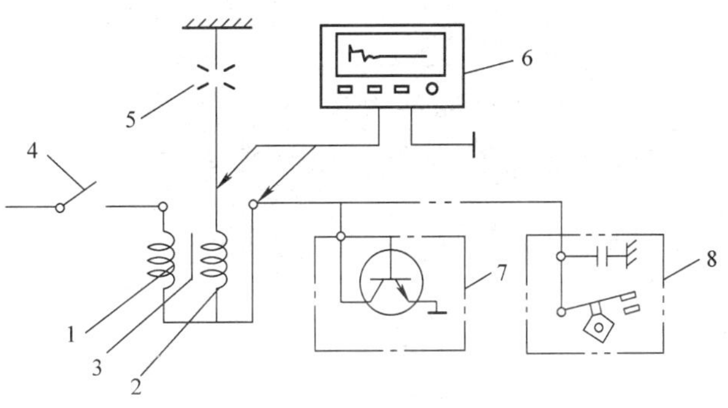

图2-19　点火波形的检测
1—初级线圈　2—初级线圈　3—铁心
4—点火开关　5—火花塞　6—示波器
7—晶体管点火器(电子点火用)　8—分电器(传统点火用)

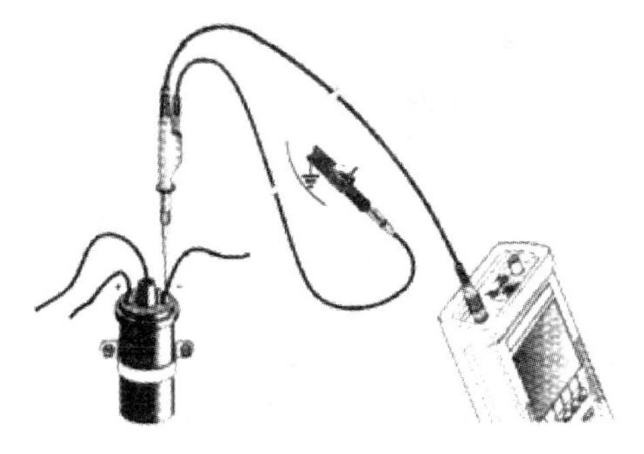

a)

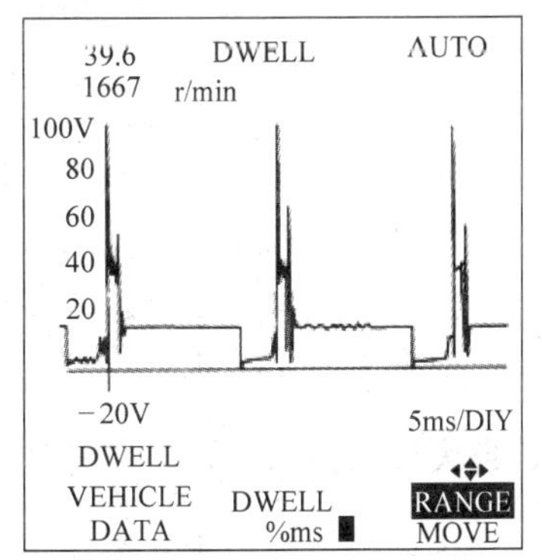

b)

图2-20　初级点火波形检测
a）检测线连接　b）初级点火波形

2）次级点火波形检测。测试时，次级点火拾取器连接至通道 A。对传统点火系统，信号拾取器连接到 COM/TRIGGER 端，RPM90 信号拾取器则夹在 1 缸的火花塞引线上；次级点火拾取器夹到点火线圈高压端，如图 2-21a 所示。对于 DIS 直接点火系统的检测线连接方法如图 2-21b 所示。

检测菜单选择：主菜单→点火系统→次级点火，其检测功能键和结果显示如图 2-21c、图 2-21d 所示。

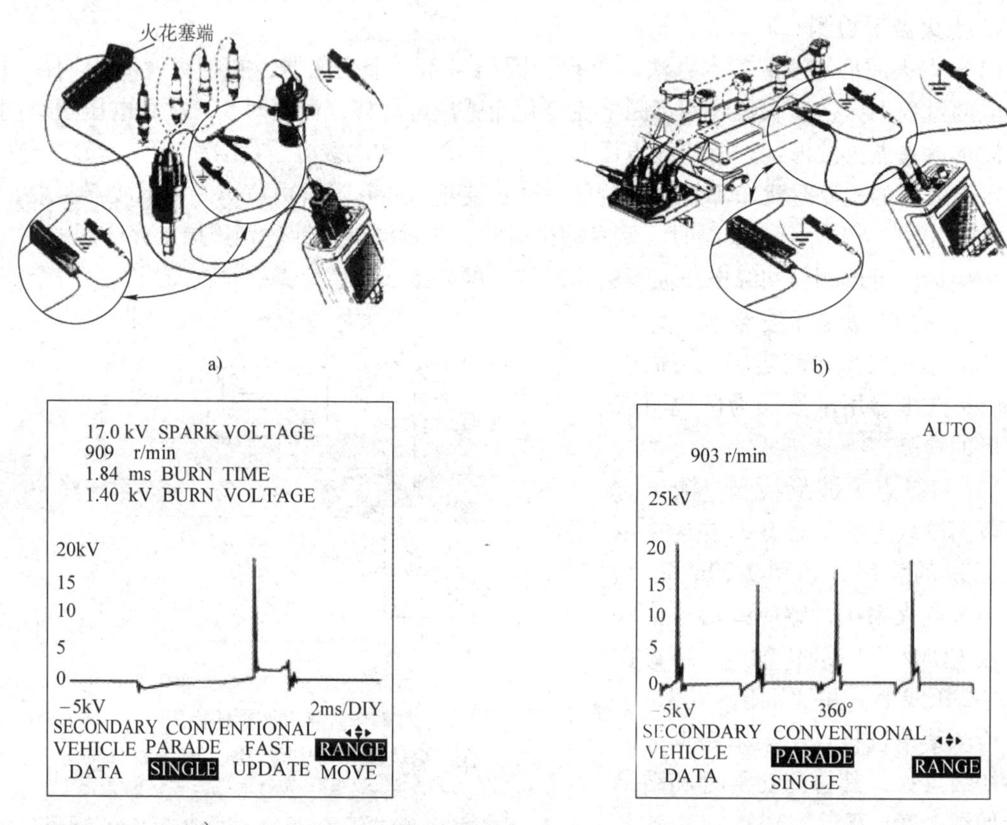

图 2-21　次级点火波形检测

a）传统次级点火波形检测线连接　b）DIS 次级点火单缸波形检测线连接

c）单缸次级波形　d）多缸次级并列波形

注意：检测点火波形时，不同的检测仪器、不同的点火系统，可能有不同的连接与测试方法。因此，检测点火波形时，应根据被测发动机点火系统的类型，严格按照检测仪器说明书规定的连接及操作方法进行检测。

二、点火波形分析

无论是传统触点式点火系统还是无触点电子点火系统或计算机控制的点火系统，都是由点火线圈通过互感作用把低压电转变为高压电，通过火花塞跳火点燃混合气做功的。正常点火系统低压、高压的变化过程是有规律的，它可通过其点火波形予以反映。

1. 标准点火波形

标准点火波形是指点火系统正常工作时点火线圈初、次级的电压波形，它是点火系统的诊断标准。如图 2-22 所示为传统点火系统单缸初、次级电压标准波形。图中的触点张开时间是初级线圈断电时间，它对应于次级线圈的放电阶段；图中的触点闭合时间是初级线圈通电时间，它对应于点火线圈的储能阶段，这两个阶段组成了一个完整的点火循环。图中波形反映了从断电器触点张开、闭合、再张开的整个点火过程中，初、次级电压随时间变化的规律。因点火线圈初、次级间的变压器效应，其初级电压波形与次级电压波形具有一定的对应关系。

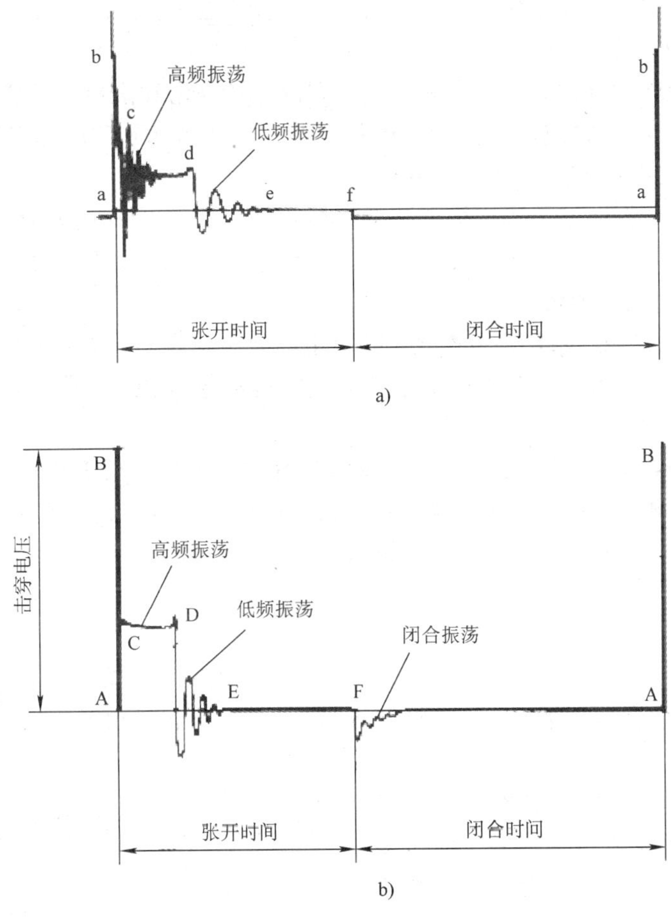

图 2-22　单缸电压标准波形

a）初级电压标准波形　b）次级电压标准波形

（1）初级电压标准波形　图 2-22a 是单缸初级电压标准波形。当断电器触点张开时，初级电压迅速提高（约为 100～300V），从而导致次级电压急剧上升击穿火花塞间隙。当火花塞两极火花放电时，出现高频振荡波。火花放电完毕后，由于点火线圈和电容器中残余能量的释放，又会出现低频振荡波，其波幅迅速衰减直至初级电压趋向于蓄电池电压。当断电器触点闭合后，初级电压几乎为零，成一直线一直延续到触点的下一次张开。当下一缸点火时，点火循环又将复现。

通常，示波器上触点的张开时间、闭合时间和各缸点火间隔时间用分电器凸轮轴转角表示，因此触点张开时间和闭合时间又可分别称为触点的张开角和闭合角，各缸点火间隔时间称为点火间隔角。若上述角度数值用曲轴转角表示，则对于四冲程发动机来说须乘以2。

（2）次级电压标准波形　图2-22b是单缸次级电压标准波形，有关次级电压波形点线的含义说明如下。

1）A点：断电器触点张开，点火线圈初级绕组突然断电，导致次级电压急剧上升。

2）AB线：称为点火线，其幅值为火花塞击穿电压即点火电压。击穿电压约为8~20kV，不同的车型或点火系统，其击穿电压可能不一样。

3）BC线：在火花塞间隙被击穿时，两电极之间会出现火花放电，同时次级电压骤然下降，BC为电压下降的幅值。

4）CD线：称为火花线，它是火花塞电极间混合气被击穿之后，形成的火花放电过程，是一段波幅很小的高频振荡波。CD的高度是火花放电的电压；CD的宽度是火花放电的持续时间，约为0.6~1.5ms。

5）DE线：低频振荡波。当次级电路的能量不足以维持火花放电时，火花消失，电压急降，点火线圈和电容器中的残余能量在线路中维持低频振荡，形成次级电压衰减的振荡波，并最后以EF直线波形至触点闭合。

6）F点：断电器触点闭合，点火线圈初级电路有电流通过，初级电流开始增加，引起次级电压突然增大。但由于在F点初级电流的变化趋势与A点正好相反，故在F点会产生一个负电压。

7）FA线：触点闭合过程的次级电压波形。当断电器触点刚闭合时，因初级电流接通而引起次级电压出现衰减振荡。振荡消失后，次级电压变到零，直至下一点火循环开始。

提示：由于次级电压对发动机的正常点火至关重要，因此实际检测诊断中应用更多的是次级电压波形。

2. 点火波形类别

为了便于比较、分析各缸点火波形，判断点火系统故障，通常按一定的规则分类排列各缸点火波形，利用示波器可显示各类点火波形。

（1）多缸平列波　将各缸电压波形按点火顺序从左至右依次排列的波形，称为多缸平列波，如图2-23所示。利用多缸平列波很容易观察比较各缸点火电压的高低以及点火状况是否正常。

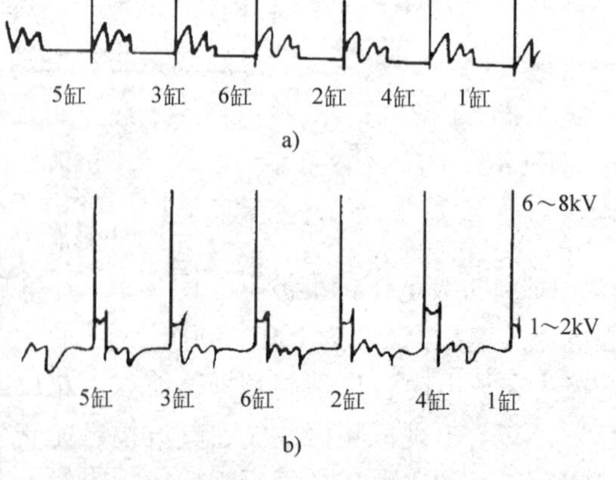

图2-23　多缸平列波

a）初级电压平列波　b）次级电压平列波

（2）多缸并列波　将各缸电压波形之首对齐，并按点火顺序从下至上依次排列的波形，称为多缸并列波，如图2-24所示。利用多缸并列波很容易观察各缸火花线长度、断电器触点的张开角和闭合角是否一致，从而判断点火系统工作状况是否正常。

（3）多缸重叠波　将各缸电压波形之首

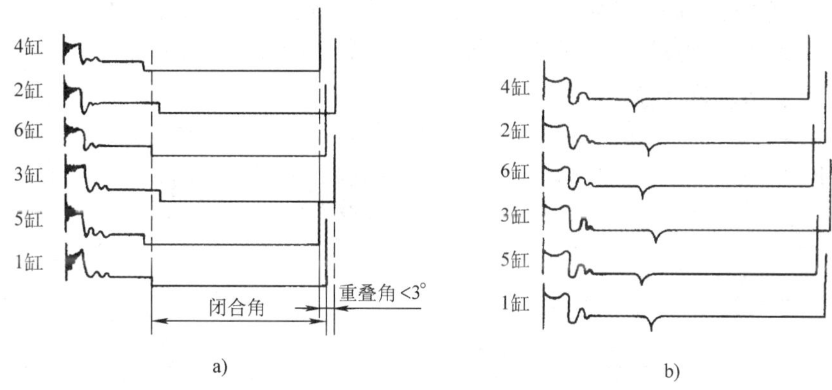

图 2-24　多缸并列波

a）初级并列波　b）次级并列波

对齐并重叠放在一起的波形，称为多缸重叠波，如图 2-25 所示。利用多缸重叠波可以评价各缸工作的一致性，各缸工作一致的重叠波就像一个单缸波形，只要其中一个缸工作不佳，其波形就会偏离重叠波，届时通过逐缸断火可立即找出这一工作不佳的气缸。

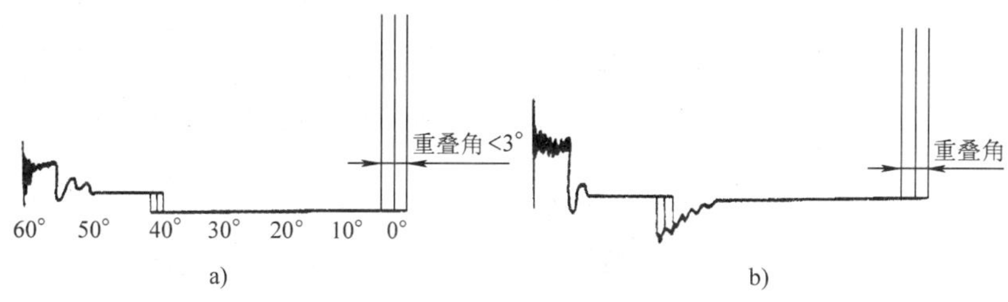

图 2-25　多缸重叠波

a）初级重叠波　b）次级重叠波

（4）单缸选缸波形　在故障判断过程中，有时为了仔细观察某一个缸的故障波形，可将其单独选出观测。这种视需要单独选出的任何一个缸的单缸点火波形，称为单缸选缸波形。将选出的波形适当提高其垂直幅度以及水平幅度，并与单缸标准波形对照，可容易发现故障。

三、点火波形诊断

把实测的点火波形与标准点火波形进行分析比较，可以确定点火系统的技术状况及诊断故障。

1. 点火波形故障反映区

若实测波形与标准波形相比有差异，则说明点火系统有故障。点火系统任何元件的故障，都在点火波形的相应区域有所反映，如火花塞漏电就不能产生正常的点火高压和放电过程，会使高压波点火线高度及火花线形状发生变化。传统点火系统故障在次级波形上的主要反映区，如图 2-26 所示。

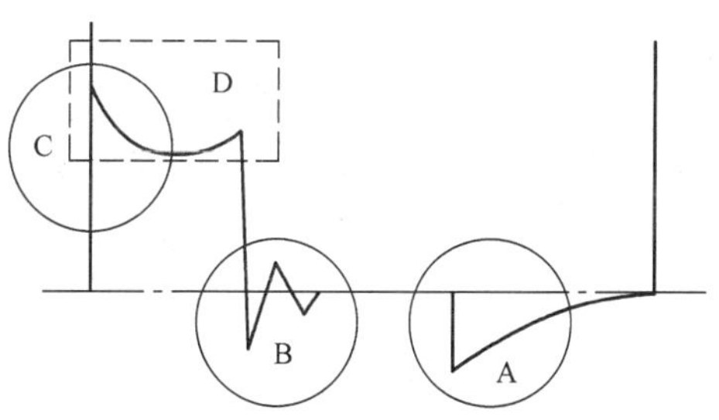

图 2-26　次级波形故障反映区

图中 A 区为断电器触点故障反映区，B 区为电容器、点火线圈故障反映区，C 区为电容器、断电器触点故障反映区，D 区为配电器、火花塞故障反映区。

2. 多缸发动机点火波形的故障诊断

以传统点火系统实测的次级平列波为例分析及诊断点火系统故障。这些四缸发动机的点火次序为：1—2—4—3，其点火系统正常工作时的次级平列波如图 2-27a 所示，其点火电压符合原厂规定，约为 8kV，且各缸点火电压值相差小于 2kV，基本一致。

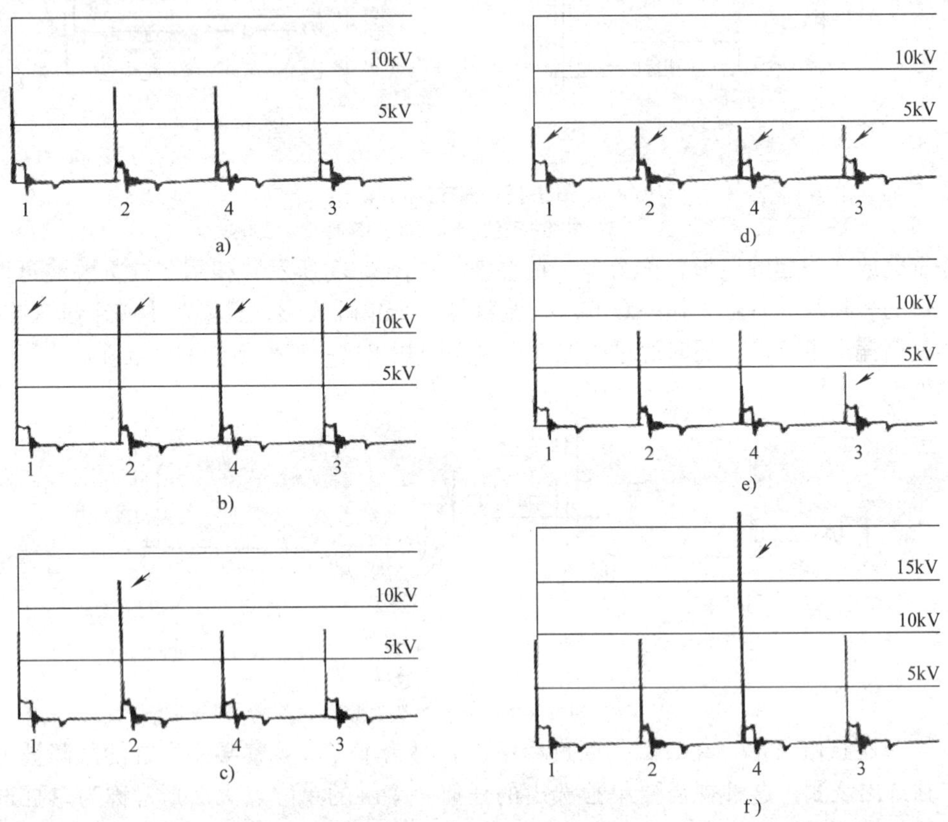

图 2-27　四缸发动机次级点火平列波形

1）图 2-27b 中，各缸点火电压均高于标准值，说明其高压回路有高阻，多为点火线圈的高压线插孔、分电器高压线插孔及分火头等有积炭，各缸火花塞间隙偏大，高压线内有高阻（断线、接插不牢固）等原因所致。

2）图 2-27c 中，2 缸点火电压偏高，说明该缸高压电路存在高阻故障，可能是该缸火花塞间隙偏大，该缸分压线接触不良，以及分火头与该缸分压线插座间隙过大等原因所致。

3）图 2-27d 中，各缸点火电压过低，说明点火系统存在故障，可能是点火线圈故障，或低压电路故障，也可能是火花塞脏污，火花塞电极间隙太小等原因所致。

4）图 2-27e 中，3 缸点火电压过低，说明该缸高压电路存在短路故障，可能是该缸火花塞间隙太小，火花塞脏污，以及该缸高压线绝缘损坏或火花塞瓷芯破裂有漏电现象等原因所致。

5）图 2-27f 中，4 缸点火电压过高，为 4 缸高压线掉落而开路所致。有时为诊断点火系统性能，特意从火花塞上拔掉某缸高压线进行开路单缸高压测量，此时，该缸点火电压应达到 20 ~ 30kV。否则，说明高压线、分电器盖绝缘不良或点火线圈、电容器的性能不佳。

3. 闭合角检测与故障诊断

利用初级并列波(图 2-24)可方便地观测各缸的闭合角。闭合角是指汽油机点火过程中，初级电路导通阶段所对应的凸轮轴转角，对于传统点火系统，闭合角为白金触点闭合时期所占的凸轮轴转角；对于电子点火系统，则是晶体管导通所占的凸轮轴转角。在点火系统技术状况正常的情况下，各缸闭合角应占点火间隔的百分比和对应的分电器凸轮轴转角如下：

4 缸发动机：45%~50%(40° ~ 45°分电器凸轮轴转角)；

6 缸发动机：63%~70%(38° ~ 42°分电器凸轮轴转角)；

8 缸发动机：64%~71%(29° ~ 32°分电器凸轮轴转角)。

提示：检测闭合角时，有些点火示波器可直接显示用分电器凸轮轴转角表示的闭合角，而有些点火示波器显示的则是点火间隔的百分比。

若测出的闭合角过小，说明触点间隙太大，触点闭合时间短，初级电流增长达不到需要的数值，会造成高速时点火能量不足；若闭合角太大，说明触点间隙小，会使触点间发生电弧放电，反而削弱了点火能量，不利于正常点火。为保证触点闭合角符合标准，可调整触点间隙至 0.35 ~ 0.45mm。不过点火提前角因触点间隙的调整会发生相应地变化，因此调整触点间隙后应重新校正点火正时。

4. 重叠角检测与故障诊断

利用多缸重叠波(图 2-25)可方便地观测各缸波形间的重叠角。重叠角是指各缸点火波形首端对齐，最长波形与最短波形长度之差所占的分电器凸轮轴转角。重叠角不应大于点火间隔的 5%，以接近零为好。根据这一原则，重叠角的大小以分电器凸轮轴转角表示时应符合下列标准：

4 缸发动机≤4.5°；

6 缸发动机≤3°；

8 缸发动机≤2.25°。

重叠角的大小反映了多缸发动机各缸点火间隔的一致程度，重叠角愈大，则点火间隔愈不均匀。这不仅会影响发动机的动力性、经济性，还会影响发动机运转的稳定性。若重叠角太大，则表明分电器凸轮磨损不匀或分电器轴磨损松旷、弯曲变形，应更换分电器凸轮或分电器总成。

5. 典型的点火系统故障波形诊断

图 2-28 所示为常见的一些次级电压故障波形(箭头所指处)，下面对这些故障波形进行分析与诊断。

1）图 2-28a 中，点火高压产生之前出现小的多余波形，可能是断电器触点接触不平，在完全断开之前有瞬间分离形象，从而引起电压抖动。

2）图 2-28b 中，火花线变短，火花很快熄灭，说明点火系统储能不足，可能是供电电压偏低，或初级电路导线接触不良所致。

3）图 2-28c 中，第二次振荡波形之前出现小的杂波，可能是断电器触点接触不平，在完全闭合之前有不良接触所致。

4）图 2-28d 中，在触点闭合阶段，存在多余的小杂波，可能是初级电路中断电器触点接地不良，或断电器触点接触不良如触点烧蚀、积垢，或断电器触点臂弹簧弹力太弱，引起小的电压波动。

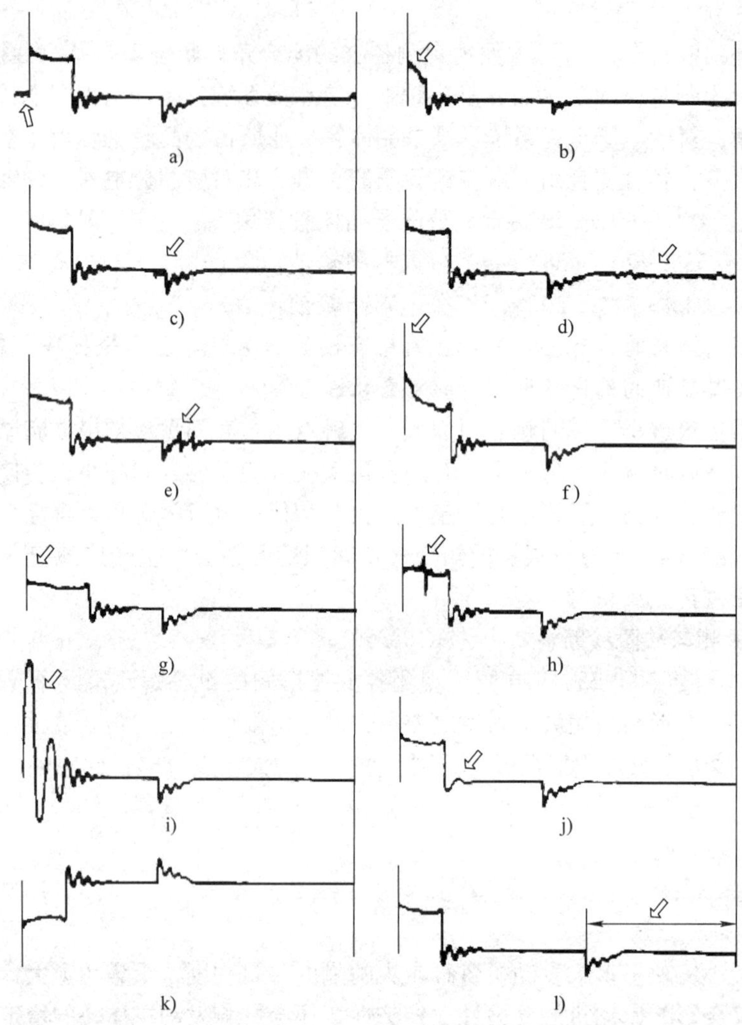

图 2-28　几种次级电压故障波形

5）图 2-28e 中，闭合振荡中存在严重的杂波，一般是由于断电器触点臂弹簧弹力太弱，使触点闭合瞬间引起弹跳所致。

6）图 2-28f 中，击穿电压过高，且火花线较为陡峭，可能是火花塞间隙太大，或次级电路开路等引起。火花塞间隙越大，所需击穿电压越高，而且往往没有良好的放电过程。

7）图 2-28g 中，击穿电压和火花线都太低，且火花线变宽，可能是火花塞间隙太小或积炭严重所致。

8）图 2-28h 中，火花线中出现干扰“毛刺”，可能是分电器盖或分火头松动。这样在发动机高速运转时，因分电器的振动会使火花塞上的电压不稳定而出现抖动。

9）图 2-28i 中，完全没有击穿电压和火花线波形，说明火花塞未被击穿，无火花放电过程。可能是次级高压线接触不良或断路，或者火花塞间隙过大所致。

10）图 2-28j 中，低频振荡次数明显减少，可能是与断电器触点并联的电容器漏电、电容器容量不够或初级线路接触不良，导致线路上电阻增大、耗能增加，火花熄灭后剩余能量小，振荡衰减加快。

11）图2-28k中，整个次级电压波形上下颠倒，说明点火线圈初级两端接反，从而使初级电流、次级电压都改变了方向。

12）图2-28l中，触点闭合角过小，说明断电器触点间隙过大。若触点闭合角过长，则说明断电器触点间隙过小。

6. 电子点火系统波形分析与诊断

1）电子点火系统的初、次级电压波形与传统触点式点火系统波形相似，但由于电子点火系统无传统点火系统的电容器，故其高低频振荡波会比传统点火系统少些。

2）电子点火系统的初、次级电压波形的张开与闭合处是由晶体管的导通与截止电流造成的，因而其波形与传统点火系统也有差异。如有的电子点火系统：次级波形闭合段内有波纹或凸起；次级波形闭合段结束时，先产生一条锯齿状的上升斜线，再导出点火线等都属于正常现象。

3）电子点火系统的初、次级电压波形中的闭合角一般都随发动机转速而变化，低速时闭合角减小，高速时闭合角增大。若检测时闭合角像传统点火系统那样不随速度而变，则说明电子点火器闭合角控制功能失效。

4）由于电子点火系统无触点、电容，有的电子点火系统无分电器，因此，电子点火系统中与这些有关的故障原因也就没有了。

5）在无分电器点火系统中，两缸共用一个点火线圈，一个气缸在循环中点火两次，属于正常现象。在次级电压波形中，点火电压较高的一次为有效点火，发生在压缩行程末期，而点火电压较低的一次为无效点火，发生在排气行程末期。

提示：不同的电子点火系统其正常的电压波形不尽相同，为在检测时判断迅速而又准确，平时应注意查看各型汽车维修手册上的点火电压波形说明，或用示波器记录下各型汽车在正常工作状态下的点火电压波形。

任务二　掌握点火正时的检测方法

点火正时是指正确的点火时间，一般用点火提前角表示。点火提前角是指从点火开始至活塞到达上止点为止曲轴转过的角度。若点火正时，则点火提前角就处于最佳状态。点火提前角大小对发动机动力性、经济性和排放性能影响很大，因此应重视发动机点火提前角的检测及调整，使之处于最佳状态。

一、仪器法检测点火正时

用点火正时仪或发动机综合检测仪可以检测点火正时即发动机点火提前角。根据仪器检测原理的不同，点火正时的检测方法主要有频闪法和缸压法。

1. 频闪法

（1）检测仪器　频闪法点火正时检测仪主要由闪光灯、传感器、整形装置、延时触发装置和显示装置构成，它既可以制成单一功能便携式，又可以和其他仪表组合成多功能综合式。频闪法常用的点火正时检测仪如图2-29所示。

（2）检测原理　若照射旋转轴的光束频率与旋转轴的转动频率相等，则由于人的视觉具有暂留的生理现象，就会使人们觉得旋转轴似乎不转动。频闪法就是利用这一原理来检测点火提前角的。

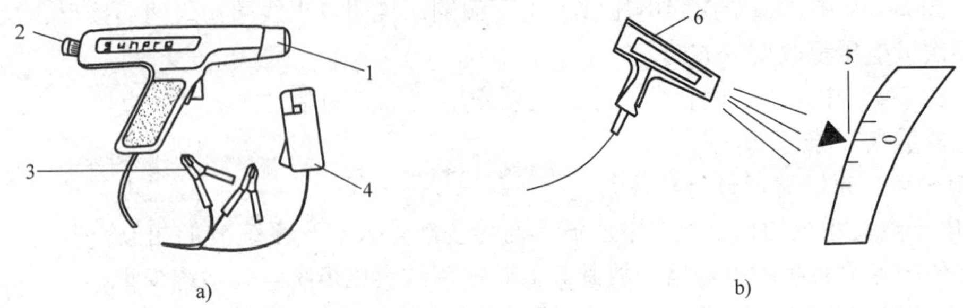

图 2-29　点火正时检测示意图

a）点火正时检测仪　b）点火正时检测

1—闪光灯　2—电位器旋钮　3—电源夹　4—点火感应传感器　5—正时标记　6—检测仪

在发动机飞轮或曲轴带轮上，一般都刻有正时标记，在与之相邻的固定机壳上也刻有标记。曲轴旋转至活动标记与固定标记对齐时，第 1 缸活塞刚好到达上止点。通常用点火感应传感器获取的第 1 缸点火信号来触发闪光灯，闪光灯每闪光一次表示第 1 缸的火花塞点火一次，其闪光与第 1 缸点火同步。检测时，闪光灯照射刻有活动标记的飞轮或曲轴带轮，若发动机转速稳定，则活动标记与闪光灯的闪光在光学上是相对静止的，活动标记看上去似乎不动。当闪光灯在第 1 缸点火信号发生的同时闪光时，若第 1 缸活塞尚未到达压缩上止点，也即活动标记与固定标记尚未对齐，则此时两标记之间所对应的发动机曲轴转角即为点火提前角。为了将这一角度从仪器上测出，检测仪上都设有电位器延时电路。检测时，调整电位器旋钮，使活动标记与固定标记对齐，此时延时电路中可变电位器电阻的变化量（或电流的变化量）即表示点火提前角，延时越多，点火提前角就越大。

（3）检测方法

1）擦拭飞轮或曲轴带轮上的正时标记，使之清晰可见。

2）运转发动机至正常工作温度后待检。

3）检测仪连机。将检测仪的红色、黑色两外电源夹分别夹到蓄电池的正极和负极上，将感应传感器夹持在第 1 缸高压线上。

4）调整检测仪电位器旋钮，使之处于初始零位。

5）置发动机于怠速工况下运转，打开闪光灯并使之对准正时标记，如图 2-29b 所示。

6）调整检测仪电位器旋钮，使活动标记与固定标记对齐。此时显示装置显示的读数即为怠速工况下的点火提前角。

提示：发动机怠速运转时，离心式和真空式点火提前装置未起作用或起作用很小，此时测得的点火提前角为初始点火提前角。初始点火提前角是点火系统正常工作的基础，在离心式和真空式点火提前装置正常工作的情况下，发动机的最佳点火提前角往往取决于初始点火提前角。

7）用同样的方法，分别测出发动机不同工况时的点火提前角。必要时，可以在汽车底盘测功机上模拟发动机的不同工况。

提示：若各工况下测出的点火提前角符合规定，则说明初始点火提前角调整正确，同时说明离心点火提前装置和真空点火提前装置工作正常。若测出的初始点火提前角超出规定值，则应予以调整；调整后，在规定的发动机转速、负荷工况下测出点火提前角，若仍不符合要求，则说明点火提前装置损坏，应予以检查。

点火提前装置性能的检查可通过点火正时检测仪进行。方法是：拆下分电器真空提前装置的真空软管，在发动机某转速下测出点火提前角，并减去初始点火提前角，即可得到该转速下的离心点火提前角；连接真空提前装置的真空软管，在同样转速下测得的点火提前角减去离心点火提前角和初始点火提前角，则可得到该转速下的真空点火提前角。将各种转速测出的离心、真空点火提前角与规定值进行对照，就可确定点火提前装置是否损坏。

对于电控燃油喷射发动机的点火系统而言，其实际点火提前角的检测方法与传统点火系统的完全相同。但由于电控燃油喷射发动机的实际点火提前角包含初始点火提前角、基本点火提前角和修正点火提前角，而其电子控制单元 ECU 总是根据发动机转速、负荷信号控制基本点火提前角，根据转速、负荷信号以外的有关传感器信号修正点火提前角，因此其初始点火提前角、基本点火提前角和修正点火提前角的检测应按制造厂规定的步骤进行。电控燃油喷射发动机的点火提前角是由电子控制单元 ECU 控制的，一般不可调整，而检测其点火提前角的目的是判断发动机电子控制点火系统是否存在故障，便于确定是电子控制单元 ECU 损坏还是传感器失效。

2. 缸压法

（1）检测仪器　缸压法点火正时检测仪主要由缸压传感器、点火感应传感器、处理电路和指示装置等构成。若检测仪还带有油压传感器，则说明该仪器还可检测柴油机的供油提前角。缸压法点火正时检测仪往往与其他仪表组合成多功能综合检测仪。

（2）检测原理　发动机气缸内活塞到达压缩行程上止点时，气缸内压缩压力最高。用缸压传感器检测某缸压缩压力最高的上止点时刻，同时用点火传感器检测同一缸的点火时刻，二者之间所对应的曲轴转角 θ（图 2-30）即为被测缸的点火提前角。通常，多缸发动机中各缸点火提前角基本一致，因此被测缸的点火提前角可以认为是被测发动机的点火提前角。

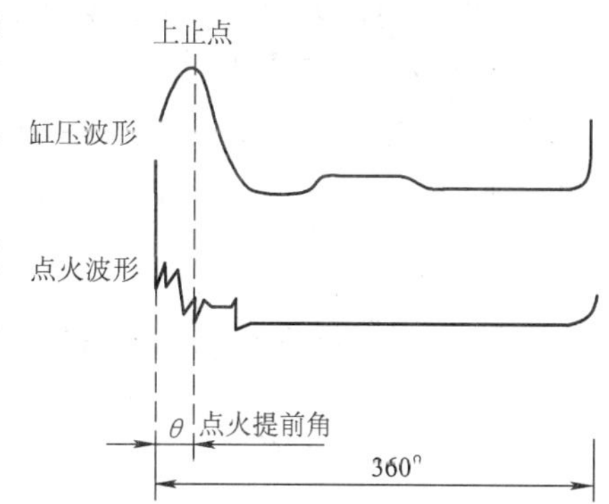

图 2-30　缸压法检测点火提前角原理图

（3）检测方法　发动机点火提前角的检测步骤如下。

1）运转发动机，使其达到正常工作温度后停机。

2）拆下某一缸火花塞，把缸压传感器装在火花塞孔内，接上缸压传感器连接线。

3）将拆下的火花塞固定在机体上使旁电极接地，将该缸高压线连接在火花塞上，把点火感应传感器夹在该缸高压线上。

4）运转发动机，被测缸缸外点火，缸内不燃烧，因而缸压传感器输出的信号反映了气缸压缩压力的大小，其最大值产生于活塞压缩终了上止点。

5）按仪器使用说明书的要求操作，可测得被测缸点火波形信号和缸压波形信号（图 2-26），并从指示装置上获得该缸从点火信号开始至最高缸压信号出现所对应的点火提前角。

6）根据需要变换发动机转速，可测得怠速、规定转速或任一转速下的点火提前角，并打印检测结果。

缸压法与频闪法一样，可测得初始点火提前角和不同工况下的总点火提前角、离心点火提前角、真空点火提前角以及电控燃油喷射发动机的点火提前角。

二、经验法检测点火正时

经验法主要是依据加速时发动机的声响及加速的快慢程度来检查点火正时，它需要经过发动机运转和汽车路试来确定，其方法如下。

1. 根据发动机运转情况判断

起动发动机，使冷却液温度上升到70～80℃，在发动机由怠速运转突然将加速踏板踩到底时，若能听到轻微的敲击声并很快消失，而且发动机转速迅速上升，则说明发动机点火正时；若敲击声很大，则说明点火时间过早，即点火提前角过大；若完全听不到敲击声，发动机加速感到发闷，其转速不能随加速踏板的加大而迅速增加，排气管发出“突突”声，则表明点火过迟，即点火提前角过小。

2. 根据汽车路试情况判断

使汽车满载，发动机冷却液温度为80～90℃，在平坦路面以直接挡30km/h的车速行驶，突然将加速踏板踩到底，此时若有短促轻微的爆燃敲击声，瞬时声响又消失，其车速迅速提高，则说明点火正时准确；若在加速中有强烈的爆燃声如金属敲击声，且不消失，则说明点火过早；若在加速中听不到突爆声，且车速提高不快、加速发闷，则说明点火过迟。

有的汽车其点火提前角是可以调整的，这种汽车在点火过早或过迟时可以利用经验法调整。点火正时的调整，是通过转动分电器外壳进行的。调整时，先松开分电器外壳固定螺栓，若点火过早，应顺着分火头的旋转方向转动分电器外壳；若点火过迟，应逆着分火头的旋转方向转动分电器外壳，经反复调整正常之后，将分电器外壳固定螺栓旋紧。经反复路试调整，直至点火正时为止。

提示：经验法检查和调整点火正时对操作者的经验依赖性强，往往是粗略的，而点火正时的精确检测和调整则必须借助点火正时仪来完成。

任务三　掌握点火系统常见故障的诊断方法

一、发动机不能发动

（1）故障现象　起动发动机时，起动转速正常，供油系统正常，而发动机无着火迹象，此时可确定是点火系统故障。

（2）故障原因　点火系统不点火、火花太弱、点火不正时均可能造成发动机不能发动，具体的故障原因如下。

1）低压线路短路、断路、接地，不能产生高压电。

2）高压线脱落或漏电，不能传递高压电。

3）点火线圈故障，如点火线圈初级或次级绕组断路、短路、接地，导致不产生次级电压或最高次级电压下降；点火线圈绝缘盖破裂漏电，导致最高次级电压下降或不产生次级电压；点火线圈本身点火性能不良，产生的点火电压过低。

4）传统点火系统中的断电器触点与电容器故障。

① 断电器触点故障，如断电器触点严重烧蚀、氧化、过脏而接触不良，触点臂弹簧弹力不足，触点间隙调整不当等，会造成高压火花过弱或无火。

② 电容器故障，如电容器性能不良，电容器内部引出线断路，电容器接地不良，电容器绝缘击穿或漏电，会导致最高次级电压下降或不产生次级电压。

5）电子点火系统中的点火信号发生器与电子点火器故障。

① 点火信号发生器故障，如磁感应式点火信号发生器感应线圈短路或断路，会导致无信号输出而不能触发电子点火器工作；其信号转子轴磨损偏摆或感应线圈与导磁铁心组件移动，会导致转子凸齿与铁心的间隙不当，造成信号过弱或无信号输出而不能触发电子点火器工作。

② 电子点火器故障，如电子点火器线路接触不良或断脱，会造成火花减弱或不能点火。如电子点火器内部电子元器件短路、断路、漏电等，会造成：功率晶体管不能导通，使点火线圈初级无电流而不工作；功率晶体管不能截止，使点火线圈初级不能断路而不产生高压；功率晶体管不能工作在开关状态，即不能饱和导通和完全截止，使初级电流减小或断流不彻底，造成火花减弱或不能点火。

6）配电器中的分电器盖和分火头故障。

① 分电器盖故障，如分电器盖脏污、破损、绝缘不良漏电，会造成火花减弱而不点火或错火等；分电器盖导电处接触不良，会造成点火能量损失，使点火可靠性下降。

② 分火头故障，如分火头绝缘部分有裂纹、积污而漏电，会造成点火线圈点火能量损失，火花减弱，严重时会导致点火线圈高压完全不送入各缸高压分线，使发动机不点火。

7）火花塞故障如火花塞积炭、积油，火花塞绝缘体起皱、破裂，电极烧蚀，火花塞间隙不当等，都会导致点火性能下降或根本不能点火。

8）点火错乱不正时，完全不能按点火顺序点火。

（3）故障诊断　首先察看点火线圈和分电器上的高压导线、低压线路有无松脱，然后拔出分电器上的中央高压线，使高压线端距发动机机体5～8mm，再接通点火开关，起动发动机，看高压线端与机体间是否跳火。此时有三种可能的情况：一是火花强，其特征是火花线较粗、呈蓝白色，且可听到较清晰的“叭、叭”声；二是火花弱，其特征是火花很细，暗呈红色；三是无火花。再根据各种情况按图2-31所示的流程进行故障诊断。

二、发动机动力不足

（1）故障现象　发动机运转无力，加速不良，经检查其他系统工作正常，此时确定是点火系统故障。

（2）故障原因

1）点火过迟，导致动力不足，加速不良。

2）个别缸不工作，导致动力不足。

3）传统点火系统的断电器触点接触不良，导致高压火花过弱，动力不足。

4）电子点火系统的电子点火器性能不良，导致高压火花过弱，动力不足。

5）分电器盖脏污、破损、绝缘不良漏电，分电器盖导电处接触不良，分火头漏电，点火能量损失，导致点火可靠性下降，动力不足。

6）火花塞绝缘体破裂漏电，电极油污严重或积炭过多，电极间隙过大或过小，导致点火可靠性下降，动力不足。

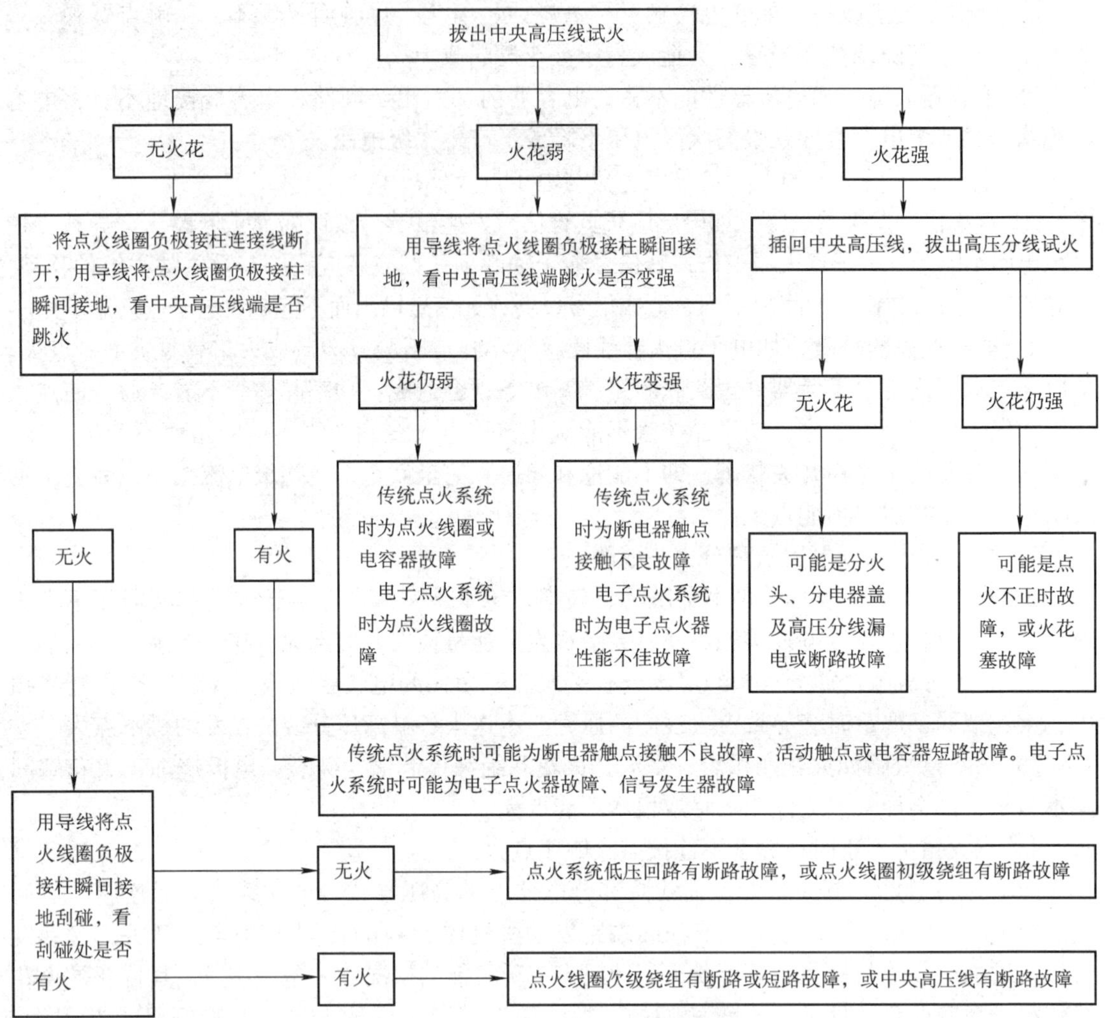

图 2-31　发动机不能发动点火系统故障诊断流程

（3）故障诊断

1）检查点火正时。将汽车在平坦路面以最高挡低速运行，当发动机冷却液温度达 80 ~ 90℃时，突然将加速踏板踩到底，若发动机瞬间不能发出“嘎、嘎、嘎”的突爆声，且车速提高不快、加速发闷，则说明点火过迟，可能是点火正时调整不当，初始点火提前角过小，也可能是点火提前装置失效，应予以检查调整；加速时，发动机若有短促轻微的爆振敲击声，瞬时声响又消失，则说明点火正时准确，可进行下步检查。

2）检查不工作气缸。在发动机怠速运转情况下，逐缸短路高压分线使其断火，观察发动机的反应。若断火时发动机转速没什么变化，则说明断火缸不工作，其故障可能是该缸火花塞工作不良，或该缸高压线路存在漏电现象，此时可将不工作缸的高压分线从火花塞上拆下距发动机机体 5 ~ 8mm 作跳火试验。若无火花，则说明故障在分电器或高压分线上；若有火花，则说明故障在火花塞。若各缸断火时发动机转速均有相当程度的下降，则进行下步检查。

3）检查高压点火能量。在分电器上拔出中央高压线，接通点火开关，起动发动机，对机体进行跳火试验。若火花弱，则说明点火能量不足，故障可能是点火线圈点火性能不佳，或者是断电器触点工作不良（传统点火系统），或者是电子点火器性能不良（电子点火系统）；若火花强，则进行下步检查。

4）检查分压点火情况。插回中央高压线，使发动机运转，从火花塞端拔出高压分线作跳火试验，看火花强弱。若火花弱，则故障可能是分电器盖绝缘不良、分电器盖导电处接触不良、分火头及分压线漏电；若火花强，则故障在火花塞。

三、电子控制点火系统故障

（1）故障现象

1）点火系统不点火，发动机不能起动，或发动机在运行中突然熄火且再也不能起动。

2）高压火花弱，发动机起动困难，发动机运转不平稳。

（2）故障原因　现代轿车点火系统多采用无触点电子控制点火系统。这种点火系统是由发动机 ECU 根据各与点火控制有关的传感器输入信号对点火时刻、点火能量进行控制点火的。因此，电子控制点火系统的故障原因主要有如下几点。

1）点火信号发生器存在故障，导致无信号输出而不能触发电子点火器工作。

2）电子点火器存在故障或性能不良，不能及时通断点火线圈初级电流，使点火线圈次级适时地产生高压。

3）点火线圈存在故障，不能产生点火高压，或点火高压太低，点火能量不够。

4）火花塞故障。火花塞承受高温、高压、冷热高频交变、燃油废气的侵蚀等，工作环境恶劣，随着运行里程的增加会逐渐使性能变坏，产生电极烧损、积炭、积油等故障。

5）点火系统的高、低压线路故障。线路接头、插座连接牢固才能保证接触可靠、传递信息准确。由于发动机本身运转时的振动和汽车在不平路面上运行时的振动，会引起高、低压线路接触不良。另外，高压线损伤、漏电都会导致点火系统工作不正常。

6）与电子控制点火系统有关的传感器失效，如发动机转速传感器、节气门位置传感器、冷却液温度传感器、爆燃传感器、氧传感器等失效，会引起点火系统工作不正常。

7）与电子控制点火系统有关的控制线路短路或断路，将导致控制信号异常，使点火系统工作不正常。

8）发动机 ECU 故障，导致点火系统异常。

（3）故障诊断　发动机电子控制点火系统的故障诊断可参照如图 2-32 所示的典型电子

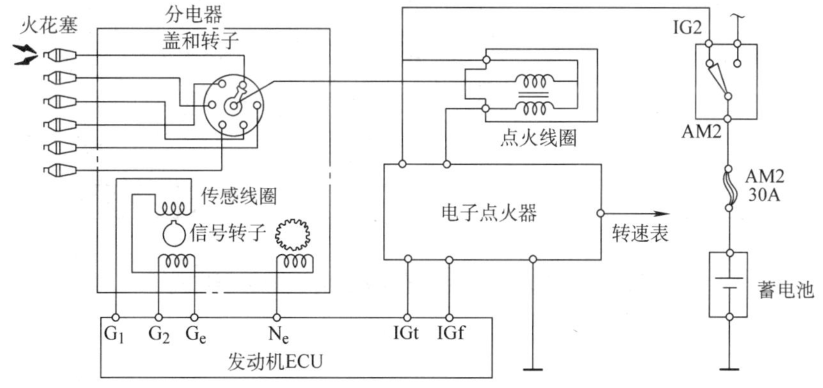

图 2-32　电子控制点火系统电路图

控制点火电路，按图 2-33 所示的流程进行。

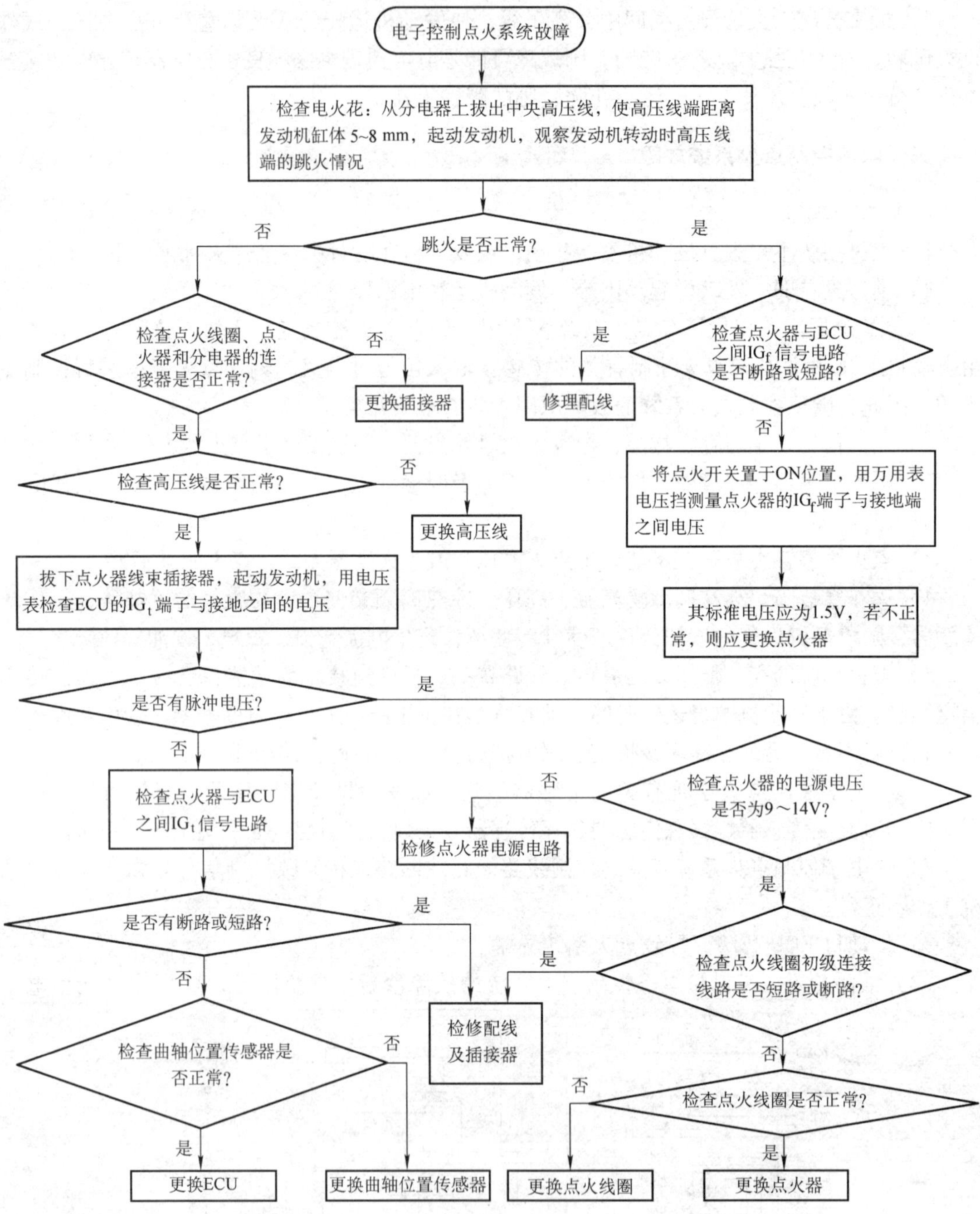

图 2-33　发动机电子控制点火系统故障诊断流程

项目五　燃油供给系统的检测诊断

学习目标：

- 掌握电喷汽油机燃油供给系统压力的检测诊断方法
- 熟悉柴油机供油正时的检测调整方法
- 能利用发动机综合性能分析仪或示波器检测汽油机喷油信号波形并诊断故障
- 能利用发动机综合性能分析仪或示波器检测柴油机供油压力波形并诊断故障
- 能利用试验台检测诊断柴油机喷油器的技术状况

任务一　掌握汽油机燃油供给系统的检测诊断方法

随着汽车电子技术的发展，装备电控燃油喷射系统的汽油机已逐渐取代了化油器式汽油机。目前，电喷汽油机已成为汽油车动力装置的主流品种，因此应重点掌握电喷汽油机燃油供给系统的检测与诊断。

一、电喷汽油机燃油供给系统压力的检测诊断

在一定喷射条件下，混合气的浓度对来自供油压力的影响最为敏感，而供油压力的大小主要取决于燃油系统的压力，因此对燃油系统压力的检测是维修中必不可少的项目。同时，通过检测发动机运转时燃油管路内的油压，可以判断电动燃油泵、燃油压力调节器有无故障，汽油滤清器是否堵塞等，燃油系统压力的检测方法如下。

1. 检测前的准备

1）松开油箱上的加油盖，释放油箱中的蒸气压力，并检查油箱内燃油量，确保燃油量正常。

2）释放燃油系统压力。方法是：起动发动机，在发动机运转情况下拔下燃油泵继电器或其线束连接器，使发动机自行熄火，再起动发动机2～3次，直到不能起动着火为止，然后关闭点火开关，接上燃油泵继电器或其线束插接器。

3）检查蓄电池电压，蓄电池应正常，然后拆下蓄电池负极接地线。

4）连接专用压力表(量程为1MPa左右)。有油压检测孔的可直接将油压表接在油压检测孔上，无油压检测孔时，可断开进油管，将三通管接头及油压表安装在系统管路中，如图2-34所示。

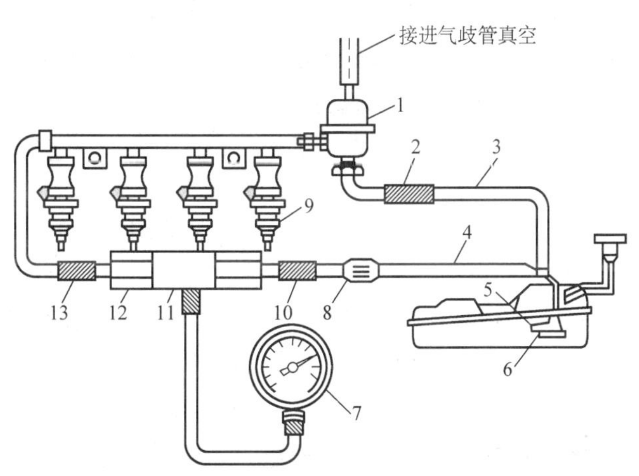

图2-34　多点喷射系统燃油压力检测示意图

1—燃油压力调节器　2、10、13—软管　3—回油管　4—进油管　5—燃油泵　6—燃油泵滤网　7—油压表　8—燃油滤清器　9—喷油器　11—三通管接头　12—管接头

5）重新装上蓄电池负极接地线。

2. 燃油系统静态压力的检测

1）用导线在检测插座上短接电

动燃油泵端子和电源端子。

2）打开点火开关而不起动发动机，使电动燃油泵运转。

3）检测油压，其压力表读数即为系统的静态燃油压力。

4）关闭点火开关，拔掉电动燃油泵检测插座的短接线。

提示： 燃油系统正常的静态油压约为300kPa左右，若油压过低，应检查电动燃油泵工作是否正常、汽油滤清器是否堵塞、燃油压力调节器是否调整不当或损坏，并查看油路有无渗漏；若油压过高，应检查油燃油压力调节器否调整不当或损坏。

3. 发动机运转时燃油压力的检测

1）起动发动机，使发动机怠速运转。

2）检测油压，其压力表读数即为发动机怠速运转的燃油压力。

3）缓慢踩下加速踏板，在节气门全开时检测油压，其压力表读数即为节气门全开时的燃油压力。

4）发动机怠速运转，拔下燃油压力调节器上的真空软管，并用手堵住，再检测其燃油压力。该压力应和节气门全开时的燃油压力基本相等，通常多点喷射系统压力约为250～350kPa。

提示： 发动机运转时检测的燃油压力应符合标准。由于不同车型燃油系统的燃油压力不尽相同，因此检测诊断时应具体参阅各车型的维修手册。若测得的燃油压力过低，则应检查燃油系统有无泄漏，燃油泵滤网、燃油滤清器和燃油管路是否堵塞，若无泄漏和堵塞故障，应检查燃油泵及燃油压力调节器；若测得的燃油压力过高，应检查回油管路是否堵塞，真空软管是否破裂，若回油管路、真空软管正常，则应检查燃油压力调节器是否调整不当或损坏。

4. 燃油系统保持压力的检测

发动机怠速运转的燃油压力检测结束后，使发动机熄火，5min后再观察油压表指示的油压。此时的压力称为燃油系统的保持压力。若保持压力很低或等于零，则发动机难以发动或不能发动。

提示： 燃油系统保持压力一般应≥147kPa。若油压过低，则应检查燃油系统油路有无泄漏；若油路无泄漏，则说明燃油泵出油阀、燃油压力调节器回油阀或喷油器密封不良。

5. 燃油压力调节器保持压力的检测

当燃油系统保持压力低于标准值且怀疑是燃油压力调节器故障引起时，需检测燃油压力调节器保持压力。

1）用导线在检测插座上短接燃油泵端子和电源端子。

2）打开点火开关而不起动发动机，使燃油泵运转10s左右时间。

3）关闭点火开关，拔去燃油泵检测插座上的短接导线。

4）夹紧油压调节器回油管上的软管2（图2-34），堵住回油通道。

5）5min后观察油压表的压力，该压力即为燃油压力调节器的保持压力。

提示： 若燃油系统保持压力低于标准，而燃油压力调节器保持压力又大于燃油系统保持压力，则说明燃油压力调节器回油阀有泄漏，此时应更换燃油压力调节器；若燃油压力调节器保持压力仍然与燃油系统保持压力相同，则说明燃油系统保持压力过低的原因可能是燃油泵、喷油器、油管有泄漏，此时应予以检查。

6. 燃油泵最大压力和保持压力的检测

当燃油系统的保持压力及运转压力低于标准值且怀疑是燃油泵故障引起时，需检测燃油泵的最大压力和保持压力。其检测方法如下。

1）夹紧通往喷油器的软管13(图2-34)，堵死燃油的输出通道。

2）用导线在检测插座上短接电动燃油泵端子和电源端子。

3）打开点火开关而不起动发动机，使燃油泵运转10s左右时间，此时油压表指示的压力即为燃油泵的最大压力。

4）关闭点火开关，拔掉燃油泵检测插座上的短接线。

5）5min后再观察油压表的压力，此时油压表指示的压力即为电动燃油泵的保持压力。

提示：车型不同，燃油泵的最大压力和保持压力标准也不一样。通常燃油泵的最大压力标准约为490～640kPa，保持压力应大于340kPa。若实测压力不符合标准，则应更换燃油泵。

7. 检测后的燃油系统装复

燃油系统压力检测完毕后，应按要求装复燃油系统，以保证发动机能正常工作。

1）释放燃油系统的油压。

2）拆下蓄电池负极接地线。

3）拆下油压表。

4）重新装好油管接头。

5）接好蓄电池负极接地线。

6）进行燃油系统油压的预置。方法是：在检测插座上用导线短接燃油泵端子和电源端子，打开点火开关而不起动发动机，使燃油泵工作约10s，然后关闭点火开关，拆下短接线。

7）检查油管各处有无泄漏。

二、喷油控制信号波形的检测诊断

在电控燃油喷射系统中，由于燃油压力调节器能够保持喷油压力恒定，因此从喷油器喷出的燃油量取决于喷油器开启时间的长短，而开启时间的长短是由微机发出的喷油控制信号决定的。为了正确判断喷射系统基本喷油控制是否正常，各种传感器喷油量的修正控制(加浓补偿)是否良好，以及诊断ECU和喷油器的故障，有必要对喷油控制信号波形进行检测与诊断。

1. 喷油信号波形的检测

喷油器工作时的喷油信号波形，通常用发动机综合检测仪或汽车专用示波器来检测，其检测方法如下。

1）按照波形检测仪器操作使用说明书的要求，连接好波形检测仪器。通常仪器带有专用接头与喷油器插接器相连。

2）起动发动机，使发动机稳定运转预热至正常温度。

3）打开检测仪器，按规定工况运转发动机，示波器则显示喷油器工作时的喷油信号波形和喷油脉宽，如图2-35所示。

2. 标准喷油信号波形

标准喷油信号波形是指电控燃油喷射系统工作正常时，喷油控制信号电压随时间变化的波形，它是不解体动态检测电控燃油喷射系统的诊断标准。喷油信号波形与喷油器的驱动方式有关，喷油器的驱动方式有电压驱动和电流驱动两种。

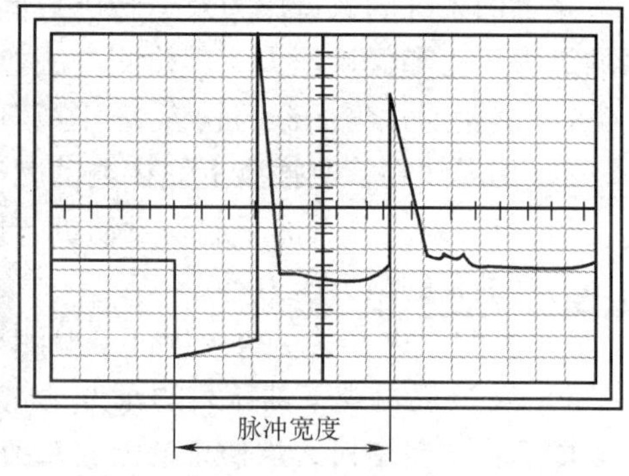

图 2-35　电流驱动式喷油器喷油信号波形

电压驱动式喷油器，其电控系统 ECU 对驱动喷油器的喷油电脉冲电压进行恒定控制。在喷油器控制电路中，ECU 控制功率晶体管导通或者截止，导通时蓄电池电压加到喷油器电磁线圈上，喷油器喷油，截止时停止喷油，其喷油器标准喷油信号波形如图 2-36a 所示。

电流驱动式喷油器，其电控系统 ECU 对驱动喷油器的电磁线圈电流进行调节控制。在电流驱动式控制电路中，功率晶体管除基本的开、关功能外，还具有限流功能。在基本喷油时间内，功率晶体管导通，驱动电流不受限制；在加浓补偿喷油时间内，控制其电流迅速下降到能维持喷油器处于全开状态的较小值，以免喷油器电磁线圈过热损坏。其喷油器标准喷油信号波形如图 2-36b 所示。

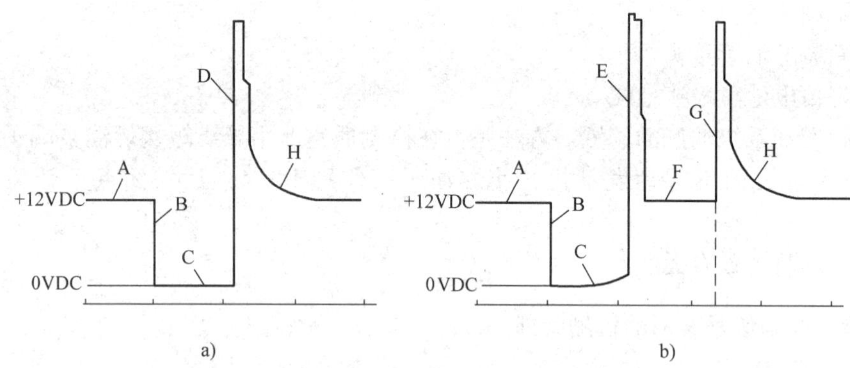

图 2-36　喷油器标准喷油信号波形

a）电压驱动式喷油器喷油信号波形　b）电流驱动式喷油器喷油信号波形

图 2-36 标准喷油信号波形的有关描述如下。

A 线：喷油器关闭时的系统电压信号，通常为 12V。

B 线：喷油信号到达时刻，此时功率晶体管完全导通，电压迅速下降接近 0V，喷油器开始喷油。B 线应光滑、平顺、无毛刺，否则说明功率晶体管性能不良。

C 线：喷油器喷油，此时喷油器驱动电路处于饱和导通阶段，波形电压接近 0V，喷油器电磁线圈电流由零迅速上升至最大，喷油器针阀迅速全开喷油。该段波形对应的时间，对于图 2-36a 为喷油时间，对于图 2-36b 为基本喷油时间。在实际波形中，由于电流增加时喷油器电磁线圈产生感应电压的影响，C 线向右逐渐向上弯曲也属正常。若 C 波形异常，则多是喷油器驱动电路接地不良引起。

D 线：喷油信号截止时刻，此时喷油器驱动电路断开，喷油结束，喷油器线圈因电流突变而产生感应脉冲电压。其电压尖峰高度与喷油器线圈匝数、喷油器电流有关，线圈匝数越多，电流变化越大，则尖峰电压越高，反之则尖峰电压越小。通常 D 处的峰值电压不应低于35V。装有齐纳二极管保护线路的喷油器，尖峰的顶部应以方形截止，否则说明其峰值电压未达到齐纳二极管的击穿电压，可能是喷油器的电磁线圈性能不良所致。图2-36a中，从喷油开始信号B至喷油截止信号D所对应的时间就是电压驱动式喷油器的总喷油时间。

E线：基本喷油时间结束线，同时也是电流限制起始线。由于在E时刻，喷油器针阀已达到最大开度，故只需小电流维持喷油器针阀开启，以便转入加浓补偿喷油期。此时，ECU起动电流限制，减小驱动电路电流。由于电流的骤减，导致喷油器电磁线圈感应出较高的电压脉冲，其电压脉冲峰值通常与喷油器的阻抗成正比，约为35V。

F线：加浓补偿喷油期，此时喷油器处于电流限制模式状态，其功率晶体管在不停地截止与导通，使通过喷油器电磁线圈的电流约为1A左右，其喷油器针阀处于开启状态，喷油器进行加浓补偿喷油，所对应的时间为加浓补偿喷油时间。曲线中的电压与电源电压接近，若波形发生畸变，则表明喷油器功率晶体管不良。

G线：喷油信号截止时刻，此时喷油器驱动电路断开，喷油器线圈因电流突变而产生感应脉冲电压，幅值约为30V。图2-36b中，从喷油开始信号B至喷油截止信号G所对应的时间就是电流驱动式喷油器的总喷油时间。

H线：喷油器针阀关闭，电压从峰值逐渐衰减到电源电压。

3. 喷油信号波形诊断

汽车示波器在显示喷油信号波形的同时可以将喷油脉宽用数字显示，其喷油脉宽是指喷油信号开始至喷油信号截止所经历的时间，该时间由ECU根据各种传感器输送的有关发动机的空气流量、进气歧管压力、转速、节气门开度、进气温度、冷却液温度等信号计算确定。喷油脉宽越宽，喷油量就越大。当检测的喷油脉宽与标准不同时，表明喷射系统存在故障。人们往往通过改变发动机的工作状况、工作条件来观测喷油信号波形的变化，从而诊断电控燃油喷射系统的故障，下面举例说明。

检测时，先将示波器的检测线通过专用插头与喷油器的插接器相连，将变速杆置于空挡，再起动发动机，使发动机运转至正常工作温度，然后根据下列条件检查喷油信号波形。

1）在怠速、高速及加速时观察喷油信号波形，正常时喷油脉宽应随转速的提高、节气门的加大而相应增加，否则可能是喷油器、燃油喷射控制系统及氧传感器存在故障。

2）在高速稳定运转时，通过改变混合气浓度来观察喷油信号波形。当从进气管中加入丙烷使混合气变浓时，若喷油脉宽变小，以试图对浓混合气进行修正，则系统正常；当拔下发动机某一真空软管使混合气变稀时，若喷油脉宽延长，以试图对稀混合气进行补偿，则系统正常。若混合气浓度变化时，喷油脉宽没变化，则可能是喷油器、燃油喷射控制系统及氧传感器存在故障。

3）让发动机在2500r/min下稳定运转，仔细观察喷油信号波形。若喷油脉宽在稍宽与稍窄之间来回变换，则说明喷油器工作正常，同时也说明燃油控制系统能使混合气在正常的浓、稀之间转换。若喷油脉宽毫无变化，则可能是喷油器、燃油喷射控制系统及氧传感器存在故障。

提示：发动机在怠速工况检测喷油信号时，其总喷油脉宽变化甚微，这对准确判断ECU的加浓补偿功能具有难度。因此较好的检测方法是按需要确定发动机的运行工况，或在底盘测功机上模拟运行工况来检测喷油信号，这样可以有效地对ECU的喷油补偿功能进行全面检测，有利于对电子控制喷油系统的控制作用作出正确的判断。

任务二　掌握柴油机燃油供给系统的检测诊断方法

一、柴油机供油压力波形的检测诊断

柴油机燃油供给系统工作性能的好坏，在很大程度上取决于喷油泵和喷油器的工作质量。而喷油泵和喷油器的工作质量，可通过燃油喷射过程中高压油管的压力变化情况反映出来。因此，检测及分析高压油管中的压力波形与喷油泵凸轮轴转角的对应关系，可诊断柴油机燃油供给系统的技术状况。

1. 供油压力波形的检测

采用汽车专用示波器、发动机综合性能分析仪等，可在柴油机不解体情况下，检测各缸高压油管内的供油压力波形。其检测方法如下。

（1）安装油压传感器　按检测仪的使用要求，在规定的位置安装检测供油压力波形的油压传感器。油压传感器主要有外卡式和串接式两种。

1）外卡式油压传感器的安装。将外卡式油压传感器以一定的预紧力卡夹在喷油泵与喷油器之间的高压油管上，如图2-37所示。柴油机工作时，油管在高压油脉冲的作用下产生微小膨胀，挤压外卡式油压传感器内的压电传感元件，产生压电电荷，经分析仪中的电荷放大器放大后供检测系统分析。在不解体检测中，常用外卡式油压传感器。

图2-37　外卡式油压传感器及其安装
1—外卡式油压传感器　2—高压油管

2）串接式油压传感器的安装。拆下喷油器的高压油管，将油压传感器串接在喷油泵与喷油器之间。柴油机工作时，油压传感器的压电元件直接将高压油管内的油压信号转换为电量信号对外输出。串接式油压传感器灵敏度高，但安装比较麻烦。

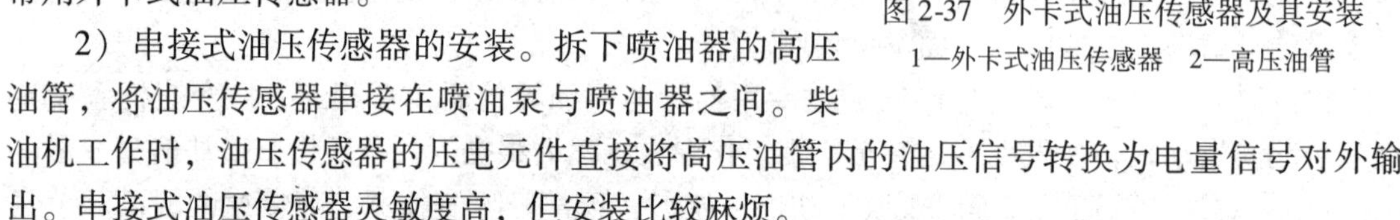

（2）检测供油压力波形　将油压传感器与检测仪器连接并预热检测仪器，然后起动柴油机，将柴油机运转在检测工况，此时传感器将各缸油压信号转换成电信号，经处理后送给示波器，即可观测到各缸供油压力波形，测出各缸高压油管内的最高压力、残余压力、针阀开启压力和针阀关闭压力。图2-38所示为柴油机在有负荷情况下实测得到的某缸高压油管内喷油泵出口压力和喷油器入口压力随喷油泵凸轮轴转角变化的波形。

2. 供油压力波形分析

（1）供油压力变化规律　柴油机燃油供给系统正常时，一个供油循环内单缸高压油管压力波形的变化规律如图2-38所示。由于高压柴油在喷油泵出口到喷油器的油管沿程以波动方式传播，

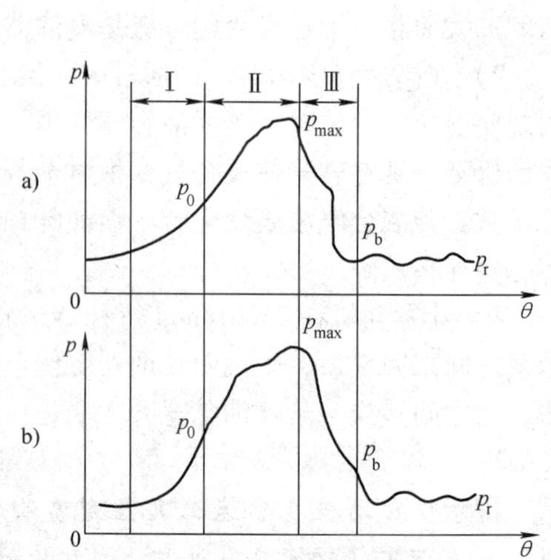

图2-38　柴油机高压油管内压力波形
a）喷油泵出口压力波形　b）喷油器入口压力波形

因此在同一瞬间高压油管内喷油泵端的压力和喷油器端的压力是不同的。图中，高压油管内的压力 p_0、p_{max}、p_b、p_r分别表示针阀开启压力、最高压力、针阀关闭压力和油管内的残余压力。整个燃油喷射过程中，高压油管中的压力变化可分为三个阶段。

第Ⅰ阶段为喷油延迟阶段，当喷油泵泵油压力上升到超过高压油管内的残余压力 p_r时，燃油进入高压油管，当油压继续升高达到喷油器针阀开启压力 p_0时，喷油器才开始向燃烧室喷油，故喷油器实际喷油开始点落后于喷油泵供油开始点，因此这段时间称为喷油延迟时间。由于延迟必将导致实际喷油提前角较供油提前角要小，为使各缸喷油提前角相等，其喷油延迟时间应均衡。若调高针阀开启压力 p_0，高压油管渗漏，出油阀偶件或喷油器针阀偶件不密封导致残余压力 p_r下降，以及随意增加油管长度或增加高压油系统的总容积，均会使喷油延迟阶段增长。

第Ⅱ阶段为主喷油阶段，由于喷油泵柱塞继续上行，因而高压油管的压力也继续升高，直到喷油泵回油孔打开。主喷油阶段的长短主要取决于柴油机负荷，对于柱塞式喷油泵来说，与柱塞的有效供油行程有关。柴油机负荷越大，供油行程就越长，则该阶段也就越长。

第Ⅲ阶段为自由膨胀阶段，此时由于喷油泵柱塞的有效行程结束、出油阀关闭，因而高压油管的压力急剧下降，但由于高压油管的弹性收缩，油管中的压力仍高于针阀关闭压力 p_b，燃油会继续从喷孔中喷出。若油管中最大压力 p_{max}不足，则自由膨胀阶段会缩短，反之则延长。

由上述分析可见，喷油泵的实际供油阶段为第Ⅰ、Ⅱ阶段，喷油器的实际喷油阶段为第Ⅱ、Ⅲ阶段。当循环供油量一定时，若第Ⅰ阶段延长和第Ⅲ阶段缩短，则喷油器针阀开启所对应的凸轮轴转角会减少，喷油量就减少；若第Ⅰ阶段缩短、第Ⅲ阶段延长，则喷油量就增大。这就说明高压油管内压力波形曲线上三个阶段的长短，会对该缸工作性能产生重要影响。

提示：燃油供给系统正常的柴油机，其标准供油压力波形曲线上的喷油延迟、主喷油、自由膨胀阶段都会对应着合适的凸轮轴转角，而且各缸供油压力波形基本一致。由于柴油机燃油供给系统工作状况的好坏，会直接影响或改变供油压力波形，因此检测后，应将实测的供油压力波形对照标准供油压力波形进行故障诊断。

（2）供油压力波形类别　为了便于比较、分析各缸供油压力波形，诊断供油系统故障，通常按一定的规则分类排列各缸供油压力波形。若测试系统能同时采集多缸柴油机的各缸高压油管内的压力信号，则经过适当的操作，示波器就可显示各类供油压力波形，如图 2-39 所示。

1）全周期单缸波。它是指喷油泵凸轮轴旋转 360°时某单缸高压油管内压力变化的波形，如图 2-39a 所示。利用该波形可观测该缸高压油管中的针阀开启压力 p_0、最高压力 p_{max}、针阀关闭压力 p_b和残余压力 p_r。

2）多缸平列波。它是指以各缸高压油管中的残余压力 p_r为基线，将各缸压力波形按发火次序从左到右首尾相连所形成的波形，如图 2-39b 所示。利用该波形能直观地比较各缸 p_0、p_b和 p_{max}所对应的高度，进而可确定各缸供油压力的一致性。对于同一台发动机、同一工况来说，各缸的 p_0、p_b、p_{max}和 p_r值应分别相等，且符合规定要求。

3）多缸并列波。它是指将各缸压力波形首部对齐，按发火次序自下而上展开所形成的波形，如图 2-39c 所示。利用该波形能观测各缸压力波形三个阶段面积的大小，可比较各缸

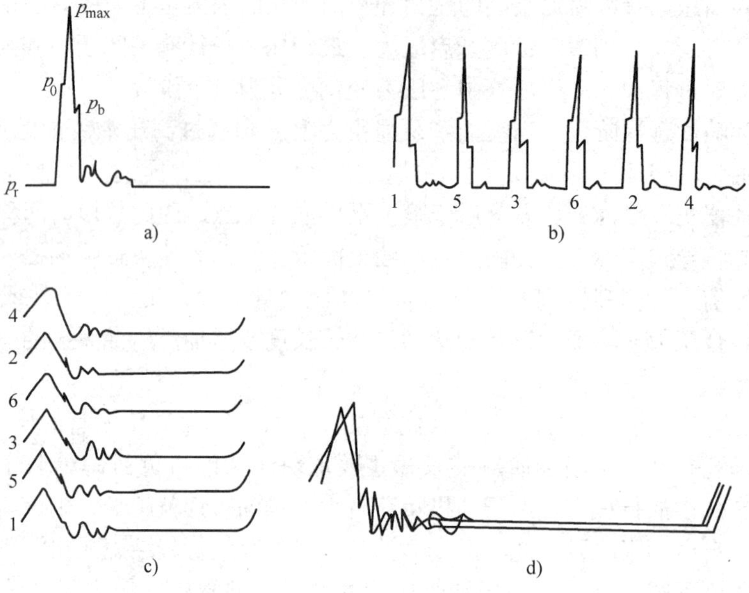

图 2-39　供油压力波形

a）全周期单缸波　b）多缸平列波　c）多缸并列波　d）多缸重叠波

供油量、喷油量的一致性。对于同一台发动机、同一工况来说，各缸的供油量、喷油量应相等且符合标准，目前发动机各缸供油量及其不均匀度都有检测标准。

4）多缸重叠波。它是指将各缸波形之首对齐并重叠放在一起所形成的波形，如图 2-39d。利用该波形能观测各缸波形在高度、长度和面积上的一致程度，可比较各缸的 p_0、p_b、p_{max}、p_r、供油量和喷油量的一致性。若多缸重叠波像一个单缸波形一样，则说明各缸工作一致性好。此外，利用多缸重叠波还能观测喷油泵的重叠角。重叠角越小越好，当重叠角为零时，表示各缸供油间隔一致。若各缸供油间隔不等，则需调整喷油泵。

3. 供油压力波形诊断

根据高压油管内的压力波形可诊断柴油机燃油供给系统的故障。若各缸供油压力波形的幅度和形状都相同，且与标准波形一致，则说明各缸供油状况正常。若某缸供油压力波形的幅度偏低，波形较窄，则说明该缸喷油量少。若某缸供油压力波形的幅度很小或无波形，则说明该缸不喷油，此时将发动机转速提高，若仍无波形，则在加速中观测，若还是无波形或波幅很小，则说明该缸不工作。下面介绍几种常见的故障波形，如图 2-40 所示。

1）供油压力过低故障波形，如图 2-40a 所示。其波形表明，该缸喷油器因供油压力过低而不能正常工作。故障的可能原因是：喷油泵不泵油或泵油很少，致使高压油管内的压力很低；喷油器针阀在开启位置卡死不能落座，致使高压油管内不能建立高压。

2）喷油器不喷油故障波形，如图 2-40b 所示。其波形表明，喷油泵能供油建立正常的油压，但压力曲线光滑无抖动，说明喷油器的针阀完全没动作，无喷油迹象。故障的可能原因是：喷油器损坏使针阀不能动作；喷油器针阀被高温烧蚀而在关闭位置卡死；喷油器针阀开启压力调整过高。

3）喷油器喷前滴漏故障波形，如图 2-40c 所示。其波形表明，在压力上升阶段有两个抖动点，说明压力在到达喷油器针阀开启压力前有燃油滴漏现象而导致压力波动。故障的可

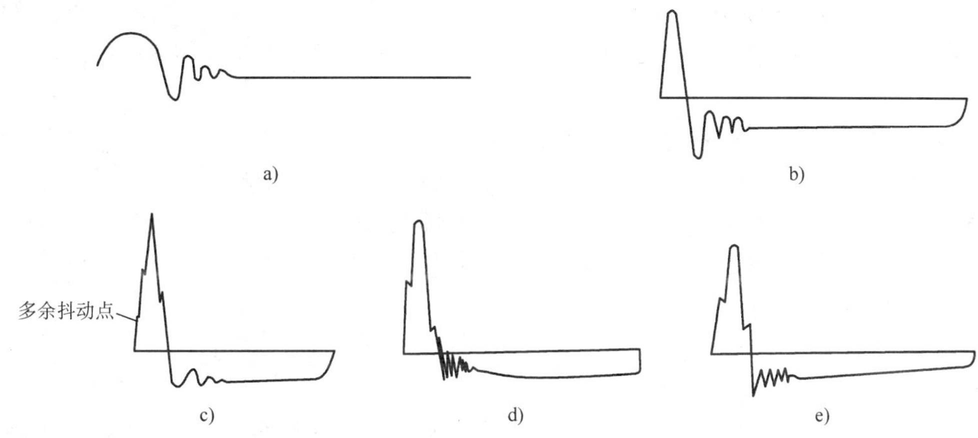

图 2-40　几种常见的故障波形

a）供油压力过低　b）喷油器不喷油　c）喷油器喷前滴漏　d）高压油路密封性差　e）喷油器隔次喷射

能原因是：喷油器针阀密封不严；针阀磨损过度；脏物积炭粘在针阀密封表面导致密封不良。

4）高压油路密封性差故障波形，如图 2-40d 所示。其波形表明，残余压力部分呈窄幅振抖并逐渐降低，说明高压油路密封性差。故障的可能原因是：喷油泵的出油阀密封不严；高压油管及接头有渗漏。

5）喷油器隔次喷射故障波形，如图 2-40e 所示。其波形表明，残余压力部分上下抖动严重，说明喷油器存在隔次喷射现象。当油管内残余压力很低，而下一次供油量又很小时，高压油管中产生的油压不足以使喷油器针阀开启，于是燃油储存在油管中，直到第二次供油时针阀才开启，使两次供油一次喷出。故障的可能原因是：喷油泵的供油量过小；喷油器弹簧的压力较高。

二、柴油机供油正时的检测

供油正时是指喷油泵正确的供油时间，一般用供油提前角表示。供油提前角是指喷油泵某缸供油开始至该缸活塞到达压缩行程上止点位置时相应的曲轴转角。若供油提前角过大，则发动机工作粗暴、功率下降、油耗增加、怠速不良、加速不灵及起动困难；若供油提前角过小，则发动机动力性下降、加速无力、油耗增多，同时会因补燃增多而使发动机过热；若供油提前角处于最佳值，则发动机就可获得最好的动力性和经济性，并能使排放符合要求。因此，应重视柴油机供油正时的检测与调整。使用中，若感觉供油正时不当，或检修喷油泵重装到柴油机上时，均需检测或调整供油正时。

1. 仪器法检测供油正时

（1）频闪法　在频闪原理基础上制成的柴油机供油正时仪，其组成、原理及使用方法与汽油机点火正时仪基本相同，只是正时灯获取触发信号的传感器不同。其供油正时的检测步骤如下。

1）将供油正时仪的油压传感器串接于第 1 缸高压油管与喷油器之间或外卡于高压油管上。

2）起动发动机，使发动机在规定转速运转。

3）打开正时仪，用正时灯对准第 1 缸压缩终了上止点标记，则发动机高压油管的供油压力脉冲信号转变为电信号，触发正时灯闪光。闪光一次，表示第 1 缸供油一次，且闪光与供油同步。

4）调整正时仪检测供油提前角。当正时灯按实际供油时间闪光时，若被照耀的转动飞轮或曲轴带轮上的供油提前角标记位于固定标记之前，则说明第 1 缸供油时，第 1 缸活塞尚未到达压缩上止点，有提前角。此时，应调整正时灯上的电位计，使闪光时刻延迟到转动部件上的供油提前角标记与固定标记对准，此时闪光延迟的曲轴转角即为供油提前角，其提前角数值由正时仪指示装置予以显示。

5）若供油提前角不符合要求，过大或过小，则应调整供油提前角直至符合原厂规定。

（2）缸压法　缸压法检查时，用缸压传感器确定某缸在活塞上止点时的最大压缩压力，用油压传感器确定该缸的供油时刻，而二者之间所对应的曲轴转角即为该缸的供油提前角，其供油正时的检测步骤如下。

1）拆下所测缸的喷油器，并在其座孔上安装缸压传感器。

2）将拆下的喷油器连接在原来的高压油管上，并在两者之间串接油压传感器，或将外卡式油压传感器夹装在所测缸高压油管上。

3）起动发动机，使发动机在规定转速运转。

4）操作检测仪器，即可测得所测缸的供油提前角。

5）若供油提前角不符合要求，过大或过小，则应调整供油提前角直至符合原厂规定。

2. 经验法检测供油正时

发动机设计时，各缸供油间隔是相等的，故任一缸的供油正时都可以代表各缸供油正时。通常设计时是以第 1 缸供油正时进行标记的，因此供油正时的检查一般以第 1 缸为标准。下面以柱塞喷油泵为例说明其供油正时的检查与调整方法。

1）对准发动机旋转件的供油正时标记。摇转曲轴，使第 1 缸活塞处于压缩行程中，当飞轮或曲轴传动带轮上的供油提前角标记（或规定角度）与发动机外壳上的固定标记对准时，停止摇转。

2）检查喷油泵联轴器从动盘上的刻线标记与泵壳前端面上的刻线标记是否对正。若两刻线标记对正，如图 2-41 所示，则说明第 1 缸供油正时；若从动盘刻线标记在其旋转方向上还未到达泵壳前端面上的刻线标记，则说明第 1 缸供油过晚；若从动盘刻线标记越过泵壳前端面上的刻线标记，则说明第 1 缸供油过早。

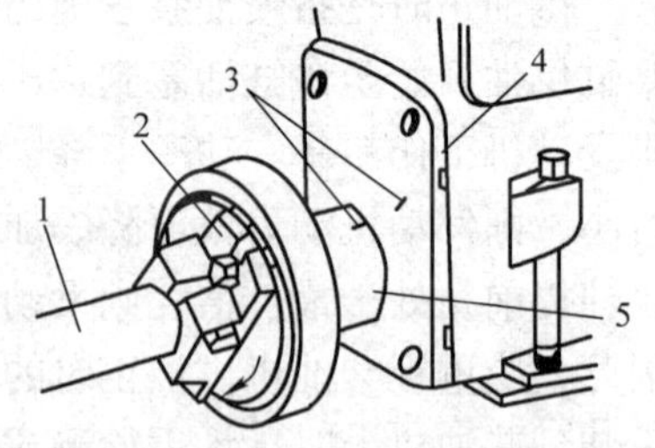

图 2-41　喷油泵的供油正时

1—驱动轴　2—联轴器主动盘　3—第 1 缸供油记号　4—泵壳前端面　5—联轴器从动盘

3）供油正时的校正。当第 1 缸供油不正时，过早或过晚时，可松开喷油泵联轴器固定螺钉，转动从动盘使其刻线标记与泵壳前端面上的固定刻线标记对正，然后锁紧联轴器固定螺钉。

4）路试检验与调整。让汽车以最高挡在良好的水平路面上低速行驶，当发动机温度正常时，将加速踏板猛踩到底，此时若汽车的加速性能好，发动机有轻微的敲缸声且随着车速的提高逐渐消失，则说明供油正时；若发动机工作粗暴，有强烈的敲击声而且声音长时间不消失，则说明供油时间过早；若感到发动机加速无力，有沉闷感，无着火敲击声，则说明供油时间过晚。若供油正时不当，则需停车松开喷油泵联轴器重新调整：当供油时间过早或过晚时，应将喷油泵凸轮轴逆转动方向或顺转动方向转动少许，然后连接喷油泵联轴器并紧固，反复路试检验与调整直至供油正时为止。

提示：供油正时检测，也可以先对正喷油泵的供油正时进行标记，再通过观察飞轮或曲轴传动带轮上的供油提前角标记与固定标记是否对准来判断供油是否正时。若两标记对准，则说明第1缸供油时间正确；若供油提前角标记未转到固定标记，则说明第1缸供油提前角过大，供油时间过早；若供油提前角标记已转过固定标记，则说明第1缸供油提前角过小，供油时间过晚。

三、喷油器技术状况的检测

喷油器的技术状况决定柴油机燃油的喷射质量，对柴油机的燃烧过程和技术性能有着重大影响，因此在柴油机使用或维修过程中应检测喷油器的技术状况。一般汽车行驶里程每间隔10~12万km或发动机产生动力不足、冒烟不正常、怠速不稳定等现象时，必须检测喷油器的技术状况。

喷油器技术状况的检测项目主要是喷油压力、喷雾质量和密封性能。其检测通常在如图2-42所示的简易试验台上进行。该试验台由手油泵、压力表及油箱等组成。检测时，油箱的柴油经滤清后流入手油泵的油腔中，当压动手油泵泵油时，柴油变成高压油经油阀及管路流入喷油器，使喷油器喷油，同时在压力表上显示出油压。

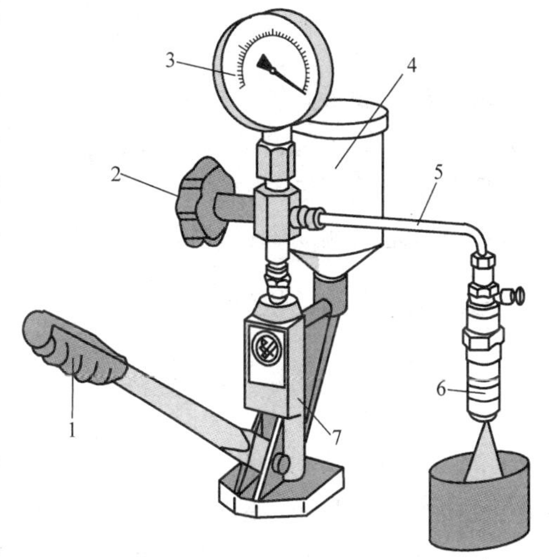

图2-42　喷油器试验台

1—手柄　2—手动阀　3—压力表　4—油箱　5—高压油管　6—喷油器　7—手动高压油泵

1. 喷油压力检测

1）将喷油器夹装在试验台上。

2）按压手油泵手柄，排出留在油管和喷油器中的空气和脏物。

3）快速按压手油泵手柄，同时观察在喷油过程中压力表上的读数。当喷油器喷油时，压力表指针会摆动，指针刚摆动时的压力值即为喷油压力。

4）以相同的方法检查各缸喷油器的喷油压力。

喷油器的喷油压力应符合制造厂规定的标准，而且各缸喷油器的喷油压力应相同。若喷油压力不符合标准，可通过增、减喷油器调压弹簧处的垫片或调整喷油器调压螺钉来调节喷油压力。若油压太低，则应拧入喷油器调压螺钉；反之，则应退出喷油器调压螺钉。调整完毕后，将锁紧螺母锁紧重新测试。

注意：有些喷油器无调节螺钉，则应分解喷油器，更换调整垫片。

2. 喷雾质量检测

以更高的速度按压手油泵手柄，喷油器喷出的油雾束应细小均匀呈雾状，油束的锥角、喷射方向应符合要求。

对喷油器的要求是：五孔喷油器应喷出五束锥角在10°~40°、均匀并对称的油雾；轴针喷油器应喷出一束锥角在10°~60°、均匀并对称的油雾。

3. 密封性能检测

以较慢的速度按压手油泵手柄，使压力表的压力保持在低于标准喷油压力1~2MPa的状态下，保持10s，观察喷油器的喷孔。正常时喷油器喷孔处不应有油滴流出，否则说明喷油器的密封性能差。

项目六　润滑系统的检测诊断

学习目标：

- 了解发动机润滑系统机油压力的检测方法
- 熟悉发动机润滑系统机油消耗量的检测方法
- 能利用机油质量分析仪或经验法检测发动机机油的品质
- 能对发动机润滑系统的常见故障进行分析与诊断

任务一　掌握润滑系统机油的检测方法

若发动机润滑系统的机油压力异常、机油品质变坏、机油消耗量过多，则会导致发动机动力性、经济性下降，甚至损坏发动机。因此，在汽车在使用过程中，要重视机油压力、机油品质和机油消耗量的检测。通过这些检测，不仅可以评价润滑系统的工作状况，而且还可直接或间接地说明曲柄连杆机构和配气机构中有关配合副的技术状况。

一、机油压力的检测

机油压力值通常根据汽车仪表板上的机油压力表或油压信号指示灯显示测得。常用的检测方法是，当打开点火开关时，机油压力表指针指示为“0”，如装有机油压力信号指示灯则灯亮；发动机起动后油压信号指示灯在数秒内熄灭，机油压力表则显示某一较高数值，并随发动机温度升高而逐渐指示正常。正常情况下，发动机在常用转速范围内，汽油机机油压力应为196~392kPa，柴油机机油压力应为294~588kPa。

机油压力是发动机润滑系统的重要诊断参数。机油压力的大小，取决于机油的温度、黏度，机油泵的供油能力，限压阀的调整，机油通道和机油滤清器的阻力以及曲轴主轴承、连杆轴承和凸轮轴轴承的间隙等。机油压力过高或过低，均属不正常状况，如发动机机油压力在中等转速下低于147kPa，在怠速下低于49kPa，则发动机应停止运转，进行检查。

二、机油品质的检测

在机油使用过程中，由于杂质污染、燃油稀释、高温氧化、添加剂消耗或性能丧失等原因，其品质会逐渐变坏。这将导致发动机润滑性能变差、磨损加剧，甚至引发严重机械故障，因而应加强对发动机机油品质变化程度的定期检测，实行按质换油，以保证发动机的良好润滑。更为重要的是，通过对机油品质的检测，可分析并监控发动机技术状况的变化。

1. 用经验法检查

将发动机预热停机后，等待几分钟。将擦净的机油标尺插入曲轴箱再取出，以油标尺上的机油滴为研究对象，看机油是否变质、含水、变色、变稀或杂质过多。若油滴呈乳浊状并有泡沫或含黄白色乳化油膜，则机油中含水量极高；若油滴表面颜色暗淡，甚至完全失去光泽或颜色很深，说明机油内的抗氧化添加剂失效，机油已氧化变质；若油滴有汽油味，说明机油里已混入汽油，机油被稀释。

用手指捻机油，可简单检验机油的品质。用油标尺滴一滴机油在食指、拇指间，两指头搓捏，若有细粒感，说明机油含杂质多，两指头分开，油丝长度若大于3mm，表明粘度过大；两指头搓捏若无滑腻感，手指分开后油丝长度小于2mm，说明机油被冲得过稀，粘度太小。

2. 用机油不透光度分析仪检测

（1）检测原理　机油在使用过程中，会逐渐变黑。机油污染程度越大，变黑的程度就越大，光线通过变黑油膜的能力也就越差。机油不透光度分析仪就是通过测量机油膜的不透光度来间接检测机油污染程度的。

机油不透光度分析仪的结构原理如图2-43所示。稳压电源为光源和电桥电路提供稳定的电压，玻璃油池用来放置油样，光源发出的光通过油样传给光敏电阻，光敏电阻作为电桥的一个桥臂用来接受透光信号，电桥电路用来检测信号并输给直流放大器，直流放大器用来放大检测信号并传输给电流表即透光度表，透光度表用来指示检测结果。透光度表采用百分刻度，指针“0”用标准干净机油标定，指针80%用污染程度达到极限允许值的机油标定。有的透光度表用3种颜色大致表示污染范围，红色表示换油区，黄色表示可用区，绿色表示良好区。

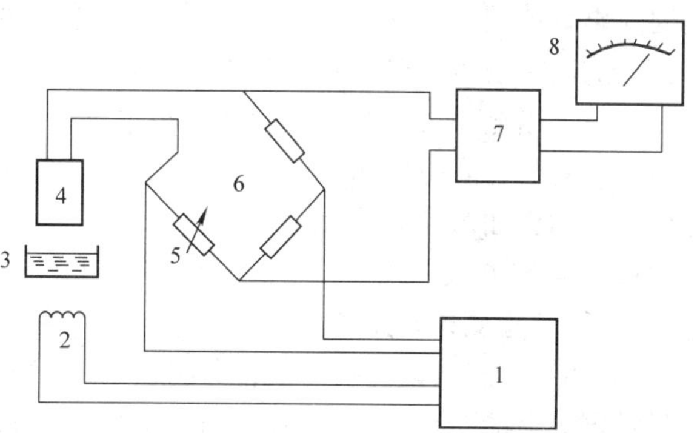

图2-43　机油不透光度分析仪检测原理图
1—稳压电源　2—光源　3—试样油池　4—光敏电阻
5—可调电阻　6—电桥　7—直流放大器　8—透光度表

由于被试机油的透光度与标准干净机油不同，因此，检测被试机油时，其照在光敏电阻上的光线强度就会发生变化，因而光敏电阻的阻值也随之变化，从而使电桥失去平衡产生输出信号，并通过直流放大器在透光度表上显示其透光度值，该值即表示机油的污染程度。

（2）检测方法

1）开启检测仪并预热。

2）在试样油池中放入适量的标准油样（被测油的新油），调整可变电阻将电桥处于平衡，使透光度表指示为“0”。

3）将新油擦掉，换入需要测试的适量机油。

4）按下测试按钮，仪表即显示指示值。

5）重复测量3次，以平均值作为检测结果。

（3）检测分析　仪表指示值越大，说明机油污染越严重。当指针指向0～80%之间时，机油可继续使用；当超过80%时，机油必须更换。

机油不透光度分析仪检测的特点是方法简单，使用方便，但测量精度较差，使用范围较窄，而且不能测出有添加剂机油的添加剂残余能力以及机油含杂质的成分。

3. 用机油介电常数分析仪检测

（1）检测原理　机油是电介质，有一定的介电常数。介电常数是表示物质绝缘能力特性的系数，又称介电系数。在机油中，介电常数值取决于机油中的添加剂和存在的污染物。清洁机油不含有污染物，有其较为稳定的介电常数。而当机油污染时，其介电常数则会发生变化。机油介电常数分析仪就是通过测量机油介电常数的变化来间接检测机油污染程度的。由于介电常数的大小与机油中存在的一些污染物的相对浓度成比例，因此，还能根据机油污染物对介电常数的变化效应来分析机油变质的主要原因。

RZJ-2A 型润滑油质量微机检测仪是一种典型的机油介电常数分析仪，它的外形如图 2-44 所示。它采用了对污染物有较大灵敏度的平面电容器作为传感器，而机油试样如同电容的电介质，当机油的介电常数变化时，电容值也会随之改变。通过专用的数字电路，将其变成数字信号，送入微机处理并与参考数字信号进行比较。当显示为零时，表明所测机油无污染；当显示不为零时，表明所测机油有污染；显示值越偏离零值，表明机油污染程度就越大。

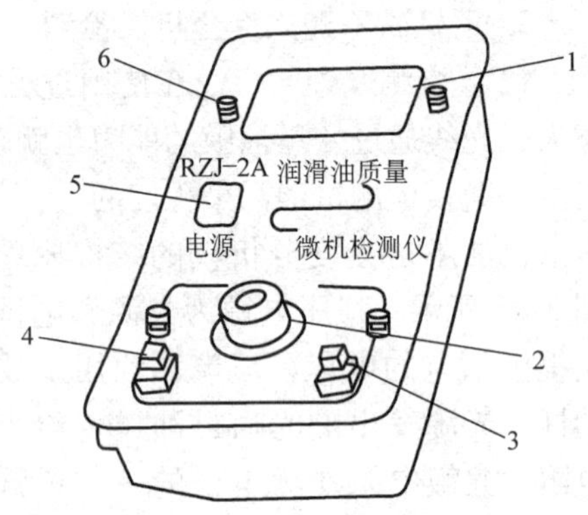

图 2-44　RZJ-2A 型检测仪面板示意图
1—数字显示屏　2—机油传感器
3—清零按键　4—测量按键
5—电源开关　6—固定螺钉

（2）检测方法

1）开启检测仪并预热。

2）用脱脂棉清洁传感器油槽，再用 3 ~ 5 滴与被测机油同牌号的新机油置入传感器油槽中，使机油与油槽边沿平齐，2 ~ 5s 后机油扩散完毕，轻轻按一下“清零”按钮，约 2s 后清零，显示“ ±00. 00”字样。

3）清零 4s 后擦掉新油，彻底清洁传感器油槽，保持清洁、干燥，并将 3 ~ 5 滴被测机油置入传感器油槽中。

4）当被测机油均匀扩散完毕(约 2 ~ 5s)后，按一下“测量”按钮，显示屏便可显示综合测量值。

5）重复测量 3 次，以平均值作为检测结果。

（3）检测分析　当汽油机机油的综合测量值为 4. 2 ~ 4. 7，柴油机机油为 5. 0 ~ 5. 5 时，发动机应更换机油；当综合测量值向“ + ”偏时，表示机油为一般性污染老化变质，机油中含有氧化物、油泥、污物、炭和酸性物质等；当综合测量值向“ + ”偏激烈时，说明机油中有较多的水、防冻液和大颗粒金属微粒；当汽油机机油综合测量值向“ - ”偏时，说明机油被汽油稀释。

4. 用滤纸油斑试验法检测

机油品质可用机油中污染物含量和清净分散能力来评价。机油中污染物含量越低、杂质越少，则机油的污染程度就越小；机油的清净分散能力越强，则机油能从发动机内零件表面分散、疏松、移走积炭和污物等有害物质使其不致沉积的能力就越强，机油品质就越好。用专用滤纸油斑试验法能很好地评价机油的污染物程度和清净分散能力。

（1）滤纸斑点分析法　从发动机正常热工况下取出油样，用规定尺寸的滴棒把第 3 或第 4 滴机油滴在专用滤纸上，油滴将经纸内多孔性孔隙向外延伸，2 ~ 3h 后油滴就会在滤纸上形成了斑痕。根据油膜层流理论，在机油向外扩散时，随着油膜厚度减薄，能够携带的杂质颗粒尺寸就越小；根据机油清净分散剂性能的不同，油滴携带杂质向外扩散的程度也不一样。因此，油滴扩散的斑痕特征，可以代表机油中杂质颗粒的分布情况以及清净分散能力。

图 2-45 所示为在用机油通过油斑试验得到的滤纸斑点图形。它一般分成三个区域，即中心区、扩散区和油环区。中心区亦称沉积区，为深色的核心圆状，是沉积机油内粗颗粒杂质的区域；扩散区为浅色的环形区，是悬浮在机油内的细颗粒杂质向外扩散时留下的痕迹；油环区为半透明区，是机油最后扩散形成的痕迹。

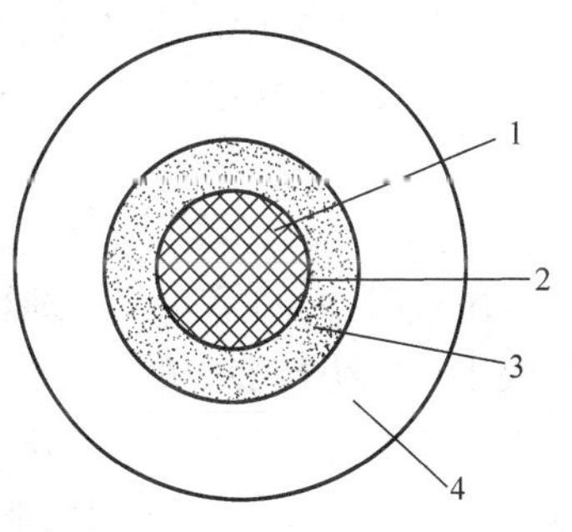

图 2-45　滤纸油斑示意图
1—中心区　2—圆带
3—扩散区　4—油环区

从上述油斑可以看出，若机油中杂质粒度小，清净分散剂性能良好，则杂质颗粒就会扩散较远，中心区与扩散区的杂质浓度及颜色深浅程度差别较小；若机油中杂质粒度大，清净分散剂性能丧失，则杂质就会集中在中心区，中心区与扩散区的杂质浓度和颜色深浅程度差别较大。因此，油斑中心区的色度可粗略表示机油的污染程度，色度越深，则污染越重。油斑扩散区的宽度反映机油的清净分散能力，扩散区越宽，则机油清净分散越好，若无扩散区，则说明机油中清净分散剂已消耗殆尽。油环区的颜色代表了机油的氧化程度，从明亮、浅黄到深褐，反映的是氧化加深的程度。

将被测油滴的滤纸斑点图与标准斑点图谱进行对比分析，即可对在用机油的品质作出定性的判断。清洁机油具有色彩明亮均匀一致的斑痕；可用机油具有油环区明亮、扩散区较宽的斑痕；污染严重的机油具有中心区深黑、扩散区狭窄的斑痕。

提示：滤纸斑点分析法简单、快速，适合现场作业，但它只能粗略分析机油品质，无法实现定量分析。

（2）清净性分析法　清净性分析法就是通过检测滤纸斑点图形的中心区和扩散区杂质浓度分布情况来定量表示机油的清净分散能力及污染程度的。

机油的清净分散能力可用清净性质量系数 K 来反映。设中心区杂质平均浓度为 δ_1，扩散区杂质平均浓度为 δ_2，则机油的清净性质量系数可用式(2-7)表示。

$$K=\frac{2\delta_2}{\delta_1+\delta_2} \tag{2-7}$$

不同的 K 值表示机油清净分散性或污染度不同。当 $K=0$ 时，$\delta_2=0$，说明油滴无扩散区，表示机油的清净分散性为零，机油的清净分散能力完全丧失；当 $K=1$ 时，$\delta_1=\delta_2$，说明油滴杂质能扩散到较远处，表示机油的清净分散性极好。K 越大，表明机油清净分散能力越强，机油污染、老化程度越轻，机油中杂质越少。

由于滤纸斑点中心区和扩散区的杂质浓度难以直接测量，实际中是利用机油清净性分析仪检测两区域的不透光度来间接测取清净性质量系数 K，其检测原理如图 2-46 所示。检测时，将油滴扩散终了并烘

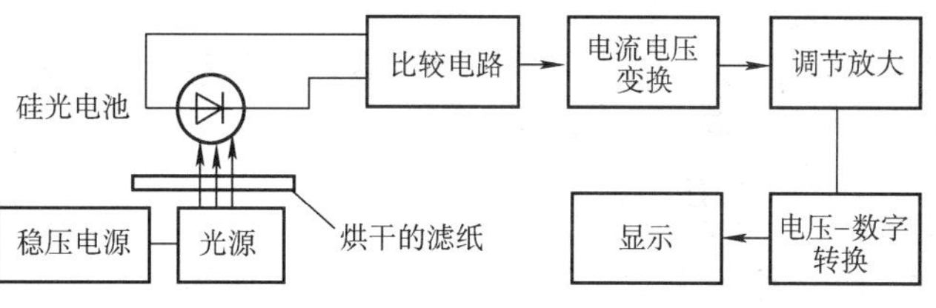

图 2-46　机油清净性分析仪测试原理框图

干后的滤纸放在检测仪测试平台上压紧，光电池制成的传感器正对油斑，光源发出的光线透过油斑滤纸照在光电池上，光电池产生的电压经放大处理后在显示器上显示检测结果。

研究表明：滤纸油斑的杂质浓度与不透光度成正比，也即杂质浓度越高，其透光性越差。若测得油斑中心圆核的不透光度为 N_1，与圆核等面积的油斑扩散区的不透光度为 N_2，则按式(2-8)可测得机油清净性质量系数 K。

$$K=\frac{2N_2}{N_1+N_2} \tag{2-8}$$

由式(2-8)可看出，当油斑中心区不透光度 N_1 远大于同面积扩散区的不透光度 N_2 时，K 值很小，说明机油中的杂质大部分集中在中心区，机油的分散清净性已变得很差，这种机油污染老化严重；当 $N_2=0$，$K=0$，说明机油已无分散清净能力；当中心区和扩散区的不透光度无差别时，$K=1$，说明机油的分散清净性最好。

提示： 利用机油清净性分析仪检测滤纸油斑时，其油斑的不透光度越小，则表示机油污染程度越小；其 K 值越大，则表示机油的分散清净性越好。

三、机油消耗量的检测

机油消耗量过大，不仅表明润滑系统的工作环境恶劣，而且还可反映出发动机的曲柄连杆机构、配气机构等部件磨损严重。因此，有必要对发动机的机油消耗量进行检测。目前常用的检测方法是油标尺测定法和质量测定法。

1. 油标尺测定法

测试前，将汽车置于水平地面上，预热后停机，将机油加至油底壳规定的液面高度，然后在油尺上清晰地划上刻线，以记住这一油面位置。随后将汽车投入实际运用，当汽车行驶若干里程后，停止运行，仍置汽车于原地点，按原测试条件，向油池内加入已知量(质量或体积)的机油，使油面仍升至油标尺上的原刻线，所加油量即为机油消耗量，此时再根据汽车行驶的里程即可算出每 1000km 所消耗的机油量。

2. 质量测定法

预热发动机至正常温度后停机，在水平路面上打开油底壳的放油螺塞，放出油底壳内的机油，至机油由流变成滴时，拧上油底壳的放油螺塞，然后将已知质量的机油加入油底壳至规定的液面，使汽车投入实际运行。汽车行驶若干里程后，按同样的测试条件，放出油底壳内的在用机油，至机油由流变成滴时，拧上油底壳的放油螺塞，并称出其质量。加入和放出的机油质量之差即为机油消耗量，此时再根据汽车行驶的里程即可算出每 1000km 所消耗的机油量。

当机油消耗量过多时，说明发动机技术状况变差，应查明原因；当机油消耗量严重超标，如每 1000km 超过 1. 5L 时，则应大修发动机。

任务二　掌握润滑系统常见故障的诊断方法

一、机油压力过高

（1）故障现象　发动机在正常温度和转速下工作时，机油压力表指示压力超过规定值。

（2）故障原因

1）机油粘度过大，不符合要求。

2）限压阀技术状况不良或调整不当。

3）气缸体内通往各摩擦表面的分油道堵塞。

4）发动机曲轴主轴承、连杆轴承、凸轮轴轴承间隙过小。

5）机油压力表或机油压力传感器不良或失效。

（3）故障诊断

1）抽出机油尺用手指捻机油，凭经验判断机油粘度的大小，若粘度正常则进行下步检查。

2）换用新机油压力表及其传感器，运转发动机看机油压力是否正常。若机油压力正常，则说明原机油压力表或机油压力传感器失效；若机油压力仍高，则进行下步检查。

3）如机油限压阀安装在发动机外表，则直接拆检限压阀，必要时更换限压阀元件，并重新调整限压阀后进行试车，若机油压力正常，则说明限压阀技术状况不良或调整不当；若机油压力仍高，则故障原因可能是缸体内通往各摩擦表面的分油道堵塞，对于新车或刚大修的发动机，可能是由于主轴承、连杆轴承和凸轮轴轴承的间隙过小造成的。如机油限压阀在发动机内部，则限压阀的检查调整需要拆除发动机油底壳。

二、机油压力过低

（1）故障现象　发动机在正常温度和转速下工作时，机油压力表指示压力低于规定值，或油压报警蜂鸣器报警、油压报警指示灯点亮。

（2）故障原因

1）油底壳内机油不足。

2）机油粘度小，不符合要求。

3）限压阀技术状况不良或调整不当。

4）机油泵磨损严重，使供油压力过低。

5）机油集滤器滤网堵塞。

6）机油管接头松动或油管破裂。

7）机油粗滤器堵塞。

8）曲轴主轴承、连杆轴承、凸轮轴轴承间隙过大。

9）机油压力表及其感传器失效，或油压报警指示装置失效。

（3）故障诊断

1）检查机油量是否不足。拔出机油尺检查油面高度，如过低应及时加机油。若正常，则进行下步检查。

2）检查机油粘度是否过小。用拇指和食指沾少许机油，两指拉开，两指间应有2～3mm的油丝，否则说明机油粘度过小。若粘度正常，则进行下步检查。

3）拆下机油压力传感器，短时间起动发动机，若机油喷出量多而有力，则故障原因是油压感传器及其机油压力表失效，或油压报警指示装置失效，可用新配件进行替换来确诊故障；若机油喷出量少而无力，则进行下步检查。

4）检查机油粗滤器滤芯是否脏污堵塞严重，粗滤器旁通阀是否堵塞不能开启，如有故障，则更换滤芯或机油滤清器进行试车检查，此时若机油压力正常，则说明原滤清器堵塞了油路；若机油压力仍低，则进行下步检查。

5）如机油限压阀安装在发动机外表，则直接拆检限压阀，必要时需更换限压阀元件，并重新调整限压阀后进行试车，若机油压力正常，则说明限压阀技术状况不良或调整不当；若机油压力仍低，则故障原因可能是机油泵磨损严重，集滤器滤网堵塞，机油管路泄漏，曲轴主轴承、连杆轴承、凸轮轴轴承的间隙过大所致，这些可在拆除油底壳后进行确诊。如机油限压阀在发动机内部，则限压阀的检查调整也需拆除发动机油底壳。

三、机油消耗过多

（1）故障现象

1）机油消耗率超过正常值。

2）排气管冒蓝烟。

（2）故障原因

1）活塞与缸壁磨损严重，间隙过大。

2）活塞环装配不当，如锥面环、扭曲环上下方向装反，活塞环安装时有对口现象。

3）活塞环的端隙、背隙及边隙过大，活塞环弹力不足。

4）气门导管磨损过甚，气门杆油封损坏。

5）曲轴箱通风不良。

6）油底壳、气门室盖漏油，润滑系统有关部件向外部渗漏。

7）气压制动汽车的空气压缩机活塞与其缸壁间隙过大。

（3）故障诊断

1）检查发动机外部是否漏油，应特别注意有无漏油痕迹，重点检查主要漏油部位，如曲轴前端和后端、凸轮轴后端油堵等处。

2）若发动机气缸盖罩、气门室盖、油底壳衬垫和发动机前后油封等多处有机油渗漏，应重点检查曲轴箱通风装置，因为曲轴箱通风系统技术状况不佳、曲轴箱通风不良时，会使曲轴箱内气体压力和机油温度升高，容易造成机油渗漏、蒸发，甚至进入气缸燃烧，使机油消耗过多。

3）检查发动机排烟。发动机工作时，若排气管明显地冒蓝烟，则说明机油进入燃烧室参与了燃烧。当发动机高速运转或急加速时，排气管大量冒蓝烟，同时机油加注口也向外冒蓝烟，则说明活塞、活塞环与气缸壁磨损过甚，或者活塞环的端隙、边隙、背隙过大、弹力不足，或者活塞环卡死、开口转到一起有对口现象，或者锥面环、扭曲环方向装反产生泵油作用，使得机油容易窜入燃烧室。当发动机大负荷运转时，排气管冒蓝烟而机油加注口不冒烟，则表明气门导管磨损过甚，气门杆油封损坏，使机油被吸入燃烧室。

4）对于采用气压制动的汽车，当松开湿储气筒放水排污开关后，若发现伴有大量油污排出，则表明空气压缩机的活塞、活塞环与气缸壁磨损过甚，导致大量机油在此泵出。

项目七　冷却系统的检测诊断

学习目标：

- 掌握发动机冷却系统密封性能的检测方法
- 熟悉冷却系统电动风扇及温控开关的检测方法

- 能正确检测冷却系统节温器的性能
- 能对发动机冷却系统的常见故障进行分析与诊断

任务一　掌握冷却系统的检测方法

一、冷却系统密封性能检测

目前的汽车发动机普遍采用压力循环水冷系统，这种系统长期使用后，由于其密封性变差，会导致冷却液渗漏。密封性检测就是针对冷却系统渗漏的。冷却液渗漏分为外部渗漏和内部渗漏：外部渗漏是指冷却液在密封不严处直接渗漏到发动机外部，常见的渗漏部位有冷却系统各软管接头、散热器及其盖阀、水泵及其密封垫等；内部渗漏是指冷却液通过冷却水道的裂纹或密封不严处直接渗漏到发动机内部油底壳或燃烧室，常见的渗漏部位有缸体、缸盖裂纹处，气缸垫密封等。当发动机冷却液过少而导致过热时，应检查冷却系统的密封性。

1. 直观检查

（1）检查外漏　主要方法如下。

1）停机时直观检查冷却系统各部件有无冷却液渗漏的痕迹，主要查找冷却系统各软管接头、散热器及其盖阀、水泵及其密封垫等。

2）在发动机中等转速运转时，观察有无冷却液滴漏现象。由于冷却液此时带有一定的压力，更容易泄漏，而且大多数冷却液成黄色或绿色，所以发动机运转时，容易观察其是否外漏。

提示：应特别注意散热器盖及其密封垫的检查，若其密封性差，则发动机工作时易使冷却液蒸发逸出或因汽车摇晃造成冷却液洒出损失。

（2）检查内漏　主要方法如下。

1）停机拔出机油尺观察，若发动机机油成白色或有水泡，则说明冷却液内部渗漏严重。

2）运转发动机，用手掌心迎向排气管的排气，若手掌心附着有水雾，则说明冷却液有内部渗漏。

3）拆下散热器盖，使发动机运转，查看加液口处是否有高温气体涌出或有大量气泡，若有则说明冷却液内部渗漏。

2. 压力试验

在发动机不工作时，按图2-47所示的方法，将发动机冷却系统压力试验仪装到散热器加液口上，并保持密封状态。然后用试验仪的手动泵向散热器内加压至100kPa（此时注意系统所加压力不要超过100kPa，以免损坏冷却系统各部件）。此时观察压力表：若压力表指针保持不动，表明冷却系统密封良好，无冷却液渗漏；若压力表指针缓慢回落，表明冷却系统密封不良，冷却液有轻微渗漏；若压力表指针迅速回落，表明冷却液严重渗漏。

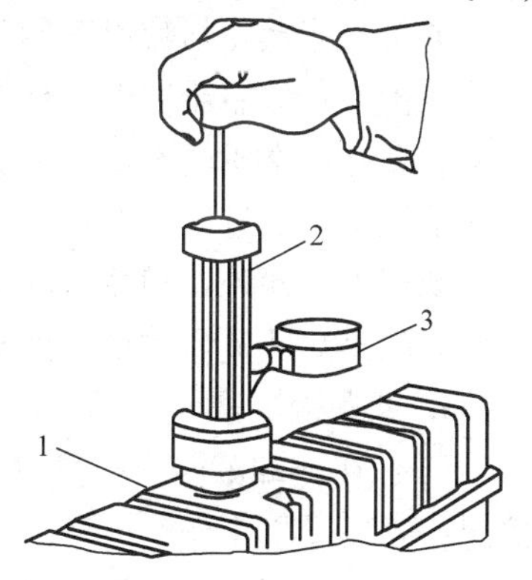

图2-47　冷却系统压力试验
1—散热器　2—冷却系统压力试验仪
3—压力表

当压力下降时，没有发现任何外部渗漏，可以将发动机运转至正常工作温度后，再装上压力试验仪加压至48kPa，并使发动机怠速运转，观察压力表，若压力上升，则表示冷却系统有内部渗漏。

压力试验时，还可用冷却系统压力试验仪对散热器盖的蒸气阀、空气阀开启压力进行检查，若散热器盖阀的开启压力不符合标准，则应更换散热器盖。

二、电动风扇及温控开关检测

采用电动风扇的发动机冷却系统，有不少汽车的冷却风扇驱动电动机是由受冷却液温度控制的温控开关控制的。这种风扇一般有两挡转速：冷却液温度高时，风扇转速快；冷却液温度低时，风扇转速慢，甚至停转。如桑塔纳轿车，冷却风扇电动机的通、断电变速，是由装在散热器一侧的温控（热敏）开关来控制的。当冷却液温度高于93℃时，温控开关的低温触点闭合，风扇电动机以1600r/min低速转动；当冷却液温度升高到105℃时，温控开关的高温触点合上，风扇电动机便以2400r/min高速转动。

1. 电动风扇高温不转的检查

1）停机后用手转动风扇，若运转正常，说明无机械故障。

2）若冷却液温度很高（100℃）但风扇不转，应检查熔断器。若熔断器完好，则应停机检查温控开关和电动机的功能。

3）直接连接温控开关插接器内的12V电源线和电动机接线，可判断出温控开关及电动机的好坏。若使这两线头连接后风扇开始运转，说明电动机功能正常；若在高温时接上温控开关插接器后风扇仍不转，则说明温控开关损坏，应换用新件。

2. 温控开关功能的检测

温控开关检测的主要内容为电动风扇低、高速时的导通及断开温度是否符合要求。下面以桑塔纳轿车为例说明其检测方法。

将电动风扇的温控（热敏）开关放入加热的水中，用温度计测量水温，用万用表测量温控（热敏）开关导通及切断时的温度。第1挡，当水温达到93～98℃时导通，当水温达到88～93℃时断开为正常；第2挡，当水温达到105℃时导通，当水温达到93～98℃时断开为正常。否则，说明电动风扇的温控（热敏）开关有故障，应予以更换。

三、节温器性能检测

节温器能随冷却液温度的高低，自动调节流经散热器的冷却液流量，从而使冷却液温度保持平衡。若节温器性能不佳或存在故障，则发动机冷却液温度可能过高或过低。节温器的常见故障有：主阀门不能开启、或开启和全开的温度过高；主阀门关闭不严。前者将造成冷却液不能有效地进行大循环，致使发动机过热；后者将造成发动机升温缓慢，出现发动机温度过低现象。此外，随着节温器性能的逐渐衰退，主阀门的开度将逐渐减小，进而造成进入大循环的冷却液流量减少，发动机将逐渐过热。节温器性能的检测方法如下。

1. 就车检测法

（1）在冷却液温度升高过程中检查　冷车时，运转发动机，观察冷却液温度表的指示情况。若发动机工作时，冷却液温度很快升高，而当升至80～90℃左右后，即达到主阀门开启时刻的温度后，升温明显减慢，则说明节温器性能正常；若发动机工作时，温度上升很慢，长时间达不到正常工作温度，则说明节温器主阀门卡住没关闭，无小循环；若发动机工作时，温度一直飙升，直至温度表指针长时间指在红色区域，则说明节温器主阀门卡住不开启，无大循环。

（2）在发动机高温时检查　若冷却系统冷却液足量、冷却液泵及散热器工作正常，则运转发动机。当发动机过热时，用手触摸缸盖的冷却液出口处和散热器进液口处，若两者的温差很大，则表明冷却液不能进入大循环，说明节温器失效。

2. 拆下检测法

将节温器拆下，并浸入可调温的热水容器中，测量节温器主阀门开启温度、全开温度及全开升程，以此来检验节温器的性能，不同车辆装用的节温器可能有不同的要求。如富康轿车发动机蜡式节温器，当水温低于89℃时，主阀门关闭，侧阀门打开；当水温为89℃时，主阀门开启，随着水温的提高，主阀门渐开，侧阀门渐关；当水温升到101℃时，主阀门全开，侧阀门全关。节温器主阀门全开时最大升程为8mm。

提示：节温器的性能检验若不符合要求，则必须更换，而不要去修复。

任务二　掌握冷却系统常见故障的诊断方法

一、发动机温度过高

（1）故障现象　汽车在行驶过程中，冷却液温度表指针长时间指在红色区域或冷却液温度警报灯闪烁，发动机过热，冷却液沸腾出现蒸气。

（2）故障原因

1）冷却液量不足，冷却效率降低，导致冷却液温度过高。

2）散热器风扇电动机或电动机温控开关出现故障，或冷却液温度传感器故障致使发动机ECU控制失调，使风扇不转或转速过低，导致冷却液温度过高。

3）节温器失效、卡死，使冷却液大循环受阻，散热能力下降，导致冷却液温度过高。

4）冷却液泵堵塞、损坏，或吸水能力低、压力不足，使冷却液完全不循环或循环量过小，导致冷却液温度过高。

5）散热器内芯管结垢过多，或散热片倾倒过多，使散热器散热效率下降，导致冷却液温度过高。

6）缸体内水套结垢过多，使缸体传热效率低，冷却液带走的热量少，导致冷却液温度过高。

7）气缸垫烧穿，或缸盖出现裂缝，使高温气体进入冷却系统，导致冷却液温度过高。

8）发动机负荷过大，如夏天高温时开着空调满载长时间爬坡行驶等，导致冷却液温度过高。

（3）故障诊断

1）首先确定发动机负荷是否过大。将空调关掉，打开暖气，让发动机部分的热量经由暖气管道吹散，发动机的冷却液温度可因而得以降低。接下来是将变速杆换到空挡，稍加油把转速加到中速，以增加发动机冷却液流通速度，使散热器散热效率提高。若在几分钟内红灯熄灭，则说明发动机只有轻微过热，可能是由于发动机负荷过大所致。但如果发动机冷却液温度还是降不下来，则进行下步检查。

2）检查散热器风扇的转动状况。停车后打开发动机室盖，观察散热器风扇转动是否正常，目前的汽车多为电动双速风扇，其高低速取决于冷却液温度，如桑塔纳轿车在冷却液升温过程中，当冷却液温度在93～105℃时，风扇以低速运转，当温度高于105℃时，风扇以高速运转，既然发动机温度过高，则风扇应高速运转为正常。若发动机确实过热，但风扇不转，或转速太低无高速，则检查风扇电动机及其温控开关的好坏，若损坏则应更换新件；若电动风扇是直接由发动机ECU控制的，而电动风扇出现高温低速运转或不运转，则可能是冷却液温度传感器故障，或ECU控制失调故障；若风扇转动正常，则进行下步检查。

3）检查冷却液量。查看冷却液储液罐和散热器的冷却液面，若液面高度低于标准值较多，说明冷却液量不足，导致冷却系统散热差，使发动机温度过高。冷却液量严重不足时，冷却系统多是存在渗漏故障，应查明并排除故障后添加冷却液至标准液面高度。若液面高度正常，说明冷却液量足够，则进行下步检查。

4）检查冷却液流动状况。使发动机运转，当冷却液温度表指示90℃左右时，用手分别触摸缸盖和散热器进液口处，若两者的温差不大，则在发动机加速时，用手触摸散热器进液管，如感觉冷却液的流动随发动机转速的增加而加快，则说明冷却液循环良好，否则说明冷却液泵性能不佳或吸水能力低、压力不足。若缸盖与散热器进液口处两者温差很大，则说明冷却液循环不良，故障可能在节温器，可拆下节温器检查，若节温器正常，则说明冷却液泵有故障。当冷却液流动正常时，进行下步检查。

5）检查散热器表面。查看散热器散热片是否倾倒过多，是否脏污，若是则进行维护或更换；若散热器表面正常，则进行下步检查。

6）检查冷却系统内漏。拆下散热器盖，使发动机运转，查看加液口处是否有高温气体涌出或有大量气泡，若有则可能是气缸垫烧坏或者气缸体、气缸盖有裂纹漏气。若冷却系统无内漏，对于长期未清洗水垢的发动机，则故障可能是水套内、散热器积垢太多，可采用化学溶剂法清洗水垢。

7）检查非冷却系统故障。在冷却系统正常情况下，发动机仍然过热，则应检查冷却系统以外系统引起的故障。例如，检查点火时间是否过晚、混合气成分是否过稀、燃烧室内积炭是否过多以及油底壳内机油量是否充足等，这些因素也会引起发动机过热。

二、发动机温度过低

（1）故障现象　冬季运行的汽车，发动机工作时冷却液温度长时间或全部时间低于正常工作温度；发动机动力不足，油耗增加。

（2）故障原因

1）节温器失效，主阀门卡在全开位置，使冷却系统无小循环。

2）散热器风扇电动机的温控开关故障，使风扇在低温时就进入运转，或风扇总是高速运转。

3）冷却液温度传感器故障，致使发动机ECU控制失调。

4）环境温度太低且逆风行驶。

（3）故障诊断

1）检查散热器风扇的转动状况。冷车时运转发动机，在冷却液升温过程中观察风扇，若冷却液温度表指示很低时，风扇就运转，或在低温时风扇以高速运转，则故障在散热器风扇温控开关，需要更换；若电动风扇是直接由发动机ECU控制的，电动风扇低温运转则可能是冷却液温度传感器故障，或 ECU 控制失调故障；若电动风扇正常，则进行下步检查。

2）检查节温器工作状况。运转发动机，在冷却液温度低于节温器主阀门开启温度下，用手触摸缸盖出液口处与散热器进液口处，若两者无温差或温差很小，则故障在节温器，可能是主阀门卡住常开，使冷却系统在低温就直接进入大循环，此时可拆检节温器确认故障。

项目八　发动机电子控制系统的检测诊断

学习目标：

- 了解发动机电子控制系统检测诊断的注意事项
- 熟悉发动机电子控制系统检测诊断的一般程序
- 能利用故障诊断仪和人工法检测发动机电控系统故障自诊断信息
- 能对发动机电子控制系统主要部件的故障进行检测诊断

发动机电子控制系统主要由电子控制单元（ECU）、各类传感器和执行器组成。其中 ECU 由微机和各种辅助电路组成，它是整个电子控制系统的核心，用来接受传感器的信息，并储存、计算、处理信息，输出执行命令以控制执行器；传感器是一种转换器，用来感知发动机外部条件与自身性能的变化，并及时将这些信息传送给 ECU；执行器则根据 ECU 发出的指令完成某项操作，对发动机进行控制，使发动机在各种工况都处于优化的状态下工作。发动机电子控制系统一旦出现故障，发动机将会偏离其最佳工作状态甚至停机，则发动机的动力性、经济性就会下降。为保证发动机工作正常，应对发动机电子控制系统的故障进行检测与诊断。

任务一　了解发动机电子控制系统的检测诊断程序和注意事项

一、检测诊断的一般程序

发动机电子控制系统是一个比较复杂的微机控制系统，在对其故障进行检测诊断时，若按一定的程序进行，则可具有事半功倍的效果。发动机电子控制系统检测诊断的一般程序如下：

1. 客户调查

向用户询问故障发生的时间、征兆、条件、过程，故障车是否已检修过，动过什么部位等详细信息。进行客户调查时，可让客户认真填写有关故障的项目调查表，此表可作为发动机电子控制系统故障现象的记录，它与检测诊断结果一起构成查找故障源的依据。

2. 直观检查

直观检查的目的是为了在进入更为细致的检测诊断之前，发现并消除从发动机外部能直接观察到的故障和存在的问题，以提高故障诊断效率。直观检查的主要内容如下。

1）检查发动机各管路是否正常。如查看：真空软管是否破裂、老化或挤坏；真空软管经过的途径和接头是否恰当等。

2）检查电子控制系统电线束的连接状况。如查看：传感器、执行器、ECU 等插接器及线束间插接器的连接是否松动或断开，有无腐蚀或损坏现象；线束是否有断裂或断开现象，是否有磨破或线间短路现象。

3）检视每个传感器、执行器及 ECU，是否有明显的损伤。

4）对检查发现的故障进行必要的排除。

3. 试车检查

如果发动机能发动，则应进行试车检查。试车检查的目的是为了对发动机的故障征兆作进一步确认，并了解通过对发动机电子控制系统的直观检查及处理后，其故障是否排除。对于有故障码显示的电子控制系统故障，此时应先清除故障码，然后重新读取故障码，看故障是否确实存在。通过试车检查，可将发动机电子控制系统故障进行有无故障码的分类，便于后续故障诊断。

4. 深入诊断

深入诊断的目的是为了确定故障的具体部位和原因并排除故障。深入诊断可使用各种形式的诊断仪器，利用车载故障自诊断系统调出故障码，借助万用表、示波器及专用检测仪器测量电路中的结构参数、传感器信号，并和标准值比较，以判断故障的具体原因。

对于故障码与征兆一致的发动机电子控制系统，应按故障码确定的故障部位，用该车型维修手册中故障码所示的故障诊断流程诊断故障；对于故障码显示正常，而故障征兆依旧存在的发动机电子控制系统，应仔细辨别故障现象，分析故障可能的原因，然后从最容易出现的故障可能部位进行检查，通常按故障征兆诊断表和常见故障诊断方法来诊断故障；对于无故障码的发动机电子控制系统，应用故障征兆模拟法验证故障，这时发动机有可能出现间歇性故障，这类故障大多由于接触不良引起，可查明原因及时排除故障。

二、检测诊断的注意事项

对发动机电子控制系统进行检测诊断时，除必须严格遵守检修程序外，还应注意下列事项：

1）在未弄懂发动机电子控制系统结构、原理和检修方法之前，千万不要盲目拆卸，以免引起新的故障。

2）在诊断电子控制系统需要拆卸电源线之前，必须读取已储存在系统中的全部故障码，以免蓄电池断开后故障码被清除而失去故障信息；必须记录下带防盗码的音响设备的密码等信息，以便重新连接蓄电池时使用。拆卸蓄电池电源线必须在点火开关断开时进行。

3）在点火开关接通、电子控制系统电路通电时，绝不可拆卸电子控制系统中任何线束插头及部件插接器，以免有关线圈产生很高的自感电动势而导致系统中电子元件和 ECU 的损坏。电路的通断操作应在点火开关断开时或蓄电池接地线拆下时进行。

4）在断开带有锁扣的线束或部件插接器时，不能直接拉扯导线和插头，而应先脱开防止插接器松脱的锁扣，再用力直接拔出插头。

5）电子控制单元一般不易损坏，坏了也不易维修，所以不要随意拆检 ECU。

6）对 ECU 进行检测诊断时，要采取措施将人体静电屏蔽掉，如操作者用一金属带的一端绕在手腕上，另一端在车上接地，这样能防止人体静电损坏 ECU 电路。

7）除非特殊说明，一般不要使用低阻抗的指针式欧姆表检测 ECU 和传感器，而应使用高阻抗数字式测试仪表进行测试，以免损坏 ECU 和传感器。

8）检测电子控制系统电路的通断决不可用刮火的方法。因为刮火时，会使电路产生瞬间过电压而损坏系统中的电子元件。

9）电子控制系统线路安装时，要确保各线束连接器、插接器连接正常和牢固可靠，以防新添接触不良故障。

10）蓄电池安装时，应注意正、负极不能接反。

11）不能使用除标准电压蓄电池以外的任何起动电源来起动发动机。

12）进气系统管路不能有裂纹、漏气现象，否则会导致发动机电子控制系统工作异常。

任务二　熟悉发动机电子控制系统故障自诊断方法

目前的汽车发动机集中电子控制系统都具有故障自诊断功能。故障自诊断功能就是利用ECU不间断地监测发动机电子控制系统各组成部分的工作状况参数，并和存储的标准参数比较，及时判断出系统中的故障，并将其以故障码的形式存于计算机的存储器中，以便维修时按照特定的方式，将故障码从计算机内读取，向驾驶人和维修人员提供故障信息，便于使用者及时发现和排除故障。

一、故障自诊断原理

在发动机电子控制系统的ECU中，预先设置了判别各输入信号的监控程序和有关诊断参数标准。工作时，自诊断系统不断地监测发动机各传感器输入的电信号、执行器的反馈信号和微机的工作状态。当电子控制系统工作异常时，自诊断系统就会作出有故障的判断，ECU把这一故障以故障码的形式存入内部随机存储器(RAM)，同时点亮故障警告灯，并启用备用参数运行或启用安全保障措施。ECU故障自诊断是针对系统中传感器、执行器和微机而进行的。

1. 传感器故障自诊断

ECU内存有各个传感器工作正常时输入的电信号范围，当传感器或电路出现异常输入信号或不能识别的信号时，自诊断系统就会判断该传感器或连接线路出现了故障。为使发动机不因一些传感器发生故障而停止工作，自诊断系统将自动启用备用参数来代替故障传感器的信号参数工作，以维持发动机基本的运行，以便能将汽车就近送入维修厂或开回驻地。例如：冷却液温度传感器正常工作时，其输出信号电压会随发动机冷却液温度变化而在标准范围内波动。因此，当ECU检测到的电压信号超出标准范围，如果是偶尔一次，ECU的诊断程序不会认为是故障，但若不正常信号持续一段时间，则诊断程序即判定冷却液温传感器或其线路存在故障；若冷却液温度传感器没有信号电压输出，则表明是线路断路或传感器损坏故障。确认冷却液温度传感器存在故障后，ECU在存储故障信息及报警的同时，立即启用以起动时20℃、运行时80℃的冷却液温度备用参数对发动机进行控制，维持运行。

2. 执行器故障自诊断

发动机运转时，ECU按照发动机工况不断向各执行器发出各种指令，而故障监控回路随时向ECU反馈其执行情况，若执行器不能正常工作，则ECU能及时得到故障信息，并启用安全保障措施，确保发动机停止运转或维持运转。例如，当电子点火器出现故障时，ECU发出点火控制命令后，若得不到电子点火器的反馈信号，ECU便认为电子点火器已经不能正常工作，就会判断为故障。此时，ECU 在存储故障信息及报警的同时，会立即启用安全保障措施，向喷油器发出停止喷油的指令，以防未燃混合气过多进入三效催化转化器，造成转化器过量的氧化反应而被烧坏。

3. 微机故障自诊断

对 ECU 微机故障的诊断是通过 ECU 内部的监视电路来实现的。监视电路中安装有独立于微机系统之外的计数器。当微机正常运行时，由微机的运行程序对计数器定时进行清零处理，这样，监视计数器的数值是永远不会溢出的。当微机出现故障时，微机就不能对这个计数器进行定时清零，致使监视计数器不能复位而造成数值溢出。自诊断系统则根据监视计数器的溢出信号即可判断微机是否出了故障。微机系统若发生故障，控制程序就不可能正常运行，这样便会使汽车因发动机控制系统故障而无法行驶。为了保证汽车在微机出现故障时仍能继续运行，目前在 ECU 内都设置了应急的后备电路。当 ECU 中微机发生故障时，ECU 则根据监视计数器的溢出信号自动调用后备电路完成控制任务，启用固定的控制信号，进入简易控制运行状态，使车辆继续行驶。采用备用电路工作时，故障指示灯亮。

二、故障自诊断信息的检测

对于电子控制发动机的汽车，接通点火开关后，若发动机电子控制系统故障警告灯亮起后不熄灭，或者汽车行驶中其故障警告灯亮起，则说明自诊断系统已检测到电子控制系统有故障。其存储在 ECU 存储器中的故障码信息，可利用汽车电控系统故障诊断仪或人工方法进行检测。

1. 利用汽车故障诊断仪检测故障信息

（1）汽车故障诊断仪　汽车电控系统故障诊断仪，是一种和车载故障自诊断系统专门配套使用的微型计算机，它通过汽车电子控制系统的故障检测通信接口与发动机 ECU 相连。从本质上看，其故障诊断仪相当于自诊断系统的终端设备，起人机交互的作用。

汽车电控系统故障诊断仪分为通用型和专用型两类。通用型诊断仪能检测各种车型电控系统故障，它通过换上不同的测试软件卡，来适应不同的车系或同一车系不同年代生产的车型。典型的国产品牌有元征 X-431 汽车解码器、三元 HY-222L 汽车故障诊断仪等。专用型诊断仪是针对某一类车辆的电控系统开发的诊断仪，它能更好地满足被测车型的各项要求，一般适合各自汽车公司的 4S 店使用，典型的进口品牌有雪铁龙的 ELIT、通用的 TECH-2 检测仪等。

随着微机技术的发展，汽车电控系统故障诊断仪能完成的功能愈来愈丰富。早期的诊断设备汽车读码器，只有读取和清除故障码的功能，读出的故障码含义还需要从汽车的使用手册或维修手册中查出。而后来的汽车解码器在读码器的功能上增加了显示故障码的内容，可以直接把故障码转换为相应的文字信息(解码)。现代的专用诊断仪除具有读码、解码等功能外，还具备读取动态数据流、系统状态测试、系统波形显示、系统参数调整以及系统匹配和标定、防盗密码设定等专业功能。

（2）故障自诊断信息检测方法　利用汽车电控系统故障诊断仪，按照一定的操作方式进入电子控制系统的自诊断模式，即可方便地读取所有储存在 ECU 中的故障码和相应的故障信息。但不同的汽车电控系统故障诊断仪，其故障信息检测的操作方法也有差异。对于通用型故障诊断仪，一般可按下述方法检测故障自诊断信息。

1）选择测试软件卡。首先要详细阅读故障诊断仪使用说明书，根据被测车型，相应地选择亚洲车系、欧洲车系、美洲车系或OBD—Ⅱ测试卡。

2）连接诊断仪导线。先将测试主线的一端插接主机的电缆插座，另一端通过测试插头与随车诊断插座相连。然后将仪器接通电源，根据具体情况可用电源接线连接主机和车上的点烟器插孔，或用双钳电源线直接与蓄电池相连。

3）将发动机进入检测状态。打开点火开关(ON)，使电子控制系统处于通电状态。

4）利用屏幕上的提示操作检测故障信息。故障诊断仪能按程序进行故障检测，离不开屏幕上的菜单和提示。操作人员可根据屏幕提示，通过键盘进行操作。当屏幕上显示出第一级菜单时，操作者可按所测试的车型选择测试卡，把测试卡装进主机，通电后屏幕显示测试卡号码，按下确认键，屏幕上显示出第二级菜单，即所选车系的各种型号车辆。此时，通过键盘操作选择被测车型菜单，按下确认键，屏幕上便显示出第三级菜单，进行功能选择。此时，通过键盘操作选择读故障码功能菜单并按下确认键，屏幕上就显示出第四级菜单，进行被测试系统选择。此时，通过键盘操作选择发动机菜单并按下确认键，若电子控制系统有故障，则屏幕会显示出故障码。若要查阅其故障含义，则应返回到第三级菜单，选择查阅故障码功能，再进入第四级菜单中的发动机，即可得到发动机电子控制系统的故障信息。

5）必要时还可对发动机ECU及其控制电路、传感器、执行器等做更进一步的检测，如系统参数检测、控制性能检测等，以便获得更多的故障信息。

2. 利用人工法检测故障信息

人工法检测故障信息，不需要检测仪器，但必须进行适当的操作。进行人工法检测时，首先应使发动机ECU进入自诊断测试状态，再根据故障码的显示方法读取故障码，然后通过查阅相应的维修手册获取故障码信息。

（1）进入自诊断测试状态　进入故障自诊断测试状态的方法因车系而异，大致有下列几种方法。

1）跨接线短接法。用跨接线或专用短接插头将专用诊断插座有关的两个端子短接，将点火开关处于ON位，则可就车读取故障码。丰田车系、本田车系属此类。

2）按压诊断按钮法。将点火开关处于ON位，按压专用诊断按钮，则可就车读取故障码。沃尔沃车系属此类。

3）转动诊断开关法。将点火开关处于ON位，转动ECU控制盒上的专用诊断开关，则可就车读取故障码。日产车系属此类。

4）空调控制面板按键操作法。将巡航开关和点火开关处于ON位，同时按下空调控制面板上的“OFF”和“WARMER”键，则可就车读取故障码。通用公司凯迪拉克高级轿车属此类。

5）循环通断点火开关法。将点火开关在5s内由“ON”→“OFF”→“ON”→“OFF”→“ON”循环操作一次，则可就车读取故障码。克莱斯勒车系、切诺基汽车属于此类。

6）加速踏板操作法。将点火开关处于ON位，在规定时间内将加速踏板连续踩下5次，则可就车读取故障码。宝马3系、5系、7系、8系轿车属此类。

（2）故障码显示　自诊断故障码的显示方式因车系而异，目前的汽车主要有以下几种显示方式。

1）用故障警告灯闪烁显示。当故障自诊断系统进入测试状态后，其仪表板上的发动机故障警告灯以一定的闪烁规律即闪烁次数和亮、灭时间的长短来显示故障码。大部分发动机电子控制系统的故障码采用这种显示方式，但不同型号的发动机，其故障警告灯的闪烁规律也不尽相同。

2）用发光二极管闪烁显示。当故障自诊断系统进入测试状态后，发动机ECU上的发光二极管(LED)以特有的方式显示故障码。采用单个发光二极管时，其闪烁故障码的方式与仪表板上发动机故障警告灯的闪烁方式相同；采用两个发光二极管时，一般使用两种不同颜色的发光二极管，闪烁故障码时，其红色发光二极管闪烁的次数表示故障码的十位数，绿色发光二极管闪烁的次数表示故障码的个位数；采用四个发光二极管时，用发光二极管的亮、灭显示故障码，通常采用二进制编码方式，并排安装的四个发光二极管的亮灭显示四位二进制数，二极管点亮时从左到右依次代表十进制数字8、4、2、1，熄灭时均代表数字0，读取故障码时，将亮的发光二极管所代表的数字相加，即得所显示的故障码。

3）用显示屏直接显示。当故障自诊断系统进入测试状态后，其仪表板上的显示屏直接以数字形式显示故障码。这种故障码的显示方式直接、简单，且不易误读。目前，这种方式在许多高级轿车如凯迪拉克、林肯大陆上得到了应用。

（3）故障信息检测实例　下面以丰田系列轿车发动机电子控制系统故障码检测为例，说明人工操作获取故障信息的方法。

1）观察发动机故障警告灯。发动机起动后，观察仪表板上发动机故障警告灯“CHECK”，若点亮不熄，则说明发动机电子控制系统有故障。

2）读取故障码。

① 将点火开关处于ON位，用跨接线将诊断插座的TE_1、E_1端子短接，其诊断插座如图2-48所示。

② 观察仪表板上“CHECK”灯的闪烁情况，读取故障码。丰田车系故障码为二位数字，闪示方式如图2-49所示。第一次连续闪烁的次数表示故障码的十位数，相隔1.5s后，第二次连续闪烁数为个位数。若有两个以上的故障码，则“CHECK”灯熄灭2.5s后再闪示下一个故障码，然后按数字从小到大的顺序逐个闪示。待全部故障码闪示完毕后，指示灯熄灭4.5s后，又重复上述闪示过程。

③ 拔下跨接线，“CHECK”灯便停止故障码的闪示。

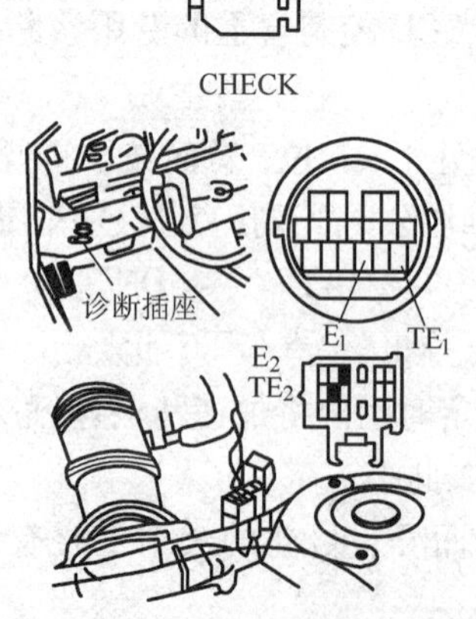

图2-48　丰田轿车故障诊断插座

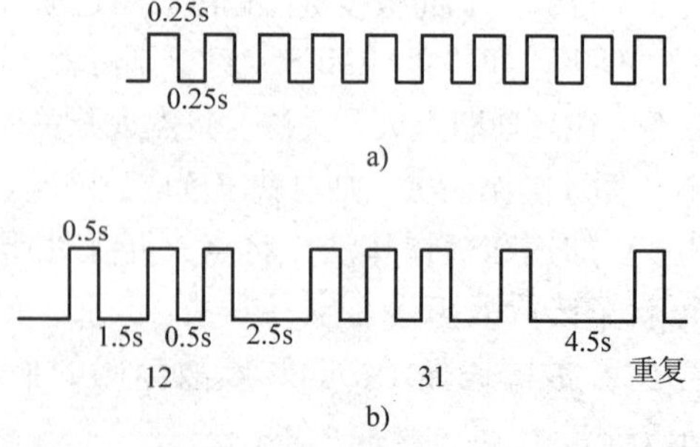

图2-49　故障码的闪示方式

a）正常　b）故障码

3）故障码信息。故障码读取后，可根据相应汽车的维修手册查出其故障码的信息，并以此深入检查和排除发动机电子控制系统故障。丰田系列轿车发动机电子控制系统故障码信息及检查项目如表2-5所示。

表2-5　丰田系列轿车发动机电子控制系统故障码表

故障码	故障诊断	检查项目
11	ECU的“+B”信号不良	检查点火开关至ECU端子间各接线点之间接触情况及是否有断线之处；检查主继电器工作状况及接线
12	转速信号不良	检查分电器信号发生器、点火模块、起动机起动信号、ECU及其线路是否有短路、断路等故障
13	转速信号不良(发动机转速大于1500r/min时，ECU收不到Ne信号)	检查分电器信号发生器、点火模块、ECU及其线路
14	点火信号不良或IGT、IGF电路不良	检查信号发生器、点火模块、ECU及其线路
15	点火信号不良或第二组IGT、IGF电路不良	检查第二组信号发生器、点火模块、ECU及其线路
16	电子控制变速器控制信号不良	检查电子控制变速器ECU及其线路
17	1号(左)凸轮轴位置传感器信号不良	检查其传感器、ECU及其线路
18	2号(右)凸轮轴位置传感器信号不良	检查其传感器、ECU及其线路
21	氧传感器或氧传感器加热器不良	检查氧传感器和加热器及其线路
22	发动机冷却液温度传感器信号不良	检查冷却液温度传感器、ECU及其线路
24	进气温度传感器信号不良	检查进气温度传感器、ECU及其线路
25	空燃比太大	检查燃油压力是否过低，喷油器是否堵塞，进气系统是否漏气；检查氧传感器、ECU及其线路
26	空燃比太小	检查燃油压力是否过高，喷油器是否关闭不严，喷油器是否滴油，空气流量计状况是否良好
27	辅助氧传感器信号不良(断路、短路)(5A 9E发动机用)	检查氧传感器、加热器、ECU及其线路
28	第二氧传感器信号不良(只适用陆地巡洋舰车型)	检查第二氧传感器、加热器、ECU及其线路
31	进气管绝对压力传感器或真空传感器或空气流量计信号不良	检查各传感器、空气流量计、ECU及其线路
34	涡轮增压器压力信号不良(仅适用于装3S—GTE与7M—GTE发动机的车型)	涡轮增压器压力不正常，检查涡轮、空气流量计、压力传感器、ECU及其线路
35	海拔高度补偿信号不良(仅用于装V6及3VZ—E发动机的车型)	检查海拔高度补偿器、ECU及其线路
41	节气门位置传感器不良	检查节气门位置传感器、ECU及其线路
42	车速传感器信号不良	检查车速传感器、ECU及其线路
43	起动信号不良	发动机起动转速超过800r/min后，仍无起动信号输入ECU，检查点火开关、ECU及起动线路
51	开关信号不良	检查节气门拉索是否卡死，节气门开关怠速接点是否起作用；检查空挡起动开关及其线路
52	爆燃传感器信号不良	检查爆燃传感器、ECU及其线路
53	爆燃控制信号不良	爆燃控制程序出错，检查发动机ECU

（续）

故障码	故 障 诊 断	检 查 项 目
54	增压器中冷器至 ECU 处不良（仅适用于赛利卡 TURBO 机型）	检查增压器冷却器中的水位是否过低，冷却器水泵是否有故障，检查水位传感器、ECU 及其线路
55	第二爆燃传感器信号不良（仅适用于皇冠 2JZ—GE 和雷克萨斯 1UZ—FE 机型）	发动机转速 1600～5200r/min 时，ECU 接收的爆燃信号不正常。检查其爆燃传感器、ECU 及其线路
71	废气再循环系统不良	检查废气再循环真空管是否堵塞；检查废气再循环阀动作情况；检查温度传感器信号、ECU 及其线路
72	燃油切断电磁阀不良	检查电磁阀、ECU 及其线路
78	燃油泵控制信号不良（皇冠、雷克萨斯车型）	检查燃油泵、ECU 及其线路

3. 故障码的清除

发动机电子控制系统故障排除后，原故障码仍然会储存在 ECU 的存储器（RAM）中，其显示装置还会显示其故障信号。因此，电子控制系统故障排除后，应清除 RAM 存储器中的故障码。

（1）利用汽车故障诊断仪清除故障码　目前的汽车电控系统故障诊断仪均有清除故障码的功能，只要将仪器与发动机故障检测通信接口相连，按照屏幕上的提示，选择清除故障码功能操作，即可方便地清除故障码。

（2）利用人工法清除故障码　原则上只要将储存故障码的 RAM 存储器断电就可清除其储存的故障码，但实际上不同车型的故障码清除方法也不尽相同。例如丰田系列轿车发动机电子控制系统故障码的清除方法是：将点火开关置于关闭位置，然后将熔断器盒内的 EFI 熔丝拿下 10s 以上，故障码便清除完毕；而有些发动机则需要经过若干个操作步骤才能清除故障码。然而，无论是哪一种发动机电子控制系统，只要将蓄电池接地线拆下 30s 以上，则可清除其储存的故障码，但这样操作同时也会清除 RAM 储存的自适应修正参数以及石英钟和音响等装置的内存信息。因此，清除故障码最好是按相关车型维修手册所推荐的方法进行，不要随意断开蓄电池的连接。

任务三　掌握发动机电子控制系统主要部件故障的检测诊断方法

发动机电子控制系统传感器、执行器、ECU 技术状况不良，通常由线路断路、短路、接触不良或元器件损坏引起。因此，当故障码指示故障或怀疑系统部件或线路存在故障时，可采用示波器、万用表等工具进行深入检测诊断。检测前应了解系统部件的原理及常见故障，知道其测试参数、测试方法和测试条件。

一、传感器故障的检测诊断

1. 发动机转速与曲轴位置传感器

发动机转速与曲轴位置传感器用于向 ECU 提供发动机转速与曲轴转角电信号，以便 ECU 确定点火和喷油指令。发动机转速与曲轴位置传感器产生故障时，会导致发动机突然熄火、发动机功率下降、油耗上升、发动机怠速不稳以及发动机无法起动等问题的发生。

发动机转速与曲轴位置传感器有多种型式，下面仅以皇冠3.0型汽车2JZ-GE发动机的磁感应式转速与曲轴位置传感器为例，介绍其常见故障的检测诊断方法。该传感器安装于分电器内，如图2-50a所示，其电路如图2-50b所示。该传感器的常见故障是：感应线圈短路或断路；感应线圈与转子间隙不正常；传感器转子损坏。其故障的检测诊断方法如下。

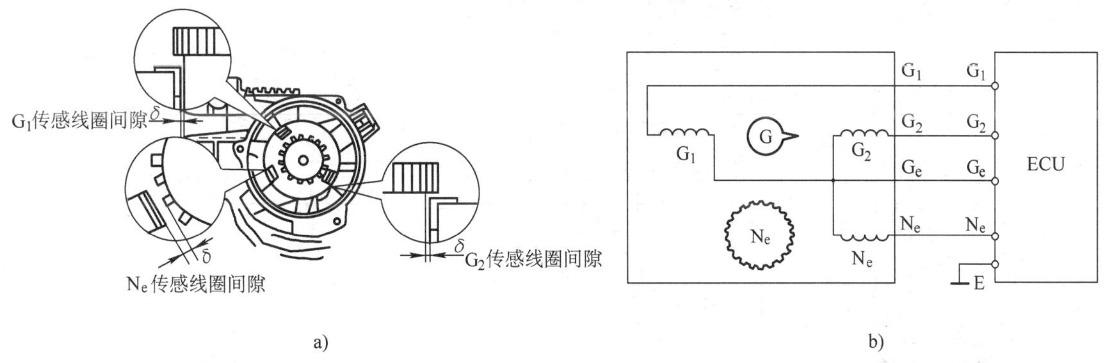

图2-50　转速与曲轴位置传感器检测

a）传感器安装位置　b）传感器电路

1）传感器的直观检查。拆下分电器盖、分火头，检查传感器与信号转子的安装情况，转子齿圈不应有缺齿、裂纹现象；传感器与转子的安装位置应正确，安装应牢靠，无松旷感。

2）传感器线圈与信号转子的气隙检查。拆下分电器盖、分火头，用厚薄规测量信号转子与传感线圈凸出部分的空气间隙，如图2-50a所示，该空气间隙应为0.2～0.4mm。否则，应调整或更换总成。

3）传感器线圈的电阻检测。拔下传感器的导线插接器，用万用表电阻挡在分电器的接线插座上，测量传感器各感应线圈的电阻，测量值应符合该车规定的标准。若电阻值太小，说明传感器线圈有短路故障，若电阻值为∞（无穷大），则说明传感器线圈有断路故障。传感器线圈短路或断路时，应予以更换。

4）传感器的输出信号检测。拔下传感器的导线插接器，将示波器分别与导线插接器上的G_1—G_e、G_2—G_e、N_e—G_e端子插接，用起动机带动发动机旋转，若示波器都有信号波形输出，且波形的频率和幅值随旋转的升高而增加，则说明传感器工作正常，否则，需更换总成。

2. 空气流量传感器

空气流量传感器用于向ECU提供发动机进气量的电信号，以便ECU确定点火和喷油指令。空气流量传感器存在故障时，会使发动机起动困难、怠速不稳、容易熄火、加速不良、油耗上升。

（1）叶片式空气流量传感器　叶片式空气流量传感器的常见故障是：电位计滑片与炭膜电阻接触不良、传感器电阻值不当、测量板回位弹簧失效、传感器轴卡滞。其故障的检测诊断方法以丰田子弹头汽车2JZ—FE发动机的叶片式空气流量传感器为例说明如下。

1）传感器的直观检查。检查传感器壳体有无损坏、叶片及轴转动有无卡滞、松旷等。若有，则更换传感器。

2）传感器的电阻检测。将点火开关置于“OFF”位置，拔下空气流量传感器的导线插接器，拆下空气流量传感器，用万用表电阻挡按图 2-51 所示部位检测下列端子间的电阻。

① 检测 V_S—E_2端子间电阻。检测时，慢慢转动测量板，观察测量板在全关、全开时的电阻值以及在开关过程中电阻的变化情况。正常时，电阻值应随测量板的转动而平缓变化，且在测量板全关、全开位置应符合标准。若电阻值超出标准范围，或者测量板转动时其电阻值忽大忽小、时有间断，则说明空气流量传感器不良，需更换。

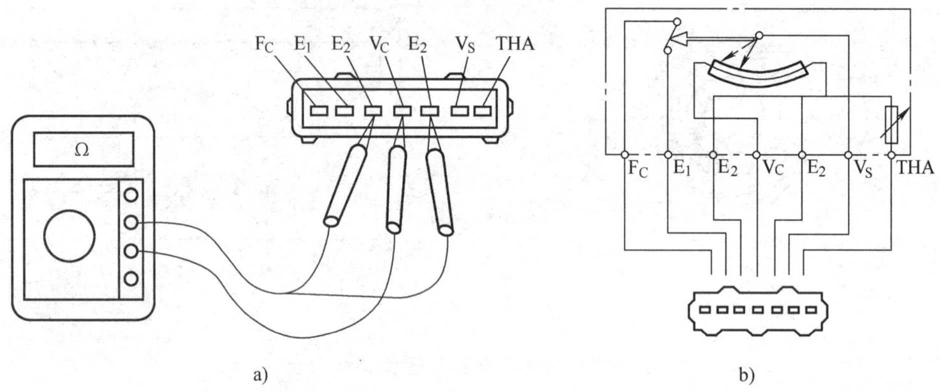

图 2-51　叶片式空气流量传感器的检测

a）电阻检测　b）内部电路

② 检测 V_C—E_2端子间电阻。若电阻值不符合标准，则说明传感器内部电位计电阻异常或电路连接不良，需更换传感器。

③ 检测 THA—E_2端子间电阻。正常时，THA—E_2之间的电阻随温度而变。若在各种温度下其电阻值与标准值有较大偏差，则说明空气流量传感器中的进气温度传感器不良，应更换传感器。

④ 检测 F_C—E_1端子间电阻。若测量板处于全关位置时，其电阻为∞；测量板稍有开启时，其电阻为 0，则说明正常。否则，说明燃油泵开关不良，应更换传感器。

3）传感器的信号电压检测。将喷油器的线束拔下，用起动机带动发动机转动，用万用表电压挡测量 V_S—E_2间的电压，其电压值应随传感器叶片开度的增大而变小，如叶片全关时应为 3.7～4.8V，叶片全开时应为 0.2～0.5V。若传感器电源电压正常，其检测结果不符合标准，则说明传感器有故障，应更换传感器。

（2）卡门涡旋式空气流量传感器　反光镜卡门涡旋式空气流量传感器的常见故障有发光元件与光电元件损坏、反光镜及板簧等有脏污或机械损伤、内部集成电路损坏等。其故障的检测诊断方法以丰田雷克萨斯 1UZ—FE 发动机的反光镜卡门涡旋式空气流量传感器为例说明如下：

1）传感器的直观检查。检查传感器壳体有无开裂，进气入口端蜂窝状空气整流栅有无损坏，若有，则应更换传感器。

2）传感器的电阻检测。将点火开关置于“OFF”位置，拔下空气流量传感器的导线插接器，用万用表电阻挡测量传感器 THA—E_2端子之间的电阻，如图 2-52 所示。THA—E_2之间的电阻值应随着检测温度的变化而变化，并符合原车标准。若各种温度下的电阻检测值与标准值有较大偏差，则说明空气流量传感器中的进气温度传感器不良，应更换传感器。

3）传感器的电压检测。

① 检测电源电压。连接传感器，将点火开关转至“ON”位置，用万用表电压挡测量 V_C—E_1 端子间和 K_S—E_1 端子间的电压，它们的标准电压应为 4. 5 ~5. 5V。

② 检测信号电压。使发动机怠速运转，用万用表电压挡测量 K_S—E_1 端子间的信号脉冲电压，其电压标准值为 2 ~4V。

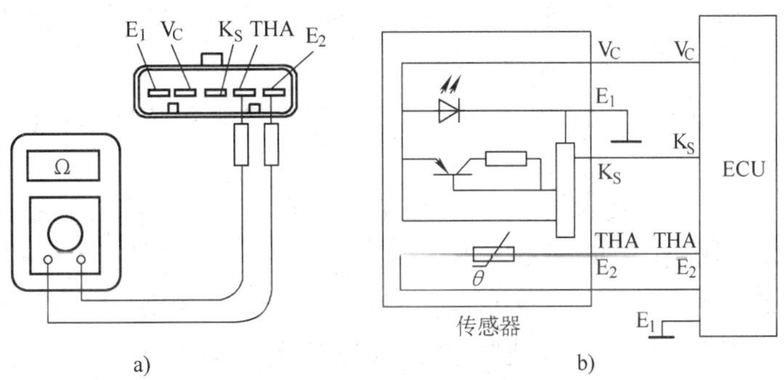

图 2-52　反光镜卡门涡旋式空气流量传感器的检测

a）电阻检测　b）内部电路

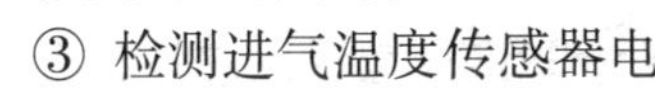

③ 检测进气温度传感器电压。使发动机怠速运转，用万用表电压挡测量 THA—E_2 端子间的电压，其标准电压值应随进气温度而变，当进气温度为 20℃时，电压值应为 0. 5 ~3. 4V。

若检测结果不符合标准，则断开传感器插接器，在接通点火开关时，检测插接器(与ECU 连接侧)相应端子的对地电压。若其电压正常，则说明传感器有故障，应予以更换。

（3）热丝式空气流量传感器　热丝式空气流量传感器的常见故障有：热丝脏污或断路、热敏电阻或电路不良。其故障检测方法以日产 ECCS 所用的热丝式空气流量传感器为例说明如下：

1）传感器的直观检查。检查传感器壳体有无开裂，防护网有无损坏。若有，则应更换传感器。

2）传感器的信号电压检测。按图 2-53a 所示的连接线路，就车检测发动机下列工况时传感器 B、D 端子间的输出信号电压。

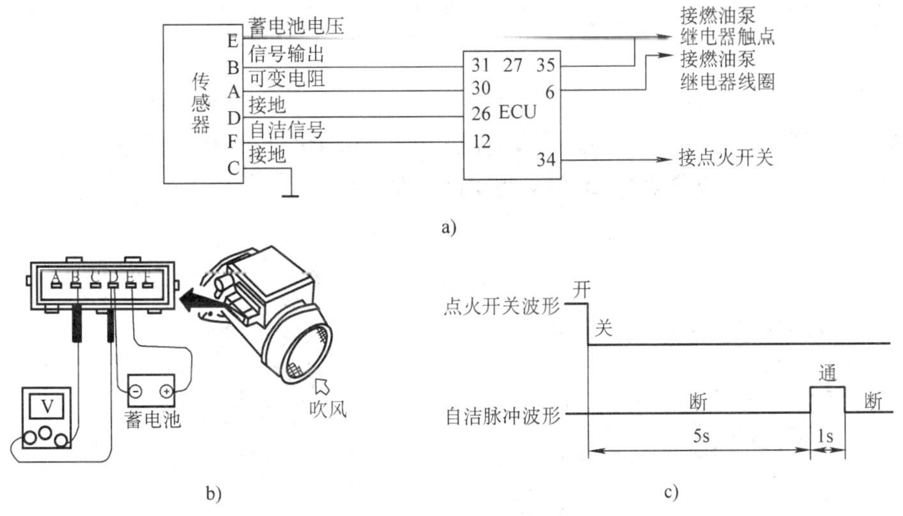

图 2-53　热丝式空气流量传感器的检测

a）传感器连接线路　b）传感器拆下检测　c）热丝自洁脉冲信号

① 接通点火开关，用万用表电压挡测量 B—D 端子的电压，正常值应 <0. 5V。

② 发动机在热机状态怠速运转，用万用表电压挡测量 B—D 端子的电压，正常值应为 1. 0 ~1. 3V。

③ 发动机在热机状态高速运转(3000r/min)，用万用表电压挡测量 B—D 端子的电压，正常值应为 1.8 ~2.0V。

若检测的信号电压均正常，则传感器工作状况良好；若信号电压不正常，则进行下步检查。

3）拆下传感器检测。传感器拆下后，将传感器电源端子输入蓄电池电压，然后检测传感器信号电压，如图 2-53b 所示。正常时，不吹风的信号电压在 1.5V 左右，向传感器进气口吹风时的信号电压应会随风量的增大而上升，且变化灵敏。若电压低或无、风量变化时电压不变或变化很小、电压变化明显滞后风量变化，均说明空气流量传感器存在故障，应予以更换。

4）传感器的自洁功能检测。热丝式空气流量传感器在发动机上安装好后，拆下其传感器的防尘网，起动发动机，然后再使发动机熄火。在关闭点火开关 5s 左右时，看热丝是否被烧红约 1s 时间。若热丝不红，则需检测 F 端子的自洁信号(图 2-53c)是否正常，若无自洁控制信号，则应检查其线路和 ECU。若线路良好，且 ECU 有正常的自洁信号输出，则说明空气流量传感器存在故障，应予以更换。

3. 进气压力传感器

进气压力传感器是一种间接检测空气流量的传感器。它安装在发动机的进气歧管内，作用是感知进气流量所形成的压力，并将其转换成电信号输入 ECU，以便进行燃油喷射和点火控制。进气压力传感器存在故障时，会使发动机起动困难、怠速不稳、容易熄火、加速不良、油耗上升。

目前汽车上多使用半导体压敏电阻式进气压力传感器，传感器的常见故障是内部硅膜片损坏、集成电路烧坏、真空导入管接头处漏气或内部漏气等。故障的检测方法以丰田 2JZ-GE 发动机用的进气压力传感器为例说明如下。

1）传感器的直观检查。检查传感器所连接的真空管有无破裂和松动、线路插接器有无松动等。

2）传感器电源电压的检测。拔开传感器插接器后，将点火开关置于“ON”位置，用万用表电压挡测量插接器 V_{cc}—E_2 端子的电压，如图 2-54 所示，其正常电压为 4.5 ~5.5V。若电压不正常，则应检查发动机 ECU 及其连接线路。

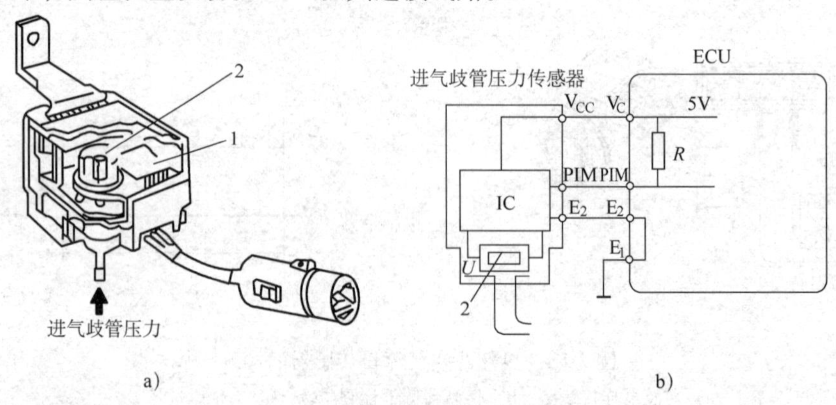

图 2-54　进气压力传感器的检测

a）进气压力传感器　b）传感器连接电路

1—混合集成电路　2—硅片

3）传感器信号电压的检测。在电源电压正常的情况下，接入传感器，将点火开关置于“ON”位置，拔下传感器真空软管，然后用真空泵向传感器内施加不同的真空度，分别测量传感器 PIM—E_2端子的信号电压，正常时，传感器的信号电压应随真空度的增大而减小，其信号电压标准如表 2-6 所示。若实测电压不符合标准，则说明进气压力传感器存在故障，应予以更换。

表 2-6　2JZ-GE 发动机进气压力传感器 PIM-E_2端子输出电压标准

输入压力/kPa	13.3	26.7	40.0	53.5	66.7	大气压
PIM—E_2端子间电压/V	0.3～0.5	0.7～0.9	1.1～1.3	1.5～1.7	1.9～2.1	3.3～3.9

4. 节气门位置传感器

节气门位置传感器用来感知发动机负荷大小和加减速工况，将发动机节气门的开度及开度变化转换成电信号，输送到 ECU，用于点火时间、燃油喷射、怠速、废气再循环、炭罐通气量等的控制。节气门位置传感器存在故障时，会使发动机起动困难、怠速不稳、容易熄火、加速不良、油耗上升。

（1）线性可变电阻型节气门位置传感器　线性可变电阻型节气门位置传感器的常见故障有传感器电位计滑动触头接触不良、怠速触点接触不良等。故障的检测诊断方法以丰田雷克萨斯 1UZ—FE 发动机用的线性可变电阻型节气门位置传感器（图 2-55）为例说明如下。

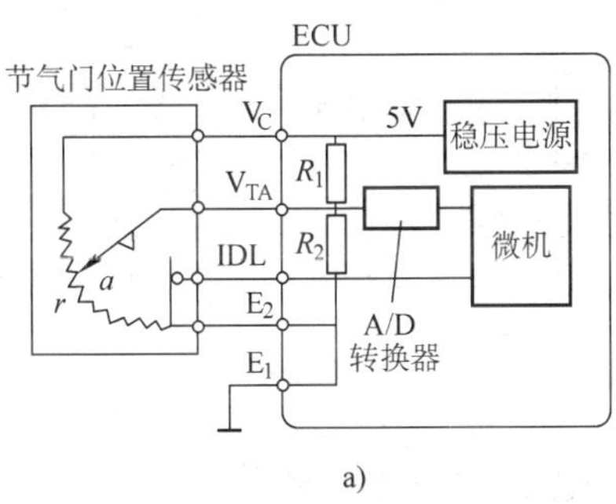

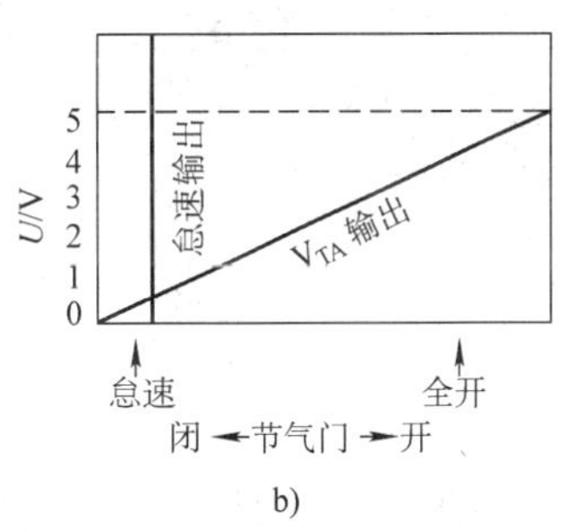

图 2-55　线性可变电阻型节气门位置传感器的检测

a）传感器电路　b）特性曲线

1）用检测电阻法诊断传感器。拆下节气门位置传感器的导线插接器，用万用表电阻挡测量传感器下述端子间的电阻。

① 检测 V_C—E_2之间的电阻，其阻值应符合原车标准，否则应更换节气门位置传感器。

② 检测 V_{TA}—E_2之间的电阻，其阻值应随节气门开度的增大而线性增大，不应出现中断现象，在节气门全闭和全开时，所测的电阻值应符合原车标准，否则应更换节气门位置传感器。在检测 V_{TA}—E_2之间的电阻时，轻轻拍动传感器，若电阻值波动较大，则说明传感器内部接触不良，应更换传感器。

③ 检测 IDL—E_2之间的电阻，在节气门关闭时电阻值应为 0，在节气门稍有开启后其电阻值应为∞，否则应更换节气门位置传感器。

2）用检测电压法诊断传感器。将点火开关置于“ON”位置，用万用表电压挡就车测量传感器下述端子间的电压。

① 检测 V_C—E_2端子、IDL—E_2端子之间的电压，其电压值应符合原车标准。

② 检测 V_{TA}—E_2之间的电压，在节气门全闭至全开过程中，其 V_{TA}—E_2端子间的电压应逐渐增大，如图 2-55b 所示。在节气门全开、全闭时所测的电压值应符合原车标准。

若所测端子间的电压值不符合标准，则应检查传感器线路和 ECU。若线路良好且 ECU 正常，则说明节气门位置传感器存在故障，应予以更换。

（2）开关型节气门位置传感器　开关型节气门位置传感器常见故障有滑动触点与怠速触点、全负荷触点接触不良，检测诊断方法如下。

拆下节气门位置传感器的导线插接器，在节气门处于一定位置时，用万用表电阻挡检测传感器各端子之间的通断情况，如图 2-56 所示。

1）怠速触点的通断性检测。测量连接怠速触点的 TL—IDL 端子之间的电阻，正常状态是：节气门关闭时电阻为 0，处于导通状态；节气门开启时电阻为∞，处于断开状态。若 TL—IDL 端子之间的通断性不正常，则说明节气门位置传感器存在故障，应予以更换。

2）全负荷触点的通断性检测。测量连接全负荷触点的 TL—PSW 端子之间的电阻。正常状态是：节气门接近全开（大于 55°）时电阻为 0，处于导通状态；节气门小开度（小于 40°）时电阻为∞，处于断开状态。若 TL—PSW 端子之间的通断性不正常，则说明节气门位置传感器存在故障，应予以更换。

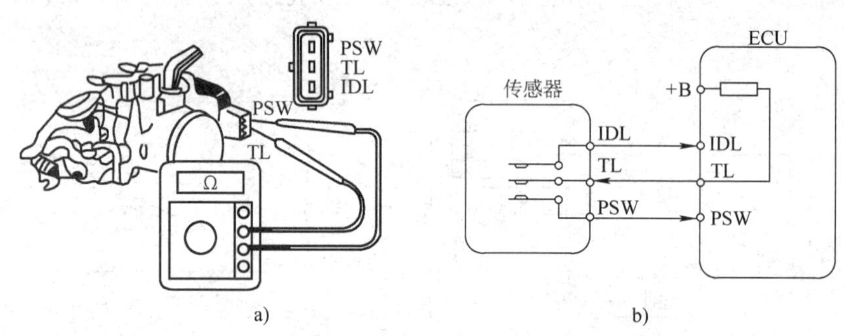

图 2-56　开关型节气门位置传感器的检测

a）传感器检测　b）传感器电路

5. 温度传感器

温度传感器主要包括进气温度传感器、发动机冷却液温度传感器。进气温度传感器随时给 ECU 提供发动机进气温度信号，冷却液温度传感器随时给 ECU 提供发动机冷却液温度信号，以便及时修正发动机的燃油喷射和点火正时控制。进气温度传感器、冷却液温度传感器存在故障时，会使发动机性能不良、怠速不稳、容易熄火、油耗上升。

进气温度传感器与冷却液温度传感器有相似的敏感元件、电阻值、电压降和温度特性，有相同的工作原理。其传感器常见的故障有内部线路接触不良或断路、敏感元件性能不良等。温度传感器可通过检测不同温度下的电阻来检验其性能的好坏，下面以热敏电阻式冷却液温度传感器为例说明其故障的检测诊断方法。

（1）就车检测法　关闭点火开关，拔出冷却液温度传感器的线束插头，用万用表电阻挡测量两端子间的电阻。若电阻值在温度低时大，温度高时小，且符合原车标准，则说明传感器性能良好。若电阻值趋于∞，说明传感器内部线路断路；若电阻值偏离标准，说明传感器敏感元件性能不良，这些表明传感器已损坏，应予以更换。

（2）拆下检测法 从发动机上拆下冷却液温度传感器，先按图2-57a所示方法置于加满水的烧杯中，然后将水加热，在不同温度下测量传感器两端子之间的电阻，并将测量的电阻值与标准值比较。通常，标准的电阻值随温度变化的范围如图2-57b所示。若测出的电阻值超出了图中的标准范围，则说明冷却液温度传感器有故障，应予以更换。

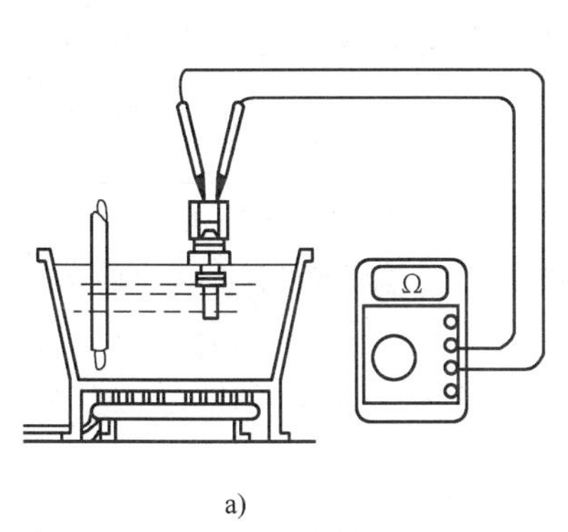

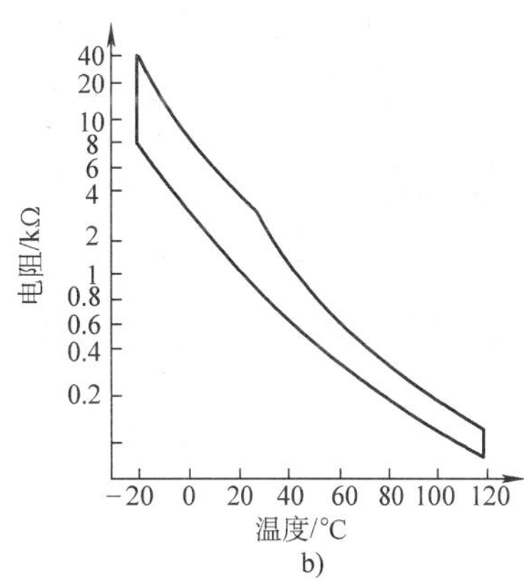

图2-57 发动机冷却液温度传感器的检测

a）冷却液温度传感器检测方法 b）标准电阻随温度变化范围

6. 氧传感器

氧传感器用来检测发动机废气中的氧含量，向ECU输送空燃比信号，以便修正发动机的燃油喷射控制。氧传感器存在故障时，会使发动机废气排放超标、怠速不稳、油耗上升。

目前汽车上多使用氧化锆型氧传感器，其传感器的常见故障包括陶瓷体破损、陶瓷元件表面积炭或积铅（铅中毒）、加热器损坏、内部线路接触不良等。图2-58a为加热型氧传感器的连接电路图，其氧传感器故障的检测诊断方法如下：

1）氧传感器加热器的电阻检测。关闭点火开关，拔下氧传感器插接器线束插头，用欧姆表测量传感器接线端中加热器1、2端子之间的电阻，其电阻值应符合原车标准。若电阻值不正常，则说明氧传感器存在故障，应予以更换。

2）氧传感器的信号电压检测。将发动机热车至正常工作温度后，关闭点火开关，拔下

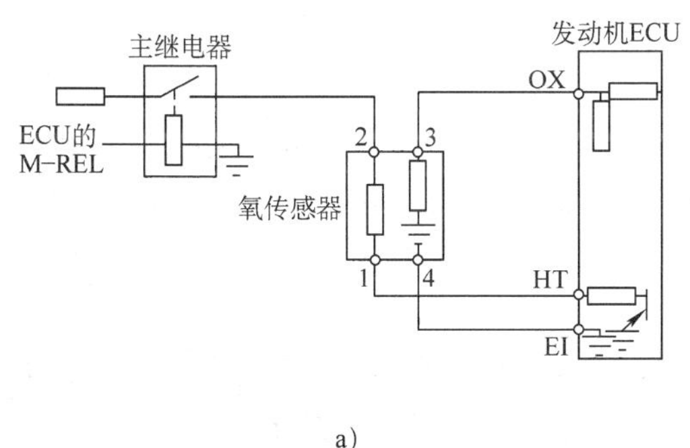

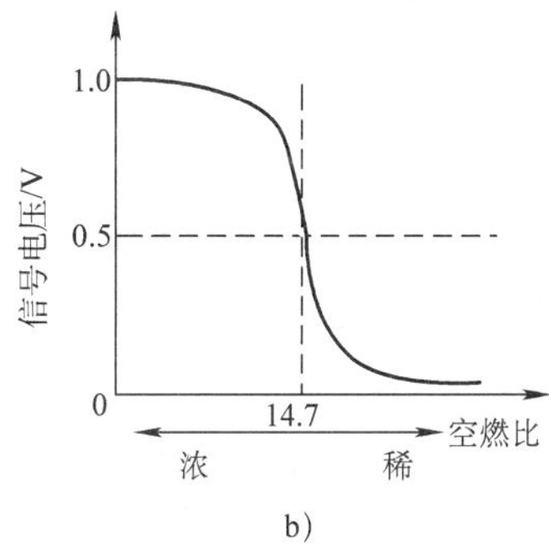

图2-58 氧传感器的检测

a）氧传感器连接电路 b）氧化锆型氧传感器输出特性

氧传感器插接器线束插头。高速运转发动机，用电压表测量氧传感器3、4端子之间的信号电压。正常时，其信号电压应随混合气浓度的变化而变化，如图2-58b所示。若信号电压为零，则说明氧传感器损坏。若信号电压为0.5或以上，则应设法使混合气变稀，如拆下接在进气歧管上的曲轴箱强制通风管或其真空软管，再观测信号电压：如电压迅速下降，则表示氧传感器正常；如电压不变仍然持续偏高，则说明氧传感器损坏。若信号电压为0.5以下，则设法使混合气变浓，如在进气管中加入丙烷，或部分地堵住空气滤清器进口，再观测信号电压：如电压迅速上升，表示氧传感器正常，如电压不变仍然持续偏低，则说明氧传感器损坏。

7. 爆燃传感器

爆燃传感器用于发动机爆燃时向ECU提供相应的电信号，以便ECU进行推迟点火提前角的控制来消除发动机爆燃。爆燃传感器存在故障时，会使发动机爆燃、功率下降、油耗上升。

压电式爆燃传感器的常见故障有内部元件损坏、内部线路接触不良或接地等。其故障检测方法如下。

1）检测传感器输出端子是否接地。关闭点火开关，拔下爆燃传感器插接器，用万用表测量输出端与接地之间的电阻。一般电阻值很大，接近无穷大为正常；若电阻值很小或为0，则说明输出端子接地，需更换爆燃传感器。

2）检测传感器的输出信号。起动发动机并使其怠速运转，用示波器检测爆燃传感器信号端子的电压波形。正常情况下应有电压波形显示，当用小铁锤敲击爆燃传感器附近的缸体时，其输出的电压波形应有相应的变化，敲击愈重，波形的振幅应愈大。若无输出信号，或输出电压波形不随振动的加剧而变化，则说明爆燃传感器损坏，应予以更换。

二、执行器故障的检测诊断

1. 电子点火器

电子点火器的作用是通过ECU的控制，来通断点火线圈的初级电流，使点火线圈次级能适时地产生点火高压。电子点火器存在故障时，会使点火系统不能点火或点火性能不良、火花过弱。

电子点火器的常见故障有：插接器松动或接触不良；内部电子元器件短路、断路、漏电。电子点火器故障的检测诊断方法如下。

（1）一般检查

1）线路连接检查。首先查看电子点火器插接器是否松动或接触不良，然后拔开插接器仔细检查各端子有无锈蚀和弯曲，并用欧姆表检测电子点火器的接地端子电阻是否为0，为0表示接地良好。若有异常，则应予以修复；若线路连接、接地正常，则连接好电子点火器插接器，进行下步检查。

2）高压跳火检查。在确认点火线圈、点火信号发生器工作状况良好及电子点火器电源供压正常的情况下进行检查。将分电器中央高压线拔出，用绝缘夹夹住高压线，使高压线端距离发动机缸体5～8mm左右，起动发动机，看是否跳火及火花的强弱。若跳火且火花强，则说明电子点火器良好；若无火花或火花弱，则说明电子点火器存在故障，需要更换。

（2）用输入与输出信号波形检测　在线路连接及电子点火器电源供压正常的情况下检

测。起动发动机，用示波器分别检测电子点火器的各输入控制信号电压波形和输出电压波形。若输入信号波形正常，而输出电压波形异常，则说明电子点火器存在故障，应予以更换。

（3）用干电池模拟信号检测

1）检测原理。电子点火器类似于传统点火系统的断电器，主要起导通与截止作用，利用干电池模拟信号可以检查电子点火器的这一作用。其检测原理如图 2-59 所示，在电子点火器的输出端按照如图 2-59 所示的连接方式接点火线圈、点火开关和蓄电池，当电子点火器的信号输入端分别正接和反接 1.5V 的干电池时，则相当于给电子点火器输入两次模拟点火信号，而且改变极性，于是根据电子点火器输出信号电压的变化，即可判断电子点火器的导通与截止性能，从而确诊电子点火器是否存在故障。

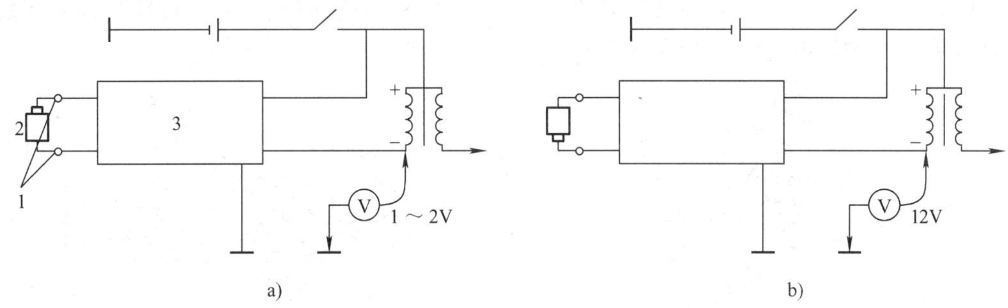

图 2-59　电子点火器的导通与截止性能检测

a）正接（使初级通路）检查情况　b）反接（使初级断路）检查情况

1—输入端　2—1.5V 干电池　3—电子点火器

2）检测方法。

① 将 1.5V 的干电池按图 2-59a 所示与电子点火器的输入端接好，接通点火开关，用万用表测量点火线圈“负极”接线柱的对地电压。

② 按图 2-59b 所示，把 1.5V 的干电池极性颠倒后接入电子点火器的输入端，接通点火开关，再次测量点火线圈“负极”接线柱的对地电压。

3）检测结果分析。

① 若两次测得的电压分别为 0（或 <2V）和 12V 左右，则说明电子点火器性能良好。

② 若两次测得的电压均高，约为 12V，则说明电子点火器存在不导通故障，导致初级线圈无电流通过。

③ 若两次测得的电压均低，小于 2V，则说明电子点火器存在不截止故障，导致初级线圈电流无变化而不产生高压。

④ 若两次测得的结果都是在 2V 和 12V 之间，则说明电子点火器存在不能饱和导通和完全截止的故障，使初级电流减小或断流不彻底。

2. 喷油器

喷油器的作用是根据 ECU 的控制，按时向各缸喷射适量的燃油。喷油器存在故障时，会使喷油不正常或不喷油，进而导致发动机运转不良甚至熄火。

喷油器常见的故障有：喷油器线路插接器或连接线路接触不良、喷油器电磁线圈断路或短路；喷油器针阀胶结、喷油器针阀密封不严；喷油器针阀口积污、堵塞等。当发动机运转不良且怀疑是由个别气缸喷油器不工作或喷油器性能变差引起时，可进行下述检测诊断。

1）检查喷油器的工作状态。发动机怠速运行时，用手触摸（图 2-60）或用听诊器检查喷油器工作时的振动或声响，以判断喷油器电磁阀是否动作。若感觉有振动或能听到电磁阀动作的声响，则可初步判断喷油器可以工作，但不能确定其性能是否良好；若喷油器无振动或声响，则说明该喷油器不工作。

2）检查喷油器电路。若发动机运转时某缸喷油器无振动或声响，则检查该缸喷油器的线路有无断路或短路故障。若线路正常而喷油器不能工作，则说明该喷油器有故障。

3）检查喷油器电阻。断开点火开关，拔下喷油器的插头，用万用表电阻挡测量喷油器线圈的电阻值，如图 2-61 所示。低阻型喷油器的电阻值一般为 2 ~ 3Ω，高阻型喷油器的电阻值一般为 13 ~ 18Ω。检测时，应对照相关标准诊断。若测得的电阻值为无穷大，则说明喷油器电磁线圈有断路故障；若测得的电阻值过大或过小，则说明喷油器电磁线圈或内部线路连接有故障。喷油器电磁线圈存在故障时，应更换喷油器。

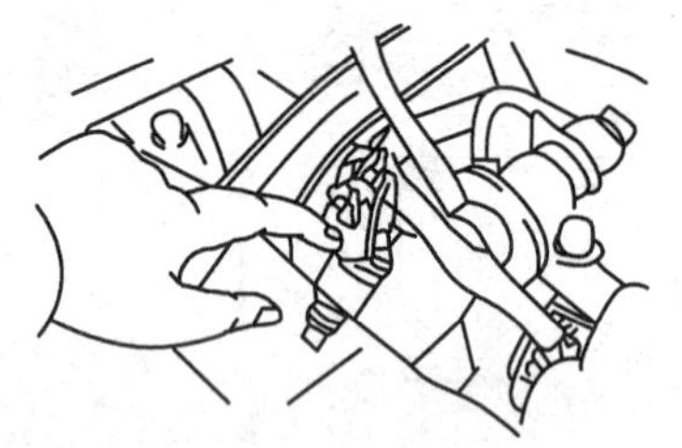

图 2-60　用手触摸喷油器

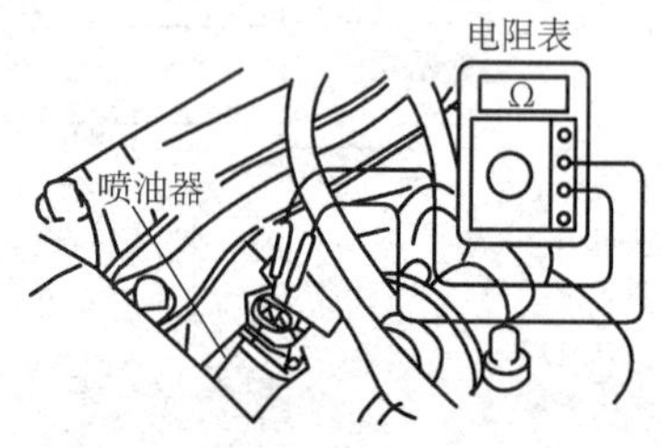

图 2-61　检查喷油器电阻

4）检查喷油器性能。主要是检查喷油器的喷油量、喷油状况和密封性能，这些检查可通过专用的喷油器检测仪进行，当无喷油器检测仪时，可用下述方法进行检查。

① 将需检查的喷油器拆下，装上检查专用的软管及其连接头，把喷油器、燃油压力调节器和油管用连接头和连接卡夹连接好，将喷油器喷口置入量筒中。

② 用跨接线将蓄电池正极与燃油泵继电器的燃油泵接线端子连接，使电动燃油泵工作。

③ 给喷油器电磁线圈施加蓄电池电压，高电阻型喷油器可以直接将 12V 电压施加到喷油器上，而低电阻型喷油器需用专用的接线器或串入一只 5 ~ 8Ω 左右的电阻。

④ 检测喷油器的喷油量。记录在规定时间内喷入量筒的燃油量，若喷油量小于规定值，说明喷油器堵塞或针阀口积污。清洗喷油器之后重复测试，若仍不能达到标准，则应更换喷油器。用同样的方法，测量其余各缸喷油器，若各喷油器之间的喷油量差值超过规定值，则需清洗或更换喷油器。

⑤ 检测喷油器的喷油状况。察看喷油器喷入量杯的油束形状，若喷油器油束均匀，并呈圆锥形，其锥角在 10° ~ 40°范围之间，则说明喷油器的喷油性能良好。否则，应更换喷油器。

⑥ 检测喷油器的密封性能。将喷油器的电源断开，使喷油器停止喷油，观察喷油器的喷嘴，若在 1min 内滴油少于一滴，则说明喷油器的密封性能良好。否则，说明喷油器针阀胶结、喷油器针阀密封不严，应更换喷油器。

5）检查喷油器的信号波形。有条件时可用示波器对喷油器的工作波形作进一步检查，利用示波器的计算功能，测量不同转速和负荷下喷油器的喷油时间，并与标准值比较，以判断喷油器是否存在故障。同时，将实测的喷油器波形与标准波形比较，可以快速诊断喷油器、ECU 以及燃油控制系统的故障。

3. 电动燃油泵

电动燃油泵的作用是按照 ECU 的控制，供给燃油系统具有足够规定压力的汽油。电动燃油泵存在故障时，会使燃油供给失常，导致发动机运转不良或者发动机根本无法起动。

电动燃油泵常见的故障有：电动燃油泵电动机烧坏、内部电路接触不良、电动机转子机械卡死，燃油泵不工作；电动燃油泵磨损严重、安全阀泄漏或弹簧失效，供油量不足；电动燃油泵单向阀泄漏，燃油系统保持压力过低或为零等。电动燃油泵故障的检测诊断步骤如下。

1）检查电动燃油泵的工作状态（就车检查）。

① 打开油箱盖。

② 打开点火开关（不起动发动机），在油箱口处倾听有无电动燃油泵运转的声音。如在打开点火开关后，能听到电动燃油泵运转 3～5s 后又停止，则说明电动燃油泵可以工作，此时可进入步骤 2）。若打开点火开关后听不到电动燃油泵运转的声音，则进行下步检测。

③ 用跨接线将蓄电池正极与燃油泵继电器的燃油泵接线端子 F_P 短接，如图 2-62 所示。此时，若在油箱盖处没听到任何声响，或用手触摸燃油管无油压脉动感，则说明电动燃油泵有故障，可进入步骤 3）；若能听到电动燃油泵运转的声响，或能感觉到油压脉动，则说明电动燃油泵可以工作，但不能确定其性能是否良好，需进入步骤 2）检查。

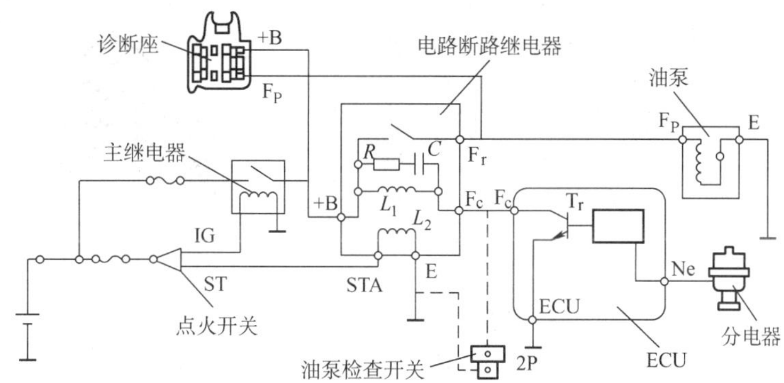

图 2-62　电动燃油泵控制电路

2）检查电动燃油泵的性能。按图 2-34 连接专用压力表，按前述检测燃油泵压力的方法检测电动燃油泵的最大压力和保持压力。若其最大压力和保持压力符合原车标准，则说明燃油泵工作正常，性能良好；若燃油泵最大压力低于原车标准，则说明燃油泵磨损严重、安全阀泄漏或弹簧失效，应更换燃油泵；若燃油泵保持压力低于原车标准，则说明燃油泵单向阀泄漏，应更换或修复燃油泵。

3）检查电动燃油泵电动机的电阻。拔下电动燃油泵插接器端子，用万用表测量电动燃油泵连接器两端子 F_P 与 E 之间的电阻，其电阻值一般在 0.5～3Ω 之间。若电阻值不符，则说明燃油泵电动机有线圈短路、断路或电刷接触不良的故障，应更换燃油泵；若电阻值符合标准，但通电又不工作，则说明燃油泵电动机转子机械卡死，应更换电动燃油泵。

4. 怠速控制阀

怠速控制阀的作用是通过 ECU 的控制，使发动机在所有怠速使用条件下，能以适当的怠速稳定运转。怠速控制阀存在故障时，会使发动机怠速不稳、容易熄火、油耗增加。

步进电动机式怠速控制阀的常见故障有：内部电路短路、断路、接触不良，线路插接器松动、锈蚀等。故障的检测诊断方法以丰田汽车发动机使用的步进电动机式怠速控制阀为例说明如下。

1）怠速控制阀的初步检查。在发动机暖机后关闭点火开关时，仔细查听怠速控制阀是否有打开的“咔嗒”声。若无声响，则说明怠速控制阀没有工作。此时应检查发动机 ECU、怠速控制阀插接器及其线路，若这些均正常，则怠速控制阀存在故障。

2）怠速控制阀的电阻检测。关闭点火开关，拔下步进电动机的插接器，用万用表电阻挡检查其端子 B_1 或 B_2 与 S_1、S_2、S_3、S_4 端子（图 2-63）间的电阻，其电阻值应为 10 ~ 30Ω，且步进电动机各绕组电阻值应一致，否则说明怠速控制阀有故障，应予以更换。

3）怠速控制阀的动作检测。将蓄电池的正极连接至怠速控制阀插接器的 B_1 或 B_2 端子，而蓄电池的负极则按 S_1、S_2、S_3、S_4 端子的次序逐个连接，阀应能逐步关闭；若蓄电池的负极按 S_4、S_3、S_2、S_1 的次序逐个连接，则阀应能逐步打开。若阀不能如此动作，则说明怠速控制阀有故障，应予以更换。

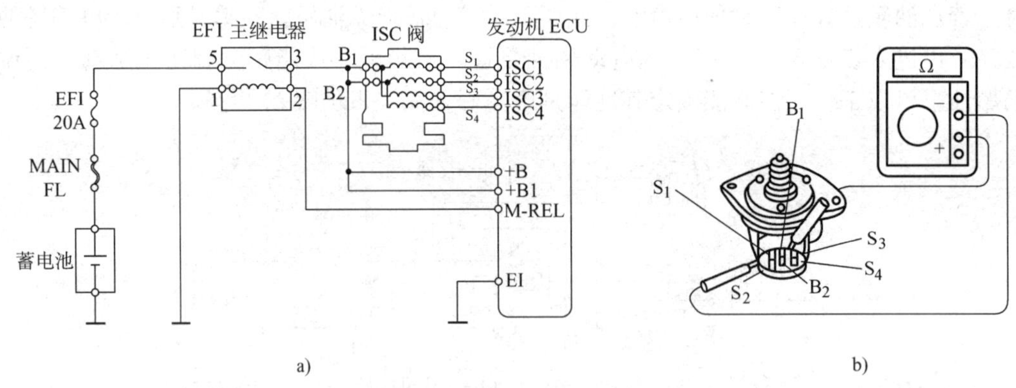

图 2-63　步进电动机式怠速控制阀的检测

a）怠速控制阀电路　b）怠速控制阀电阻检测

5. EGR 电磁阀

EGR 电磁阀的作用是通过 ECU 的控制，调节 EGR 阀的开度处于最佳状态，从而使废气再循环流量控制在最佳范围。EGR 电磁阀产生故障时，会使发动机工作性能下降、NO_X 等有害气体的排放增加。

EGR 电磁阀的常见故障有：电磁阀线圈断路、短路，真空连接软管松动或破损，线路插接器松动、锈蚀或接触不良等。其故障的检测方法如下。

1）直观检查。检查与 EGR 电磁阀连接的真空管接头有无松动和破损，电磁阀插接器连接有无松旷、接触不良。若有，应予以修理或更换。

2）电磁阀线圈的电阻检测。关闭点火开关，拔下电磁阀插接器，用万用表电阻挡测量电磁阀线圈电阻，其电阻值应符合标准，否则说明 EGR 电磁阀存在故障。

3）电磁阀的工作状况检测。按图 2-64a 所示的方法，将蓄电池电压施加于 EGR 电磁阀，EGR 电磁阀的软管接口 2 与通大气口 1 之间应相通，两软管接口 2、4 之间应不相通；而断开蓄电池电压时，EGR 电磁阀的软管接口 2 与通大气口 1 之间应不相通，两软管接口 2、4 之间应相通，如图 2-64b 所示。若检测结果不这样，则说明 EGR 电磁阀存在故障。

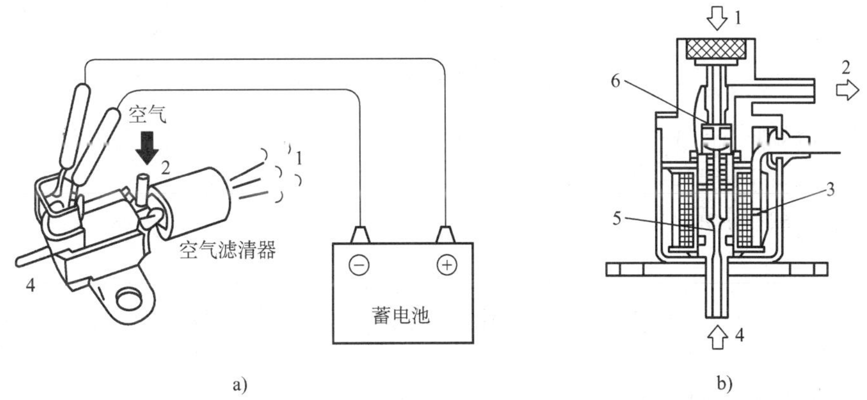

图 2-64 EGR 电磁阀的检测

a）EGR 电磁阀检测 b）EGR 电磁阀

1—通大气 2—去 EGR 阀 3—电磁阀线圈 4—通进气歧管 5—通气道 6—阀体

三、发动机 ECU 故障的检测诊断

发动机 ECU 是电子控制系统的核心，ECU 产生故障时会使发动机不能工作或工作不良。ECU 常见的故障有：元件老化、内部电路短路或断路；微机系统中的 CPU、存储器、接口电路等芯片或电路烧坏；微机裂损、接地不良等。ECU 故障的检测诊断方法如下。

（1）利用故障诊断仪诊断 ECU 通常，发动机电子控制系统的故障自诊断功能可以诊断 ECU 故障并存储其故障码。因此，利用汽车专用故障诊断仪，按照一定的操作方式进入系统的自诊断模式，即可方便地测出 ECU 故障。当无专用故障诊断仪时，也可利用人工读取故障码的方法，获取 ECU 本身的故障信息。

（2）利用万用表诊断 ECU 在规定的检测条件下，利用高输入阻抗的万用表测量发动机 ECU 插座各端子的电路参数，与标准值比较即可判断 ECU 及其控制线路有无故障。

检查 ECU 常用的方法是电压测量法。检测时，先将 ECU 连同线束一起从车上拆下，不要拆下线束插接器，在蓄电池充足电的情况下接通电路或在发动机运转时，用万用表在 ECU 线束侧插接器处测量 ECU 各端子的工作电压，然后与标准值比较诊断 ECU 故障。若各传感器、执行器及其线路均正常，而 ECU 电压参数不符合标准，则表明 ECU 存在故障，应予以更换。

提示： *利用万用表诊断 ECU 及其控制线路故障，必须以被测车型的详细维修技术资料为依据，否则无法检测而且不能比较诊断。这些资料应包括：该车型 ECU 线束插头中各端子与控制系统中的哪些传感器、执行器相连接；ECU 各端子参数的测量条件；各端子在发动机规定测量条件下的标准电压值及其他电路参数。*

（3）利用替换法诊断 ECU 将性能良好的同型号的发动机 ECU 替换可疑的 ECU，若替换后，发动机电子控制系统电路的工作状态由异常变为正常，发动机能正常工作，则表示原 ECU 有故障。该法具有准确、高效等特点，是汽车特约维修店或汽车 4S 店诊断 ECU 的常用方法。

项目九　发动机异响的检测诊断

学习目标：

- 了解发动机异响及其产生原因
- 了解发动机异响特性
- 熟悉发动机异响故障的经验诊断方法
- 能用仪器检测和分析发动机异响故障

任务一　了解发动机异响的特性

一、发动机异响及其产生原因

1. 发动机异响

技术状况良好的发动机，运转时无论转速和负荷(都在额定范围内)怎样变化，虽然发出声响的频率、波长、声级和衰减系数不同，但都是一种平稳而有节奏、协调的声音，这种声音就是发动机的正常响声。

发动机异响是指发动机工作时产生的不正常响声。发动机异响是发动机某一机构技术状况发生变化的标志，是发动机故障的反映。可以说，异响仅是现象，故障才是本质。对发动机异响诊断，就是要透过现象看本质，找出引发异响的原因，进而排除异响的故障。

2. 发动机异响产生原因

发动机异响产生原因很多，归纳起来主要有如下几点。

1）发动机运动件因润滑不良、自然磨损或调整不当使其配合间隙过大，并超出允许限度而引起响声，如活塞与缸壁的敲击声响、连杆轴承与轴颈的敲击声响、气门脚的敲击声响等。

2）发动机运动件因紧固不良而引起撞击异响，如飞轮固定螺栓松动、连杆盖螺栓松动、凸轮正时齿轮固定螺母松动等所致的异响。

3）发动机个别机件损伤而引起异响，如气门弹簧折断，凸轮轴正时齿轮破裂等所引起的异响。

4）发动机机件因维修不当或调整不当，使其配合间隙不准而引起异响，如活塞销(全浮式)装配不当、常温下过盈量太小而造成的配合松动，气门间隙调整不当，点火时间过早所引起的异响。

5）发动机性能下降，导致爆燃、早燃或工作粗暴产生的异响，如严重的活塞敲缸声。

二、发动机异响特性分析

发动机异响通常与发动机负荷、转速、温度、润滑条件、工作循环等多种因素有关，通过其异响特性分析，找出异响的变化规律，有利于对异响故障作出正确判断。

1. 异响与负荷的关系

许多异响与发动机负荷有关，负荷变化时异响会相应加重或减弱。如曲轴主轴承响、连杆轴承响、活塞敲缸响、点火敲击响等均随负荷增大而增强，随负荷减小而减弱。而有些异响与负荷无关，如气门响，负荷变化时异响不变。

提示：检测时，常用断火法解除一两个缸负荷，听异响是否减轻或消失来鉴别异响与负荷的关系。

2. 异响与转速的关系

大部分异响与发动机转速状态密切相关。有些异响在发动机怠速或低速运转期间出现，当转速提高后则消失，如活塞与缸壁间隙过大、活塞销装配过紧或连杆轴承装配过紧引起的异响；有些异响在发动机急加速时出现，如主轴承松旷发响、连杆轴承松旷发响等；而有些异响则在发动机急减速时更明显，如凸轮轴正时齿轮破裂损坏发响、连杆小头衬套松旷发响等。

提示：检测时，常用抖动并改变加速踏板大小的方法，听异响的变化来鉴别异响与转速的关系。

3. 异响与温度的关系

不少异响与发动机温度有关，温度变化时异响随之加重、减弱或消失。如活塞与缸壁间隙过大而发出的敲缸声，在低温发响，温度升高后声响减轻甚至消失；如发动机过热引起的早燃、爆燃发出的敲缸声，高温时声响严重，而温度降低后声响减轻或消失。

4. 异响与工作循环的关系

多数异响与发动机工作循环有明显的关系，这是由于发动机循环式工作，导致其内部有些机件的运动与受力情况呈周期性变化所致。而有些异响与发动机工作循环无关，如发动机运转时，金属的连续摩擦声以及诸如发电机、电动风扇、水泵等附件所引起的异响。

5. 异响与发动机部位的关系

由于异响部件在发动机中所处的位置不同，因此异响在发动机上所引起的振动强度，各部位不尽相同。检测时应根据声源找准振动强度最大的部位，以便正确判断故障。发动机常见异响的听诊部位包括气缸盖部位、气缸体中上侧部位、气缸体下侧部位、油底壳与曲轴箱分界面部位、正时齿轮室部位和加机油口部位等。

6. 异响与润滑条件的关系

对于发动机的曲柄连杆机构和配气机构异响，多与润滑条件有关，润滑不良时异响明显加重。因此，检测时常常通过改善润滑条件，鉴听异响的变化来诊断异响故障。

7. 异响与其他故障现象的关系

发动机在发生某些异响故障时，常常伴随出现其他故障现象。例如主轴承松旷发响时，往往伴随着机油压力降低、机件抖动等异常现象；活塞敲缸响时，通常伴随机油消耗过快、机油变质、排气管冒蓝烟等异常现象。检测时，利用异响故障的伴随现象，也能方便地诊断其异响故障。

提示：在发动机上，不同的机件、不同的部位和不同的工况，声源所产生的振动是不同的，因而发出的异响在音调、音高、音频、音强、出现的位置和次数等方面也均不相同。检测时，只要充分利用发动机异响特性，采用适宜的温度、适当的转速和负荷、正确的听诊部位和合理的诊断方法，即可准确诊断发动机的异响故障。

任务二　掌握发动机异响故障的诊断方法

一、发动机异响故障的经验诊断

1. 活塞敲缸响

（1）故障现象　发动机在怠速或低速运转时，在气缸上部发出清晰而有节奏的“嗒、嗒、嗒”敲击声，在发动机低温时响声最为明显。

（2）故障原因

1）活塞与缸壁间隙过大。

2）活塞与缸壁间润滑不良。

（3）故障诊断　最佳听诊部位在机体上部两侧，可利用听诊器或简易听诊杆触及该区域查听异响，其诊断方法如下。

1）发动机起动后，低温在怠速或低速运转时异响较为明显，而缓慢加速至中速以上运转时，异响减弱或消失，可初步诊断为活塞敲缸响。

2）在不同的发动机工作温度下诊断。若发动机冷机运行时异响严重，而温度升高后异响消失或减弱，则诊断为活塞敲缸响，其故障原因是活塞裙部与缸壁间隙过大。

3）断火诊断。先将发动机控制在敲击声最明显的转速下运转，然后逐缸断火试验。若某缸断火后异响消失或减弱，则为该缸敲缸响。

4）加机油确诊。为进一步确诊某缸异响，可将发动机熄火，卸下有响声气缸的火花塞或喷油器，向气缸内注入少量浓机油（20～25mL），慢慢转动发动机，使机油附于缸壁和活塞之间，立即装上火花塞或喷油器，再使发动机运转查听，若异响短时间内消失或减弱，但过不久异响又重新出现，则说明该缸活塞与缸壁间隙确实过大。

2. 活塞销响

（1）故障现象　发动机在怠速、低速和从怠速向低速抖动加速踏板时，发出清脆而又连贯的“嘎、嘎、嘎”的金属敲击声，加速时响声更为明显。

（2）故障原因

1）全浮式活塞销时，活塞销与销座孔、连杆衬套磨损严重，配合松旷。

2）半浮式活塞销时，活塞销与销座孔磨损严重，配合松旷；活塞销与连杆小头销孔的配合松动。

3）活塞销配合处润滑不良。

（3）故障诊断　最佳听诊部位在发动机上侧部或气缸盖，可利用听诊器或简易听诊杆触及该区域查听异响，其诊断方法如下。

1）发动机怠速运转时，从怠速向低速急踩加速踏板，若能听到清脆而又连贯的“嘎、嘎、嘎”响声，且响声周期随发动机转速而变，同样转速下响声比活塞敲缸响连续而尖锐，则可能是活塞销响。

2）在不同的发动机工作温度下诊断。若发动机冷机运行时响声较小，而温度升高后响声更大，则诊断为活塞销响，其故障原因可能是活塞销与销座孔间隙过大。

3）断火诊断。先将发动机控制在响声最明显的转速范围内运转，然后逐缸断火试验。

若某缸断火后响声明显减弱或消失，而在复火的瞬间响声立即恢复或连续出现两个响声，则可断定为该缸活塞销响。

3. 曲轴主轴承响

（1）故障现象 发动机急加速时，发出沉重而有力的“刚、刚、刚”的金属敲击声，严重时机体发生很大振动；发动机转速越高，响声越大；发动机负荷越大，响声越明显。

（2）故障原因

1）主轴承盖螺栓松动。

2）主轴承与主轴颈磨损严重，使配合间隙过大。

3）主轴承减磨合金烧损或脱落。

4）曲轴弯曲。

5）机油压力太低或机油粘度太小，使主轴承润滑不良。

（3）故障诊断 最佳听诊部位在发动机曲轴箱两侧与曲轴轴线齐平的位置，可利用听诊器或简易听诊杆触及该区域察听异响，其诊断方法如下。

1）先使发动机低速运转，然后微微抖动加速踏板，反复变更发动机转速，若“刚、刚、刚”的金属敲击声随着发动机转速的升高而增大，且在急加速瞬间更为明显，则诊断为主轴承响。

2）若发动机在怠速或低速运转时响声较为明显，而高速时显得杂乱，则可能是曲轴弯曲所致；若发动机在高速运转时，机体有较大振动，机油压力过低，则说主轴承间隙过大、减磨合金烧损或脱落。

3）断火诊断。对一缸进行单缸断火，若断火后响声明显减弱，则说明第一道主轴承响；对最末缸进行单缸断火，若断火后响声明显减弱，则说明最后一道主轴承响；对任意相邻两缸同时断火，若断火后响声明显减弱，则为两缸之间的主轴承响。

4. 连杆轴承响

（1）故障现象 当发动机突然加速时，发出“当、当、当”连续明显、轻而短促的敲击声，随着转速、负荷的增加其响声更加明显。

（2）故障原因

1）连杆轴承盖螺栓松动。

2）连杆轴承与轴颈磨损严重，使配合间隙过大。

3）连杆轴承合金烧毁或脱落。

4）机油压力太低或机油粘度太小，使连杆轴承润滑不良。

（3）故障诊断 在加机油口处仔细听察连杆轴承异响比较明显，也可利用听诊器或简易听诊杆触及曲轴箱中部连杆轴承附近区域查听异响，其诊断方法如下。

1）使发动机怠速运转，然后由怠速向低速，由低速向中速，再由中速向高速加大节气门开度进行试验。若响声随着转速的升高而增大，在加大节气门开度的瞬间更加突出，且比主轴承的响声清脆、缓和、短促，则诊断为连杆轴承响。

2）断火诊断。在怠速、中速和高速情况下，逐缸反复进行断火试验。若某缸断火后响声明显减弱或消失，而在复火的瞬间又能立即出现，则说明该缸连杆轴承响。

3）检查机油压力。若响声严重，又伴随机油压力低，则可确诊为连杆轴承响。机油压力低的伴随现象往往是区别连杆轴承响与活塞销响、活塞敲缸响的重要依据。

5. 气门脚响

（1）故障现象　发动机怠速时，发出有节奏的“嗒、嗒、嗒”响声，转速越高，响声越明显。

（2）故障原因

1）气门脚间隙过大。

2）气门脚处润滑不良。

3）气门杆与气门导管配合间隙过大。

4）气门头部与座圈接触不良。

（3）故障诊断　发动机怠速下气门脚响声清脆而有节奏，在发动机周围就能听到较为清晰的响声，而在气门室或气门罩处听诊异响非常明显，其诊断方法如下。

1）若发动机怠速运转时响声明显，而转速增高时响声增大、节奏加快，但发动机温度变化、断火试验时响声不变，则可诊断为气门响。

2）将气门室盖或罩拆下，在怠速时用适当厚度的厚薄规插入气门脚间隙中，逐个试验。当插入某个气门脚间隙中时，响声减弱或消失，即可诊断是该气门响，且异响由气门脚间隙过大造成。

3）若气门脚间隙正常，插入厚薄规后，响声不变，则可能是气门脚处润滑不良、气门与其导管配合间隙过大、气门头部与座圈接触不良所致。

二、发动机异响故障的仪器诊断

1. 发动机异响诊断仪

发动机异响实际上是一种振动波，它具有振动波的频率、相位、振幅特征。发动机运转时，其不同的机件、不同的工作状态，就有不同的机械振动，从而表现出不同的响声特征。其响声的音调由振动波频率决定，其声音的强弱由振动波振幅决定，其响声出现的时刻则取决于振动波相位。发动机的响声往往是各种振动的综合反映，而异响通常是某种或多种机件工作不良的充分体现。发动机各机构引起的异响特征频率是不同的，异响诊断仪就是通过检测这种不同特征频率下异响波形的振幅和相位来迅速、准确地判断出异响的部位和严重程度。

发动机异响诊断仪既可以是专用的，也可与发动机综合性能分析仪合为一体。异响诊断仪主要由传感器、选频网络、功率放大、相位选择、显示等部分组成，其诊断仪原理如图 2-65 所示。

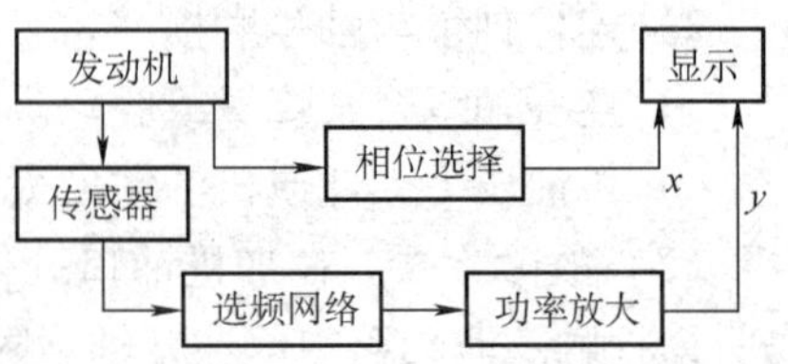

图 2-65　发动机异响诊断仪原理框图

异响诊断仪的传感器通常采用压电式加速度计。它通过两种方法固定在发动机上：一种是用强磁材料把传感器吸附在发动机壳体上；另一种是制成手持式传感器，通过与传感器相连的炭棒以一定的压力接触检测部位来传递振动。传感器发出电量信号的频率取决于振动频率，其信号电压取决于振动幅度。

选频网络是一组不同中心频率的选频放大器。其中心频率即为发动机各主要异响的特征频率，它是通过实时频谱分析和同步滤波器反映决定的。发动机振动信号通过传感器屏蔽导线输入选频网络。中心频率靠异响选择键来变换，键上标有对应的声响部位。各种经过选频放大的特征信号强度远比其他频率高，特别是那些空气动力声音和不希望的频率信号能量能被大大衰减。经过选频网络的振动信号，由功率放大后输至示波器的输入端。

相位选择装置使信号在一定时刻通过测量机构，该时刻对应于故障机件出现异响振动的时刻。由于某缸敲击的振动总是在这一缸点火后某时刻开始至一定时刻结束，因此对于汽油机而言，相位选择装置可以利用点火次级电压脉冲来触发示波器的扫描装置，在开始点火时刻使经选频后的异响振动电压信号导通。这样在示波器屏幕上便显示出经过相位和频率选择的振动波形，可用于直接观察异响振动波形的振幅、相位及延续时间。

2. 发动机异响的检测方法

目前，很多发动机综合性能分析仪如 QFC-5 型、WFJ-1 型微机发动机检测仪，均带有示波器，具有显示发动机异响振动波形的功能。用这些仪器检测发动机异响的基本方法如下。

1）按仪器使用说明书的要求进行操作，使仪器进入异响检测状态。

2）根据异响的零部件选择操作码，其实质就是选取故障部件振动的中心频率。

3）将振动传感器触在相应异响引起的最明显的振动部位，如活塞敲缸响应触在气缸上部的两侧，主轴承响应触在油底壳中上部位置，连杆轴承响应触在发动机侧面靠近连杆轴承处，活塞销响应触在缸盖正对活塞处，气门响应触在进、排气门附近。

4）使发动机在响声明显的转速下运转，微抖加速踏板，观察示波器，若有明显的瞬间波形或波形幅度明显增大，说明存在相应的异响故障。诊断时可视需要配合以听诊、单缸断火、双缸同时断火等方法，以便准确诊断异响故障。

5）若发动机异响确实存在，但在所选择的操作码检测时，示波器显示的异响波形不明显，说明异响不是所选操作码对应的零部件产生。此时应重新选择操作码，并相应改变振动传感器的恰振部位，重新检测异响波形。

3. 发动机异响波形诊断

因各种异响对应着不同的振动频率，同时振动中的振幅大小、变化过程存在差异，因此显示在示波器上的振动波形对应的凸轮轴转角和形状就会有所不同。常见的活塞销响、活塞敲缸响、连杆轴承响、主轴承响的故障波形如图 2-66 所示。

一般来说，在点火提前角正常的情况下，活塞销响的异响故障波形出现在整个波形的前部，活塞敲缸响波形出现在整个波形的中部，连杆轴承响波形出现在整个波形的中后部，主轴承响波形出现在整个波形的最后部。

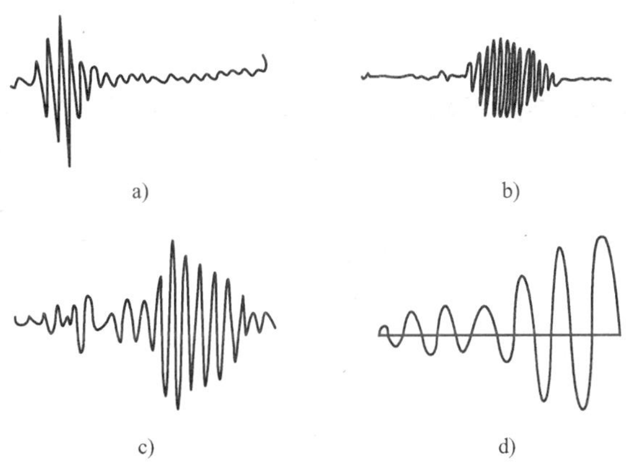

图 2-66 几种常见的发动机异响波形

a）活塞销响 b）活塞敲缸响 c）连杆轴承响 d）主轴承响

提示：发动机异响是较复杂的物理现象，尽管有不少较先进的诊断仪器，但要准确地进行异响诊断，还需要在实践中不断观察、总结和比较各种异响振动波形，积累丰富的异响诊断经验。

本单元小结

1. 发动机功率检测是汽车不解体检测中最基本的检测项目，常用无负荷测功来检测在用发动机功率。无负荷测功就是利用发动机转速变化时的惯性力矩作为载荷来进行测功的，它可分为瞬时功率检测和平均功率检测。平均功率检测用得较多，通常将平均功率转化为额定转速下的功率来评价发动机的动力性。利用无负荷测功仪可以进行发动机功率检测和各缸功率均衡性检测，并评价发动机技术状况。

2. 气缸密封性是由发动机活塞组、气门与气门座以及气缸盖、气缸体、气缸垫等零件保证的。气缸密封性的好坏直接影响发动机的动力性和经济性。常用气缸压缩压力、气缸漏气量、进气管真空度等表征参数来评价气缸密封性。气缸压缩压力是指缸内气体压缩终了的压力，常用气缸压力表检测，也可用发动机综合性能分析仪检测，气缸压缩压力应符合检测标准，否则说明发动机气缸组技术状况不良，存在故障。气缸漏气量是指活塞处于压缩行程上止点附近时缸内一定压力的气体，通过气缸活塞组配合副间隙、活塞环对口、进排气门密封面、气缸衬垫密封面泄漏的空气量，常用气缸漏气量检测仪检测，气缸漏气量越大，则气缸密封性就越差。进气歧管真空度是指进气歧管内的进气压力与外界大气压力之差，常用真空表检测，也可用示波器观测，当进气歧管真空度超过规定值时，说明气缸密封性存在故障。

3. 当发动机起动困难时，应对起动系统的性能进行检测。起动系统性能参数主要有起动电流、起动电压、起动转速等，常用发动机综合性能分析仪检测。起动机是汽车起动系统的主要部件，当起动系统线路正常而发动机难以起动时，可拆下起动机进行控制性能、空载性能和制动性能检测。起动系统常见的故障主要有起动机不转、起动机转动无力及起动机空转，根据其故障现象进行分析，可以诊断其故障原因和部位。

4. 点火波形是指汽油机点火系统工作时点火线圈初、次级的电压波形。点火波形是汽车不解体检测的一个重要项目，它通常由汽车专用示波器检测。不同的点火系统、不同的示波器，其检测时的信号拾取器连接可能也有所不同。标准点火波形是判断故障的基准，利用检测的实际点火波形与标准点火波形比较可方便诊断点火系统故障。将点火波形进行不同的排列，可显示多缸平列波、多缸并列波、多缸重叠波，利用多缸平列波可比较各缸点火电压的高低以及点火状况是否正常，利用多缸并列波可比较各缸火花线长度、低压电路通电和断电时间是否一致，并判断点火系统状况是否正常，利用多缸重叠波可以评价各缸工作一致性。电子点火系统的初、次级电压波形与传统触点式点火系统波形相似，但不完全相同，诊断故障时应引起注意。

点火正时是指正确的点火时间，一般用点火提前角表示，它常用仪器法如频闪法、缸压法检测，还可用经验法检测。

点火系统工作不正常时，发动机容易产生不能发动、动力不足等故障，此时应根据发动机的故障现象，分析故障原因，诊断故障部位。

5. 电喷汽油机燃油供给系统的压力和喷油控制信号对汽油机的性能具有重要的影响。在一定喷射条件下，混合气的浓度对来自供油压力的影响最为敏感，而供油压力的大小主要取决于燃油系统的压力，通过专用压力表检测发动机运转时的各种油压，可以判断电动燃油泵、燃油压力调节器有无故障，汽油滤清器是否堵塞等。当燃油压力调节器能够保持喷油压力恒定时，从喷油器喷出的燃油量取决于喷油器开启时间的长短，而开启时间的长短是由微机发出的喷油控制信号决定的，通过发动机综合检测仪或汽车专用示波器检测发动机运转时喷油器的喷油信号波形，可以正确地判断喷射系统基本喷油控制是否正常，各种传感器喷油量的修正控制(加浓补偿)是否良好，以及诊断 ECU 和喷油器的故障。

柴油机燃油供给系统的供油压力波形、供油正时、喷油器技术状况对柴油机的性能具有重要的影响。柴油机供油压力波形可采用汽车专用示波器或发动机综合性能分析仪检测，其供油压力标准波形是判断故障的基准，利用检测的实际供油压力波形与标准供油压力比较可方便诊断燃油供给系故障，利用全周期单缸波、多缸平列波、多缸并列波、多缸重叠波可判断各缸是否存在故障。柴油机供油正时是指喷油泵正确的供油时间，一般用供油提前角表示，它常用仪器法如频闪法、缸压法进行检测，还可用经验法进行检测。喷油器技术状况的检测项目主要是喷油压力、喷雾质量和密封性能，其检测通常在简易试验台上进行。

6. 发动机润滑系统的机油压力异常、机油品质变坏、机油消耗量过多，会导致发动机动力性、经济性下降，甚至损坏发动机。机油压力通常根据汽车仪表板上的机油压力表或油压信号指示灯显示而测得。机油品质可用经验法、滤纸油斑试验法、机油不透光度分析仪、机油介电常数分析仪检测。机油消耗量常用油标尺测定法和质量测定法检测。发动机润滑系统常见的故障是机油压力过高、机油压力过低、机油消耗量过多，根据其故障现象进行分析，可以诊断其故障原因和部位。

7. 当发动机冷却液过少而导致过热时，应检测冷却系统的密封性，其检测方法有直观检查和压力试验检查。当发动机过热时，还应进行节温器性能检测和电动风扇及温控开关检测。发动机冷却系常见的故障是发动机温度过高和发动机温度过低，根据其故障现象进行分析，可以诊断其故障原因和部位。

8. 发动机电子控制系统是一个比较复杂的微机控制系统，对其检测诊断，必须熟悉注意事项，并按一定的程序进行。目前的汽车发动机集中电子控制系统都具有故障自诊断功能，当电子控制系统工作异常时，自诊断系统就会作出有故障的判断，ECU 把这一故障以故障码的形式存入内部随机存储器(RAM)，同时点亮故障警告灯。对于存储在 ECU 存储器中的故障码信息，可利用汽车电控系统故障诊断仪或人工方法检测读取。故障码读取后，可根据相应汽车的维修手册查出其故障码的信息，并以此深入检查和排除发动机电子控制系统故障。电子控制系统故障排除后，应清除存储器中的故障码，否则其显示装置还会显示故障信号，清除故障码的方法有仪器法和人工法。发动机电子控制系统中传感器、执行器、ECU 的具体故障，可采用示波器、万用表等工具进行深入检测诊断。

9. 发动机异响是指发动机工作时产生的不正常响声。发动机异响通常与发动机负荷、转速、温度、润滑条件、工作循环等多种因素有关，因此，通过其异响特性分析，找出异响的变化规律，可对发动机异响故障作出正确判断。发动机异响故障的诊断有经验诊断法和仪器诊断法。

思考题

1. 简述发动机功率检测的基本原理。

2. 简述发动机无负荷测功原理及测功方法。
3. 发动机各缸功率均衡性如何检测？有哪几种方法？
4. 如何测量气缸压缩压力？如何分析其测量结果？
5. 如何检测气缸漏气量(率)？如何诊断气缸漏气故障？
6. 怎样根据进气歧管真空度值和波形来诊断发动机故障？
7. 如何检测起动机的控制性能、空载性能和制动性能？
8. 起动系统常见故障有哪些？如何诊断？
9. 如何检查蓄电池是否亏电？
10. 点火示波器可以检测哪些点火波形？如何根据点火波形诊断故障？
11. 频闪法和缸压法检测点火提前角的原理是什么？如何检测？
12. 经验法如何检测发动机点火正时？
13. 点火系统的常见故障有哪些？如何利用经验法诊断？
14. 如何检测汽油机电控燃油喷射系统的油压？如何利用其检测结果诊断故障？
15. 试分析汽油机标准喷油信号波形，如何利用实测的喷油信号波形诊断故障？
16. 试分析汽油机喷油器故障原因，如何诊断喷油器故障？
17. 试分析柴油机供油压力变化规律，如何利用这一规律诊断其燃油供给系统故障？
18. 如何检测、调整柴油机的供油正时？
19. 柴油机喷油器技术状况如何检测？
20. 如何检测和评价发动机机油的品质？
21. 发动机机油压力过低、过高的原因有哪些？如何诊断机油压力过低、过高故障？
22. 试分析节温器性能，如何利用这一性能就车诊断冷却系统故障？
23. 如何检测冷却系统电动风扇及其温控开关故障？
24. 发动机温度过低、过高的原因有哪些？如何诊断其温度过低、过高故障？
25. 简述发动机电子控制系统检测诊断的一般程序及注意事项。
26. 何为故障自诊断？如何获取故障自诊断信息？
27. 发动机电子控制系统传感器有哪些种类？如何检测这些传感器？试举例说明。
28. 如何诊断发动机电子控制系统的执行器、ECU 故障？
29. 常见的发动机异响故障有哪些？如何诊断？
30. 试分析仪器诊断发动机异响的基本原理，如何利用仪器诊断发动机异响？

单元三　底盘的检测与诊断

项目一　传动系统的检测诊断

学习目标：

- 了解汽车滑行性能及传动系统游动角度的检测标准
- 掌握汽车滑行距离和滑行阻力的检测方法
- 能利用数字式和指针式游动角度检测仪检测传动系游动角度
- 能对传动系统的常见故障进行分析与诊断

任务一　掌握汽车滑行性能的检测方法

汽车滑行性能是指汽车在空挡时的滑行能力。反映汽车滑行性能的参数有：滑行距离和滑行阻力。滑行距离是指汽车加速至某一预定车速后摘挡，利用汽车具有的动能来行驶的距离。滑行阻力是指汽车空挡、制动解除时，汽车由静止至开始移动所需的推力或拉力。汽车传动系统的传动效率越高，则汽车的滑行阻力越小，滑行距离越长，说明汽车的滑行性能就越好。因此，可利用汽车的滑行性能来评价汽车传动系统的总体技术状况。

一、滑行距离的检测

1. 检测方法

滑行距离可用路试法或底盘测功机检测。

（1）路试检测

1）使车辆空载，轮胎气压符合规定，并走热汽车保证传动系统温度正常。

2）在纵向坡度不超过1%的平坦、干燥和清洁的硬路面上，风速不大于3m/s时，进行路试。

3）当被测车辆行驶速度高于规定车速(30km/h)后，置变速杆于空挡，开始滑行，在规定车速(30km/h)时用速度计或第五轮仪测量滑行距离。

4）在试验路段往返各进行一次滑行距离检测，取两次检测的算术平均值作为检测结果。

（2）用底盘测功机检测

1）使车辆空载，且轮胎气压符合规定。

2）根据被测车辆的基准质量选定底盘测功机相应的飞轮转动惯量。当底盘测功机所配备的飞轮装置的惯量级数不能准确地满足被测车辆的当量惯量需要时，可选配与被测车辆整备质量最接近的转动惯量级，但应对检测结果作必要的修正。

3）将被测车辆驱动轮置于底盘测功机滚筒上，运转汽车，使汽车传动系统和底盘测功机运转部件温度正常。

4）将被测车辆加速至高于规定车速(30km/h)后，置变速杆于空挡，利用储存在底盘测功机旋转质量中的动能、驱动轮及传动系统旋转部件的动能，使汽车驱动轮继续运转直至车轮停止转动。此时，测功机滚筒滚过的圈数与滚筒圆周长的乘积就相当于汽车的滑行距离。利用底盘测功机的测距装置，可记录汽车从规定车速(30km/h)开始的滑行距离。

2. 检测分析

（1）滑行距离影响因素　滑行距离的长短，与空挡滑行后的检测车速、汽车检测的总质量、汽车驱动轴数、轮胎气压以及其他检测条件有关。

1）空挡滑行后的检测车速越高，则汽车的惯性越大，滑行距离越长，为正确反映汽车的滑行性能，应严格控制检测车速。

2）汽车检测的总质量越大，则汽车的惯性越大，滑行距离越长，为正确反映汽车的滑行性能，应严格控制汽车的检测质量，并按汽车整备质量大小进行分级评定。

3）汽车驱动轴数越多，则汽车滑行的行驶阻力越大，滑行距离越短，因此检测评定时应注意被测车辆的驱动轴数目。

4）轮胎气压越低，则汽车滑行的行驶阻力越大，滑行距离越短，为正确反映汽车的滑行性能，应严格控制汽车的轮胎气压，使其符合标准。

5）其他检测条件：例如，若各车轮的轮毂轴承预紧度调整过紧或不正常，会导致滑行距离缩短，从而不能正确评价传动系技术状况。因此检测评定时应检查各车轮的转动状况是否正常；如采用底盘测功机检测时，若其飞轮转动惯量与被测车辆不相适应，则其滑行距离就不能正确评价传动系技术状况，因此检测时应注意汽车动能的模拟，对于不同车型，可以采用不同的飞轮或飞轮组合来适应检测的需要。

（2）滑行距离检测标准　GB 18565—2001《营运车辆综合性能要求和检验方法》规定：汽车空载、轮胎气压符合规定值时以初速 30km/h 的滑行距离应满足表 3-1 的要求，否则说明传动系统技术状况不良。

表 3-1　车辆滑行距离要求

汽车整备质量 M/kg	单轴驱动车辆滑行距离/m	双轴驱动车辆滑行距离/m
$M<1000$	≥130	≥104
$1000\leqslant M\leqslant 4000$	≥160	≥120
$4000<M\leqslant 5000$	≥180	≥144
$5000<M\leqslant 8000$	≥230	≥184
$8000<M\leqslant 11000$	≥250	≥200
$M>11000$	≥270	≥214

二、滑行阻力的检测

1. 检测方法

检测时，车辆应空载，轮胎气压应符合规定。先将被测车辆停在平坦、干燥和清洁的硬路面上，解除制动，置变速杆置于空挡，然后通过拉力传感器拉(或通过压力传感器推)被测车辆，当被测车辆从静止开始移动时，记下传感器的拉力(或压力)值，该值即为汽车的滑行阻力。

2. 检测分析

（1）滑行阻力影响因素　滑行阻力实际上反映的是汽车的滚动阻力，它主要与汽车检测的总质量、路面状况及轮胎气压有关。

1）汽车检测的总质量越大，则汽车的滚动阻力越大。因此，其检测评定标准应反映汽车的质量。

2）路面质量越好，则滚动阻力系数越小，汽车的滚动阻力越小；路面越平，越能反映汽车的滑行性能。因此，检测滑行阻力时应选择路面平整的沥青或混凝土路面。

3）轮胎气压的高低，会影响轮胎的变形程度，从而改变汽车的滑行阻力。轮胎气压越低，轮胎变形越严重，则轮胎的滚动阻力系数就越大，汽车的滚动阻力也就越大。因此，检测时应严格控制汽车的轮胎气压，使其符合标准。

（2）滑行阻力检测标准　GB 18565—2001《营运车辆综合性能要求和检验方法》规定：汽车滑行阻力应符合下式要求，否则说明传动系技术状况不良。

$$P_s \leqslant 1.5\% Mg \tag{3-1}$$

式中　P_s——滑行阻力(N)；

M——汽车的整备质量(kg)；

g——重力加速度，$g=9.8\text{m/s}^2$。

提示：GB 18565—2001《营运车辆综合性能要求和检验方法》规定：汽车滑行距离或汽车滑行阻力中任一项符合要求，则汽车滑行性能合格。

任务二　掌握传动系统游动角度的检测方法

传动系统游动角度是离合器、变速器、万向传动装置和驱动桥的游动间隙之和。它能表明整个传动系统的磨损和调整情况，因而可用传动系统游动角度来诊断汽车传动系统的技术状况。由于游动角度可分段检测，因而还可用总成部件的游动角度对传动系统有关部件的技术状况进行诊断。其游动角度可利用数字式或指针式检测仪检测。

一、用数字式游动角度检测仪检测

1. 检测仪器

数字式游动角度检测仪是在车辆停驶、不拆卸变速器、传动轴及后桥的情况下，对传动系统游动角度进行较准确测量的检测仪器。它由倾角传感器和测量仪两部分组成，二者以电缆相连。

倾角传感器的作用是将传感器感受到的倾角变化转换为传感器线圈电感量的变化，从而改变检测仪电路振荡频率。因此，其倾角传感器实际上是一个倾角—频率转换器；而测量仪实际上是一台专用的数字式频率计，其作用是直接显示传感器测出的倾角。

使用中，传感器固定在被测转轴上，可与转轴同步摆动。转轴转动时，其传感器倾角发生变化，导致检测仪电路振荡频率发生变化，其频率变化量反映了转轴的游动角度。检测时，测量仪随时显示传感器所处的实际倾角，若将游动范围内的两个极限位置的倾角读出，则其差值即为游动角度。

2. 仪器使用方法

应按仪器使用说明书的方法操作仪器。

1）在传动轴上安装好传感器，并连接仪器，接好电源。

2）合上电源开关，起动仪器，将转换开关置于“自校”位置，对仪器进行自校。

3）进行测量：将转换开关置于“测量”位置，则仪器显示传感器倾角数值。左、右旋转传动轴至极限位置，记下仪器显示该两位置的角度数值，其差值即为游动角度。

注意：仪器的测试范围是0°～30°，记录时其显示值在0°～30°内为有效，大于30°为无效。出现无效情形时，可将传感器在传动轴上转过适当角度，使两极限位置所示数值均在0°～30°内即可。

提示：检测时，通常将传动轴某一极限位置的示值调整为零，而另一极限位置的示值即为游动角度。

3. 传动系统游动角度检测

传动系统游动角度的检测，通常是将其一端固定，在另一端测量其游动角度范围，其中一端的固定是利用汽车的一些操纵机构来实现。在汽车传动系统中最便于放置倾角传感器的部位是传动轴，因此，在整个检测过程中，将传感器始终固定固定在传动轴上。传动系统游动角度常采用分段检测方法，通过改变汽车操纵机构的固定部位，来测出不同的分段游动角度。下面以发动机前置后驱动的一般载货汽车的传动系统为例进行说明。

（1）检测变速器输出轴与传动轴游动角度　将驱动桥支起，进行驻车制动（固定变速器输出轴），左、右转动传动轴至极限位置，测量仪显示的两角度之差即为变速器输出轴与传动轴之间的游动角度。

（2）检测离合器从动盘与变速器输出轴游动角度　将驱动桥支起，使变速杆挂入选定挡位，离合器处于接合状态，左、右转动传动轴至极限位置，测量仪显示的两角度之差再减去已测得的变速器输出轴与传动轴之间的游动角度，即为离合器从动盘与变速器输出轴在选定挡位下的游动角度。

（3）检测传动轴与驱动轮游动角度　变速杆挂入空挡，踩下制动踏板，左、右转动传动轴至极限位置，测量仪上显示的两角度之差即为传动轴与驱动轮之间的游动角度。

显然，上述三段游动角度之和即为所检测的传动系统游动角度。

二、用指针式游动角度检测仪检测

指针式游动角度检测仪由指针、刻度盘和测量扳手组成，如图3-1所示。使用时，指针

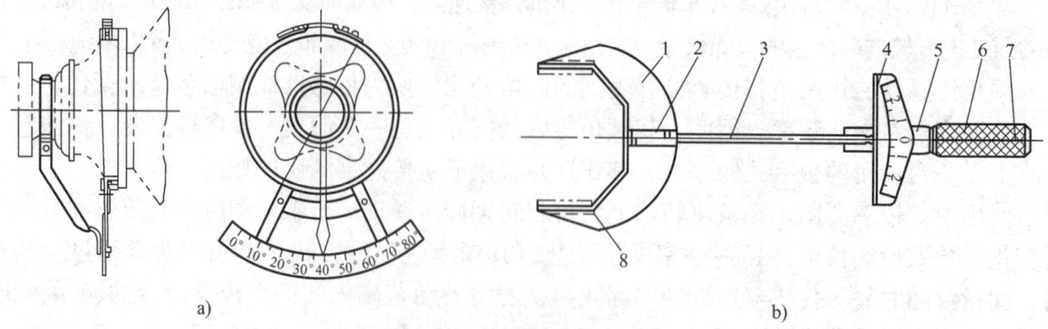

图3-1　指针式游动角度检测仪

a）指针与刻度盘的固定　b）测量扳手

1—卡嘴　2—指针座　3—指针　4—刻度盘　5—手柄　6—手柄套筒　7—定位销　8—可换钳口

固定在被测轴上，可与轴同步转动；刻度盘则在适当部位固定不动，作为指针的刻度目标，用来显示指针的转动角度；测量扳手用于转动被测轴，而扳手上的刻度和指针，则用于指示转动扳手所施加的力矩。

检测传动系统游动角度的方法是，先分段检测传动系各个环节的游动角度，然后求和得出传动系统总的游动角度。检测各段游动角度时，先应合理地固定指针及刻度盘，然后用测量扳手将被测轴从一个极限位置转至另一个极限位置，其轴上指针在固定不动的刻度盘上所转过的角度即为被测轴的游动角度。图 3-1a 为驱动桥游动角度检测时指针与刻度盘的固定方式。

三、检测结果分析

1. 游动角度产生原因

传动系统游动角度实际上是传动系统各传动副间隙的总体反映，这些间隙主要是变速器、主减速器、差速器中的齿轮啮合间隙，变速器输入轴、传动轴、半轴的花键连接间隙，万向节中十字轴颈与滚针轴承的间隙以及滚针轴承与万向节间的间隙。这些间隙会因长期的动力传递及传动副的相对滑移而逐渐增加。因此，传动系统游动角度过大，可能是由于下列一个或多个原因引起的。

1）离合器从动盘与变速器第一轴配合松旷。

2）变速器中各对传动齿轮的啮合间隙过大或滑动齿轮与花键轴配合松旷。

3）万向传动装置的万向节松旷或伸缩节花键配合松旷。

4）驱动桥内各对齿轮啮合间隙过大、轴承松旷或半轴齿轮与半轴花键配合松旷。

提示：通过传动系统各分段游动角度的检测可以找到游动角度过大的具体原因。

2. 游动角度检测标准

传动系统各总成和机件的磨损与其游动角度有着密切关系，其传动系统总的游动角度随汽车行驶里程的增加而呈线增加。当传动系统游动角度过大时，其传动系统的工作条件将会恶化，将加速零件的磨损并增大传动的噪声，使传动系统传动效率降低。因此，应控制传动系统的游动角度，使其在规定的范围之内，通常中型载货汽车传动系统游动角度及各分段的游动角度应不大于表 3-2 所列数据。

表 3-2　游动角度诊断参考数据

传动系统部位	游动角度	传动系统部位	游动角度
离合器从动盘与变速器输出轴	≤5°～15°	传动轴与驱动轮游动角度	≤55°～65°
变速器输出轴与传动轴	≤5°～6°	整个传动系统	≤65°～86°

任务三　掌握传动系统常见故障的诊断方法

一、离合器的故障诊断

汽车在使用过程中，经常需要踏下和松开离合器踏板，使离合器分离与结合，因此离合器的技术状况会随汽车行驶里程的增加而逐渐变坏，严重时会造成离合器打滑、分离不彻底、抖动和异响等故障。

1. 离合器打滑

（1）故障现象　汽车起步困难；汽车在行驶中车速不能随发动机转速的提高而提高，感到行驶无力；上坡满载行驶时深感动力不足，可嗅到离合器摩擦片的焦味等。

（2）故障原因　离合器打滑的根本原因是压盘不能牢固地压在从动盘摩擦片上，或摩擦片的摩擦系数过小，使离合器摩擦力矩严重不足。

1）离合器操纵系统调整不当，导致离合器踏板无自由行程。

2）从动盘摩擦片磨损逾限或压盘、飞轮的工作面磨损过甚，导致分离轴承压在分离杠杆上，使离合器踏板无自由行程。

3）从动盘摩擦片烧损、硬化、铆钉外露或有油污，使离合器摩擦副的摩擦系数过小。

4）压紧弹簧变形、损坏，使弹力不足。

5）压盘、飞轮、从动盘变形，导致传递转矩下降。

6）分离轴承运动发卡而不能回位。

（3）故障诊断　汽车静止时，分离离合器，起动发动机，拉紧驻车制动器操纵杆，把变速杆换入一挡，缓抬离合器踏板使离合器逐渐接合，同时深踩加速踏板，若发动机无负荷感，汽车不能起步，发动机又不熄火，说明离合器打滑；汽车在行驶中，当深踩加速踏板后，若发动机转速提高而车速不变，则表明离合器打滑。当离合器打滑时，可按下述方法诊断故障的具体原因：

1）检查离合器踏板自由行程。若无自由行程，则应检查离合器操纵系统是否调整不当、离合器踏板回位弹簧是否疲劳或折断、踏板操纵机构是否卡滞、分离轴承是否不能回位、分离杠杆内端是否调整过高。若自由行程正常，则进行下步检查。

2）检查从动盘摩擦片。拆下离合器壳底盖，挂空挡并踩下离合器踏板，转动从动盘摩擦片查看是否有烧损、硬化、铆钉外露或油污等现象。若有，则应更换从动盘摩擦片；若从动盘摩擦片完好，则进行下步检查。

3）拆下离合器检查。检查压紧弹簧是否变形损坏或弹力不足，检查压盘、飞轮、从动盘是否变形，以确定故障部位。

2. 离合器分离不彻底

（1）故障现象　发动机怠速运转时，踩下离合器踏板换挡困难；挂低速挡时，离合器踏板尚未完全放松，汽车就起步或发动机就熄火。

（2）故障原因　离合器分离不彻底的根本原因是：离合器踏板踩到底时，其压盘远离从动盘的移动量过小，或离合器主从动件变形导致压盘与从动盘摩擦片有所接触不能分离。

1）离合器踏板自由行程过大。

2）离合器分离杠杆调整不当，使其内端的后端面不在同一平面，或其分离杠杆内端高度过低。

3）从动盘翘曲、铆钉松脱、摩擦衬片松动。

4）压盘受热变形，翘曲超限。

5）双片离合器中间压盘支撑弹簧弹力不均或个别弹簧折断、中间压盘调整不当。

6）从动盘毂花键槽与变速器第一轴花键齿卡滞。

7）离合器操纵机构中传动部分紧固螺栓松动或紧固螺栓失效。

8）离合器操纵机构卡滞，其踏板踩不到底。

9）离合器液压操纵机构中油液不足，或管路中有空气。

（3）故障诊断　先将变速杆处于空挡，使发动机运转，再踩下离合器踏板，进行挂一挡试验。若换挡困难并伴有齿轮撞击声，强行挂入挡位后汽车前冲，发动机熄火，则说明离合器分离不彻底。当离合器分离不彻底时，可按下述方法诊断故障的具体原因。

1）检查离合器操纵机构是否卡滞，传动是否失效，保证其工作正常。

2）检查离合器踏板自由行程是否符合标准。若自由行程过大，则调整离合器自由行程至正常值，然后起动发动机检验调整后的情况。此时，若离合器工作正常，则说明其故障原因是离合器踏板的工作行程太小。若自由行程正常，则进行下步检查。

3）检查分离杠杆内端的后端面是否在同一平面。用手扳动分离拨叉，使分离轴承前端轻轻靠在分离杠杆内端。转动离合器一周，察看它们的接触情况。若只有部分分离杠杆内端与分离轴承接触，则离合器分离时其压盘会失去对于飞轮的平行状态，从而造成离合器分离不彻底，此时，需重新调整分离杠杆。若各分离杠杆内端的后端面在同一平面，则进行下步检查。

4）检查分离杠杆内端高度是否过低。若过低，则故障可能由此引起，其原因是分离杠杆内端高度调整不当或磨损过甚，应重新调整分离杠杆。

5）对于双片式离合器，还应检查中间压盘的分离情况。若中间压盘及其从动盘在离合器分离过程中无轴向活动量，说明故障在此，可重新调整。调整后若还分离不彻底，可能是中间压盘支撑弹簧折断、过软或中间压盘本身轴向移动卡滞所造成。

6）经上述检查和调整后，若离合器仍分离不彻底，则可能是从动盘翘曲变形严重、从动盘铆钉松脱、摩擦片松动、从动盘摩擦片过厚、从动盘花键滑动卡滞所致。

7）对于离合器液压操纵机构，若在排除空气和添足油液后，离合器能分离彻底，则故障在其原液压操纵机构内有空气或油液不足，导致踩离合器踏板无力，有效行程减小。

3. 离合器发抖

（1）故障现象　汽车起步出现振抖，起步伴有轻微冲撞，不能平顺起步，严重时车身明显抖动。

（2）故障原因　离合器发抖的根本原因是从动盘摩擦片表面与压盘表面、飞轮接触表面之间正压力分布不均，在同一平面内接触时间不同，使得主、从动盘接触不平顺引起发抖。

1）分离杠杆变形或调整不当，各分离杠杆内端的后端面不在同一平面。

2）压盘、从动盘翘曲变形严重，飞轮工作端面的端面圆跳动超标。

3）压紧弹簧弹力不均匀，个别弹簧弹力减弱或折断。

4）从动盘摩擦片厚度不均、衬片破裂、表面不平、铆钉外露或松动。

5）从动盘毂花键槽与变速器第一轴花键齿磨损过甚、间隙过大。

6）从动盘摩擦片减振弹簧失效或折断，缓冲片破损。

7）发动机支架、变速器与飞轮壳、飞轮与离合器盖的紧固螺栓松动。

（3）故障诊断　让发动机怠速运转，挂低速挡，缓缓放松离合器踏板并轻踏加速踏板，使汽车起步，有振动感即为离合器发抖。当离合器发抖时，可按下述方法诊断故障的具体原因。

1）检查分离杠杆内端的后端面是否在同一平面。如不在同一平面，则会使主、从动盘接触不平顺从而引起离合器振动，应按规定进行调整。

2）检查发动机前后支架、变速器与飞轮壳、飞轮与离合器盖的紧固螺栓是否松动。如有松动，则离合器接合时的冲击载荷会引起松动部件的振动，应按规定力矩拧紧。

3）若上述情况良好，则应拆卸离合器，检查压盘及从动盘是否翘曲，摩擦片是否破裂、厚度不均、表面不平、铆钉松动，压紧弹簧或膜片弹簧是否断裂，减振弹簧是否失效，从动盘毂花键槽与变速器第一轴花键齿配合是否松旷等。

4. 离合器异响

（1）故障现象　离合器在分离或接合的变工况时出现连续或间断的比较清晰的响声。

（2）故障原因　离合器产生异响的根本原因在于离合器部分零件严重磨损及主、从动件传力部位松旷，而当离合器主、从动件接合或松开的瞬间，由于惯性冲击的作用，在松旷处造成金属零件之间不正常摩擦或撞击而产生异响。

1）分离轴承磨损严重、缺油或损坏。

2）离合器踏板回位弹簧与分离轴承回位弹簧过软、折断或脱落。

3）双片式离合器中间压盘的传动销与销孔磨损松旷。

4）从动盘毂花键槽与变速器第一轴花键齿磨损松旷。

5）从动盘铆钉头外露、钢片断裂、减振弹簧折断或失效。

（3）故障诊断

1）在变速器挂入空挡、发动机怠速运转时，控制离合器踏板，利用离合器分离与接合时发出的响声诊断其故障所在。

① 踏下离合器踏板少许，使分离杠杆与分离轴承接触。若听到有“沙沙”的响声，则为分离轴承响；若润滑分离轴承后仍然发响，则说明轴承磨损松旷。若继续踏下离合器踏板少许，并略提高发动机转速，如金属摩擦的响声增大，则说明分离轴承损坏。

② 将离合器踏板踩到底时，若听到一种“咔啦、咔啦”的响声，当反复改变发动机转速时，其响声会更明显，而松开离合器踏板后其响声消失，则对于双片式离合器来说，其异响多为中间压盘销孔与传动销磨损松旷撞击所致，对于单片式离合器，其异响多为离合器压盘与盖配合传力处松旷撞击所致。

2）在汽车起步时，控制离合器踏板，根据离合器发出的响声诊断其故障所在。

① 逐渐放松离合器踏板，若在离合器将要结合时听到尖锐啸叫，随即踏下踏板，响声消失，放松踏板响声又出现，则这是从动盘钢片破碎或铆钉头外露刮碰压盘或飞轮所致。

② 松开离合器踏板，在离合器结合、汽车起步时，若发出“咔”、“吭”的金属撞击声，且重车起步时更为明显，则为从动盘毂花键槽与变速器输入轴花键齿配合松旷或从动盘减振器弹簧折断所致。

二、手动变速器故障诊断

变速器在工作负荷的作用下，随着汽车行驶里程的增加，内部各零件的磨损、变形也会随之加大，引起各零件间的配合关系变坏，从而引起一系列的故障。其常见的故障有跳挡、换挡困难和异响等。

1. 变速杆跳挡

（1）故障现象　汽车在行驶过程中，特别是重载加速或爬坡时，变速杆自动跳回空挡位置，换挡啮合副自动脱离啮合状态。

（2）故障原因　变速杆跳挡的根本原因是换挡啮合副在动力传递时，产生较大的轴向作用力，使其啮合副脱离啮合位置；或变速器挂挡时，啮合副未能全齿长啮合，当汽车振动或变负荷行驶时，导致跳挡。其具体原因如下：

1）自锁装置的凹槽和钢球磨损严重或自锁弹簧疲劳、折断。

2）换挡拨叉及拨叉轴磨损严重，换挡拨叉与拨叉槽配合间隙过大。

3）换挡拨叉及拨叉轴弯曲变形严重。

4）换挡齿轮、齿圈或齿套，在啮合部位沿齿长方向磨损形成锥形。

5）变速器轴与轴承磨损松旷，壳体变形，啮合齿轮的轴线不平行。

6）滑动齿轮与轴的花键磨损严重，配合间隙过大。

7）变速器轴轴向间隙过大。

（3）故障诊断　汽车在中、高速行驶时，采用突然加、减速的方法，使齿轮承受较大的交变负荷，检查是否跳挡；或利用汽车上坡或平路高速行驶时的点制动，使变速器传递较大的负荷，检查是否跳挡。逐挡进行路试，若变速杆在某挡自动跳回空挡，即诊断该挡跳挡。当变速器某挡跳挡时，可按下述方法诊断故障的具体原因。

1）检查该挡的自锁能力。用手扳动变速杆进行挂、退挡的手感检查，若感觉阻力很小，则说明该挡位的自锁能力差，故障在自锁装置，如拨叉轴凹槽和钢球磨损严重或自锁弹簧疲劳、折断等。若自锁能力正常，则进行下步检查。

2）检查换挡齿轮的啮合情况。将变速杆重新挂入该挡，然后拆下变速器盖察看换挡齿轮的啮合情况。若换挡齿轮或齿套未完全啮合，就用手推动跳挡的齿轮或齿套，如能进入正确啮合，则故障为换挡拨叉及拨叉轴弯曲或磨损过大、换挡拨叉与拨叉槽配合间隙过大、换挡拨叉固定螺栓松动所致。若换挡齿轮啮合良好，则进行下步检查。

3）检查换挡齿轮的磨损状况。用手将换挡滑动齿轮或齿套退回空挡位置，检查其啮合部位沿齿长方向是否磨成锥形，若为锥形，则容易跳挡；若齿形良好，则进行下步检查。

4）检查换挡齿轮的配合间隙。用手晃动换挡齿轮，检查花键槽与花键的配合是否松旷，检查相啮合齿轮的轴向间隙或径向间隙是否过大，若配合松旷或间隙过大，则换挡齿轮在传动中容易摆动而出现跳挡。若间隙正常，则进行下步检查。

5）检查变速器轴与轴承的磨损情况。若轴与轴承磨损松旷，轴向间隙过大，则容易导致跳挡。若轴与轴承间隙正常，则故障可能是由于变速器壳体变形、轴线不平行所致。

2. 变速杆换挡困难

（1）故障现象　汽车行驶时，变速杆不能顺利地挂入挡位，挂挡时往往伴有齿轮撞击声。

（2）故障原因　变速杆换挡困难的根本原因是汽车换挡时待啮合齿的圆周速度不相等，或换挡拨叉轴移动时的阻力过大。

1）离合器分离不彻底，或离合器调整不当。

2）变速杆弯曲变形及操纵机构调整不当。

3）换挡拨叉轴弯曲变形，拨叉轴与其导向孔配合过紧或缺油严重锈蚀。

4）换挡拨叉弯扭变形与拨叉轴不垂直。

5）锁止装置弹簧的弹力过大，其锁止钢球或锁销损坏。

6）同步器损坏。

（3）故障诊断　首先判断离合器是否能分离或分离是否彻底，在确定离合器工作正常的情况下，起动发动机进行汽车起步和路试的换挡试验：由低速挡顺序换到高速挡，再由高速挡顺序换至低速挡。若某挡位不能挂入或勉强挂入后又难以退出，或挂挡过程中有齿轮撞击声，则说明该挡位换挡困难。当变速器换挡困难时，可按下述方法诊断故障的具体原因。

1）检查操纵机构。检查变速杆是否弯曲变形，对于长距离操纵式变速杆，还应检查变速杆行程是否足够，调整是否合适；拆下变速器盖，检查拨叉轴的运动情况，以确定拨叉叉轴是否弯曲变形，是否缺油锈蚀，是否与导向孔配合过紧；检查锁止弹簧的弹力是否过大，锁止钢球或锁销是否损坏；检查换挡拨叉是否弯扭变形，拨叉轴与其叉轴是否垂直。若变速器操纵机正常，则进行下步检查。

2）检查同步器。对锁环式同步器检查的主要项目是：同步器是否散架，同步器锁环内锥面螺旋槽、锁环的环齿、锁环的缺口是否磨损过度，同步器滑块是否磨损超标，花键毂的轴向槽是否磨损严重，同步器弹簧弹力是否过弱。若同步器损坏出现故障，则会导致换挡困难。

3. 变速器异响

（1）故障现象　变速器在工作过程中发出不正常的响声，如“呼隆、呼隆”声及尖锐、清脆的金属撞击声。

（2）故障原因　变速器异响的根本原因是由于轴承磨损松旷、齿轮啮合失常和润滑不良所致。

1）啮合齿轮的轮齿磨损严重，啮合间隙过大；齿轮内孔表面磨损严重，配合松旷；个别轮齿折断或齿面剥落、脱层及缺损；齿轮端面圆跳动或径向圆跳动超标。

2）轴承磨损严重，轴承内(外)座圈与轴颈(孔)配合松动；轴承弹子碎裂、滚道损坏。

3）变速器轴产生弯曲变形或其轴承松旷引起齿轮啮合间隙或位置不当。

4）齿轮或轴上的配合花键过度磨损。

5）同步器磨损严重或损坏。

6）变速器自锁装置损坏。

7）变速器缺少润滑油或油质不符合要求。

（3）故障诊断　变速器内部运动机件较多，发出的声响比较复杂，因此在诊断变速器异响故障时，既要根据响声特征，又要根据异响出现的时机，来正确地判断、分析异响发出的部位及产生异响的原因。

1）检查变速器内的润滑油，当油量不足或油质不符合要求时，应换油再试，若异响消除，则故障为润滑不良所致。

2）汽车行驶时，若挂入任何挡位，变速器均发出一种无节奏的“呼隆、呼隆”的响声，且车速越快，响声越大。汽车空挡，离合器接合时，响声不减，而踏下离合器踏板后响声消失，则可诊断为第一轴轴承响。

3）汽车行驶时，若将变速杆挂入任何挡位都发出“呼隆、呼隆”的响声，而挂入空挡时不响，则可诊断为第二轴或中间轴轴承响。

4）起动发动机，使其怠速运转，将变速器置于空挡，若变速器发出尖锐、清脆的金属撞击声，则多为常啮合齿轮响。若空挡不响，挂入某挡位就发响，则为挂入挡位的换挡齿轮响。

5）汽车路试时，若齿轮的异响均匀而过大，则多为齿面磨损过甚、啮合间隙过大或花键配合间隙太大所致；若异响过大而不均匀，则多为齿面损伤、齿面变形、轮齿折断或齿轮轴变形所致。

6）汽车路试挂挡时，若经常发出齿轮的碰击声，则多为同步器损坏而丧失无冲击的换挡功能所致；或为变速器自锁装置中换挡拨叉轴凹槽、钢球磨损严重及自锁弹簧疲劳、折断造成挂挡时越位所致。

三、万向传动装置故障诊断

1. 传动轴发抖

（1）故障现象　汽车在行驶过程中，感觉有明显的振动，严重时车身发抖，车门、转向盘等振感强烈。

（2）故障原因　传动轴发抖的根本原因在于传动轴平衡运转的条件被破坏。

1）传动轴弯曲变形。

2）传动轴上的平衡片脱落或轴管损伤有凹陷。

3）传动轴安装时，未按标记装配。

4）传动轴两端的万向节叉未装在同一平面。

5）传动轴万向节滑动叉花键配合松旷。

6）万向节配合处磨损松旷。

7）中间支承轴承磨损松旷。

（3）故障诊断

1）汽车在中高速行驶时，若呈周期性振动，且车速越高振动越大，则说明传动轴动不平衡，其故障可能是传动轴弯曲、装配标记未对正、平衡片脱落、传动轴管凹陷等，可停车后逐项检查确诊故障所在。

2）汽车在各种车速下行驶时，若呈连续性振动，则说明传动轴转动松旷或转动轴不匀速运转，其故障可能是万向节配合处、滑动叉花键配合处、中间支承轴承等磨损松旷，或滑动叉安装错位使传动轴两端的万向节叉不在同一平面，可停车后逐项检查确诊故障所在。

2. 万向传动装置异响

（1）故障现象　汽车在行驶过程中，异常声响不断，且响声特征与汽车行驶的工况具有密切的变化关系。

（2）故障原因　万向传动装置异响的根本原因是由于万向传动装置的连接处磨损松旷、装配不当，以及传动轴弯曲和动平衡破坏，使其工作条件恶化，而当传递大转矩和剧烈的冲击载荷时，产生异响。

1）万向节处引起异响

① 万向节十字轴及其轴承磨损松旷。

② 万向节叉孔与其轴承套筒磨损松旷。

③ 凸缘盘连接螺栓松动。

④ 万向节轴承润滑不良。

2）传动轴处引起异响

① 传动轴弯曲或装配不当。

② 传动轴上的平衡片脱落或轴管损伤有凹陷。

③ 传动轴两端的万向节叉未装在同一平面。

④ 传动轴万向节滑动叉花键配合处磨损松旷。

3）中间支承处引起异响

① 中间支承轴承磨损过甚或润滑不良。

② 中间支承支架安装偏斜，使橡胶垫环损坏。

③ 中间支承支架固定螺栓松动。

（3）故障诊断　当万向传动装置异响时，可根据汽车不同的运行工况及异响特征诊断万向传动装置的异响故障。

1）汽车起步或突然改变车速时，如发出“刚当”的金属敲击声，而当车速稳定时，响声较轻微，则多是个别凸缘盘连接螺栓松动、万向节滑动叉花键配合松旷、十字轴轴承磨损松旷所致。

2）汽车行驶时，如传动轴发出刺耳的噪声，其频率随车速的增加而增大，多是万向节轴承或中间轴承润滑不良或损坏所致。

3）汽车中高速行驶时，如发出周期性异响，且车速越高响声越大，达一定车速时车身发生振抖，此时脱挡滑行，振抖更烈，多为传动轴弯曲、平衡片脱落、轴管损伤、装配不当使传动轴动不平衡引起惯性力冲击所致。

4）汽车在各种车速下行驶时，如发出连续性异响，且车速越高响声越大，多为中间轴承支架垫环径向间隙过大、中间轴承松旷、中间支架固定螺栓松动、传动轴两端的万向节叉未装在同一平面引起振动冲击所致。

四、驱动桥故障诊断

1. 驱动桥异响

（1）故障现象　汽车行驶时，驱动桥内出现较大噪声，尤其在急剧改变车速时噪声明显，且车速愈高，噪声愈大。

（2）故障原因　驱动桥产生异响的根本原因是驱动桥的传动部件磨损松旷、调整不当或润滑不良。当驱动桥承受较大动载荷工作时，技术状况变坏的传动部件会发出不正常的响声。

1）齿轮或轴承由于磨损使配合间隙过大，产生松旷。

2）主、从动齿轮啮合不良。

3）主、从动齿轮间隙或轴承间隙调整不当。

4）差速器行星齿轮、半轴齿轮与垫片磨损严重，轮齿折断，半轴齿轮花键槽与半轴花键齿磨损松旷。

5）差速器壳连接螺栓松动。

6）主减速器润滑油油量不足或油质不符合要求。

（3）故障诊断　当驱动桥异响时，可根据汽车路试的行驶工况、驱动桥声响的特征及其变化情况诊断故障部位。

1）汽车行驶过程中，在急剧变化车速的瞬间或车速不稳定时，如驱动桥发出明显的金属撞击声，则多为主减速器齿轮啮合间隙过大所致。

2）汽车挂挡行驶时，如驱动桥发出连续的混浊噪声，而脱挡滑行响声减弱或消失，多为主减速器锥齿轮正面磨损严重、齿面损伤、啮合印痕调整不当使齿轮啮合不良所致。

3）汽车挂挡行驶时，如驱动桥发出一种杂乱的“哗啦、哗啦”噪声，且车速越高，噪声越大，而汽车脱挡滑行时声音减小或消失，则多为主减速器轴承磨损松旷所致。如汽车加速、滑行都响，多为轴承预紧度调整不当或轴承缺油引起轴承烧蚀所致。

4）汽车转弯行驶时，如驱动桥发响，而直线行驶时噪声减弱或消失，则是行星齿轮、半轴齿轮的齿面严重磨损、损伤、轮齿变形所致。

5）汽车挂挡行驶时，如驱动桥突然发出连续、强烈的“当、当”金属碰击声，则多为其齿轮的轮齿折断所致。

2. 驱动桥过热

（1）故障现象　汽车行驶一定里程后，用手触摸驱动桥，有无法忍受的烫手感觉。

（2）故障原因　驱动桥过热的根本原因是驱动桥工作时其摩擦阻力过大。

1）轴承装配过紧，或轴承预紧度过大。

2）齿轮啮合间隙过小。

3）驱动桥润滑油油量太少、油质太差，润滑油粘度过大或过小。

4）油封过紧。

（3）故障诊断　汽车行驶一定里程后（一般为30～60km），用手触摸驱动桥壳各个部位，若轴承或油封处局部过热，则故障为轴承装配过紧或油封过紧所致；若驱动桥壳整体过热，则先检查润滑油的数量、质量及润滑油的粘度，当不符合要求时，换油再试。若故障消失，则说明驱动桥润滑不良；若故障依存，说明是齿轮啮合间隙过小。

项目二　转向系统的检测诊断

学习目标：

- 了解汽车转向盘转向力、自由转动量的检测标准
- 掌握汽车转向盘转向力、自由转动量的检测方法
- 能正确检测动力转向泵输出压力、转向泵传动带紧度、转向油液中渗入的空气
- 能对转向系统的常见故障进行分析与诊断

任务一　掌握转向系统的常规检测诊断方法

一、转向系统的常规检测

转向系统的技术状况常用转向盘自由转动量、转向盘转向力来诊断，因此转向系统的常规检测项目主要是转向盘自由转动量、转向盘转向力。

1. 转向盘转向力的检测

转向盘转向力是指在一定行驶条件下作用在转向盘外缘的最大切向力。它可由转向参数测量仪或转向测力仪检测。

（1）检测仪器　图 3-2 所示为一转向参数测量仪的简图。它主要由操纵盘、主机箱、连接叉和定位杆四部分组成。操纵盘由螺栓固定在三爪底板上，底板经转矩传感器与三个连接叉相连，每个连接叉上都有一只可伸缩长度的活动卡爪，其活动卡爪与被测转向盘连接。主机箱固定在底板中央，其内装有接口板、微机板、转角编码器、转矩传感器、光电装置、打印机和电池等。定位杆从底板下伸出，经磁力座吸附在驾驶室内的仪表盘上，定位杆的内端连接光电装置。

当转向参数测量仪在被测转向盘上安装调整好后，转动操纵盘，其转向力则通过底板、转矩传感器、连接叉传递到被测转向盘上，使转向盘转动以实现汽车转向。与此同时转矩传感器将转向转矩转变成电信号，而定位杆内端连接的光电装置则将转角的变化转变为电信号。这两种电信号由微机自动完成数据采集、转角编码、运算、分析、存储、显示和打印。该仪器可进行转向盘转向力、转向盘转角及转向盘自由转动量的检测。

检测转向力时，将转向参数检测仪安装在被测的转向盘上，按下“转力”键，并输入转向盘半径，然后按规定条件缓慢地转动转向盘，则可测出转向盘的转向力。当无检测仪器时，可通过弹簧秤沿切向拉动转向盘的边缘来测量转向力，如图 3-3 所示。

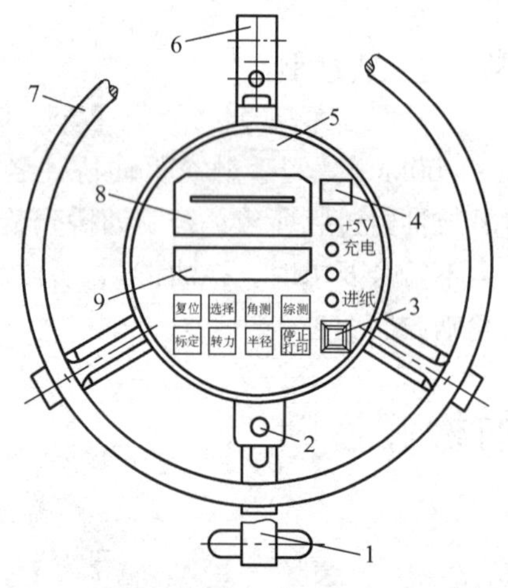

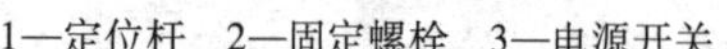
图 3-2　转向参数测量仪

1—定位杆　2—固定螺栓　3—电源开关
4—电压表　5—主机箱　6—连接叉
7—操纵盘　8—打印机　9—显示器

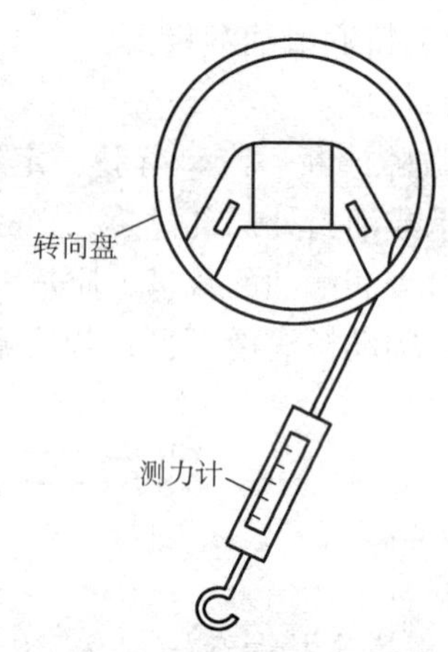

图 3-3　测量转向盘转向

（2）检测方法　转向盘转向力的检测方法有多种，目前应用最多的有如下两种：

1）路试检测。将转向参数测量仪安装在被测的转向盘上，让汽车在平坦、硬实、干燥和清洁的路面上，以 10km/h 的速度，在 5s 内沿螺旋线从直线行驶过渡到直径为 24m 的圆周行驶，测出施加于转向盘外缘的最大圆周力，该力即为转向盘转向力。

2）原地检测。将转向参数测量仪或测力弹簧安装在被测的转向盘上，将汽车转向轮置于转角盘上，通过测力装置转动转向盘，使转向轮达到原厂规定的最大转角，在转向全过程中测出最大操纵力，该力即为转向盘转向力。

（3）检测结果分析　转向盘转向力受多种综合因素的影响。如果行驶系技术状况良好，车轮定位、轮胎气压正常，而转向盘转向力过大，则说明转向系统存在故障。其故障可能是：转向系统各部件装配过紧、配合间隙过小、调整不当、润滑不良、传动杆件变形等。

为保证汽车转向轻便、操纵稳定性好、行车安全，转向系统技术状况应正常，转向盘转向力应符合标准。根据 GB 7258—2004/XG3—2008《机动车运行安全技术条件》国家标准第 3 号修改单的规定，其路试检测的转向盘转向力不应大于 245N；根据 GB 18565—2001《营运车辆综合性能要求和检验方法》的规定，其原地检测的转向盘转向力不应大于 120N。

提示：当转向盘转向力过大时，应调整转向系统。若调整无效，则需维护或修理转向系统。

2. 转向盘自由转动量的检测

转向盘自由转动量是指汽车转向轮处于直线行驶位置静止不动时，转向盘可以自由转动的角度。它可由转向参数测量仪或简易转向盘自由转动量检测仪检测。

（1）用转向参数测量仪检测　检测步骤如下：

1）在平坦、硬实、干燥和清洁的路面上停放汽车，使前轮处于直线行驶位置。

2）将转向参数测量仪安装在被测的转向盘上，并接好仪器电源，起动仪器。

3）将转向盘转至自由转动的一侧有阻力止，按下“角测”按钮，再按相反方向缓慢转动操纵盘，直至另一侧有阻力为止，则仪器显示的角度即为转向盘自由转动量。

（2）用简易检测仪检测　在没有转向参数测量仪的情况下，可用自制的简易转向盘自由转动量检测仪检测。这种测量仪由刻度盘和指针组成，如图 3-4 所示。

1）在良好的水平路面停放汽车，使前轮位于直线行驶位置。

2）将刻度盘和指针分别固定在转向盘轴管和转向盘边缘上，如图 3-4a 所示。

3）在转向盘转至自由转动的一侧有阻力位置时调整指针对零，再向另一侧轻轻转动转向盘，当手感变重时指针所扫过的角度即为转向盘的自由转动量。

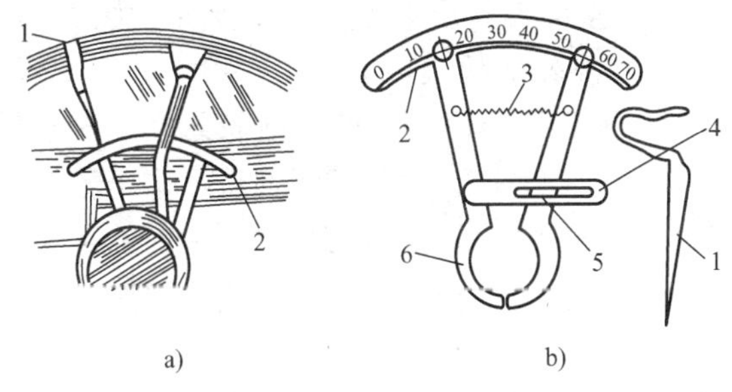

图 3-4　简易转向盘自由转动量检测仪
a）检测仪的安装　b）检测仪
1—指针　2—刻度盘　3—弹簧　4—连接板
5—固定螺钉　6—夹臂

（3）检测结果分析　转向盘自由转动量是转向系统内部各传动连接部件间隙的总反映。若自由转动量过大，则说明从转向盘至转向轮的传动链中一处或多处的配合松旷，存在故障。其故障原因可能是：转向传动配合件磨损严重、连接松脱、装配不良、调整不当等。

为保证汽车转向灵敏、行车安全，转向系技术状况应正常，其转向盘自由转动量应符合标准。根据 GB 7258—2004/XG3—2008《机动车运行安全技术条件》国家标准第 3 号修改单的规定，其机动车转向盘的最大自由转动量不允许大于：

1）最高设计车速不小于 100km/h 的机动车为 20°。

2）三轮汽车为 45°。

3）其他机动车为 30°。

提示：当转向盘自由转动量不符合要求时，应调整转向系统。若调整无效，则需维护或修理转向系统。

二、转向系统的常见故障诊断

转向系统的常见故障主要有转向沉重和转向不灵敏，下面以轿车广泛采用的齿轮齿条式机械转向系统为例说明其故障诊断方法。

1. 转向沉重

（1）故障现象　汽车转向时，转动转向盘感到沉重费力。

（2）故障原因

1）转向器齿轮与齿条啮合间隙过小或齿轮、齿条损坏。

2）齿条顶块调节过紧。

3）转向器齿条弯曲严重。

4）转向器齿轮轴轴承犯卡或损坏。

5）转向器壳体严重变形。

6）转向器、转向轴、万向节、转向拉杆球头润滑不良或调节过紧。

7）转向轴或转向柱管弯曲变形严重。

8）转向节推力轴承缺油或损坏。

9）主销内倾、后倾角变大或前束不符合要求。

10）车架、前梁或前悬架变形而导致前轮定位失准。

11）前轮胎气压不足，导致转向阻力过大。

（3）故障诊断

1）顶起汽车前部，使两前轮悬空，转动转向盘，若感到转向轻便，则故障可能在前轮、前桥或前悬架。因为顶起前桥后，车轮与路面不再接触而无转向阻力。此时应仔细检查前轮气压是否过低，前轴有无变形，前悬架杆件是否变形损坏，必要时还应检查前轮定位中的主销后倾角、主销内倾角与前轮前束值。

2）顶起汽车前部，如转向仍感沉重，则说明故障在转向器和转向传动机构。此时，可先将转向横拉杆从转向节臂上拆下，再进行转向盘转动检查。若用手指将转向盘从一个极限位置转到另一个极限位置，感到轻便灵活，则故障在横拉杆至前轮的连接及支承部位，应检查各球头销是否装配过紧或推力轴承是否缺油损坏。通常检查时，可用手扳动两前轮做左右转向动作来感受其阻力的大小。

3）拆下拉杆后，若转向仍然沉重，则故障在转向器或转向器至转向盘的连接件。此时，可转动转向盘倾听转向轴与柱管有无碰擦声，以确定转向柱管是否弯曲；查看转向万向节是否装配过紧，若其连接件正常，则故障在转向器。

4）检查转向器。首先查看转向器是否缺油，如正常，则重新调整转向器。调整转向器齿条顶块，使转向齿条与转向齿轮具有合适的间隙，然后再转动转向盘，若轻便灵活，则说明转向器调整不当；若转向仍然沉重，则应拆下转向器进行检查。此时应重点察看转向器齿轮与齿条是否损坏，转向器齿条是否弯曲严重，转向器齿轮轴轴承是否犯卡或损坏，转向器壳体是否严重变形。

2. 转向不灵敏

（1）故障现象　汽车转向时感觉旷量很大，需用较大的幅度转动转向盘，方能控制汽车的行驶方向；而汽车直线行驶时又感到行驶不稳定。

（2）故障原因

1）转向盘与转向轴配合松动。

2）转向万向节、传动轴花键磨损松旷。

3）转向器内齿轮与齿条的啮合间隙过大。

4）转向机构各连接部件间隙过大或连接松动。

5）转向节主销与衬套磨损松旷。

6）前轮毂轴承间隙过大。

（3）故障诊断

1）检查转向盘自由转动量。若转向盘自由转动量正常，则故障的原因可能是前轮毂轴承间隙过大、主销与转向节衬套间隙过大，此时则应架起前桥用手扳动前轮检查前轮毂轴承间隙、转向节主销与衬套的配合间隙，以确诊故障部位；若转向盘自由转动量超标，则进行下步检查。

2）检查转向操纵机构。左右晃动转向盘，查看转向盘、转向轴、万向节、传动轴的传动是否松旷。若传动松旷，则故障在此；若传动正常，则进行下步检查。

3）检查转向器。检查时，一人抓紧转向横拉杆（即与转向齿条相连接的拉杆）固定不动，另一人左右转动转向盘，若自由转动量过大，则故障在转向器，说明其转向器内部传动间隙过大。若转向盘自由转动量不大，则故障在转向传动机构。

4）检查转向传动机构。检查时，一人左右转动转向盘，另一人观察各拉杆球头销的动作情况，以确定转向传动机构连接部件间隙过大或连接松动的具体故障所在。

任务二　掌握液压动力转向系统的检测诊断方法

为了操纵轻便、转向灵敏和提高行车的安全性能，目前，轿车、大客车和重型载货汽车上广泛采用了动力转向系统。普通的动力转向系统是在机械转向系统的基础上加了一套转向助力装置，常用的转向助力装置大多为液压式，它主要由动力转向泵、动力油缸、转向控制阀、转向储液罐和油管等组成。下面以齿轮齿条式液压动力转向系统为例来说明动力转向系的检测与诊断方法。

一、液压动力转向系的检测

1. 储液罐油液的检查

合理的液面高度和良好的油质是保证液压动力转向系统正常工作的前提，因此应检查储液罐油液。

1）将汽车停放在平坦的地面上。

2）在发动机怠速时，转动转向盘至左右极限位置数次，使转向油液温度达到80℃左右。

3）检查转向液是否起泡或乳化，若转向液起泡或乳化，则表示转向液内已渗入空气，此时应进行排气操作。

4）检查转向液油质，若转向油液变质或已到使用期限，则应更换油液。

5）检查储油罐液位高度，确保液位在储油罐的液位上限和液位下限之间。若油面高度低于液位下限，则系统有泄漏，应检查并修理泄漏部位。然后视情更换或添加推荐使用的转向液，使液位在上限附近。

2. 系统油液泄漏的检查

液压动力转向系统的油液泄漏，将会导致动力转向失效，因此应及时检查。

（1）直观检查　停车时查看车上液压动力转向系统管路布置处油液的泄漏痕迹，以确定泄漏故障部位。

（2）加压检查

1）将变速杆置于空挡。

2）起动发动机，使发动机怠速运转。

3）左右转动转向盘若干次，每次都转到极限位置，使转向泵输出最大压力。

注意：在极限位置停留时间不得超过5s，以免高压损坏管路系统。

4）发动机熄火，停止转向，在动力转向泵油封、泵壳体与泵盖端、转向控制阀体外壳顶部的油封、动力转向油缸以及转向液压管路各油管接头处查看泄漏。若有油液外渗，则说明系统油液泄漏。

提示：若有泄漏，则需通过更换油封、损坏件或紧固接头予以修复，然后添加推荐使用的转向液。

3. 系统渗入空气的检查

当汽车液压动力转向系统渗入空气后，由于空气的可压缩性，易引起转向系统内的油压波动，从而造成汽车转向操作不稳、忽轻忽重，影响汽车的转向安全性。因此，对转向液压系统是否渗入空气应仔细检查。

1）将变速杆置于空挡。

2）起动发动机，使发动机怠速运转。

3）将转向盘置于中间位置，检查转向储油罐内油面高度。

4）将转向盘向左或向右转到极限位置时，检查转向储油罐液位有无变化。若变化较大，则说明转向系统油液中有空气。

说明：若液压动力转向系统内有空气，则转向盘转动时，系统内油压将会升高，空气将被压缩，于是储油罐的液位将明显降低；若系统内无空气，由于液体不可压缩，则储油罐的液位变化很小。

另外，还可以在发动机怠速时，多次转动转向盘至左、右极限位置，通过停机后查看储油罐转向液的状况来判断系统内是否渗入空气。若转向液起泡或乳化严重，则表示转向液内已渗入空气。

提示：当液压动力转向系统内有空气时，应将空气予以排出。排出方法是：在发动机怠速运转状态下，来回多次转动转向盘至极限位置，让油液中的空气在压力作用下从转向储油罐中排出。

4. 转向泵传动带紧度的检测

汽车动力转向油泵工作的动力来自发动机，并且是通过传动带进行动力传递的。若传动带过松，则传动带易打滑，将会导致油泵供油量降低，转向系统的油压过低，使转向沉重；若传动带过紧，则会导致油泵轴及轴承受力增加，从而加快零件的磨损，降低机件及传动带的使用寿命，同时发动机功率的消耗也会随之增加。因此，动力转向泵传动带的松紧度应适当。其紧度的检测方法常用的有如下三种。

（1）传动带张紧力检测法　先在动力转向油泵的传动带上安装传动带张紧力规，如图3-5所示，然后利用传动带张紧力规测量其张紧力。张紧力太大，说明传动带过紧；张紧力太小，说明传动带过松。其张紧力应符合各自车型的标准，本田雅阁轿车的标准是：旧传动带，390～540N；新传动带，740～880N。

（2）传动带静挠度检测法　在动力转向泵传动带的中部施加100N的力，测量传动带的静挠度，如图3-6所示。若其挠度值过大，说明传动带过松；若挠度值过小，说明传动带过紧。其挠度值应符合各自车型的标准，本田雅阁轿车的标准是：旧传动带，13.0～16.0mm；新传动带，11.0～12.5mm。

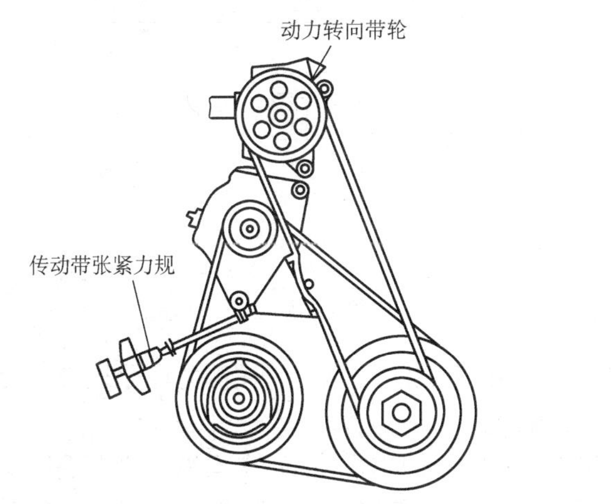

图3-5　传动带张紧力检测

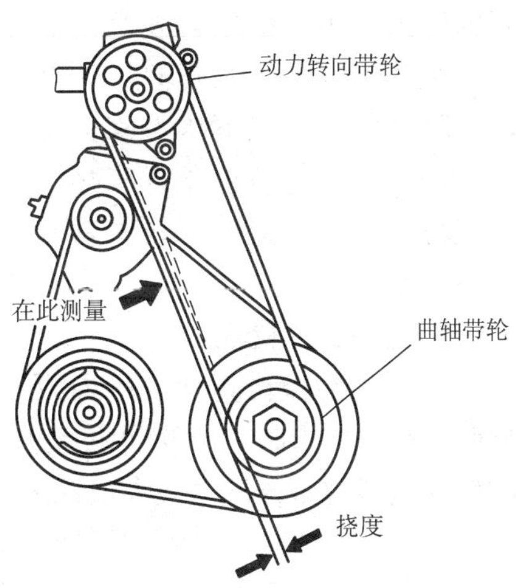

图3-6　传动带静挠度检测

（3）传动带运转检测法　汽车停在干燥路面上，发动机运转使油液升到正常温度后，左右转动转向盘，当转向盘转到极限位置时，动力转向泵输出油压最大，此时传动带的负荷也最大，如果打滑，说明传动带紧度不够或油泵内有机械损伤。

提示：若转向泵传动带紧度不符合要求，则需进行调整，直至紧度合适为止。调整方法因车型而异，有的是调张紧轮位置，有的是调转向泵位置。

5. 转向泵输出压力的检测

检测动力转向泵的输出油压，主要是为了确定动力转向泵或转向器是否有故障。为准确地测出动力转向泵的输出油压，检测前应使储油罐液位正常且动力转向泵传动带的张紧力符合标准。由于各车型动力转向系统的结构型式不同，因而检测动力转向泵输出压力时应采用厂家推荐的检测步骤，并用其规定压力对检测结果进行评价。其动力转向泵输出压力的一般检测步骤如下。

1）测压前的准备。先将压力表连接在动力转向泵与转向控制阀的压力管道之间（图3-7），完全开启压力表阀门；然后起动发动机并使其怠速运转，将转向盘从左、右转动的极限位置之间连续转动3～4次，以提高转向液温度并排出系统内的空气，确保转向液温度升至80℃以上。

2）检测发动机怠速时油泵输出的最高压力。发动机怠速运转，关闭压力表阀门（注意关闭时间不要超时），观察压力表读数（图3-7a），其压力应不低于标准值。否则，意味着转向泵输出压力太低，不能有效助力转向，说明动力转向泵有故障。

3）检测发动机转速变化时的压力差。将压力表阀门全开，分别检测发动机在规定的低转速（如1000r/min）和某一高转速（如3000r/min）时动力转向泵的输出压力（图3-7b），其两者的压力差应不超过规定值。否则，说明动力转向泵的流量控制阀有故障。

4）检测转向盘转至极限位置时转向泵的输出压力。使压力表阀门全开且发动机怠速运转，在转向盘转至左、右极限位置时，记下压力表的读数（图3-7c），其压力值应不低于规定值。若压力太低，则意味着转向器有内部泄漏故障。

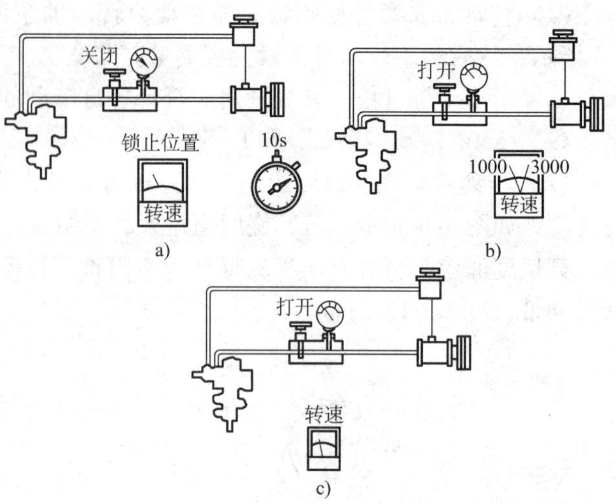

图3-7　动力转向泵输出压力检测

a）检测油泵最高压力　b）检测发动机转速变化时的压力差　c）检测转向盘转至极限位置时的压力

6. 转向操纵力的检测

在转向储油罐液位正常及转向泵传动带张紧符合要求时，使发动机怠速运转，在转向液温度正常后，用测力计原地检测两个方向的转向盘转向力，该力最大值即为转向操纵力。

不同汽车规定的转向操纵力标准各不相同，如本田雅阁轿车的转向操纵力要求是不得大于29N，而神龙富康轿车的转向操纵力要求是小于40N。总之，转向操纵力应不大于各车型的规定值。

提示： *若转向操纵力过大，则说明动力转向工作不正常，应首先检查动力转向泵。若动力转向泵压力正常，则应检查转向控制阀、动力油缸及转向器。*

二、动力转向系统的常见故障诊断

液压动力转向系统的常见故障主要是指液压助力系统因油液泄漏、渗入空气、动力转向泵失效、转向控制阀损坏和机械转向系统损坏而引起的转向沉重、转向盘回正不良、车辆发飘和转向噪声等故障。下面以齿轮齿条式液压转向助力系统为例说明其故障诊断方法，将液压转向助力系统的诊断作为重点，而机械转向系统的诊断可参照前述内容。

1. 转向沉重

（1）故障现象　装有动力转向的汽车，本来转向应是很轻便的，但在汽车行驶中却感到转向困难、转向沉重。

（2）故障原因

1）储油罐缺油或油液高度低于规定要求。

2）各油管接头处密封不良，有泄漏现象。

3）转向液压回路中渗入了空气。

4）油管变形、油路堵塞。

5）动力转向泵传动带张紧力不足，传动带打滑。

6）动力转向泵内部磨损、泄漏严重，使油泵输出压力达不到标准。

7）动力转向泵内调压阀失效，使输出压力过低。

8）转向控制阀、动力油缸内部泄漏。

9）机械转向系统损坏或调整不当。

（3）故障诊断

1）检查轮胎气压是否正常，按规定气压充气。

2）检查转向液压系统各油管接头是否泄漏，检查油管有无损坏、变形或裂纹。一旦发现油管有缺陷应予以更换；若油管接头泄漏，应予以拧紧，必要时更换油管重接。

3）检查储油罐内的油液质量和液面高度。若油液变质则应重新更换规定油液；若液面低于规定高度，则应找出油液液面过低的原因，重新加油使液面达到规定的液面高度。

4）检查油路中是否渗入空气，若发现储油罐中的油液有气泡，说明油路中有空气渗入，此时应检查空气渗入系统内的原因，检查是否存在油管接头松动、油管裂纹、密封件损坏、储油罐液面过低等情况并排除故障，然后对液压系统进行排气操作，最后加注转向油液至规定的液面高度。

5）检查动力转向泵传动带的张紧程度，察看传动带是否打滑或有无损坏。发现问题应按规定调整传动带紧度或更换新传动带。

6）就车重检。起动发动机，将转向盘向左、向右极限位置来回转动，若转向轻便，说明故障通过上述步骤已经排除；若左、右转向仍然沉重，则故障可能在动力转向泵、动力油缸或转向传动机构；若左、右转向助力不同，则故障可能在转向控制阀。

7）检测动力转向泵输出油压以确诊故障所在部件。检测前将与规定油压相适应的压力表(带阀门)连接在动力转向泵压力输出口与转向控制阀压力输入油管之间(图3-7a)。检测时，打开压力表阀门至全开，起动发动机使其在怠速运转，转动转向盘至左极限或右极限位置，测量转向油泵的输出油压。若油压达不到原厂规定的压力，且在逐步关闭压力表阀门时，油压也不能提高，则说明动力转向泵有故障；若油压未达到原厂的规定值，但在逐步关闭压力表阀门时油压有所提高，油压可达到规定值，则说明动力转向泵良好，故障在转向控制阀或动力油缸；若检测时油压正常，则故障在机械转向系统。

8）检查机械转向系统。转动转向盘，查看与转向柱轴相关的元件是否转动灵活，查看转向万向节、各传动杆件球头连接部位是否过紧，查看转向节推力轴承是否缺油或损坏，发现问题应予以调整或更换重装，若这些均正常，则故障在转向器。应检查齿轮齿条转向器，调整齿条顶块的压紧力，使齿条与齿轮的侧向间隙合适，保证齿条移动自如，对于弯曲的齿条则应予以更换。

2. 转向盘回正不良

（1）故障现象　汽车转向完毕而驾驶人松手时，转向盘不能自动回到中间行驶位置(直线行驶位置)，或回正不顺畅。

（2）故障原因

1）液压回路中渗入空气。

2）回油管路变形阻塞。

3）转向控制阀或动力油缸活塞发卡。

4）转向控制阀定中不良。

5）转向器齿条顶块调整不当。

6）转向器齿条弯曲变形。

7）转向传动机构连接处过紧。

8）车轮定位不当。

（3）故障诊断

1）对液压系统进行排气操作，排气后按规定加足转向油液。

2）对转向传动机构各连接处的球头销进行检查，若过紧，说明故障在此，应进行调节，保证其运动自如。若正常，则进行下一步检测。

3）检查动力油缸管路及回油管路是否变形阻塞，若变形，说明故障在此，应更换管路。若正常，则进行下一步检测。

4）检查转向齿轮齿条机构在车轮回正位置及车轮其他位置的转动情况，若转动力矩过大，则故障在此，应检查齿条弯曲及齿条顶块的调整情况，必要时调整齿条顶块压紧力或更换转向齿轮齿条机构。若正常，则进行下步检测。

5）检查转向控制阀是否发卡及回位定中不良，若是，则故障在此，应更换转向控制阀。若正常，则进行下步检测。

6）拆检动力油缸，对损坏的零件予以更换。此时若转向盘回正不良故障仍未排除，则应检查和调整前轮定位。

3. 车辆发飘

（1）故障现象　车辆发飘是指转向盘居中时，汽车在向前行驶过程中存在从一侧飘向另一侧的现象。发飘的汽车直线行驶时，容易跑偏。

（2）故障原因

1）转向控制阀扭力杆弹簧损坏或太软，难以克服转向器逆传动阻力，使控制阀不能及时回位。

2）油液脏污使阀芯与阀套运动受到阻滞。

3）转向控制阀阀芯偏离中间位置，或虽然在中间位置但与阀套槽肩两边的缝隙大小不一致。

4）机械转向系统的传动间隙过大，或连接件松动，或磨损过甚。

5）车轮定位不当。

6）轮胎压力或尺寸不正确。

（3）故障诊断

1）检查机械转向系统传动部件的连接件是否松动，各部间隙是否过大，传动是否松旷，排除机械转向系统故障。

2）检查轮胎尺寸，调节轮胎气压。

3）检查油液是否脏污。对于新车或大修后的车辆，由于不认真执行走合维护的换油规定，往往易使油液脏污。对于脏污的油液应进行更换。

4）检查转向控制阀。在不起动发动机的情况下转动转向盘，凭手感判断转向控制阀是否开启或运动自如，若有怀疑，一般应进行拆卸检查。

5）经上述检查后若车辆仍然发飘，则应检查悬架元件是否损坏、车轮定位是否正确、车轮转动是否阻滞，以确诊故障所在。

4. 转向噪声

（1）故障现象　汽车转向时出现过大的噪声。

（2）故障原因

1）机械转向系统传动部件松动导致转向噪声过大。

2）动力转向泵损坏或磨损严重。

3）动力转向泵传动带轮松动或打滑引起噪声过大。

4）转向控制阀性能不良。

5）油管接头松动或油管破裂，使液压系统渗入空气导致噪声过大。

6）滤油器滤网堵塞，或是液压回路中有过多的沉积物。

（3）故障诊断

1）转向时若发出“咔嗒”声，则可能是转向柱轴接头松动、横拉杆松动或球形接头松动，应检查上述部位，必要时进行紧固或更换损坏的部件；若转向柱轴摆动严重，则应更换转向柱总成；若转向器安装过松，则应进行紧固；对连接处的润滑部位应进行必要的润滑。另外，转向泵带轮松动也会发出“咔嗒”声，所以还应检查转向泵带轮是否松动，必要时可拧紧或更换带轮，以消除其噪声故障。

2）转向时若发出“嘎嘎”声，且转向盘从一侧极限位置转到另一侧极限位置时，噪声更大，则可能是动力转向泵传动带打滑所致。此时可检查传动带松紧程度及磨损情况，视需要张紧或更换传动带。

3）转向时若转向泵发出“咯咯”声，则可能是转向油液中有气泡，以致油液流动时产生气动噪声。此时首先应检查油面高度，若液位过低，则应检查、排除泄漏故障，并向储液罐加油液到正确位置。然后检查软管是否破损或卡箍是否松开，致使空气进入系统，必要时进行更换损坏的软管或卡箍。确认动力转向系统内液体有空气渗入后，应将空气从动力转向系统中清除，以消除气动噪声。若转向泵发出嘶嘶声或尖叫声，而转向液压系统无漏气现象，且传动带紧度正常，则说明油路有堵塞处或转向泵严重磨损及损坏，应予以修复或更换。

4）当转向盘处于极限位置或原地慢慢转动转向盘时，若转向器发出严重的“嘶嘶”声异响，则可能为转向控制阀性能不良，应更换控制阀进行对比检查，以确诊故障。

项目三　制动系统的检测诊断

学习目标：

- 了解汽车制动性能的检测指标和检测标准
- 熟悉非接触式多功能速度检测仪、GPS 汽车多功能检测仪，并能路试检测制动距离和 *MFDD*
- 能用反力式滚筒制动试验台和平板式制动试验台检测汽车制动性能
- 能对制动系统的常见故障进行分析与诊断

任务一　掌握汽车制动性能的检测方法

汽车制动性能是指汽车行驶时，能在短距离内停车且维持行驶方向的稳定和下长坡时能维持一定车速，以及保证汽车长时间停驻坡道的能力。汽车制动性能的好坏，可通过台试检测或路试检测加以评价。

一、汽车制动性能的检测指标

汽车制动性能检测指标体系应能全面评价汽车的制动性，充分反映汽车制动系统的技术状况。根据台试检测和路试检测的要求，在用汽车制动性能的检测指标主要有：汽车制动力、制动距离、充分发出的平均减速度、制动协调时间及制动时的方向稳定性。

1. 汽车制动力

汽车制动力是指汽车制动时，通过车轮制动器的作用，地面提供的对车轮的切向阻力。汽车在制动力作用下迅速降低车速以至停车。当汽车质量一定时，汽车制动力越大，则汽车的制动减速度就越大，汽车的制动性能就越好。因此，常用汽车制动力作为台试检测制动性的指标。

提示：汽车制动力能反映汽车制动系统的技术状况，能体现汽车制动过程的实质，它是评价汽车制动性最本质的检测指标。

2. 制动距离

制动距离是指汽车在规定的道路条件、规定的初始车速下急踩制动踏板时，从脚接触制动踏板起至汽车停住时止汽车驶过的距离。在检测条件一定时，制动距离的长短能反映制动系统的技术状况，其制动距离越短，则汽车制动性能就越好。因此，常用制动距离作为路试检测制动性能的指标。

提示：制动距离与行车安全有着直接关系，它是评价汽车制动性能最直观的检测指标。

3. 充分发出的平均减速度

充分发出的平均减速度是指汽车在规定的初速度下急踩制动踏板时，按式(3-2)测试计算得到的减速度。

$$MFDD=\frac{v_b^2-v_0^2}{25.92(s_e-s_b)} \tag{3-2}$$

式中　$MFDD$——充分发出的平均减速度(m/s²)；

v_0——汽车制动初速度(km/h)；

v_b——$0.8v_0$，汽车速度(km/h)；

v_e——$0.1v_0$，汽车速度(km/h)；

s_b——在速度 v_0 至 v_b 时汽车驶过的距离(m)；

s_e——在速度 v_0 至 v_e 时车辆驶过的距离(m)。

制动时，汽车充分发出的平均减速度越大，说明汽车制动力越大，汽车的制动性能就越好。其充分发出的平均减速度与汽车制动力具有等效的意义。因此，常用充分发出的平均减速度作为路试检测制动性能的指标。

提示：充分发出的平均减速度在车辆制动过程中较瞬时减速度稳定，能真实反映汽车制动系统的实际情况。

4. 制动协调时间

制动协调时间是指在急踩制动踏板时，从踏板开始动作至车辆减速度(或制动力)达到标准规定的充分发出的平均减速度(或制动力)75%时所需的时间。它是制动器作用时间或滞后时间的主要部分，其长短反映了制动系统传动间隙消除的快慢和制动力增长的速度。制动时，制动协调时间越短，则制动距离越短，汽车制动性能越好。

提示：制动协调时间只反映制动过程的局部信息。因此，制动协调时间不能单独作为制动性能的检测指标，而只能作为制动性能的辅助检测指标。

5. 制动稳定性

制动稳定性是指汽车在制动过程中维持直线行驶的能力或按预定弯道行驶的能力。制动稳定性差的汽车，路试时会出现偏离规定通道宽度的现象，台试时会出现左、右车轮制动器制动力增长快慢不一致或左右车轮制动力不等的现象。因此，在我国安全法规中，路试时制动稳定性的检测指标是试车道的宽度；台试时制动稳定性的检测指标是同轴左、右轮的制动力差值。

二、汽车制动性能的台试检测

汽车制动性能的台试检测在制动试验台上进行。目前，使用较多的是单轴反力式滚筒制动试验台和平板式制动试验台，采用的测试方法是测制动力法。

1. 用反力式滚筒制动试验台检测制动性能

（1）反力式滚筒制动试验台　常用的反力式滚筒制动试验台是一种低速静态测力式的试验台，它检测的是各车轮的制动力。

1）制动试验台的基本组成。单轴反力式滚筒制动试验台主要由驱动装置、滚筒装置、测量装置、举升装置、指示与控制装置等组成，如图3-8所示。

① 驱动装置。该装置由电动机、减速器和链传动组成。电动机动力经减速器驱动主动滚筒，主动滚筒又通过链传动带动从动滚筒旋转。减速器壳体为浮动支承，可以绕主动滚筒轴线摆动。

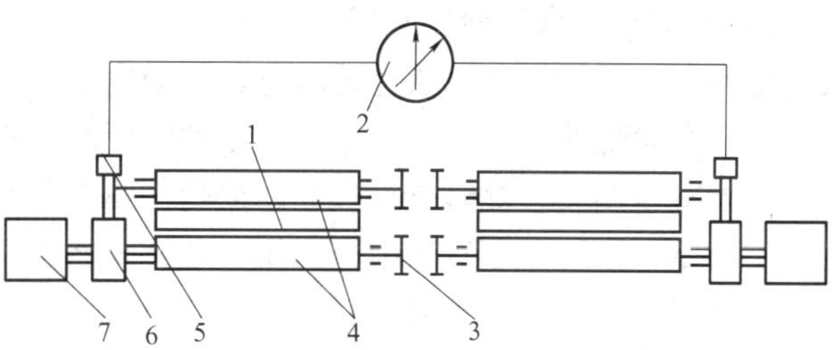

图3-8　单轴反力式滚筒制动试验台

1—举升装置　2—指示装置　3—链传动　4—滚筒装置　5—测量装置　6—减速器　7—电动机

② 滚筒装置。该装置由左、右独立设置的两对滚筒构成。被测车轮置于两滚筒之间，滚筒相当于活动路面，用来支承被检车轮并在制动时承受和传递制动力。

③ 测量装置。该装置由测力杠杆和传感器组成，测力杠杆一端与减速器浮动壳体连接，另一端与传感器相连。而传感器则装于试验台支架上，其常用的传感器有应变测力式、自整角电动机式、电位计式和差动变压器式等多种类型。被测车轮制动时，减速器浮动壳体带动测力杠杆绕主动滚筒轴线摆动并作用于传感器上，传感器将测力杠杆传来的力或位移转变成电信号，送入指示与控制装置。另外，由于对汽车制动性的评判与轴重有关，因此目前有部分制动试台直接带有轴重测量装置，能方便地测量汽车轴负荷。

④ 举升装置。该装置由举升器、举升平板和控制开关等组成。举升器有液压式、气压式和电动式等多种型式。举升装置的功用是便于汽车平稳地出入制动试验台。

⑤ 指示与控制装置。目前，制动试验台控制装置都采用电子式。为提高自动化与智能化程度，有的控制装置中还配置了微机。指示装置有数字显示和指针式两种，带微机的控制

装置多配置有数字式显示器。

带微机的指示与控制装置主要由微机、放大器、模数转换器(A/D)、数模转换器(D/A)、继电器、数字显示器和打印机等组成，如图3-9所示。在键盘和制动踏板开关的控制下，微机控制举升装置的升降、滚筒电动机的转动与停止、测力传感器信号的采集与处理，并输出或打印检测结果；其指示装置则可根据检测项目的要求显示汽车制动性指标的各种检测数据，并显示整车制动性技术状况的评判结果。

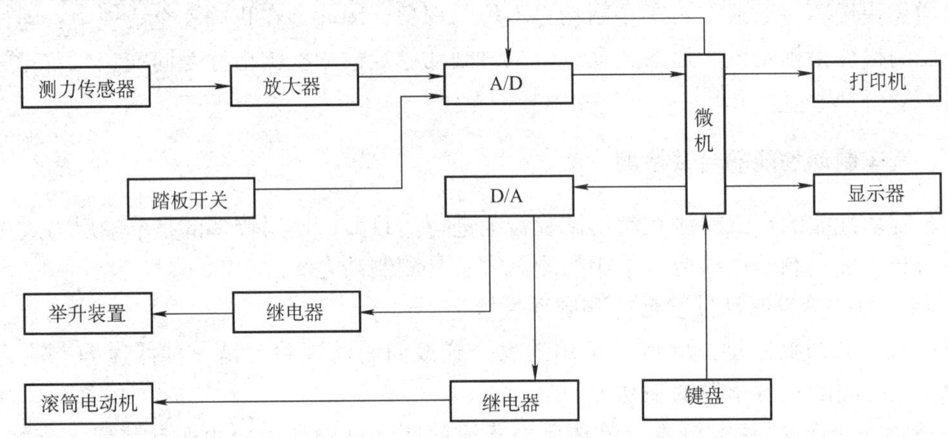

图3-9　制动试验台的指示与控制装置框图

2）制动试验台的检测原理。检测时，将被测汽车驶上制动试验台，车轮置于主、从动滚筒之间，放下举升器。通过延时电路起动电动机，电动机则通过减速器及链传动驱动滚筒从而带动车轮低速旋转。当驾驶人踩制动踏板时，在制动器摩擦力矩 T_μ 作用下(图3-10a)，车轮开始减速旋转。此时电动机驱动滚筒，而滚筒则对车轮轮胎周缘的切线方向作用着制动力 F_{X1}、F_{X2}，以克服制动器摩擦力矩，维持车轮继续旋转。与此同时，车轮轮胎对滚筒表面切线方向作用着与制动力数值相等而方向相反的反作用力 F'_{X1}、F'_{X2}。在 F'_{X1}、F'_{X2} 对滚筒轴线形成的反作用力矩作用下，其浮动的减速器壳体与测力杠杆将一起朝滚筒转动相反的方向摆动(图3-10b)，而测力杠杆另一端的力 F_1 经传感器转换成与制动力大小成比例的电信号。此信号经放大变换处理后，由指示装置显示左、右车轮的制动力。在制动过程中，当左、右轮制动力之和大于某一数值时，微机即开始采集数据，采集过程所经历的时间是一定的。当经历了规定的采集时间(如3s)后，微机就会发出指令使电动机停转，以防止轮胎剥伤。在有第三滚筒的制动试验台上，其电动机的停转是由第三滚筒的转速信号控制的，制动时，第三滚筒跟随车轮转动，当车轮即将抱死时，微机则根据第三滚筒转速信号指令电动机停转。检测过程结束后，将举升器举起，车辆即可驶离试验台。

制动协调时间的测量是与测量制动力同步进行的，它以驾驶人踩制动踏板的瞬间作为计时起点，并由制动踏板上套装的踏板开关向控制装置发出一个“开关”信号，开始时间计数，直至制动力达到标准规定的制动力的75%时为止。其计时终点通常由试验台微机执行相应的程序来控制。

车轮阻滞力的测量是在汽车和驻车制动装置处于完全释放状态，变速杆置于空挡位置时进行的。此时，电动机通过减速器、链传动及滚筒来带动车轮维持稳定转动所需的力，即为车轮的阻滞力，该力可通过指示装置读取。

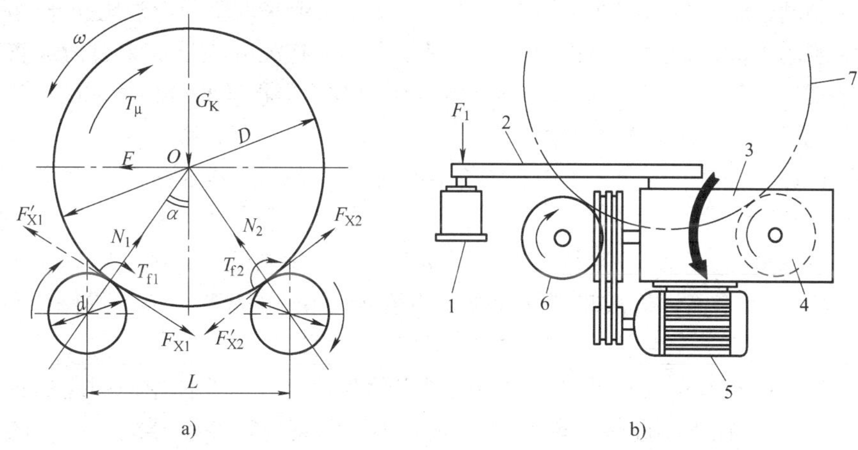

图 3-10　制动力检测原理图

a）车轮制动受力简图　b）制动力测量原理图

1—传感器　2—测力杠杆　3—减速器　4—主动滚筒　5—电动机　6—从动滚筒　7—车轮

G_K—车轮载荷　F—车轴对车轮的水平推力　N_1、N_2—滚筒对车轮的支反力

F_{X1}、F_{X2}—滚筒对车轮的制动力　F'_{X1}、F'_{X2}—车轮对滚筒的切向反作用力　T_μ—制动器摩擦力矩

T_{f1}、T_{f2}—滚动阻力矩　α—安置角　L—滚筒的中心距

（2）反力式滚筒制动试验台的检测方法

1）测试前应做好试验台的准备工作，滚筒表面应干燥，没有松散物质及油污，滚筒表面当量附着系数不应小于 0.75。

2）将试验台电源开关打开，并使举升器在升起位置。

3）将汽车垂直于滚筒方向驶入试验台，使前轴车轮处于两滚筒之间的举升平板上。

4）汽车停稳后，置变速杆于空挡，使行车制动、驻车制动处于完全放松状态，把脚踏开关套装在制动踏板上。

5）降下举升器，至轮胎与举升器完全脱离为止。

6）带有轴重测量装置的试验台，此时测得轴荷。

7）起动电动机，使滚筒带动车轮转动，2s 后测得车轮阻滞力。

8）踩下制动踏板，测取制动力增长全过程中的前轴左、右轮制动力差和各轮制动力的最大值，同时也可测出制动协调时间。

9）升起举升器，驶出已测车轴，驶入下一车轴，按上述同样方法检测后轴车轮阻滞力、制动力、左右轮制动力差和制动协调时间。

10）当与驻车制动相关的车轴在试验台上时，检测完行车制动后，应重新起动电动机，在行车制动完全放松的情况下，用力拉紧驻车制动器操纵杆，检测驻车制动性能。

11）所有车轴的行车制动性能和驻车制动性能检测完毕后，升起举升器，汽车驶出试验台。

12）切断制动试验台电源。

（3）反力式滚筒制动试验台检测注意事项

1）为了防止制动时用车轮容易抱死而难以测出制动器能够产生的制动力，允许在汽车上增加足够的附加质量或施加相当于附加质量的作用力，但附加质量或作用力不计入轴荷。

2）检测制动力时，可以在非测试车轮上加三角垫块或采取牵引方法阻止车辆移动。

3）检测制动力时，通过采取措施后，若仍出现车轮抱死并在滚筒上打滑或整车随滚筒向后移出的现象，而制动力仍未达到合格要求，则应改用平板试验台检测或路试检测。

（4）反力式滚筒制动试验台检测特点

1）检测迅速、经济、安全，不受外界条件的限制，测试车速低，测试条件稳定，重复性较好。

2）检测参数全面，能定量测得各车轮制动力、左右轮制动力差值、制动协调时间、车轮阻滞力。因而，可全面评价汽车制动性能，并给制动系统的故障诊断、维修和调整提供可靠依据。

3）检测时，由于汽车没有平移运动，因此实际制动时因惯性作用而引起的轴负荷前移效应完全没有，这往往使得前轴车轮容易抱死而难以测到前轴制动器能够提供的最大制动力，从而导致整车的制动力不够，易引起误判。

4）检测时，由于汽车没有实际的行驶，因此其制动性检测结果不能反映其他系统（如转向系统、行驶系统）的结构、性能对制动性能的影响。

5）对于防抱死制动系统汽车，由于检测时车轮防抱死系统不起作用，因而无法测得实际制动时的最大制动力，不能准确地反映防抱死制动系统汽车的制动性能。

2. 用平板式制动试验台检测制动性能

（1）平板式制动试验台　平板试验台是一种低速动态式制动试验台，它检测的是各车轮制动力。

1）制动试验台的基本组成。平板式制动试验台主要由测试平板、控制和显示装置（控制柜）、辅助装置等组成，如图3-11所示。

① 测试平板。制动测试平板共四块，且相互独立，一次制动试验可同时检测4个车轮的制动力及轮重。测试平板由面板、底板、钢球和力传感器等组成。底板作为底座固定在水平地面上，面板通过压力传感器和钢球支承在底板上，其纵向则通过拉力传感器与底板相连。

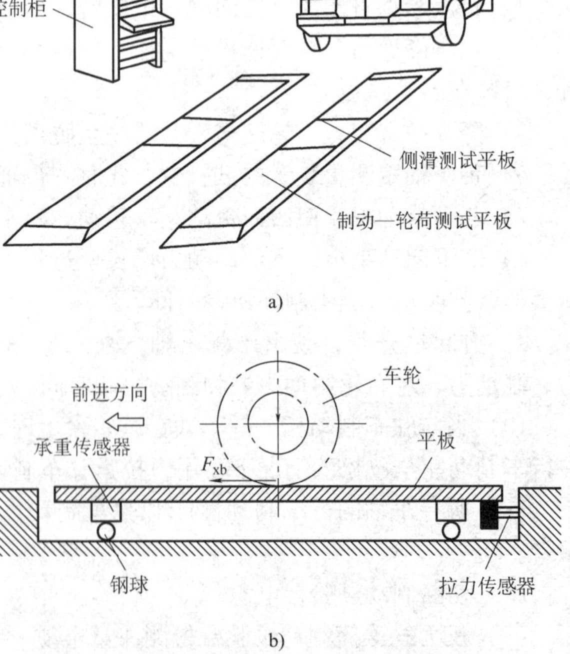

图3-11　平板式制动试验台示意图
a）试验台组成　b）制动测试原理

② 控制和显示装置。控制与显示装置是一个以计算机为核心的数据采集、分析、处理和显示的系统。计算机对传感器的各路输出信号进行高速采样，并将其转换为数字信号，然后对这些数字信号进行处理、计算，按要求显示出各轮制动力、轴制动力、左右轮制动力差、全车制动力、制动协调时间、

制动释放时间等测试结果，并判定制动性能是否合格，同时还能给被检车驾驶人提供操作指示。

③ 辅助装置。辅助装置包括前、后引板和中间过渡板，其作用是方便汽车平稳地上下制动试验台。

2）制动试验台的检测原理。汽车在制动试验台的测试平板上紧急制动时，车轮则在汽车惯性力作用下，对测试平板产生作用力 F_{xb}（图 3-11b），与此同时测试平板对车轮产生了阻碍汽车前进的制动力，该制动力是 F_{xb} 的反作用力，其大小与 F_{xb} 相等，因此 F_{xb} 相当于就是要检测的制动力。而拉力传感器通过纵向拉杆能感受各轮 F_{xb} 的信号，同时，压力传感器能感受制动过程中各轮的动态载荷信号，这些信号经控制装置转换放大处理后，其显示仪表能记录或显示各轴制动力和动态载荷的变化过程，并显示检测结果。

（2）平板式制动试验台的检测方法

1）测试前做好试验台的准备工作，保持各平板表面干燥，清洁。

2）将试验台电源开关打开，使设备进入检测状态。

3）让汽车以 5 ~ 10km/h 速度驶上平板。

4）置变速杆于空挡（自动变速器汽车可置于 D 位），急踩制动踏板。此时试验台就可测取制动力增长全过程中的前后轴左、右轮制动力差和各轮制动力的最大值及轴载荷，并显示检测结果。

5）测试完毕后汽车驶离平板试验台。

注意：轴重大于检验台允许载荷极限的汽车，请勿开上检验台。

（3）平板式制动试验台的检测特点

1）汽车在平板试验台上的制动与汽车的实际制动较为接近，且能反映轴负荷转移效应和其他系统（如转向系统、行驶系统）的结构、性能对制动性能的影响，其检测结果能反映汽车的实际制动性能。

2）平板试验台不仅能检测整车制动效果，还可检测各车轮的制动力和轴荷，能方便分析和查找制动器故障，较好地评价汽车的制动性能。

3）平板式试验台不需模拟汽车转动惯量，结构简单，较容易与轮重仪、侧滑仪、悬架检测仪组合在一起，使车辆测试更为方便、高效。

4）平板式制动试验台占地面积大、需要助跑车道，不利于流水作业。

三、汽车制动性能的路试检测

汽车制动性能的路试检测，是利用必要的检测仪器在规定的道路上进行的制动性试验。

1. 路试检测仪器

目前，路试检测常用的仪器是非接触式多功能速度检测仪或 GPS 汽车多功能检测仪。利用这些仪器可以检测制动距离、制动时间和制动速度。

（1）非接触式多功能速度检测仪　非接触式多功能速度检测仪是以计算机为核心部件，配以相应的标准接口及外设的智能化测试仪器，不需要与路面接触或设置任何测量标志。

非接触式多功能速度检测仪由传感器和主机部分组成，如图 3-12 所示。其距离传感部件是一个光电传感器，它用吸盘压在车身外面，汽车运行检测时，安装在车身上的光电探测器（简称光电头）照射路面，同时向主机提供检测信号。主机部分主要由单板机、控制器、显示器、微型打印机等组成，它们的作用是计算、处理传感器输送的信号和脚踏套输送的开关信号，并显示或打印试验曲线及检测结果。

制动试验时，非接触式多功能速度检测仪可以检测汽车制动速度、制动距离、制动时间、最大减速度、平均减速度、*MFDD*。

这种采用光电传感器的检测仪，其检测特点是精度高，成本低，但传感器安装较复杂。

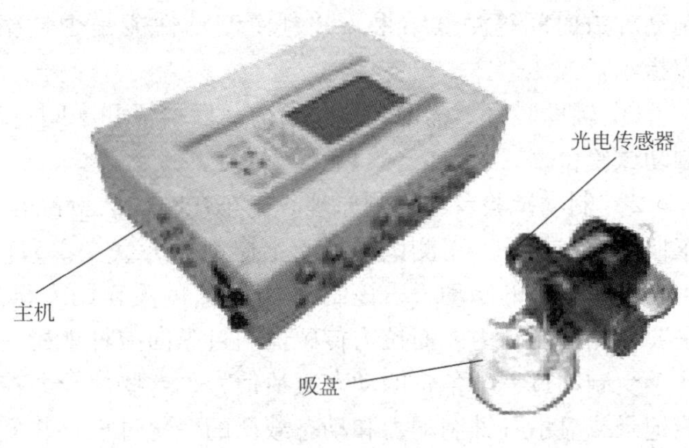

图 3-12　非接触式多功能速度检测仪

（2）GPS 汽车多功能检测仪

它是基于高性能卫星接收器，用 GPS 非接触式测量移动汽车的速度、距离并提供加速度、减速度、制动距离、时间、油耗等许多数据的功能强大的检测仪器。

VBOX 是一种典型的 GPS 汽车多功能检测仪，它主要由主机、GPS 传感器、显示器、触发器等组成，如图 3-13 所示。GPS 传感器通过其天线接受卫星信号；制动触发器用来反映制动踏板制动开始的触发信号；主机是检测系统的核心，用来计算、处理 GPS 传感器以及触发器输入的信号，提供检测结果，并具有存储、打印数据功能；显示器用来在线显示测量参数。

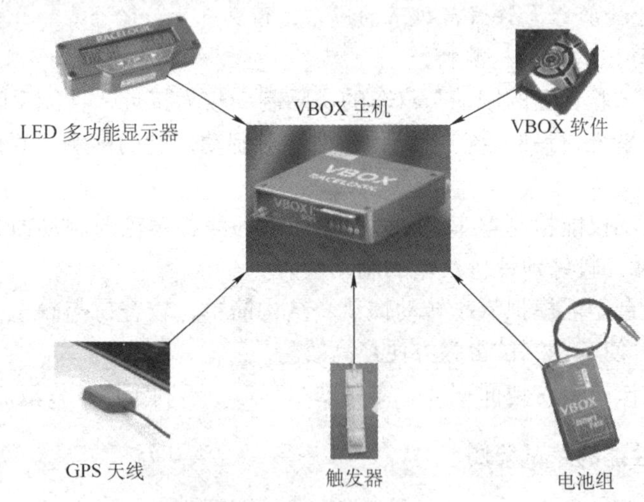

图 3-13　GPS 汽车多功能检测仪

GPS 汽车多功能检测仪的检测特点是安装简单，方便携带，可进行长时间测试。但精度逊于光电传感器，并容易受到适时接受到的卫星数量影响，受地形地貌干扰较大，如在树林、桥下、城市高层建筑等处检测效果一般较差。

2. 路试检测方法

汽车制动性能的路试检测方法有制动距离法和制动减速度法。

（1）制动距离法　制动距离法是指路试时采用非接触式多功能速度检测仪或 GPS 汽车多功能检测仪，或其他测试仪器检测汽车的制动距离及制动稳定性。

1）检测方法

① 道路条件。路试检测制动距离应在平坦(坡度不应超过1%)、干燥和清洁的硬路面(轮胎与路面之间附着系数不小于0.7)上进行，在试验路面上应画出与制动稳定性要求相应宽度的试车通道边线。

② 车辆准备。在被测汽车的制动踏板上安装提供信号用的踏板套，在汽车适当位置装上用于测量汽车行驶速度、距离的检测仪器。

③ 路试检测。将被测汽车沿着试车道的中线行驶至高于规定的初速度后，置变速杆于空挡(自动变速器汽车可置于D位)，当滑行到规定初速度时，急踩制动踏板，使汽车停住，并同时操作检测仪，测出汽车的制动距离。在紧急制动的同时，检查汽车制动的稳定性，看制动时汽车是否超出试车通道边线。对除气压制动外的汽车还应同时测取制动踏板力。

2）检测特点

① 检测制动性直观、简便，能真实地反映汽车在实际行驶过程中的动态制动性能。

② 能充分体现整车的制动效果，可综合反映汽车其他系统(如转向系统、行驶系统)的结构、性能对汽车制动性能的影响。

③ 只能检测整车制动性能，但不能定量检测各车轮的制动状况及制动力分配，因而对制动性能不合格的汽车，不易诊断故障发生的具体部位。

④ 紧急制动时易使轮胎磨损严重，同时其冲击载荷对汽车各部件均有不利影响。

⑤ 路试时要求有良好的道路条件及气候条件。

⑥ 与台试检测相比，其检测速度较慢，效率较低。

（2）制动减速度法　制动减速度法是指路试时采用非接触式多功能速度检测仪或GPS汽车多功能检测仪，或其他测试仪器检测汽车制动时充分发出的平均减速度和制动协调时间，同时还可检测汽车的制动稳定性。

1）检测方法。制动减速度法的道路条件与制动距离法相同，检测时，将汽车行驶至高于规定的初速度后，置变速杆于空挡(自动变速器汽车可置于D位)，当滑行到规定初速度时，急踩制动踏板，利用车上的检测仪器测取汽车充分发出的平均减速度计算公式中的相关参数，测得充分发出的平均减速度(*MFDD*)。同时还应测出制动协调时间，并检查制动稳定性，查看制动时汽车是否超出试车通道边线。对除气压制动外的汽车，路试时还应测取制动踏板力。

2）检测特点

① 检测的*MFDD*与瞬时减速度相比具有良好的稳定性，其重复性较好，检测精度较高。

② 能根据制动协调时间的长短判断制动系的调整情况。

③ *MFDD*只能反映整车制动效果，而不能具体反映各个车轮制动器的技术状况。

④ 与台试检测相比，其检测速度较慢，效率较低。

提示：在用汽车制动性能的检测，要求速度快，因而常用台式检测。当对台试检测有质疑时，通常可采用路试检测。

任务二　了解汽车制动性能的检测标准

汽车制动性能与行车安全紧密相关，因而其制动性能的检测标准常根据国家的有关法规制订。在 GB 7258—2004/XG3—2008《机动车运行安全技术条件》国家标准第 3 号修改单中，对在用汽车制动性能的检测标准，有明确规定。根据该文件的规定，可用台试法或路试法检测汽车制动性能，只要检测指标符合检测标准，则认为汽车的制动性能合格。

一、台试检测标准

台试检测制动性方法有：制动力法、制动距离法和制动减速度法，但常用的是制动力法。其制动力法的检测标准如下。

1. 行车制动检测标准

（1）制动力　汽车、汽车列车在制动试验台上测出的制动力应符合表 3-3 的要求，制动力检测时，其制动踏板力或制动气压应符合表 3-4 的要求。对空载检验制动力有质疑时，可用表 3-3 中规定的满载检验制动力的要求进行检验。

表 3-3　台试检验制动力要求

<table>
<tr><th rowspan="2">机动车类型</th><th colspan="2">制动力总和与整车重量的百分比（%）</th><th colspan="2">轴制动力与轴荷[①]的百分比（%）</th></tr>
<tr><th>空载</th><th>满载</th><th>前轴</th><th>后轴</th></tr>
<tr><td>三轮汽车</td><td colspan="2">≥45</td><td>—</td><td>≥60[②]</td></tr>
<tr><td>乘用车、总质量不大于3500kg 的货车</td><td>≥60</td><td>≥50</td><td>≥60[②]</td><td>≥20[②]</td></tr>
<tr><td>其他汽车、汽车列车</td><td>≥60</td><td>≥50</td><td>≥60[②]</td><td>—</td></tr>
</table>

① 用平板制动检验台检验乘用车时应按动态轴荷计算。

② 空载和满载状态下测试均应满足此要求。

表 3-4　制动性检测时制动踏板力或制动气压要求

<table>
<tr><th colspan="2">检 测 参 数</th><th>空　载</th><th>满　载</th></tr>
<tr><td colspan="2">气压制动系气压表的指示气压/kPa</td><td>≤600</td><td>≤额定工作气压</td></tr>
<tr><td rowspan="3">液压制动系踏板力/N</td><td>乘用车</td><td>≤400</td><td>≤500</td></tr>
<tr><td>其他汽车</td><td>≤450</td><td>≤700</td></tr>
<tr><td>三轮汽车</td><td colspan="2">≤600</td></tr>
</table>

（2）制动力平衡　在制动力增长全过程中同时测得的左右轮制动力差的最大值，与全过程中测得的该轴左右轮最大制动力中大者之比，对前轴不应大于 20%；对后轴（及其他轴）：在轴制动力不小于该轴轴荷的 60% 时不应大于 24%，在轴制动力小于该轴轴荷的 60% 时不应大于该轴轴荷的 8%。

（3）制动协调时间　对液压制动的汽车不应大于 0.35s，对气压制动的汽车不应大于 0.60s；汽车列车和铰接客车、铰接式无轨电车的制动协调时间不应大于 0.80s。

（4）车轮阻滞力　汽车各车轮的阻滞力均不应大于车轮所在轴轴荷的 5%。

（5）制动释放时间　汽车制动从松开制动踏板到制动消除所需要的时间不应大于 0.8s。

2. 驻车制动检测标准

当采用制动试验台检查车辆驻车制动时，车辆应空载，并乘坐一名驾驶人，使用驻车制动装置，驻车制动力的总和应不小于该车测试状态下整车重量的20%，对总质量为整备质量1.2倍以下的汽车应不小于15%。

提示：台试检测后，若对汽车的制动性能有质疑，则可用路试检测方法进行复检，并以满载路试的检测结果为准。

二、路试检测标准

1. 行车制动路试检测标准

（1）制动距离法检测标准

1）制动距离。汽车在规定的初速度下急踩制动踏板时其制动距离应符合表3-5的要求，制动距离检测时，其制动踏板力或制动气压应符合表3-4的要求。对空载检验制动距离有质疑时，可用表3-5中规定的满载检验制动距离要求进行检验。

表3-5　制动距离和制动稳定性要求

机动车类型	制动初速度/(km/h)	满载检验制动距离要求/m	空载检验制动距离要求/m	试验通道宽度/m
三轮汽车	20	≤5.0		2.5
乘用车	50	≤20.0	≤19.0	2.5
总质量不大于3500kg的低速货车	30	≤9.0	≤8.0	2.5
其他总质量不大于3500kg的汽车	50	≤22.0	≤21.0	2.5
其他汽车、汽车列车	30	≤10.0	≤9.0	3.0

2）制动稳定性。汽车在规定的初速度下急踩制动踏板时，车辆任何部位(不计入车宽的部位除外)不允许超出表3-5规定宽度的试验通道的边缘线。

（2）制动减速度法检测标准

1）充分发出的平均减速度。汽车在规定的初速度下急踩制动踏板时充分发出的平均减速度*MFDD*应符合表3-6的要求，检测时，其制动踏板力或制动气压应符合表3-4的要求。对空载检验制动性能有质疑时，可用表3-6中规定的满载检验充分发出的平均减速度要求进行检验。

表3-6　制动减速度和制动稳定性要求

机动车类型	制动初速度/(km/h)	满载检验充分发出的平均减速度/(m/s^2)	空载检验充分发出的平均减速度/(m/s^2)	试验通道宽度/m
三轮汽车	20	≥3.8		2.5
乘用车	50	≥5.9	≥6.2	2.5
总质量不大于3500kg的低速货车	30	≥5.2	≥5.6	2.5
其他总质量不大于3500kg的汽车	50	≥5.4	≥5.8	2.5
其他汽车、汽车列车	30	≥5.0	≥5.4	3.0

2）制动协调时间。对液压制动的汽车不应大于 0.35s，对气压制动的汽车不应大于 0.60s，对汽车列车、铰接客车和铰接式无轨电车不应大于 0.80s。

3）制动稳定性。汽车在规定的初速度下急踩制动踏板时，车辆任何部位（不计入车宽的部位除外）不允许超出表 3-6 规定宽度的试验通道的边缘线。

2. 应急制动路试检测标准

汽车（三轮汽车除外）在空载和满载状态下，按规定的初速度进行应急制动，其应急制动的制动距离、充分发出的平均减速度应符合表 3-7 的要求，检测时其操纵力应符合表 3-7 的要求。

表 3-7　应急制动性能要求

机动车类型	制动初速度/(km/h)	制动距离/m	充分发出的平均减速度/(m/s²)	允许操纵力不应大于/N	
				手操纵	脚操纵
乘用车	50	≤38.0	≥2.9	400	500
客车	30	≤18.0	≥2.5	600	700
其他汽车（三轮汽车除外）	30	≤20.0	≥2.2	600	700

3. 驻车制动路试检测标准

在空载状态下，驻车制动装置应能保证汽车在坡度为 20%（总质量为整备质量的 1.2 倍以下的汽车为 15%）、轮胎与路面附着系数不小于 0.7 的坡道上正、反两个方向保持固定不动，其时间应不少于 5min。对于允许挂接挂车的汽车，其驻车制动装置必须能使汽车列车在满载状态下，停在坡度为 12%、其附着系数不小于 0.7 的坡道上。检测时，驻车制动应通过纯机械装置把工作部件锁止，其操纵力应符合表 3-8 的要求。

表 3-8　驻车制动性能检测时操纵力要求

机动车类型	手操纵时操纵力/N	脚操纵时操纵力/N
乘用车	≤400	≤500
其他汽车	≤600	≤700

提示：在汽车制动性能检测中，其检测指标只要符合制动力法、制动距离法和制动减速度法其中之一的标准要求，即可判为合格。

任务三　掌握制动系统常见故障的诊断方法

汽车制动系统的常见故障有制动失效、制动不灵、制动跑偏和制动拖滞等。对于采用液压制动系统或气压制动系统的汽车来说，应根据其各自不同的特点及故障现象，分析故障原因，通过一定的步骤，进行故障诊断。

一、液压制动系统的常见故障诊断

1. 制动失效

（1）故障现象　汽车行驶时，踩下制动踏板，汽车无制动迹象，连踩数次制动踏板，也不能迅速减速和停车。

（2）故障原因

1）制动踏板至主缸的连接部位脱落。

2）制动管路破裂或接头处严重泄漏。

3）制动主缸内无制动液或制动液严重不足。

4）制动主缸、轮缸皮碗破裂。

（3）故障诊断

1）踩下制动踏板，若无连接感，则说明制动踏板至主缸之间的连接脱开，在车下检视即可发现脱开部位。若连接正常，则进行下步检查。

2）连续踩几下制动踏板，若踏板不升高，同时又感到无阻力，则多为前、后制动管路破裂所致。若有阻力，则进行下步检查。

3）踩下制动踏板，若稍有阻力感，则多为主缸无制动液或制动液严重不足所致。若有阻力感，但踏板位置保持不住，且有明显的下沉现象，则多为主缸、轮缸皮碗破裂或制动管路有严重泄漏所致。

2. 制动不灵

（1）故障现象　汽车行驶时，将制动踏板踩到底，汽车减速过慢，制动距离过长。

（2）故障原因

1）制动踏板自由行程过大。

2）制动管路和轮缸内有空气。

3）制动管路或管路接头漏油。

4）制动主缸、轮缸的皮碗、活塞、缸壁磨损过甚。

5）制动主缸、轮缸的皮碗老化、发粘、发胀，使制动时阻滞力大。

6）制动主缸阀门损坏或补偿孔、通气孔堵塞。

7）制动摩擦片与制动鼓(盘)的间隙过大，或接触不良。

8）制动摩擦片硬化、铆钉外露或有油污。

9）制动鼓(盘)磨损过甚或制动时变形严重。

10）制动增压器、助力器效能不佳或失效。

11）制动液量不足或制动管路不畅通。

（3）故障诊断

1）检查制动液储油罐，若液面过低，则说明制动液压系统有泄漏故障，同时空气也容易渗入系统，这些均可导致制动力不足。

2）连踩几脚制动踏板，若踏板逐渐升高，并有弹性感，则说明制动管路有空气。

3）踩一脚制动踏板不灵，但连踩几脚制动踏板时，其踏板位置逐渐升高且制动效能好转，说明制动踏板自由行程过大或制动摩擦片与制动鼓(盘)间隙过大。

4）连踩几脚制动踏板，若踏板位置能逐渐升高，但升高后不能保持，有下沉感觉，则说明制动系统有漏油处，可能是制动主缸、轮缸、管路、管路接头漏油或制动主缸、轮缸磨损严重、皮碗破裂损坏或密封不良。

5）连踩几脚制动踏板，若踏板位置不能升高，则说明无制动液充入制动管路，多为主缸通气孔或补偿孔堵塞所致。

6）踏下制动踏板，若踏板高度正常，也深感有力且不下沉，但制动效果不好，则为车轮制动器故障，多为摩擦片硬化、铆钉头露出、摩擦片油污、制动鼓(盘)磨损及变形引起；若踏板高度合适，但踩制动踏板时感到很硬，则故障可能是由于制动液太稠、管路内壁积垢太厚、油管凹瘪、软管内孔不畅通或增压器、助力器效能不佳所致。

3. 制动跑偏

（1）故障现象　汽车在平路上制动时，在转向盘居中情况下，自动向左或向右偏驶，紧急制动时尤为严重。

（2）故障原因

1）左、右轮制动摩擦片与制动鼓(盘)间隙不同。

2）左、右轮制动摩擦片与制动鼓(盘)接触面积相差过大。

3）左、右轮制动鼓(盘)的尺寸、新旧程度、工作面的表面粗糙度有差异。

4）左、右轮制动摩擦片材质各异、新旧程度不同或安装修复质量不一。

5）左、右轮制动蹄回位弹簧拉力相差过大。

6）左、右轮胎的新旧程度、磨损程度以及气压不一致。

7）个别轮缸活塞运动不灵活、皮碗发胀、油管堵塞或有空气。

8）个别制动卡钳呆滞、发卡，运动不灵活。

9）个别车轮摩擦片油污、硬化或铆钉外露。

10）个别制动鼓失圆或制动盘产生严重翘曲变形。

11）车架或车身变形、两边钢板弹簧刚度不等以及前钢板弹簧刚度过低。

（3）故障诊断

1）路试检查。先进行减速制动，若汽车向左跑偏，则右边车轮可能制动迟缓或制动力不足；若汽车向右跑偏，则左边车轮可能有故障。路试时还要进行紧急制动，并观察车轮抱死后在地面上的拖印，若同一轴两边车轮的拖印不能同时发生，则其中拖印短的车轮为制动迟缓，拖印轻或无拖印的车轮为制动力不足。

2）找出可能制动迟缓或制动力不足的车轮后，应仔细检查该轮制动管路是否漏油、有无碰瘪，轮胎气压是否正常，轮胎磨损是否严重等。若有问题，则制动跑偏故障可能由此引起；若正常，则进行下步检查。

3）对该轮轮缸进行排气检查。排气时若发现轮缸内有空气或排气后制动跑偏现象消除，则故障在该轮轮缸内或管路内有气阻。若无空气排出，则进行下步检查。

4）检查该轮制动摩擦片与制动鼓(盘)之间的间隙。若间隙过大，而调整正常后制动跑偏现象消除，则说明故障在该轮的制动器间隙调整不当。若间隙正常，则进行下步检查。

5）深入检查该轮制动器。分解制动器，检查制动器的技术状况：如制动盘或制动鼓是否变形严重，制动鼓(盘)尺寸及工作面的状况是否正常，摩擦片是否有硬化现象或有油污，轮缸活塞、制动卡钳运动是否发卡不灵活，活塞皮碗是否老化发胀，油管是否畅通等，以确诊故障部位。

6）若路试制动检查时，各车轮拖印符合要求，深入检查时左右车轮的状态、左右车轮制动器的技术状况、左右车轮的制动管路均正常，而制动仍跑偏，则说明跑偏故障不在制动系统本身，而可能是由于车架或车身变形，或其他系统(如悬架、转向系统)的工作条件恶化所致。

4. 制动拖滞

（1）故障现象　在行车制动中，当抬起制动踏板时，全部或个别车轮的制动作用不能彻底解除或解除缓慢，致使汽车起步困难、行驶无力。

（2）故障原因

1）制动踏板无自由行程。

2）制动踏板回位弹簧脱落、拉断、过软或踏板轴锈蚀、卡住而回位困难。

3）制动主缸、轮缸皮碗发胀、发粘或活塞移动不灵活。

4）主缸活塞回位弹簧折断、预紧力太小。

5）制动鼓（盘）严重变形，制动摩擦片与制动鼓（盘）间隙过小。

6）制动蹄回位弹簧过软。

7）制动卡钳呆滞、发卡，运动不灵活。

8）制动油管碰瘪、堵塞或制动液太脏、太稠而使回油困难。

9）真空助力器的空气阀漏气。

（3）故障诊断

1）汽车行驶一段里程后，用手触摸各车轮制动鼓（盘）。若个别车轮制动鼓（盘）发热，则故障在该车轮制动器；若全部车轮的制动鼓（盘）都发热，则进行下步诊断。

2）全部制动鼓（盘）发热时，应首先检查制动踏板自由行程。若自由行程符合要求，则检查制动主缸。可将主缸储液罐盖打开，并连续踩下和放松制动踏板，看其能否回液。若不能回液，说明回液孔堵塞；若回液缓慢，说明皮碗、皮圈发胀或回位弹簧无力，则故障在制动主缸。同时还应观察制动踏板的回位情况，若制动踏板不能迅速回位，说明回位弹簧过软或折断。若制动主缸回液正常，且制动踏板回位正常，则进行下步诊断。

3）进行车轮转动试验。松开制动踏板，让各车轮悬空并用手转动车轮，若各轮的转动阻力很大，则说明故障在各轮制动摩擦片与制动鼓（盘）间隙过小或调整不当；若各轮的转动阻力较小且处于正常状态，则对于采用真空助力器的制动系统，可将汽车变速杆置于空挡，使发动机处于怠速运转，在松开制动踏板的情况下，再次用手转动车轮，若此时阻力增大，则说明汽车制动拖滞的故障是由真空助力器的空气阀漏气所致。

4）当故障在单个车轮制动器时，可顶起有故障的车轮，旋松制动轮缸排气螺钉，若制动液随之急速喷出，车轮也立即旋转自如，则说明油管堵塞致使轮缸不能回液。若车轮转动仍有拖滞，可检查制动间隙是否太小，若间隙正常，则进行下步诊断。

5）拆下制动器检查。检查轮缸活塞、皮碗、回位弹簧、制动鼓（盘）、制动摩擦片状况，检查制动蹄片支承销或制动卡钳的活动情况，以确诊故障部位。

二、气压制动系统的常见故障诊断

1. 制动失效

（1）故障现象　汽车行驶时，踩下制动踏板，汽车无制动迹象，不能迅速减速和停车。

（2）故障原因

1）储气筒内无压缩空气。

2）制动控制阀的进气阀门打不开或排气阀门关闭不严。

3）制动控制阀、制动气室膜片破裂或制动软管断裂。

4）制动踏板至制动控制阀的连接脱开。

5）制动管路堵塞。

（3）故障诊断

1）查看气压表有无气压。若气压正常，则检查制动踏板与制动阀之间的连接是否脱开，若连接正常，可进行下步诊断。

2）踩下制动踏板，检查是否有严重的漏气声。若有，则故障为制动系统严重漏气所致。若无漏气声，则抬起制动踏板，察听制动控制阀是否有排气声。若有排气声，但整车仍无制动效能，则故障为制动控制阀至车轮的管路被严重堵塞；若无排气声，则为储气筒至进气阀的管路堵塞或进气阀打不开。此时可通过调整制动控制阀的最大气压调整螺钉，在确保进气阀打开的情况下，重新踩下并抬起制动踏板，若仍然听不到排气声，则说明故障是由储气筒至进气阀之间的管路严重堵塞所致；若能听到排气声，则说明故障是由制动控制阀调整不当使进气阀打不开所致。

3）若气压表指示压力为“0”，则可起动发动机并使其运转几分钟。当气压表仍无压力指示时，可拆下空压机的出气管，起动发动机，察听有无泵气声。若泵气声正常，应查明空压机出气管经储气筒至气压表一段有无严重漏气；若无泵气声，且空压机传动带性能正常，则故障在空压机。

2. 制动不灵

（1）故障现象　汽车行驶时，将制动踏板踩到底，汽车减速过慢，制动距离过长。

（2）故障原因

1）空压机工作不正常，储气筒内空气压力不足。

2）制动管路及管接头漏气或不畅通。

3）制动控制阀或制动气室膜片破裂以及排气阀关闭不严。

4）制动踏板自由行程过大。

5）制动臂调整不当，使制动气室推杆行程不合适。

6）制动控制阀最大气压调整螺钉调整不当或平衡弹簧的预紧力过小。

7）制动摩擦片与制动鼓间隙过大或接触面积过小。

8）制动摩擦片质量不佳或使用中有表面硬化、油污、铆钉外露等现象。

9）制动鼓磨损过甚或变形严重。

10）制动蹄与支承销或制动凸轮轴与其支承套锈蚀或卡滞。

（3）故障诊断

1）先让发动机中速运转数分钟，再观察驾驶室内气压表读数能否达到标准。如气压不足，应检查空压机传动带是否太松，空压机排气阀关闭是否严密以及空压机至储气筒之间的管道是否被堵塞或接头漏气。

2）若气压表指示压力正常，但发动机熄火后，气压自动下降，应检查制动控制阀是否漏气、制动阀至空压机之间的制动管路是否漏气。

3）若气压表指示压力正常，发动机熄火后，气压也能保持正常，但踩下制动踏板后，气压不断下降，则为控制阀至各制动气室之间有漏气之处，如制动控制阀排气阀关闭不严、管路接头漏气、制动气室膜片破裂漏气等，可根据漏气声判断故障所在。

4）若气压表指示压力正常，但将制动踏板踩到底时，气压表的指示气压下降太少，说明制动控制阀的进气阀打开程度太小或平衡弹簧预紧力太小。此时应检查并调整制动控制阀的最大气压调整螺钉。调整后若情况有所好转，则故障为该调整螺钉调整不当；若气压下降还是太少，则故障为平衡弹簧预紧力太小。

5）若上述检查调整均正常，但制动效果仍然不好，则应检查制动踏板自由行程是否过大，检查制动气室推杆动作是否良好，检查制动器摩擦片与制动鼓之间间隙是否过大。经过这些检查及调整后，若车辆制动不灵现象依然存在，则故障是由车轮制动器内部所致，须解体后方能确诊故障部位。

项目四　行驶系统的检测诊断

学习目标：

- 了解车轮定位检测原理，能正确使用四轮定位仪检测车轮定位
- 掌握车轮动平衡的检测方法并能进行动平衡作业
- 能利用谐振式悬架系统检测台检测并评价汽车悬架性能
- 能对行驶系统的常见故障进行分析与诊断

任务一　掌握车轮定位的检测方法

车轮定位包括前轮定位、后轮定位，即四轮定位。前轮定位参数是指前轮前束、前轮外倾角、主销后倾角和主销内倾角，后轮定位参数主要是指后轮前束、后轮外倾角。车轮定位参数是车桥技术状况的重要诊断参数，其正确与否对汽车的操纵稳定性、行驶安全性有着至关重要的作用。当汽车发生碰撞事故或操纵稳定性变差或维修时，需要进行车轮定位的检测。

一、车轮定位检测原理

车轮定位参数的检测需要专用测量仪器，其常用的测量仪器有：气泡水准式车轮定位仪和各种型式的四轮定位仪。

1. 车轮前束检测原理

车轮前束是指汽车同轴上的左右轮，其前端距离小于后端距离的现象，如图3-14所示。车轮前束既可用A与B的差值(mm)表示，也可用前束角表示。车轮前束常用的检测方法有：拉线式测量法和光电测量法等。

(1) 拉线式测量法　根据前束的定义，在车体摆正、前轮处于直行位置时，分别测量同轴左右车轮最后端和最前端对应位置(可以是在车轮内侧面上或车轮中心平面上对应点)间的距离A、B值，即可得到车轮前束值A—B。

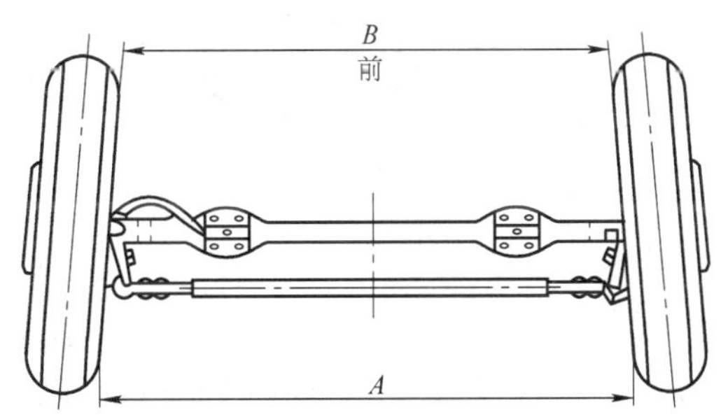

图3-14　车轮前束的检测

(2) 光电测量法　四轮定位仪检测时，安装在两前轮和两后轮上的机头内均装有发光器和光接收器，这样既可利用同一轴上左、右轮互为基准(图3-15a)，也可利用同一侧的前、后轮互为基准(图3-15b)来测量车轮前束。

安装在车轮上的传感器有不同的类型，现以光敏晶体管式传感器为例说明其检测原理。

安装在两前轮和两后轮上的光敏晶体管式传感器均有光线发射器和光线接收器，光线接收器是一组等距离排列的光敏晶体管，在不同位置上光敏晶体管接收到光线照射时，其光敏管产生的电信号即代表了前束值的大小。

当前束为零时，同一轴左、右轮上的传感器发射出的光束应重合。当车轮存在前束时，在右轮传感器上接收到的光束位置偏移值(注意正负号)，则表示左侧车轮的前束值或前束角；同理，在左轮传感器上接收到的光束位置偏移值，则表示右侧车轮的前束值或前束角。由于车轮的前束值也很小，所以检测时因基准偏转带来的误差也很小，可以忽略不计。

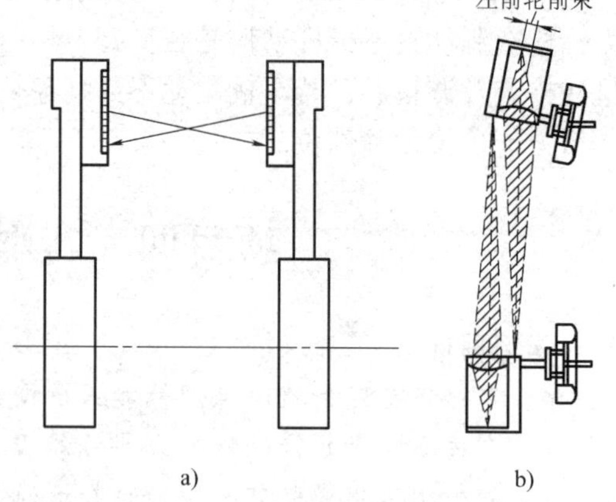

图 3-15　前束值光电测量法示意图

a）左、右轮互为基准　b）前、后轮互为基准

2. 车轮外倾角检测原理

车轮外倾角是指车轮中心平面向外倾斜的角度，如图 3-16b 所示。车轮外倾角检测时，必须保证车体摆正，车轮处于直行位置，因为车轮偏转时车轮外倾角将发生变化。车轮外倾角的检测，通常以重力方向作为基准，常用的检测方法有：气泡水准仪测量法和倾角传感器测量法等。

（1）气泡水准仪测量法　检测时，通过支架垂直于车轮旋转平面安装水准仪，于是水准仪上测量外倾角的气泡管，也垂直于车轮旋转平面，因此气泡管与水平面的夹角与车轮外倾角相等(图 3-16)。气泡管中的水泡偏移量与车轮外倾角大小成比例，气泡管可按角度刻度。也可将气泡管调回水平位置，用气泡的位移量或角度调节量来反映车轮外倾角的大小。

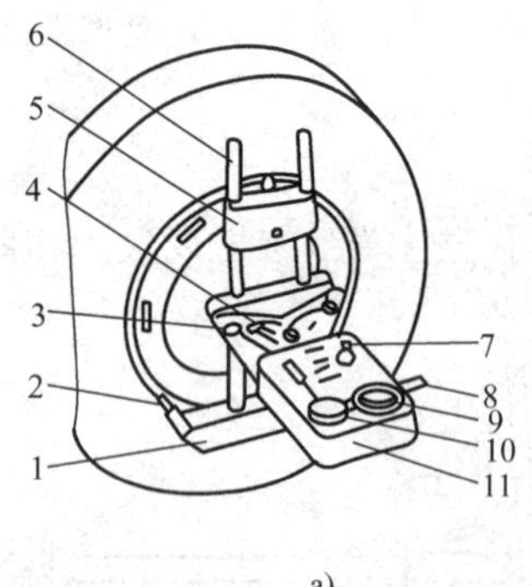

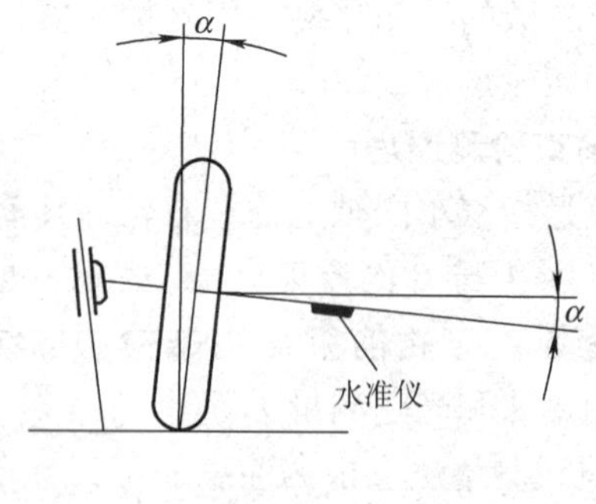

图 3-16　车轮外倾角及其测量原理

a）水准仪在车轮上的安装　b）车轮外倾角测量原理

1—固定支架　2—固定脚　3—调节螺钉　4—调整支座　5—活动支架　6—导轨

7—旋钮　8—测 β 插销　9—γ、β 调节盘　10—α 调节盘　11—水准仪

（2）倾角传感器测量法　对于光电式四轮定位仪，安装在被测车轮上的机头内装有电子倾角传感器。检测时，利用电子倾角传感器把车轮的外倾角信号转换成电信号，从而测得车轮外倾角。

3. 主销后倾角和主销内倾角检测原理

主销后倾角和主销内倾角均不能直接测出，而只能利用转向轮转动时建立的几何关系，进行间接测量。下面以主销后倾角检测为例进行说明。

主销后倾角测量时，将转向轮分别向内、向外转动一定角度，此时主销后倾角与车轮外倾角会发生相应变化，根据其几何关系可得：

$$\gamma = \arctan\frac{\sin\alpha_i - \sin\alpha_o}{\sin\delta_o - \sin\delta_i} \tag{3-3}$$

式中　γ——主销后倾角；

δ_i、δ_o——分别为转向轮向内、向外转动的角度；

α_i、α_o——分别为转向轮向内转动 δ_i、向外转动 δ_o 角度时的车轮外倾角。

为减少主销内倾对主销后倾角测量的影响，提高测量精度，可采用相对测量法，使车轮向内、向外转动角度相同，即 $\delta_o = -\delta_i = \delta$，代入式(3-3)，并考虑到主销后倾角和车轮外倾角都很小，近似地取 $\sin\alpha \approx \alpha$，$\tan\gamma \approx \gamma$，简化后得：

$$\gamma = C_o(\alpha_i - \alpha_o) \tag{3-4}$$

式中　C_o——比例系数，$C_o = 1/(2\sin\delta)$，其值取决于转向轮的转动角度。较多车轮定位仪规定转向轮转动角度 δ 为 20°，此时 $C_o = 1.46$；也有四轮定位仪规定 δ 为 10°，此时 $C_o = 2.88$。

式(3-4)表明：主销后倾角与车轮转动后车轮外倾角的变化量成正比。只要测出转向轮内、外转动一定角度时车轮外倾角的变化量($\alpha_i - \alpha_o$)，再乘以比例系数 C_o，即可得到主销后倾角。

提示：四轮定位仪通常利用安装在转向轮上机头内的倾角传感器，检测转向轮内转和外转一定角度时，转向轮平面倾角的变化量($\alpha_i - \alpha_o$)来间接测出主销后倾角。

说明：主销内倾角测量与主销后倾角测量在原理上相同，只是角度测量平面与主销后倾角测量时旋转了 90°。四轮定位仪通常利用安装在转向轮上机头内的倾角传感器，检测转向轮内转和外转一定角度时，转向节枢轴绕其轴线转动的角度变化量来间接测出主销内倾角。

二、车轮定位检测方法

1. 四轮定位仪

四轮定位仪是专门用来测量车轮定位参数的设备。它极适用于不但具有前轮定位，而且还具有后轮定位汽车的四轮定位参数检测。四轮定位仪的型式多种多样，按测量技术的不同，可分为机—电式和光—机—电式；按测试方式的不同，可分为拉线式、光学式和图像式；按通信方式的不同，可分为有线式和无线式，其中无线式四轮定位仪又分为红外式和蓝牙式。下面以目前最主流的蓝牙 CCD 图像式四轮定位仪为例，介绍四轮定位仪的结构、原理。

图 3-17　四轮定位仪外形图

(1) 四轮定位仪的组成　四轮定位仪主要由主机、传感器机头、通信系统、机械部分等组成，其外形如图

3-17 所示。

1）主机。也称上位机，由一台标准 PC 计算机及四轮定位专用软件构成，是使用者的操作控制平台。它具有指令下达、数据处理、结果显示及打印输出等功能。

2）传感器机头。也称下位机，是四轮定位仪的核心部件，其传感器机头结构如图 3-18 所示。每个传感器机头内装有主控板、两个倾角传感器、两个 CCD 图像传感器、两个红外发射管、蓝牙通信板及电源等。主控板是由单片机及其外围电路组成，其作用是接受主机指令并完成相应操作，最后将结果传输至计算机；相互垂直安装的两个倾角传感器，分别用于测量车轮外倾角、主销内倾角及后倾角；CCD 图像传感器与相应的红外发射管用于测量车轮前束并确定四轮的相互位置关系；蓝牙通信板用于接收、完成上位机命令，并将测量数据回传给计算机。

3）通信系统。采用蓝牙无线通信技术，实现上位机与下位机之间信息的相互交换。

4）机械部分。机械部分由轮夹、转角盘、转向盘固定架、制动踏板固定架组成。轮夹有四个，其作用是将传感器机头快速夹装在汽车轮辋上；转角盘有两个，汽车两转向轮置于其上，其作用是适应检测时转向轮偏转的需要；转向盘固定架的作用是根据需要固定汽车转向盘，以保证测试过程中汽车方向不会发生改变；制动踏板固定架的作用是必要时固定汽车制动踏板，使车轮处于制动状态，以保证测试过程中车轮不发生滚动。

（2）四轮定位仪的工作原理　检测时，各传感器机头通过轮夹与汽车轮辋相连，于是四轮定位参数信息可通过四个传感器机头的各种传感器来反映。传感器机头中的 CCD 图像传感器分别感应与其相对应的红外发射管的图像，由于传感器的图像反映了其自身与其对应的红外发射管的相互关系，通过 8 个 CCD 图像传感器的图像（图 3-19）可以计算出四个轮辋的相互关系，再加上各机头上两个倾角传感器测量的倾角，即可确定车轮的所有定位参数。

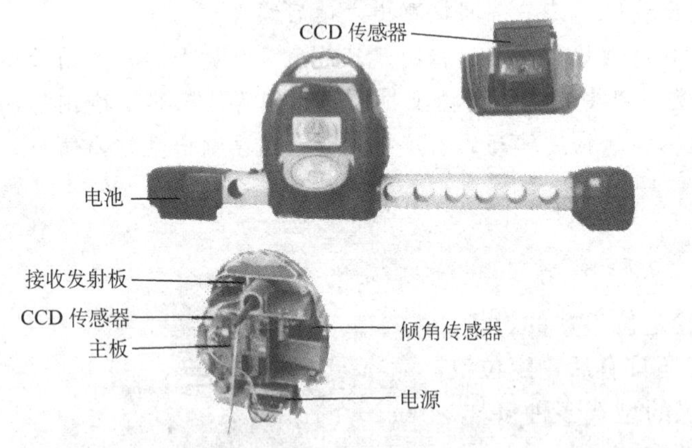

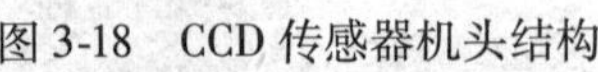

图 3-18　CCD 传感器机头结构

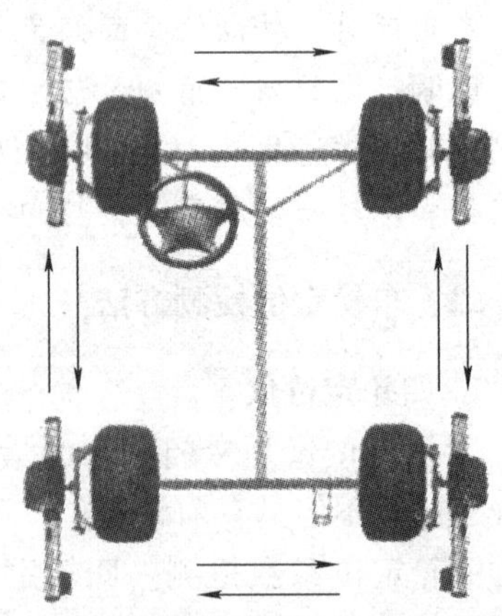

图 3-19　CCD 图像传感器测量示意图

各传感器机头检测四轮定位参数时，需通过蓝牙无线通信技术传输数据。蓝牙无线通信技术是一种开放的低成本、短距离无线连接技术，可以实现一对多通信的技术。计算机通过 COM 口，将命令发给蓝牙控制器，进行信号调理，并以无线电方式传输至各个机头。各个机头有其固有的编码，其内部的蓝牙通信板接收到命令后，通过识别完成上位机命令，并将测量数据经蓝牙通信板返回给数据处理系统。

四轮定位参数的数据处理由主机完成。通过专用软件，主机对检测的数据进行处理，并与原厂设计参数进行对比，同时指导使用者对汽车定位参数进行调整，最终打印出相应的检测报表。

2. 四轮定位的检测方法

（1）检测前的准备

1）对被测车辆进行预检查。检查内容：轮胎气压是否符合规定、轮胎尺寸是否一致；轮辋变形是否严重；车轮轴承间隙是否正常；悬架系统、转向节及其拉杆的球头销有无过大间隙等。若不符合要求，则应先行修复，否则会导致检测的数据不准确。

2）根据汽车轴距和轮距确定转角盘和后滑板的位置，确保检测时各车轮能处于同一水平面，避免倾角测量产生误差。

3）用锁销将转角盘锁紧，随后将汽车行驶到举升机上，使前轮正好位于转角盘中心，当车轮处于直线行驶状态时，转角盘的指针应与刻度盘上的“0”刻度对齐。车辆停稳后，进行驻车制动，以确保车辆不移动和人员安全，然后松开锁销。

4）将轮夹装在轮辋上，然后按规定的前后左右位置分别将传感器机头牢固地安装在汽车相应的四个车轮上。

5）调节各传感器机头，使水准仪气泡处于中间位置，以保证传感器机头处于水平位置。

（2）检测时的操作程序

1）打开设备电源，起动计算机。经过计算机自检进入 Windows 操作系统，系统自动运行四轮定位仪的专用软件，显示器屏幕进入测量程序主界面。

2）点击车型选定，进入下一层菜单，选择车型数据并开始检测或偏心补偿。

3）偏心补偿。为减少轮辋变形及轮夹安装误差对检测精度的影响，四轮定位仪设计了偏心补偿功能，以补偿双侧车轮的同轴度。偏心补偿时，架起车轮并放松驻车制动器操纵杆，按界面提示操作要求，依次对各车轮进行偏心补偿。

4）按显示器界面的提示，将驻车制动器操纵杆拉紧，用制动踏板固定架将行车制动踏板压紧，将车辆二次举升复位，使前轮落在转角盘中心，再用力压几下前后车身，使汽车恢复原始状态。然后，按下传感器的 MEMORY 键或键盘的 M 键，就进入测量界面。若不做偏心补偿，则无步骤 3）和 4），按 F1 键会直接进入测量界面。

5）按显示器界面的提示，逐项进行所需的四轮定位参数检测与调整。

3. 四轮定位仪的检测特点

（1）操作简单、使用方便　现代四轮定位仪的操作界面清晰，具有适时帮助系统，把复杂的四轮定位检测简化成了“看图操作”，屏幕中的菜单、图形或数字能指引操作人员快捷正确地检测或调整车轮定位。

（2）测量参数全面、准确　现代四轮定位仪由于采用了先进的测量系统和科学的检测方法，因此它可以全面、准确地测量车轮前束、车轮外倾角、主销后倾角、主销内倾角、推力角、轴距差、轮距差等定位参数。

（3）适应车型多　现代四轮定位仪的车型数据齐全，一般都带有世界上 20 000 多种汽车的车轮定位数据及调整方法，用户还可自己扩展补充新的汽车定位数据资料。

（4）检测效率高　现代四轮定位仪的传感器机头在车轮上能快捷定位，其检测系统能实现快速校准，快捷搜索数据查询系统，可快速查找所测车型数据，自动提示测量进度，并保存或打印测量结果，这些都可以最大限度地提高工作效率。

三、车轮定位检测分析

1. 检测标准

汽车车轮定位值的大小是根据汽车的设计要求确定的，不同的车型其值有所不同。因此，汽车车轮定位的检测标准应是该车技术条件规定的车轮定位参数值。

2. 检测结果分析

（1）前轮定位分析

1）前轮前束应符合标准。若前轮前束超标，则容易导致车轮侧滑，轮胎磨损加剧，严重时，会使轮胎呈羽毛状的磨损。当前轮前束超标时，应对其进行调整，使之满足要求。

提示：前轮前束的调整通常是依赖左、右转向横拉杆中的调整螺母进行的。调整时，左右车轮应对称调整，以保证汽车直线行驶时左、右前轮的前束角相等，否则汽车易出现跑偏、转向轮与车身干涉等现象。

2）前轮外倾角应符合标准。若前轮外倾角超标，易使车轮侧滑，导致轮胎的快速磨损及转向拉力，影响安全行车。若两前轮的外倾角相差较大，则车辆易向正外倾角较大的一侧偏驶，如图 3-20 所示；前轮负外倾值过大时，容易出现车轮“飞脱”的危险。

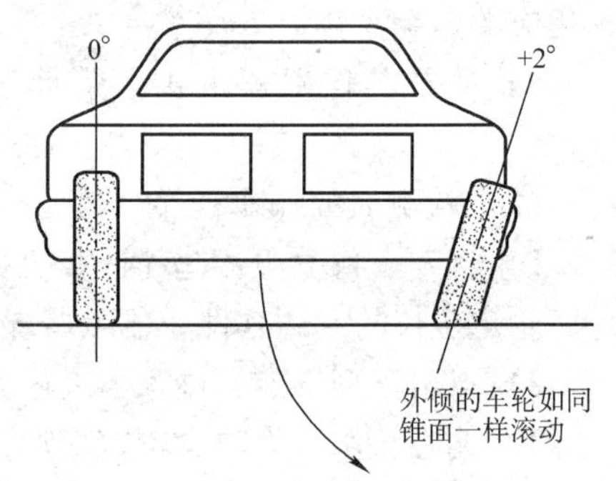

图 3-20　两前轮外倾角相差过大引起车辆偏驶

提示：前轮外倾角一般不可调整，因此，当前轮外倾角超标时，应检查悬架系统零部件是否弯曲变形或损坏，转向节、车桥是否变形或装配不良，待找出原因排除故障后，重新测量前轮外倾角，直至符合标准为止。

3）主销后倾角和主销内倾角应符合标准。若主销后倾角、主销内倾角过大，则易导致汽车转向沉重、转向轮回正过猛；而如果主销后倾角、主销内倾角过小，则不利于转向轮的自动回正。

提示：主销内倾角一般不可调整，而主销后倾角是否可调整也因车型而异。因此，当主销后倾角和主销内倾角超标时，应检查悬架系统零部件、转向节、车桥或车身是否弯曲变形或者装配不良，待找出原因并排除故障后，再重新测量主销定位参数，直至符合标准为止。

（2）后轮定位分析　许多高级轿车都设置有后轮定位，对于前驱动和独立后悬架的汽车，若后轮定位不当，即使前轮定位良好，仍然会有不良的操纵性和轮胎早期磨损。

1）后轮前束应符合标准。若后轮前束值过小，则对于前轮驱动、后轮从动的车辆，后轮容易出现前张现象；若后轮前束值过大，则汽车在正常行驶时，特别是在满载行驶时，难以与后轮运动外倾角相匹配，后轮侧滑严重。这些均会导致后轮行驶阻力过大，轮胎磨损加剧，行驶操纵性变差。

提示：当后轮前束超标时，应查明原因排除故障，根据标准予以调整，直至符合标准为止。

2）后轮外倾角应符合标准。若后轮外倾角过大，则对于前轮驱动、后轮从动的车辆，将难以抵消汽车高速行驶且驱动力较大时后轮出现的负前束；若后轮外倾角过小，则对于采用独立后悬架的车辆，其后轮运动的负外倾角将会很大。这些均会导致后轮外倾与后轮前束不匹配，造成轮胎磨损严重，汽车行驶性能和操纵性能下降。

提示：当后轮外倾角超标时，应检查后悬架系统零部件是否装配不良、是否弯曲变形或损坏，待找出原因排除故障后，重新测量后轮外倾角，直至符合标准为止。

任务二　掌握车轮不平衡的检测方法

高速行驶的汽车，若车轮不平衡，则会引起车轮的跳动和摆振，这不仅影响汽车的行驶平顺性和操纵稳定性，而且车辆还难以控制，也影响汽车行驶的安全性，同时会加剧轮胎及有关机件的磨损和冲击，使汽车的有关机件容易受到损坏，缩短汽车的使用寿命。因此，必须对车轮的不平衡进行检测，并进行平衡作业。

一、车轮不平衡的概念

1. 车轮静不平衡

若车轮的质心与旋转轴线不重合，则该车轮为静不平衡。静不平衡的车轮在旋转时，由于存在着不平衡质量，因而会产生离心力，如图 3-21 所示。该离心力 F 可分解为一个水平分力 F_x 和一个垂直分力 F_y。车轮每转动一周，垂直分力 F_y 在通过车轮旋转中心垂直线的 a、b 两点时可达到最大值且方向相反，易使车轮上下跳动，且由于陀螺效应可导致转向轮摆振；而水平分力 F_x 在通过车轮旋转中心水平线的 c、d 两点时可达到最大值且方向相反，易引起车轮前后窜动，对于转向轮，它将产生绕主销来回摆动的力矩，也会造成转向轮摆振。当左、右转向轮的不平衡质量相互处于 180° 位置时，转向轮摆振将最为严重，进而影响汽车行驶的操纵稳定性。

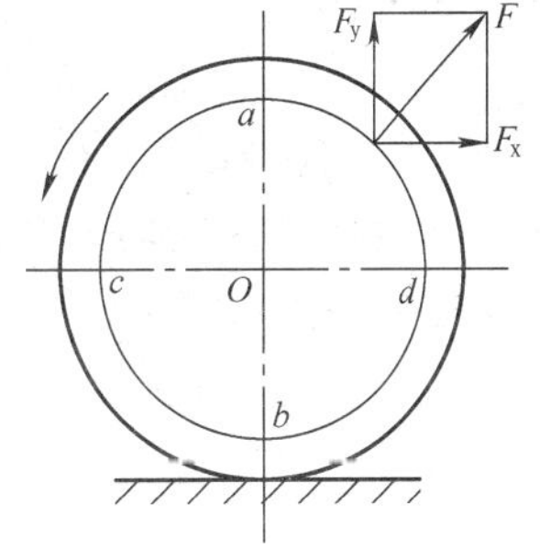

图 3-21　车轮静不平衡

提示：为消除车轮的静不平衡，应对车轮进行静平衡作业，方法是：在车轮适当位置，加一平衡块，使平衡块质量和不平衡质量所产生的离心力大小相等，方向相反。这样车轮旋转时，二者的合力等于零，车轮就达到了静平衡状态。

2. 车轮动不平衡

若车轮的质心偏离其旋转轴线或车轮的惯性主轴与其旋转轴线不重合，则该车轮为动不平衡。当此车轮高速转动时，其车轮就会产生较大的离心力或力矩，造成车轮上下振动或左右摆动，出现不平衡现象。

即使是静平衡的车轮，若其质量分布相对于车轮纵向中心面不对称，也会导致车轮动不平衡。假定在不同平面内径向位置相反的 a 点和 b 点上(图 3-22a)，分别具有作用半径相同、质量相等的质点 m_1 和 m_2，则说明车轮质心与车轮旋转轴线重合，车轮处于静平衡状态。当该车轮旋转时，m_1 和 m_2 将分别产生离心力，虽然其离心力合力为零，但离心力构成的合力矩却不为零。因此，在车轮转动时，由离心力作用而产生的方向反复变动的力偶 M，使车轮处于动不平衡中，若转向轮动不平衡，则车轮转动时，由于力偶 M 的作用，将会造成转向轮绕主销摆振(图 3-22b)。

提示：为消除车轮的动不平衡，应对车轮进行动平衡作业。方法是：在轮辋两平面适当

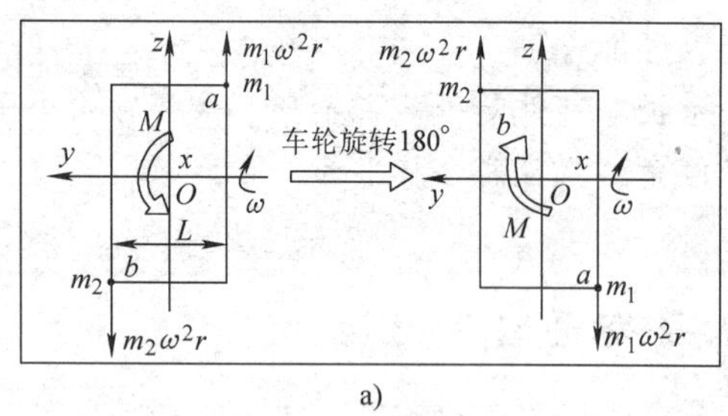

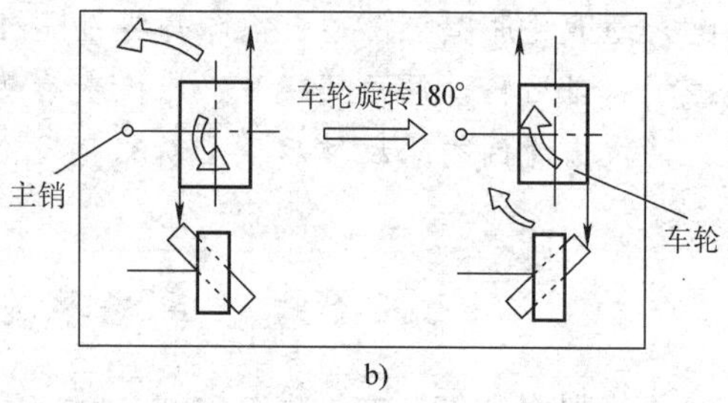

图 3-22　车轮的动不平衡

a）车轮动不平衡受力　b）动不平衡引起转向轮摆振

位置，加装适当质量的平衡块。当车轮旋转时，其平衡块产生的离心力及力偶，正好可用来抵消车轮动不平衡力及力偶的作用，从而使车轮处于动平衡状态。

二、车轮不平衡的检测原理

1. 车轮静不平衡检测原理

车轮静不平衡检测时，不考虑不平衡质量在车轮宽度上的分布，只将车轮视为其旋转中心支承在一个弹性体(应变梁)上的无厚度圆盘。

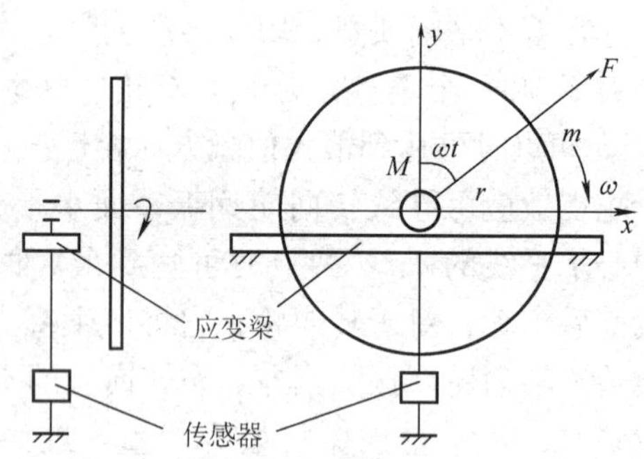

图 3-23　车轮静不平衡检测原理

图 3-23 所示为车轮静不平衡检测原理图，假设不平衡质量 m 集中在 r(轮辋半径)处。检测时，车轮以角速度 ω 旋转，产生离心力 F，其 F 在应变梁 y 方向产生应变力，导致应变梁产生应变。理论分析表明：应变梁产生的应变正比于车轮的不平衡力。因此，只要通过图中传感器测得应变梁产生的应变就可确定车轮的不平衡力，然后依据离心力公式 $F=m\omega^2 r$，即可计算出不平衡质量 m。就车式车轮平衡机就是根据这一原理工作的。

2. 车轮动不平衡检测原理

图 3-24a 所示为某一离车式车轮平衡机的结构简图，图 3-24b 所示为该平衡机的检测原理图。设车轮不平衡质量为 m_1 和 m_2，并集中在轮辋的边缘处。车轮转动时，由 m_1、m_2 引起的离心力分别为 F_1 和 F_2，水平传感器 A 和垂直传感器 E 感受的支反力分别为 F_A 和 F_E。该平衡机的测试、校正原理是根据传感器处的动反力来求取两校正面(轮辋两边缘)上离心力 F_1、F_2，再根据 F_1、F_2 来确定两校正面所需的平衡块质量和安装方位。根据力和力偶的平衡条件推导得

$$F_1=\frac{a}{b}F_A-\frac{c}{b}F_E \tag{3-5}$$

$$F_2=\frac{b+c}{b}F_E-\frac{a}{b}F_A \tag{3-6}$$

式中　a——平衡机结构参数，为已知常数；

b——被测车轮的宽度，可用专用卡规测量；

c——被测车轮在平衡机上的安装尺寸，由平衡机生产厂提供的专用工具测得；

F_A、F_E——为传感器支承处反力，由相应传感器转换成电信号测出。

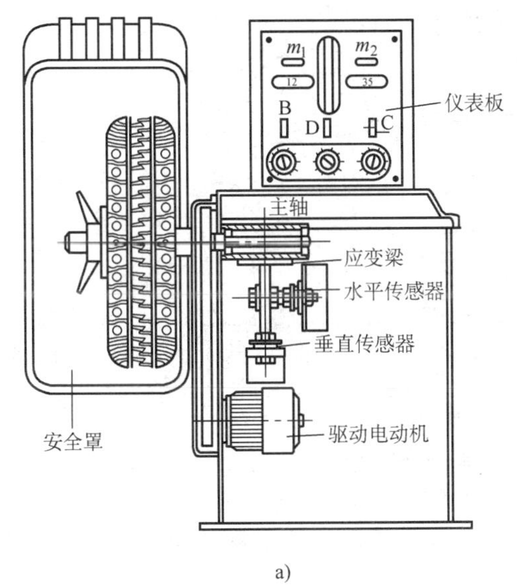

a)

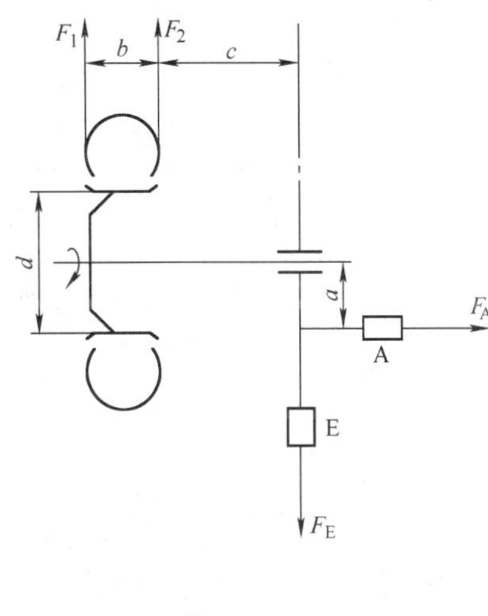

b)

图 3-24　车轮动不平衡检测原理
a）离车式车轮平衡机　b）检测原理
A—水平传感器　E—垂直传感器

由式(3-5)和式(3-6)计算出 F_1、F_2 后，再依据离心力公式 $F=m\omega^2r$，即可计算出不平衡质量 m_1 和 m_2：

$$m_1=\frac{F_1}{\omega^2r}=\frac{2F_1}{\omega^2d} \tag{3-7}$$

$$m_2=\frac{F_2}{\omega^2r}=\frac{2F_2}{\omega^2d} \tag{3-8}$$

式中　ω——车轮平衡时平衡机主轴的转动角速度；

r——不平衡质量(即平衡块)到车轮旋转轴线的距离，一般平衡块安装在轮辋边缘，故 $r=d/2$，d 是被测车轮的轮辋直径，可以根据轮胎代号读取。

不平衡质量 m_1 和 m_2，由仪表板的不平衡质量仪表显示，其不平衡质量的相位由相位仪表显示。

三、车轮不平衡的检测

由于动平衡的车轮肯定是静平衡的，而静平衡的车轮却不一定是动平衡的，因此对车轮一般是进行动不平衡检测，只有当车轮外径和轮宽之比≥5 时，才采用静不平衡检测。车轮不平衡的检测方法按其检测方式可分为就车式检测和离车式检测两种。

1. 车轮不平衡的就车检测

(1) 就车式车轮平衡机　图 3-25 所示为就车式车轮平衡机的检测示意图。它主要由驱动装置、传感器支架、电测系统、光电相位检测装置及指示装置等组成。

驱动装置由电动机和摩擦轮组成，检测从动车轮时，将摩擦轮直接贴靠于车轮的胎面，电动机通过摩擦轮驱动车轮旋转，而检测驱动轮时，可直接由发动机经传动系统驱动被测车轮。

传感器支架由可调支架、底座、传感器等组成。检测时，传感器支架在车桥下支承就

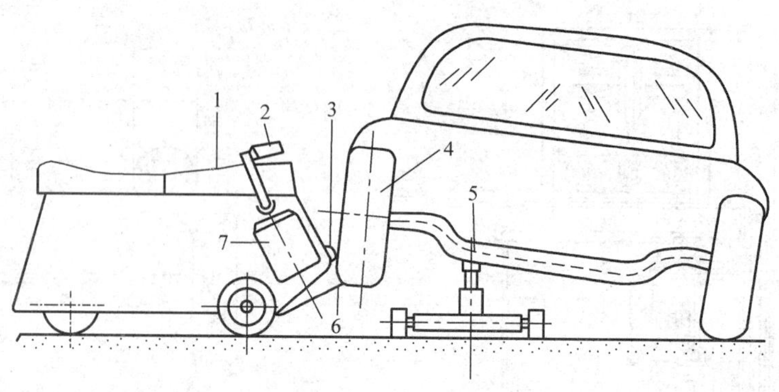

图 3-25　就车式车轮平衡机

1—仪表板　2—手柄　3—光电传感器　4—被测车轮

5—传感器支架　6—摩擦轮　7—驱动电动机

位，承受车桥重力和不平衡振动力，并将振动信号传给支架内的力传感器。该传感器于是将不平衡力信号转变成电信号输送给电测系统。

电测系统用来计算和处理各传感器输出的信号，以便得到车轮不平衡质量值和相位值。由于传感器支架的安装位置随被测车型和操作人员的习惯及现场条件而定，完全是随机的，因此其电测系统必须具有自标定功能。所谓自标定功能，是指自测系统能根据已知不平衡质量所引起的不平衡力大小和相位，反算出实测的不平衡力对应的不平衡质量大小和相位。

光电相位检测装置包括一个强光源和两个光电管，它装在平衡机驱动小车前下部靠近被测轮胎处，其强光源用以照射轮胎上的反光标志，为光电管提供相位信号以供计算机识别，计算机同时根据两个光电管接受反光信号的前后来判断车轮的旋转方向。

指示装置由不平衡度表和相位显示表组成。不平衡度表用来指示车轮的不平衡质量，相位显示表用来指示车轮的不平衡位置。

（2）就车式检测车轮不平衡　就车式车轮平衡机用于车轮不平衡的就车检测，其检测车轮不平衡作业的一般步骤和方法如下。

1）被测车轮的准备。去掉车轮轮辋上已有的平衡块，清除轮胎表面的泥土和花纹中的石子，检查轮胎气压并视必要充至规定值，在轮胎侧面任意处贴上白色反光标志。

2）安装传感器支架。用举升器顶起车桥，将车桥落座于传感器支架上，调节支架使被测车轮升离地面。

3）检查车轮转动情况。用手转动车轮，查看车轮是否转动自如，车轮轴承有无松旷，如不正常，应视情况进行适当调整或处理。

4）把摩擦轮紧压在被测车轮上，按下第一次试验按钮，起动电动机带动摩擦轮和被测车轮高速旋转，注意使车轮旋转方向与汽车前进时一致。待转速上升到适当转速时，分离摩擦轮同时释放按钮，测量系统记录与不平衡力及其相位有关的原始数据并进存入计算机，此时指示仪表将闪烁显示这组未标定的不平衡数值和相位。

5）在反光标志处加装计算机预设的标定质量，将摩擦轮紧压在被测车轮上，按下第二次试验按钮，电动机带动摩擦轮和被测车轮高速旋转，当转速达到设定值时指示灯亮，再分离摩擦轮同时释放按钮，于是测量系统将把第一次试验测得的数据转换成为应加装的平衡块质量和相位，并显示在仪表板上，这就是平衡机的自标定功能。

6）根据显示的质量，在指定相位上加装平衡块，同时去掉标定质量块。再起动平衡机检测剩余不平衡量，看其是否满足法规要求。若达不到要求，则进行第二次复试；若仍然达不到要求，则可拆下车轮进行离车平衡作业。

对于平衡要求较高的车辆，为了消除阻尼造成的相位误差，平衡时可令车轮左右各转一次，取两次的平均值即为最后测定值。

提示：所有的车轮平衡机都有最大不平衡量限值，严重失衡的车轮是不能上机平衡的。

（3）就车式检测特点

1）检测效率高。直接在车上对车轮进行不平衡检测作业，不需拆装车轮，检测速度快，效率高，适用于检测线。

2）检测效果好。就车式检测实际上是对车轮以及与其相连的旋转元件进行的综合平衡性检测，其中包括对制动鼓或制动盘的平衡检测，它解决的是车轮实际使用状态的系统平衡问题，其效果较好。

3）平衡难度相对较大。当车轮旋转系统调整不当、系统各部件严重变形及不平衡时，就车式检测、平衡车轮的难度较大。

目前，车轮不平衡的就车式检测方法在汽车检测站、4S 店得到了广泛应用。

2. 车轮不平衡的离车检测

（1）离车式车轮平衡机　离车式车轮平衡机目前应用最多的是硬式支承的动平衡机，它主要由驱动装置、转轴与支承装置、显示与控制装置、制动装置、机箱和车轮防护罩等组成。驱动装置一般由电动机、传动机构等组成，可驱动转轴旋转。转轴由支承装置支承，其支承装置的传感器能将动反力转变为电信号输出。转轴的外端通过锥体和快速螺母等固装被测车轮。驱动装置、转轴与支承装置等均装在机箱内。车轮防护罩可防止车轮旋转时其上的平衡块或花纹内夹杂物飞出伤人。制动装置可使车轮快速停转。近年来生产的车轮动平衡机，其显示与控制装置多为微机式，能将传感器送来的电信号通过微机运算、分析、判断后，在屏幕上显示出不平衡量及相位，其操作也有屏幕显示提示。

由于离车式车轮平衡机的一切结构和安装基准都已确定，所以电测系统无须自标定过程。因此，离车式车轮平衡机的构造和电测系统都较简单，平衡操作时只要将被测车轮的轮辋直径、轮胎宽度和安装尺寸通过键盘或选择器旋钮输入微机，则平衡机的显示屏上即会自动显示车轮两侧的不平衡质量 m_1、m_2 及其相位。

（2）离车式检测车轮不平衡　离车式车轮平衡机用于车轮不平衡的离车检测，其检测车轮动不平衡作业的一般步骤和方法如下。

1）车轮检测的准备。去掉车轮轮辋上已有的平衡块，清除轮胎表面的泥土和花纹中的石子，检查轮胎气压并视必要充至规定值。

2）车轮的装夹。根据被测车轮轮辋中心孔的大小选择合适的锥体压盘，把车轮对中安装到平衡机转轴上，并用快速螺母装夹牢固。

3）打开电源开关，检查指示与控制装置的面板是否指示正确，并确保其正常。

4）测量轮辋直径、轮辋宽度和安装尺寸等参数，并将其输入微机。注意：有些平衡机要求轮辋直径和轮辋宽度的单位是英寸。

5）放下车轮保护罩，按起动按钮，车轮旋转，平衡机则自动进入车轮平衡检测程序。当测量完成时，平衡机仪表会自动显示车轮两侧的不平衡质量 m_1、m_2 及其相位，车轮自动制动直至停止。

6）在车轮停止转动后打开车轮保护罩，根据测量结果，在轮辋两侧边缘指示相位上分别装上相应质量的平衡块。若不平衡量超过平衡块的最大质量，可用两个以上平衡块并列使用。但这时应注意，因多个平衡块占用较大的扇面会使其有效质量低于实际质量。

7）重新起动平衡机进行再次检测，观察剩余不平衡量是否满足法规要求。安装平衡块后有可能产生新的不平衡，因此安装后应重新进行平衡作业，直至不平衡量符合要求。

8）检测结束，关闭主机电源。

提示：若车轮经离车式车轮动平衡机平衡后再装车行驶仍出现不平衡现象，则最好再用就车式车轮动平衡机进行校对或平衡，以达到整个车轮旋转系统平衡的目的。

（3）离车式检测特点

1）检测精度高。由于是将车轮从车上拆下后，再装在平衡机上进行检测，影响车轮不平衡的因素较少，因此能对车轮的不平衡进行高精度测量。

2）平衡作业简单。离车式检测出不平衡时，不需考虑其他因素，可直接对车轮进行平衡作业，且作业简单。

3）检测速度慢。检测时，需将车轮从车上拆和装，从离车式平衡机上装和拆，拆装车轮麻烦，使检测速度相对较慢。

四、检测结果分析

车轮不平衡检测时，若其不平衡量小于该车型的规定值，则不必对该车轮进行平衡；若其不平衡量超标，则应进行平衡作业。实际上往往通过平衡作业可使车轮平衡性满足要求，但当不平衡值过大时，或通过平衡作业难以达到要求时，应对车轮进行进一步的检查，以找出故障原因。车轮不平衡的主要原因如下。

1）轮辋、制动鼓严重变形。

2）轮毂与轮辋加工质量不佳，如中心不准、轮胎螺栓孔分布不均、螺栓质量不佳等。

3）轮胎存在异常磨损、局部损坏或轮胎修补方法不当。

4）轮胎本身质量分布不均匀，如轮胎产品质量欠佳。

5）安装位置不正确，如内胎充气嘴位置不符合要求。

6）车轮平衡块脱落。

提示：当就车式检测车轮不平衡值异常且难以平衡时，应考虑检查随同车轮旋转部件如制动盘或制动鼓的变形及动平衡状况等。

任务三　掌握汽车悬架性能的检测方法

随着汽车行驶速度的提高，汽车悬架对车辆的操纵稳定性、行驶平顺性和安全性均具有重要的影响。为保证悬架系统具有良好的工作状态，充分发挥汽车在高速行驶下的使用性能，对在用汽车悬架性能进行经常性的检测是非常必要的。

一、汽车悬架性能的评价指标

台架检测在用汽车悬架性能的主要评价指标有：车轮接地力和车轮接地性指数。

1. 车轮接地力

车轮接地力是指模拟汽车行驶时车轮与道路接触的法向力。研究表明，悬架系统中最易发生故障的部件是减振器。当汽车悬架系统减振器阻尼下降较多时，行驶中车轮离地的概率就会剧增，导致轮胎与道路的接触状态变坏，接地力减少，汽车操纵稳定性恶化。据此，可用车轮作用在地面上的接地力来表征车轮和道路的接触状态，进而评价汽车悬架的性能。

2. 车轮接地性指数

车轮接地性指数也称吸收率，是指共振时车轮作用于检测台的最小动态垂直接地力与静态垂直接地力之比的百分数。谐振式悬架系统检测台，就是利用检测车轮和道路接地力的原理来评价悬架特性的。车轮接地性指数也是汽车悬架性能重要评价指标之一。

车轮接地性指数表征悬架系统在汽车行驶中确保车轮与道路接触的最小能力。汽车行驶中，所有车轮的接地性指数是不一样的，这是由于各轮悬架系统工作性能不一、各轮承受载荷不一、各轮气压不一等原因造成的。若在检测台上，人为地使各轮承受的载荷和轮胎气压一致，则车轮接地性指数就取决于悬架系统的工作性能。因此，完全可以用车轮接地性指数评价悬架系统的工作性能。显然，车轮接地性指数越大，表明其悬架系统的性能就越好。性能良好的汽车悬架，应能够在各种行驶条件下，使车轮与道路之间保持有足够大的接地力，也即车轮接地性指数较大。

提示：用车轮接地力或车轮接地性指数评价在用汽车悬架性能，其本质是一致的，但目前我国常用的评价指标是车轮接地性指数。

二、汽车悬架性能的检测

1. 悬架性能检测台

目前，汽车悬架性能的检测是一种快速检测，且必须在专用台架上进行。下面以目前广泛使用的谐振式悬架系统检测台为例进行说明。

(1) 检测台的基本组成　检测台主要由机械部分和检测控制系统两部分组成。

检测台的机械部分由箱体和左右两套相同的振动系统构成，如图 3-26 所示。其中台面用来支承车轮、传递振动；电动机、凸轮、储能飞轮、弹簧等组成激振器，用来迫使汽车悬架起振。

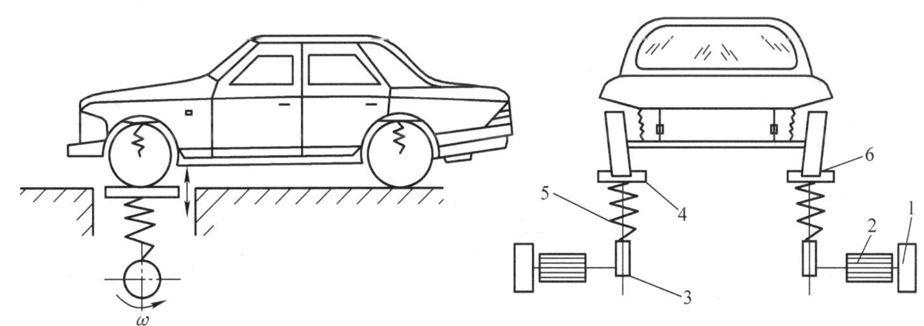

图 3-26　谐振式悬架装置检测台

1—惯性飞轮　2—电动机　3—凸轮　4—台面　5—激振弹簧　6—测量传感器

检测台的检测控制系统主要由计算机、传感器、信号转换器、电磁继电器、直流电源以及专用软件等组成。专用软件是悬架检测台检测控制系统与机械部分相联系的桥梁，它不仅能实现对检测台动作的控制，同时还能对检测台所采集的数据进行分析处理，并最终将检测结果显示、打印出来。

(2) 检测台的工作原理　检测悬架性能时，应将被测悬架车轮系统置于检测台面上，然后启动测试程序，此时检测台可自动控制电动机带动偏心机构进行激振，使整个“台面—汽车”系统振动。激振数秒钟达到角频率为 ω_0 的稳定强迫振动后，自动断开电动机电源，接着由储能飞轮以起始频率为 ω_0 的角频率进行扫频激振。由于停在台面上车轮的固有频率处于 ω_0 和 0 之间，因此储能飞轮的扫频激振总能使“台面—汽车”系统产生共振。检测控制系统在自动断开电动机电源的同时，会起动采样测试装置，并通过传感器、测量电路、计算机进行数据采集、处理、分析，测量车轮垂直振动时的受力状况、振动频率、振幅以及振动波形曲线，随后经检测系统处理便可获得汽车悬架性能的评价结果。

2. 汽车悬架性能的检测方法

1）汽车轮胎规格、气压应符合规定值，车辆空载，不乘人。

2）将车辆每轴车轮驶上悬架检测台，使轮胎位于台面的中央位置，驾驶人离车。

3）起动检测台，使激振器迫使汽车悬架产生振动，使振动频率增加至超过振荡的共振频率。

4）在共振点过后，将激振源关断，振动频率减少，并将通过共振点。

5）测量共振时的动态轮荷，记录衰减振动曲线，其纵坐标为动态轮荷，横坐标为时间。计算并显示动态轮荷与静态轮荷的百分比及其同轴左右轮百分比的差值。

三、汽车悬架性能的检测标准

GB 18565—2001《营运车辆综合性能要求和检验方法》中规定：对于最大设计车速≥100km/h、轴载质量≤1500kg 的载客汽车，用悬架检测台按规定的方法检测悬架特性时，受检车辆的车轮在受外界激励振动下测得的吸收率(即车轮接地性指数)，应不小于 40%，同轴左右轮吸收率之差不得大于 15%。

在欧美一些国家，汽车悬架检测台已被广泛应用于在用汽车悬架性能的检测，并且也有相应的检测标准，如欧洲减振器制造协会(EUSAMA)推荐的参考标准，在检测台面振幅为 6mm 时如表 3-9 所列。

表 3-9　车轮接地性指数参考标准

车轮接地性指数	车轮接地状态	车轮接地性指数	车轮接地状态
60 ~ 100	优	20 ~ 30	差
45 ~ 60	良	1 ~ 20	很差
30 ~ 45	一般	0	车轮与路面脱离

任务四　掌握汽车行驶系统常见故障的诊断方法

汽车行驶系统的常见故障有：汽车行驶跑偏、乘坐舒适性不良、前轮摆振和前轮胎磨损不正常等。

一、汽车行驶跑偏

（1）故障现象　汽车行驶时，不能保持直线方向，而自动偏向一边。

（2）故障原因

1）两前轮轮胎气压不等、轮胎直径不等。

2）前轮左右轮毂轴承松紧程度不一致。

3）前后桥两侧的车轮有单边制动或单边拖滞现象。

4）两前轮外倾角、主销后倾角、主销内倾角、前束角不等。

5）前梁、后桥轴管及车架变形。

6）左右悬架弹簧挠度不等或弹力不一。

7）左右轴距相差过大，推力角过大。

8）转向节弯曲变形。

（3）故障诊断

1）检查两前轮轮胎磨损程度是否一致，再检查两侧轮胎气压是否相等，若左右轮的检查结果不同，则说明两前轮直径不等而导致汽车自动跑偏。

2）若左右轮直径相等，可进行路试。待汽车行驶一段时间后进行停车检查，用手触摸跑偏一侧的制动鼓(或制动盘)和轮毂轴承处，若感到温度过高，则说明故障由该轮制动拖滞或车轮轴承过紧引起。

3）若制动鼓(或制动盘)和轮毂处温度正常，则可检查车身两边车轮的轴距是否相等，推力角是否为零。若轴距不等，推力角过大，则说明前、后桥或车架在水平平面内有弯曲变形或悬架杆件、转向节有变形。

4）若轴距相等，推力角正常，可在规定条件下检查车身两侧参考点的高度值。若高度值不同，则说明两侧悬架弹簧的弹性不一致或有一侧的悬架杆件有变形现象，若高度值相同，则说明悬架正常。

5）若以上均属正常，则故障可能由两前轮的外倾角、主销后倾角、主销内倾角、前束角不等引起。通常，汽车可向前轮外倾角较大、前束角较小的一侧自动跑偏，这可通过检测转向轮定位参数进行验证。

二、乘坐舒适性不良

（1）故障现象　汽车在凸凹不平的路面行车时，车身产生的振动不能迅速衰减，或汽车在高速行车时振动严重，使乘坐的舒适性能受到破坏。

（2）故障原因

1）减振器不良或损坏。

2）悬架系统弹性元件损坏。

3）轮胎气压不正常。

4）车轮动不平衡现象严重。

5）轮胎磨损过甚或磨损不均。

6）传动轴动不平衡。

（3）故障诊断

1）检查轮胎的磨损及充气情况。若轮胎磨损不均，则可导致轮胎高速运转时失去动平衡而引起振动；若轮胎严重磨损且气压过高或过低，则轮胎会失去其应有的缓冲和减振功能而导致汽车的乘坐舒适性被破坏。

2）检查车轮。先目检车轮是否有明显的变形，然后利用百分表对轮辋进行径向、端面圆跳动量检查，以确诊轮辋变形是否超标，必要时可进行车轮动平衡检查以确诊故障所在。

3）检查减振器。悬架的减振器多为不可拆卸式，系一次性部件，目检时，若减振器存在弯曲或严重的凹陷或刺孔，说明减振器损坏。正常情况下，只有在减振器泄漏严重并在外套能看到减振器油滴，车辆遇到路面冲击而车轮回跳过度时，才可确诊为减振器损坏。

减振器的工作效能检查，可不拆下减振器而实行就车检查。检查方法：一是停车时使减振器处于工作状态检查，用手把车辆压下，然后迅速地松手，此时若车辆的反弹次数超过两次，则说明减振器工作效能差，应更换减振器，该法适用于小车；二是在汽车运行后的触摸检查，让汽车运行一段时间停车后，迅速用手触摸减振器筒体，如果感到筒体发热、烫手，说明减振器工作正常，不缺油。若感觉筒体不发热或温度变化不大，则说明减振器失效或缺油。

减振器缺油时，往往会导致减振器发响并使减振器失去减振功能。此时汽车在不平路面行驶，就会发出“咯噔、咯噔……”的撞击声，并使振动加剧。因此，一旦减振器有异常响声，并伴有车身严重振动现象，则应停车检查，用手触摸减振器筒体，并查看减振器体是否有漏油的痕迹，以此确诊减振器是否缺油或失效。

4）检查悬架弹簧。目检弹簧是否有折断或损伤缺陷，对于弹簧的弹力可用仪器来检查。

5）检查悬架杆件连接处橡胶衬套是否老化或损坏，其连接部位间隙是否过大。

6）检查传动轴是否弯曲变形、平衡块有无脱落，传动轴管是否凹陷，必要时可进行动平衡检验。

三、前轮摆振

（1）故障现象　汽车在某一车速范围内行驶时，出现两前轮各自围绕主销轴线摆振(俗称前轮摆头)的现象，且感到转向盘发抖、行驶不稳定。

（2）故障原因

1）车轮变形，前轮的径向圆和端面圆跳动量过大。

2）前轮动不平衡量严重超标。

3）前轮外倾角、前束值不符合标准或不匹配。

4）主销后倾角、主销内倾角超标。

5）前轮轮毂轴承松旷。

6）转向节球销及纵横拉杆球销等连接处松旷。

7）转向器主、从动部分啮合间隙过大。

8）前梁或车架有弯、扭变形。

9）前悬架杆件及转向节变形。

（3）故障诊断

1）检查转向传动机构各连接部位是否松旷。连接部位松旷后会减少对前轮摆振的阻尼作用，因而加大了前轮的摆头。在进行检查时，先左右转动转向盘，检查转向盘的自由转动量是否过大。若过大，则应逐一检查各球头销等连接部位是否松旷，以确诊故障部位。

2）如上述连接部位正常，则检查轮毂轴承、转向节球销是否松旷。检查时，先支起汽车前部，使前轮处于卸载状态，然后在车轮的侧面用手上下摇动车轮。若有松旷感，则表明存在故障。

3）目检前轮胎花纹磨耗状况，并察看前轮是否装用了翻新胎。磨耗严重不均的轮胎及翻新质量差的翻新胎其动不平衡量会过大，易引起前轮摆头。

4）检查前轮是否变形。可通过检测车轮轮辋的径向、端面圆跳动量来反映其变形情况。检查时，将汽车前部支起，转动车轮，用百分表测量轮辋的径向和端面圆跳动量。通常，轿车钢制轮辋其端面圆跳动量标准值为：0～1.0mm，维修极限为：2.0mm；其径向圆跳动量标准值为：0～1.0mm，维修极限为：1.5mm。变形量超标的车轮易发生摆头现象。

5）检查前轮是否动平衡。检查方法是：支起汽车前部，用就车式车轮平衡机进行就车检测。前轮过大的动不平衡量，易造成车轮在高速范围内的强迫振动，这通常是高速摆头的主要原因。若前轮动不平衡量过大，则应对前轮进行配重平衡，对难以动平衡的车轮应予以更换。

6）若上述情况均正常，则应检查前轮的前束值。其前束值过小或过大，易造成前轮摆头并使轮胎磨损异常。当前束值超标时，应予以调整，使其正常。

7）若前束值正常而故障仍未消除，则进行前轮外倾角检测。前轮外倾角过大或过小，均不可能与其前束良好地匹配，易造成前轮摆头并使轮胎磨损异常。前轮外倾角超标往往是因悬架杆件或转向节变形所致。因此当前轮外倾角超标时，应查明原因，以消除外倾角不正常的故障。

8）当前轮外倾与前束均正常时，则故障可能是主销后倾、主销内倾角不正常。汽车在长期使用过程中，由于悬架或车身某些部件的变形和损坏，可能导致主销后倾、主销内倾角发生变化，其主销后倾、主销内倾角过大或过小都有可能使前轮摆头：主销倾角过小，稳定力矩小，前轮回正能力就差；主销倾角过大，稳定力矩大，前轮回正就会过猛。因此，应使用车轮定位仪检测前轮的主销后倾角和主销内倾角，以确诊故障。

9）若经过上述检查均无问题，则前轮摆头的原因可能是车身或车架变形所致，应对其进行检查。

四、前轮胎磨损不正常

（1）故障现象　前轮胎磨损速度过快，胎面磨损异常，如图3-27所示。

（2）故障原因

1）前轮胎气压过高或过低。

2）前轮定位不正确，尤其是前轮外倾和前束不正确。

3）前轮径向圆、端面圆跳动量过大以及车轮动不平衡。

4）前轮毂轴承松旷。

5）转向节球销及纵横拉杆球销等连接处松旷。

6）前轮胎长期未换位。

7）前梁弯、扭变形或前悬架杆件及转向节变形。

（3）故障诊断

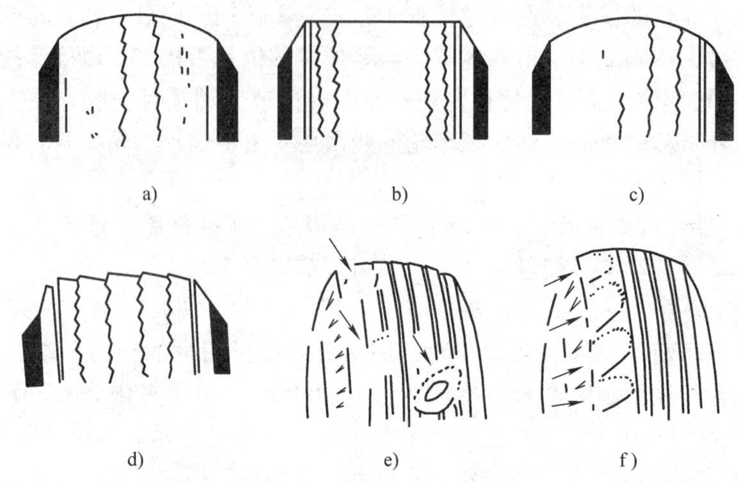

图 3-27　轮胎异常磨损

a）中部磨损　b）胎肩磨损　c）一侧磨损　d）羽片状磨损

e）秃点磨损　f）扇形磨损

1）察看前轮胎的胎面，如发现胎冠中部快速磨损，如图 3-27a 所示，则为轮胎气压过高所致。其轮胎气压过高将增加单位接地面积的负荷，加速胎冠中部的磨耗。此外，由于帘布层帘线承受过大的拉伸应力，还易导致轮胎的早期损坏。

2）察看前轮胎的胎面，如发现胎冠两肩磨损过快，如图 3-27b 所示，则为轮胎气压不足所致。其轮胎气压不足会使胎冠接地印迹增宽，并且由于轮胎中部弯曲略向外拱起，因此招致胎冠两肩着地，引起两肩磨损加快，同时当高速行车时，还会引起胎面开裂。

3）察看前轮胎的胎面，如发现轮胎外侧或内侧磨损过快，如图 3-27c 所示，则说明前轮的外倾角不正常。若胎冠外侧偏磨损，说明车轮外倾角过大；若胎冠内侧偏磨损，说明车轮外倾角过小。此时应使用车轮定位仪重点检查车轮外倾角的大小，以便确诊。

4）察看前轮胎的胎面，如发现胎冠出现羽片状磨损，如图 3-27d 所示，则说明前轮前束不正常。若左右前轮胎冠上羽片的尖部指向汽车纵向中心线，则说明前束过大；若羽片的尖部背离汽车纵向中心线，则说明前轮存在负前束。此时应重点检查前轮的前束值，必要时应予以调整。

5）察看前轮胎的胎面，如发现轮胎胎面局部出现磨光的斑点即秃点，如图 3-27e 所示，则说明前轮不平衡。当前轮不平衡时，前轮的振动会引起轮胎的定向磨损，最终导致斑点磨损。此时应用车轮平衡机重点检测前轮的不平衡情况。

6）察看前轮胎的胎面，如发现轮胎胎冠上某一侧产生扇形磨损，如图 3-27f 所示，则由轮胎长期处于某一位置行驶而不换位或悬架位置不当所致。

7）察看左右两前轮轮胎的胎面，如发现一侧轮胎磨损较小且正常，而另一侧轮胎磨损异常严重，则说明磨损异常车轮的悬架系统及转向节部件不正常，支承件变形，从而造成单个车轮定位失常及车轮负荷过大，导致车轮磨损异常。此时应重点检查磨损异常轮胎的悬架、车轮定位、轮毂轴承间隙、车轮的平衡及轮辋的变形情况，以找出单个车轮严重磨损的原因。若单个轮胎胎冠一侧的磨损过大，则说明该车轮外倾角不符合标准。若车轮外倾角过大，则轮胎胎冠外侧会早期磨损，若车轮存在负外倾，则胎冠内侧磨损将过大。

8）检查转向球销、主销、轮毂轴承是否松旷。支起前桥，面对轮胎侧面，用手沿汽车横向反复推、拉轮胎顶部，并用撬杠上下撬动前轮。若这些部位松旷严重，则会改变车轮前束和外倾角的大小，从而使轮胎磨损异常。

9）检查车轮是否变形。支起前桥，转动前轮，用车轮跳动量测量仪检查轮辋与轮胎的径向和端面圆跳动量，如图 3-28 所示。若其跳动量值超标，则会造成前轮严重摆振，从而导致前轮不正常磨损。

10）检查前梁、前悬架杆件及转向节是否变形。因为这些会部位的变形会引起前轮定位参数发生变化，从而导致前轮磨损异常。

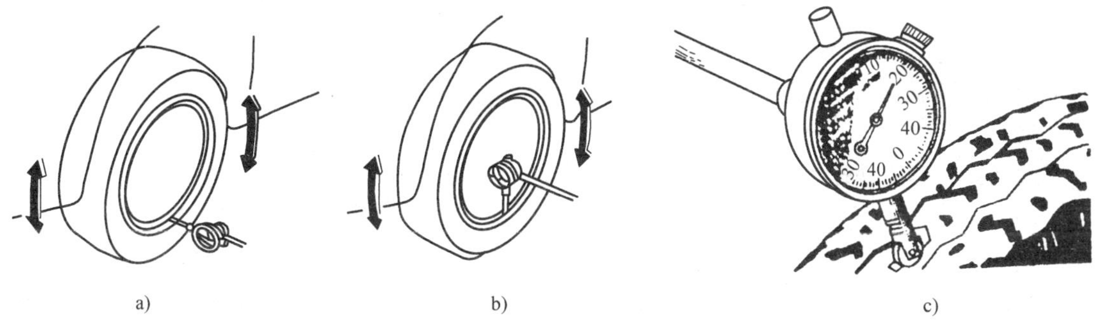

a)　b)　c)

图 3-28　车轮跳动量测量

a）轮辋端面圆跳动量测量　b）轮辋径向圆跳动量测量　c）轮胎径向圆跳动量测量

项目五　底盘电子控制系统的检测诊断

学习目标：

- 了解电子控制防滑转系统、电子控制悬架系统的检测诊断方法
- 熟悉自动变速器手动换挡试验、机械试验方法，并能诊断自动变速器电控系统主要部件的故障
- 能对液压式电子控制动力转向系统的故障进行检测诊断
- 掌握电子控制 ABS 故障的检测诊断方法，能正确诊断 ABS 的常见故障

任务一　掌握电子控制自动变速器的检测诊断方法

一、电子控制自动变速器的检测

电子控制自动变速器的检测可为故障诊断与排除提供依据，是判断自动变速器故障类型和确定故障部位的有力措施，是自动变速器故障诊断与排除的基础。电子控制自动变速器检测的主要内容是：基础检查、手动换挡试验和机械试验等三大项目。

1. 基础检查

自动变速器的油位不当、油质不佳、操纵机构调节不当及发动机怠速不正常，是引起自动变速器故障的最常见原因。通常把这些部件的检查与重新调整，称为自动变速器的基础检查。

基础检查的目的是检验自动变速器是否能在正常前提条件下进行工作。通过基础检查，常常可以解决许多故障，并避免误判自动变速器故障。因此，当自动变速器出现故障时，应首先进行基础检查。其基础检查的主要项目如下：

（1）发动机怠速的检查　发动机怠速过高或过低，均可导致自动变速器工作不正常。当怠速过低时，挡位转换易引起车身振动，严重时可导致发动机熄火；而怠速过高时，则会产生过度的换挡冲击。因此，在对自动变速器做进一步检查之前，应先检查发动机的怠速是否正常。

1）将自动变速器变速杆置于 N 位或 P 位。

2）起动发动机，使发动机处于正常的工作温度。

3）使发动机稳定在怠速下运转。

4）检查发动机怠速转速。

提示：若怠速转速不符合标准，不论过高或过低均应予以调整。

（2）节气门全开的检查　将加速踏板踩到底，节气门应全开；松开加速踏板，节气门应回到怠速位置。否则应予以调整。

提示：节气门能否全开直接关系到发动机输入功率是否正常，若加速踏板踩到底而节气门不能全开，则会引起发动机加速不良、全负荷时发动机输出功率不足及汽车的最高车速下降。

（3）节气门阀拉索的检查　在带有节气门阀拉索的自动变速器中，节气门阀拉索可把节气门与自动变速器的节气门阀连接起来，并通过节气门与节气门阀的联动，将发动机负荷信号转换成节气门阀的油压信号，以此来控制主油压随节气门开度的变化而变化。

检查方法主要有目视检查法、手感试验法、记号检查法等。记号检查法是将节气门全开，使拉索的标记在规定的位置，其拉索的松紧程度应合适，否则应重新调整。

提示：节气门阀拉索的调整是否合适直接关系到发动机负荷是否能被适当地传至节气门阀。若拉索调整过松，则节气门阀控制的液压会低于正常值，引起换挡点过低从而导致功率消耗过大；若拉索调整过紧，则会使节气门阀控制液压过高，引起换挡点过高从而导致换挡冲击。

（4）空挡起动开关的检查　检查时，接通点火开关，将变速杆拨至各个挡位，观察挡位指示灯与变速杆位置是否一致。将变速杆依次置于各挡位，起动发动机，看在 P 位和 N 位时，发动机能否起动，R 位时倒车灯是否亮起。

提示：正常情况时，挡位指示灯应与变速杆所处的位置一致，变速杆只有在 P 位和 N 位时，发动机才可以起动，而在其他任何位置都不能起动，变速杆置于 R 位时，倒车灯应亮起。检查时如果不符合上述要求，则应调整。

（5）超速挡控制开关的检查　检查的目的是确认自动变速器的超速挡电控系统工作是否正常。检查时，将自动变速器运转至正常工作温度（70～80℃），然后发动机熄火，打开点火开关，连续接通并断开超速挡（O/D）控制开关，若变速器内的相应电磁阀有“咔嗒、咔嗒”的操作声，则说明超速挡电控系统工作正常。

（6）强制降挡开关的检查　一般的强制降挡开关安装在加速踏板下面的底板或者加速踏板杠杆上端的支架上。先检查强制降挡开关是否良好地固定在安装位置上，加速踏板踩到底时是否能够控制强制降挡开关，导线连接是否良好，然后用万用表对线路的电阻和电压进行测量。开关的电阻值在正常情况下只有小阻值(3～10Ω)和大阻值(30Ω以上)两种状态；在点火开关接通情况下，开关接通与断开时，电压应有明显的变化。

(7) 自动变速器油(ATF)油面高度的检查　ATF油面的高低对自动变速器性能的影响极大。油面过低时，变速器油泵容易吸入空气，使空气混入自动变速器油内，会降低液压控制装置的液压，从而导致变速器中的离合器和制动器打滑，使加速性能变坏；此外，油面过低时还会加速变速器油的氧化，加快变速器油的变质，使变速器内齿轮润滑不良而易于损坏。油面过高时，容易造成变速器油异常发热，使油质变差，导致润滑不良，从而加快变速器齿轮的磨损；过多的变速器油容易引起控制阀体上的排油孔阻塞而造成排油不畅，影响离合器、制动器的平顺分离，使换挡不稳定；另外，油面过高，在车速很高时自动变速器内部压力将会过高，变速器油容易泄漏。因此，应适时地检查ATF油面的高度。

检查时，将汽车置于平路上，发动机及变速器处于正常工作温度，在发动机怠速运转时，将操纵手柄在所有挡位上都停留片刻，再回到P位，然后拔出油尺，擦干油尺后，将其放回且全推到底，然后再拉起油尺查看液面高度。ATF油面必须位于机油尺所示的液面最大值和最小值之间，油面过高时应将多余的油液放掉，油面过低时应检查变速器上是否有泄漏，确认正常后，添加ATF直至达到油尺上的指定液面位置。

(8) 自动变速器油品质的检查　在检查自动变速器油面高度的同时可检查其油品质，先观察油尺中变速器油滴的颜色，再嗅一下油液的气味，然后用手指捻一下油液，则可根据油的颜色及其污染程度判断自动变速器油的品质。当油液透明、呈粉红色且不含杂质或颗粒时，油质正常。ATF油液可能变为红色，有一点接近棕色，但这并不意味着它受了污染，也属正常之列。

变速器油品质变差将会使自动变速器不能正常工作和导致变速器损坏。自动变速器油的状况是自动变速器工作状态的集中反映，因而可根据变速器油品质的变化情况，判断变速器是否有故障。具体判断如下：

1) 当自动变速器油有金属屑或黑色颗粒时，说明变速器齿轮、离合器或制动器存在严重磨损。

2) 当自动变速器油有烧焦味时，说明自动变速器油工作时，油液的温度太高，应检查油面是否过高或过低，油液冷却器、滤清器或管路是否堵塞，自动变速器的离合器及制动器是否打滑。

3) 当自动变速器油变成深褐色、棕色时，说明自动变速器部件高负荷运转，或某些部件打滑、损坏而引起变速器过热；或变速器油使用时间过长。

上述三种情况，均表明自动变速器油的品质恶化，应及时更换。此时应查找和消除污染变质的来源，清除变速器和变矩器上的所有污染物，添加新的ATF液，并且检查油位。

自动变速器油底壳内若有少量金属颗粒或摩擦材料则属正常现象，但自动变速器油中若金属颗粒多、油液烧焦较为严重，则说明自动变速器技术状况恶化，遇此情况应更换自动变速器总成。

2. 手动换挡试验

手动换挡试验是指人为地使自动变速器脱离车上自动变速器电子控制单元ECU的控制，由测试人员手动进行的各挡位试验。

（1）试验目的　区别故障存在于电子控制系统还是机械系统（包括液力变矩器、齿轮变速器和换挡执行器）或液压控制系统，以缩小故障的检测范围。

（2）试验方法

1）脱开自动变速器的所有换挡电磁阀线束插头，使 ECU 不能通过换挡电磁阀来控制换挡。

2）确定自动变速器变速杆位置与挡位的关系，不同车型的电子控制自动变速器，在脱开换挡电磁阀线束插头后，挡位和变速杆的关系不完全相同，应参照本车维修资料确定其对应关系。表 3-10 为赛欧轿车 AF13 型自动变速器手动换挡时变速杆与各挡位的对应关系。

表 3-10　手动换挡时变速杆位置与各挡位对应关系

变速杆位置	R	D	3	2	1
实际挡位	倒挡	4 挡	4 挡	3 挡	1 挡

3）起动发动机进行路试或台架试验，将变速杆置于不同挡位，观察变速杆位置与各挡位车速的变化情况。

（3）性能分析　试验时，若每一挡动作都正常，其变速杆位置与各挡位车速具有正确的对应关系，则说明故障在电子控制系统；若某挡位动作异常或前进各挡很难区分，则说明故障在自动变速器机械系统和液压控制系统部分。

3. 机械试验

自动变速器的机械试验是在进行基础检查、手动换挡试验后确认是机械系统和液压系统故障后进行的试验，其目的是区分故障是由机械系统引起的，还是由液压控制系统引起的，并同时诊断出故障的具体部位。其机械试验的主要内容有失速试验、时滞试验、液压试验和道路试验。

（1）失速试验　失速试验测试的是发动机处于失速工况下所能达到的最高转速，即失速转速。失速工况是指变速杆处于前进挡或倒挡位置的条件下，踩住制动踏板并完全踩下加速踏板时，发动机运转所处的工况。很显然，在失速工况下，自动变速器的输出轴转速为零，而变矩器壳体及泵轮会随发动机一起转动，因此，发动机就处于最大转矩工况。

1）试验目的。根据失速转速来诊断发动机的整体性能和自动变速器的综合性能。主要是检查发动机的输出功率、变矩器性能、自动变速器的离合器及制动器是否打滑。

2）试验方法。自动变速器失速试验方法可参照图 3-29 进行。

① 试验准备。应确保自动变速器油面高度正常，汽车驻车制动器、制动踏板良好，应有发动机转速测量仪表，必要时可安装发动机转速表。

② 汽车运行，使发动机及自动变速器热机至正常工作温度。

③ 用三角木抵紧车轮，同时采取可靠的驻车制动。

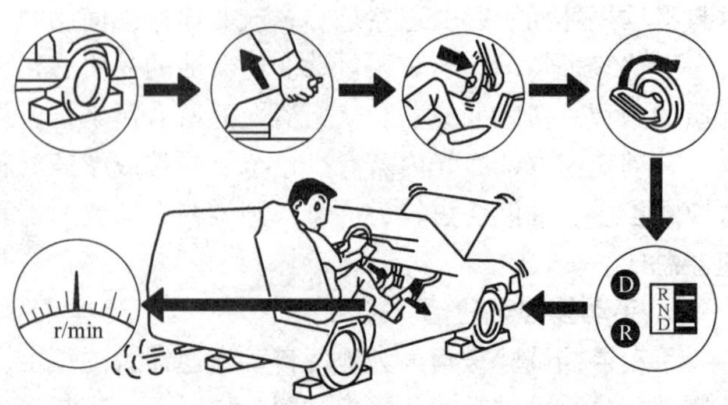

图 3-29　失速试验

④ 起动发动机，使发动机正常运转。

⑤ 将变速杆置于D位，并将制动踏板和加速踏板同时踩到底，迅速记下发动机的最高转速，该转速即为失速转速。

⑥ D位失速转速测出后，立即松开加速踏板。

注意：从加速踏板踩下到松开整个过程的时间不得超过5s，否则自动变速器油液会因温度过高而变质，自动变速器的密封件等零件会因油压过高而损坏。

⑦ 将变速杆置于P位或N位，使发动机怠速运转1~2min。

⑧ 将变速杆置于R位，重复上述测试，并记下其失速转速。

提示：若有必要进行重复试验，则要等到自动变速器温度恢复到正常后才能重新开始。

3）性能分析。不同车型的自动变速器都有其失速转速标准值，如赛欧轿车自动变速器失速转速的标准值为(2400±150)r/min。若失速转速与标准值相符，说明自动变速器的油泵、主油路油压及各个换挡执行元件工作基本正常；若失速转速高于标准值，则说明主油路油压过低或换挡执行元件打滑；若失速转速低于标准值，则可能是发动机动力不足或液力变矩器有故障。表3-11为赛欧轿车自动变速器失速转速失常故障诊断的可能原因。

表3-11　失速现象及原因分析表

失速现象	故障可能原因	失速现象	故障可能原因
在D位和R位失速转速过高	① 液位低或ATF泵输出功率不足 ② ATF滤网堵塞 ③ L油路压力过低 ④ 多片式离合器C3打滑	在R位失速转速过高	① 油路压力过低 ② 多片式倒挡离合器C2打滑 ③ 多片式离合器C3打滑 ④ 制动器B2打滑
在D位失速转速过高	① 油路压力过低 ② 多片式前进离合器C1打滑 ③ 多片式离合器C3打滑 ④ 单向器F1存在故障	在D位和R位失速转速过低	① 发动机输出功率不足 ② 液力变矩器单向离合器故障

（2）时滞试验　自动变速器换挡滞后时间是指在发动机怠速运转时，将变速杆从N位换到D位或R位开始至感觉到轻微振动时为止的一段时间。时滞试验就是测量自动变速器换挡的滞后时间。

1）试验目的。根据滞后时间的长短来判断自动变速器离合器、制动器磨损情况和控制油压是否正常。

2）试验方法。自动变速器时滞试验方法可参照图3-30进行。

① 汽车运行，使发动机及自动变速器热机至正常工作温度。

② 拉紧驻车制动器操纵杆，将变速杆置于N位，使发动机怠

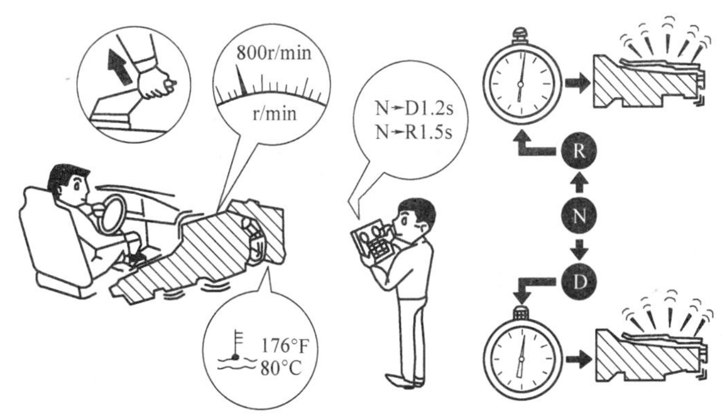

图3-30　时滞试验

速运转。

③ 将变速杆从 N 位换到 D 位，同时用秒表测量从移动变速杆至有振动感时止的时间，该时间称为 N→D 滞后时间。

④ 将变速杆从 N 位换到 R 位，用秒表测出滞后时间，该时间称为 N→R 滞后时间。

提示：为提高检测的准确性，试验时，N→D 滞后时间和 N→R 滞后时间各测 3 次取平均值，且每次检测间隔时间至少 1min，以使离合器、制动器恢复至原始状态。

3）性能分析。滞后时间的大小取决于自动变速器油路油压、油路密封情况以及离合器和制动器的磨损情况，因此可根据滞后时间的长短来判断主油路油压及换挡执行元件的工作是否正常。下面以赛欧轿车自动变速器为例进行说明。

① 换挡滞后时间的标准是：N→D 滞后时间小于 0.7s；N→R 滞后时间小于 1.2s。

② 若 N→R 的滞后时间过长，则可能为：管路油压过低；多片式倒挡离合器 C2、多片式离合器 C3 或制动器 B2 工作不良。

③ 若 N→D 滞后时间过长，则可能为：管路油压过低；多片式前进离合器 C1、多片式离合器 C3 或单向离合器 F1 工作不良。

（3）液压试验　液压试验是在自动变速器运转时，对液压控制系统油路中的油压进行测量，以此来判断液压控制系统工作状况是否正常的一种方法，它为分析自动变速器的故障提供依据，以便于有针对性地进行修复，还可以进一步验证失速试验、时滞试验、道路试验的判断结果。

1）试验目的。利用其测量的压力判断自动变速器各种泵、阀的技术状况、密封性能和节气门阀拉索的调整状况。

2）试验方法。液压试验的方法因其试验内容及自动变速器型号的不同而略有差异，其试验内容多为主油路油压、速控阀油压、节气门阀油压、R 位制动器油压及各挡离合器油压的测量。按其测量要求，多在壳体上设计有各自的测压孔，其多少因机型而异。下面以轿车自动变速器的主油路油压测量为例进行说明，其试验方法可参照图 3-31 进行。

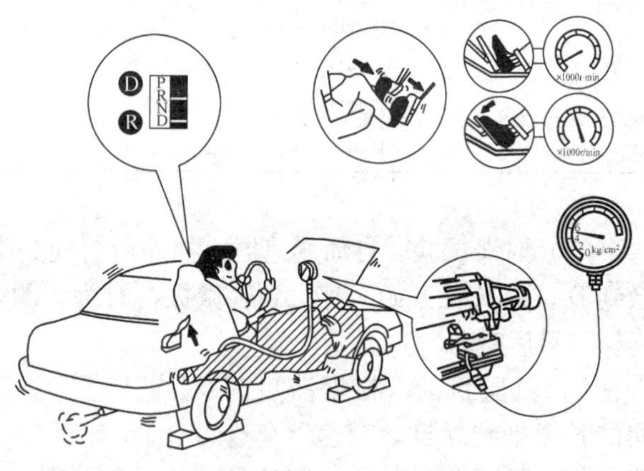

图 3-31　液压试验

① 让汽车运行，使发动机及自动变速器达到正常工作温度。

② 将车辆停放在水平地面上，检查发动机怠速，检查自动变速器油的液位高度，如不正常，应予以调整。

③ 施加制动，牢牢地限制住车轮。

④ 将专用 A/T 油压表组件与管路压力检查孔相连接。

⑤ 起动发动机，使发动机正常运转。

⑥ 将变速杆置于 D 位，分别检测发动机在怠速、失速转速处运转时的管路压力，其持续时间不能超过 5s。

⑦ 将变速杆置于 N 位或 P 位，使发动机怠速运转 1～2min，以冷却自动变速器。

⑧ 将变速杆置于 R 位，分别检测发动机在怠速、失速转速处运转时的管路压力，其持续时间不能超过 5s。

⑨ 将试验测得的油压值与标准值对比，以诊断故障。赛欧轿车自动变速器管路油压标准是：D 位，怠速时 0.37 ~ 0.43MPa，失速转速时 1.10 ~ 1.28MPa；R 位，怠速时 0.54 ~ 0.63MPa，失速转速时 1.47 ~ 1.69MPa。

3）性能分析。正确的油路压力是自动变速器正常工作的先决条件，油压过高，会使自动变速器出现严重的换挡冲击，甚至损坏控制系统；油压过低，会造成换挡执行元件打滑，加剧其摩擦片的磨损，甚至使换挡执行元件烧毁。对于因油压过低而造成换挡执行元件烧毁的自动变速器，如果仅仅更换烧毁的摩擦片而没有找出故障的真正原因并加以修复，更换后的摩擦片经过一段时间的使用后往往会再次烧毁。因此，对油压试验的结果进行分析及故障诊断非常重要。

不同车型不同自动变速器的规定油压不完全相同，应以厂家提供的数据为标准。若测得的压力与标准值不符，则说明 ATF 泵或液压控制系统有故障。表 3-12 是赛欧轿车自动变速器油压不正常的故障诊断表。

表 3-12　油压不正常故障诊断表

序　号	故 障 现 象	故障可能部位
1	无管路压力或管路压力过低，比 D 位和 R 位的标准压力都低	① 压力控制电磁阀故障 ② ATF 泵故障 ③ 初级调节阀功能故障
2	管路压力过高，比 D 位和 R 位的标准压力都高	① 压力控制电磁阀故障 ② 初级调节阀功能故障
3	仅比 D 位的标准压力低	D 位液压油回路故障
4	仅比 R 位的标准压力低	R 位液压油回路故障

（4）道路试验　自动变速器的道路试验是诊断、分析自动变速器故障的最有效手段之一。它是通过测试自动变速器变速杆位于不同位置时的汽车行驶状况，来检查自动变速器总体工作情况的。

1）试验目的。检查自动变速器的换挡点、换挡冲击、振动、噪声和打滑等方面的情况，为诊断自动变速器的故障提供依据。另外，道路试验还可用于检验修复后的自动变速器的工作性能和修理质量。

2）试验方法。路试前自动变速器的基础检查必须合格，其发动机和底盘应无故障，并让汽车适当运行一段时间使发动机和自动变速器达到正常的工作温度。道路试验时，通常应将超速挡开关置于“ON”位置，并将模式开关置于普通模式或经济模式位置。试验时应使自动变速器在每个选挡位置都使用，以便检查各挡的使用性能。道路试验应在平直的路面上进行，其试验方法如下。

① 升挡的检查。将变速杆置于 D 位，踩下加速踏板，使节气门保持在 1/2 开度左右，让汽车起步加速，检查自动变速器的升挡情况。自动变速器在升挡时发动机会有瞬时的转速下降，同时车身有轻微的冲击。检测人员则可根据车身冲击及车速变化的感觉来进行升挡检查。自动变速器工作正常时，汽车起步后随着车速的升高，检测人员能感觉自动变速器顺利

地依次由最低挡升至最高挡。若自动变速器不能升至高挡(3 挡或超速挡)，则说明自动变速器电子控制系统或换挡执行元件有故障。

② 换挡点的检查。换挡点是指自动变速器升挡或降挡的时刻，通常用换挡时的车速来表征。因此，检查换挡点实际是检查换挡时的车速。由于换挡点与节气门的开度有一定关系，因此，换挡点检查也就是查看及感觉在不同节气门开度和不同车速时，有无换挡动作。由于降挡时刻在汽车行驶中不易察觉，因此在道路试验中一般很少检查自动变速器的降挡车速，通常只通过升挡车速来判断自动变速器有无故障。其升挡点车速检查如下。

将变速杆置于 D 位，踩下加速踏板，并使节气门保持在某一固定开度，让汽车起步加速。当察觉到自动变速器升挡时，记下升挡车速。通常各种自动变速器维修手册给出了多种节气门开度的各挡换挡点车速，作为升挡点车速的标准值，表 3-13 为本田雅阁 BAXA 型自动变速器各升挡点车速的标准值。也可根据各种自动变速器的换挡图，求出不同节气门开度下自动变速器的升挡车速作为标准。但由于不同车型自动变速器各挡位的传动比大小都不尽相同，因而其升挡车速的标准值也不完全一样。路试时，应将换挡点车速检测值与原车提供的标准值比较来判断换挡点是否正确。当升挡车速保持在标准范围内，而且汽车行驶中加速良好，且无明显的换挡冲击，则说明其换挡点正确。若汽车行驶中加速无力，升挡车速明显低于标准范围，说明升挡车速过低(即过早升挡)，其控制系统存在故障；若汽车行驶中有明显的换挡冲击，升挡车速明显高于标准范围，则说明升挡车速过高(即太迟升挡)，其控制系统及换挡执行元件可能存在故障。

表 3-13　BAXA 型自动变速器升挡点车速标准值

节气门开度	1 挡升 2 挡 /(km/h)	2 挡升 3 挡 /(km/h)	3 挡升 4 挡 /(km/h)	锁止离合器接合 /(km/h)
节气门位置传感器电压 0.8V	15～17	33～37	42～48	75～79
节气门位置传感器电压 2.25V，相当于节气门 1/2 开度	33～37	63～69	94～100	110～116
节气门位置传感器电压 4.5V，相当于节气门全开	55～61	99～105	155～161	156～162

③ 换挡质量的检查。在进行换挡点检查的同时还应进行换挡质量的检查，主要检查换挡时有无换挡冲击。正常时，电子控制自动变速器的换挡冲击应十分微弱。若换挡冲击太大，说明自动变速器的控制系统或换挡执行元件有故障，其原因可能是油路油压过高或换挡执行元件打滑所致，应作进一步检查。当发动机转速在非换挡时有突然升速现象，则说明换挡执行元件打滑。

④ 锁止离合器工作状况的检查。液力变矩器中的锁止离合器，其锁止时的车速与发动机节气门开度有关，当车速过低时，锁止离合器将处于分离状态。因此，路试检查时，让汽车加速至超速挡，以高于 80km/h 的车速行驶，并让节气门开度保持在低于 1/2 开度的位置，使液力变矩器进入锁止状态。此时，快速将加速踏板踩下至 2/3 开度，同时检查发动机转速的变化情况。若发动机转速没有太大的变化(图 3-32)，说明锁止离合器处于锁止状态，工作正常；若发动机转速猛增，则表明锁止离合器没有锁止，工作不良，其原因通常是锁止离合器控制系统存在故障。

⑤ 发动机制动作用的检查。将变速杆置于前进低挡(S、L 或 2、1)位置，在汽车以 2 位或 1 位行驶时，突然松开加速踏板，检查是否有发动机制动作用。若松开加速踏板后车速即

随之快速下降，则说明发动机有制动作用；否则，说明自动变速器电子控制系统或前进挡离合器及强制制动器有故障。

⑥ 强制降挡功能的检查。将变速杆置于D位，保持节气门开度为1/3左右，在以2挡、3挡或超速挡行驶时突然将加速踏板完全踩到底，检查自动变速器是否被强制降低了一个挡位。在强制降挡时，发动机转速会突然上升至4000r/min左右，并随着加速升挡，转速逐渐下降。若踩下加速踏板后没有出现强制降挡，则说明强制降挡功能失效；若在强制降挡时发动机转速升高反常，达5000～6000r/min，并在升挡时出现换挡冲击，则说明换挡执行元件打滑。

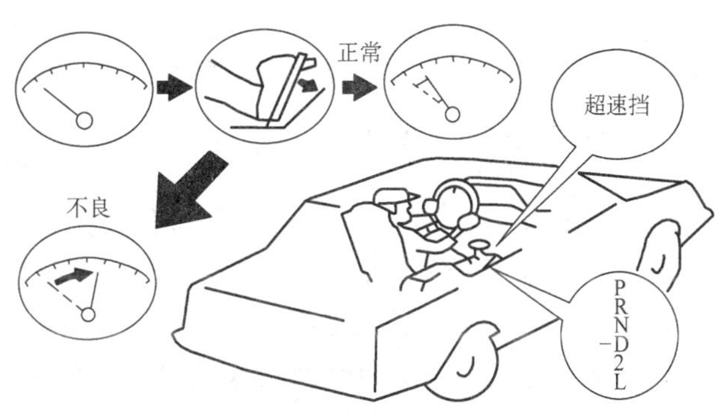

图3-32　检查锁止离合器工作状况

⑦ 其他挡位的检查。1位检查：将变速杆置于1位或L位，将加速踏板踏到底，汽车从静止开始加速，正常时，自动变速器应无异响，离合器不打滑，自动变速器不应有升挡现象。

R位检查：停车后，将变速杆置于R位，将加速踏板踏到底，使汽车从静止开始加速，正常时，倒车灯点亮，汽车倒车，自动变速器离合器无打滑现象，且无换挡冲击和换挡噪声。

P位检查：先将车辆停放在规定坡度值的坡道上，拉紧驻车制动器操纵杆，并将变速杆置于P位，然后松开驻车制动器操纵杆，此时汽车不滑动为正常。

二、电子控制自动变速器的故障诊断

1. 自动变速器电子控制系统故障的诊断

（1）故障诊断的基本方法

1）利用汽车专用诊断仪诊断。现代汽车专用诊断仪的诊断功能非常强大，利用其诊断自动变速器电子控制系统的故障十分方便。诊断时，将汽车专用诊断仪和汽车上的专用故障检测插座连接即可，按检测人员的要求，汽车专用诊断仪可进行如下工作。

① 故障码的读取。按照一定的操作方式进入系统的自诊断模式，调出自动变速器的故障码。通过故障码的读取，可对自动变速器电控系统中大部分传感器及因开关线路的短路、断路、损坏所导致的无输出信号故障和执行器、电控单元的故障，进行诊断。

② 故障码的清除。当需要清除自动变速器电控系统故障码时，操作汽车专用诊断仪，可快速方便地清除电控单元存储器中的故障码，能免除人工清除故障码造成的众多麻烦。

③ 电子控制系统工作过程的检测。诊断仪可对自动变速器ECU及其控制电路、传感器、执行器及开关等进行检测，并可将ECU的运行情况和各输入、输出电信号瞬时值，如各传感器的信号、ECU的计算结果、控制模式以及向各执行器发出的控制信号等电路诊断参数在屏幕上显示出来，使自动变速器整个电子控制系统的工作情况一目了然。检测人员可将检测数据与标准值进行比较，从而准确地判断出故障发生的部位。

④ 对汽车进行模拟试验。通过诊断仪向自动变速器ECU发出指令，对汽车进行模拟试

验，例如：模拟汽车加速、换挡等各种行驶状态，检测电子控制自动变速器 ECU 发出的换挡控制、锁止控制、油压控制等各种控制信号是否正常；或模拟某个电磁阀工作，检查其性能是否正常等。这种功能特别适合于诊断自动变速器电控系统执行器及其控制电路的故障。

⑤ 路试诊断。在汽车行驶过程中，利用专用汽车诊断仪诊断故障效果较好。行驶时，利用诊断仪检查 ECU 发出换挡控制信号的时刻，可以准确地判断 ECU 的换挡控制是否正常。若换挡控制不正常，发出换挡信号的时刻太早、太迟或没有发出换挡信号，则说明控制系统的 ECU、传感器或控制电路有故障；若换挡控制信号正常，但 ECU 发出信号后自动变速器没有响应，则说明换挡电磁阀或控制电路有故障；若 ECU 发出换挡信号后自动变速器有响应，但出现打滑现象，则可以准确地判断出打滑的是哪一个挡位或哪一个换挡执行元件，从而有针对性地进行拆修。

2）利用人工法读取故障码诊断。当无汽车专用诊断仪时，可以利用人工方法进入电控系统的自诊断模式进行故障码的读取，然后根据故障码的含义进行故障诊断。不过，不同公司电子控制自动变速器故障码的人工读取与清除方法不同，其故障码的含义也各不相同。下面以本田雅阁轿车 BAXA 型自动变速器为例说明其故障码的读取、清除方法及故障码的含义。

① 故障码的读取。在读取故障码之前，应确保汽车蓄电池电压正常。其故障码的读取步骤如下。

a）用 SCS 短路插头与位于驾驶席侧仪表板下的维修检测插头连接，如图 3-33 所示。

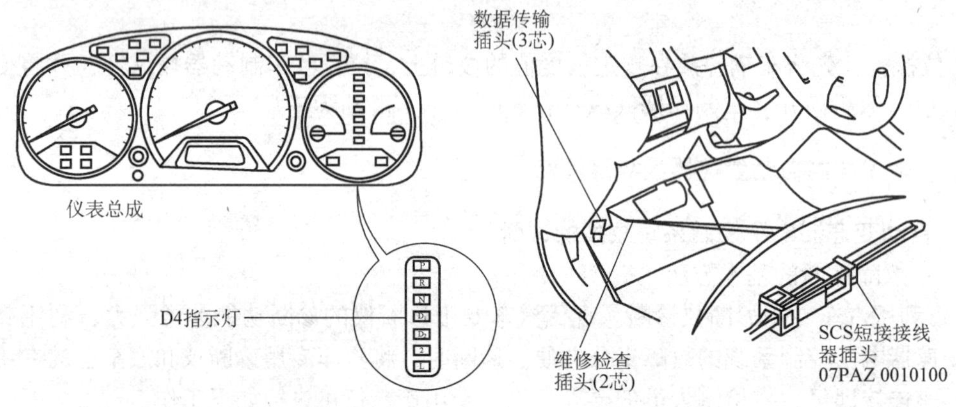

图 3-33　D4 指示灯及短路接头连接位置

b）接通点火开关，观察 D4 指示灯。D4 指示灯将以闪烁频率来显示故障码（DTC）。其故障码的显示规律是：故障码的个位码以短闪的形式显示，而十位码则以长闪的形式显示，一个长闪等于 10 个短闪。图 3-34 所示的故障码分别为故障码 1、故障码 2、故障码 14。若电子控制系统出现多个故障，则 D4 指示灯在显示第一个故障码后，将按一定顺序显示下一个故障码，检查时可依次记下这些故障码。

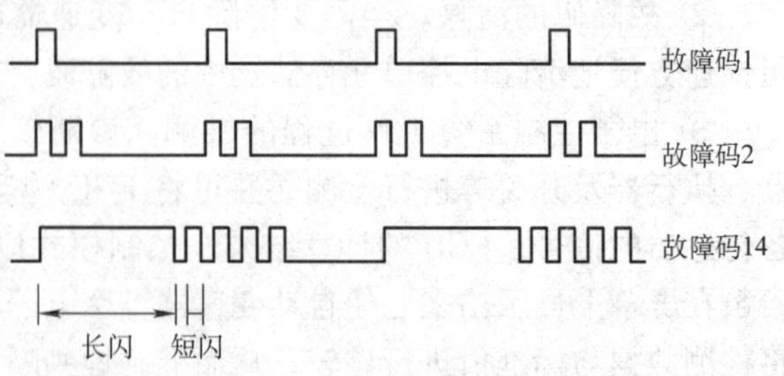

图 3-34　故障码读取示例

c）关闭点火开关，拆去短路插头。

② 利用故障码表诊断故障。故障码

表可反映故障码的含义，并指出故障所在的电路。表3-14为本田雅阁轿车BAXA型自动变速器的故障码表。读取故障码后，即可根据故障码表，找出故障的症状及可能的原因，并进行故障诊断与排除。

目前，在每种车型原车的维修手册中，对于电子控制自动变速器故障码中的故障都有故障的可能原因、部位和详细的故障诊断流程及诊断方法可查。因此，对于有这种资料的检测人员来说，利用其提供的方法进行故障诊断，显然是最好的选择。这种方法就是利用随车自诊断系统读取的故障码，根据车型在其维修手册中查找故障码对应的故障、故障部位和检查方法，然后进行故障诊断，主要是对电路进行诊断。诊断时，要严格按照维修手册中的方法、步骤进行。一般来说，目前自动变速器故障码表上的故障原因是一个范围，其故障到底是什么具体原因引起，其电子控制系统的自诊断无法确定。因此，每种故障码的真正故障诊断还是得依靠检测人员通过一些常用工具和电路的标准诊断参数，根据故障诊断流程及诊断方法来进行诊断。

③故障码的清除。自动变速器电子控制系统故障排除后，应清除故障码，其步骤如下。

a）关闭点火开关。

b）从发动机室盖下的熔断器/继电器盒中取下备用熔断器(7.5A)，等候10s，即可清除故障码，然后重新安装备用熔断器(7.5A)。

c）应重新设置收音机的预置频率和时钟。因为在拆下备用熔断器时，原收音机的预置频率和时钟的设置会自动取消。

表3-14　BXAX型自动变速器电子控制系统故障码表

故障码	故障症状	可能原因
1	（1）锁止离合器不接合 （2）锁止离合器不分离 （3）不能换挡(卡滞在4挡)	（1）锁止控制电磁阀/换挡控制电磁阀A总成插头断开 （2）锁止控制电磁阀导线短路或断路 （3）锁止控制电磁阀故障 （4）锁止控制电磁阀电源(VB SOL)导线断路
5	（1）除2挡和3挡外不能换挡 （2）锁止离合器不能接合	（1）A/T挡位位置开关导线短路 （2）A/T挡位位置开关故障
6	无特殊症状出现	（1）A/T挡位位置开关插头断开 （2）A/T挡位位置开关导线断路 （3）A/T挡位位置开关故障
7	不能换挡(卡滞在4挡)	（1）锁止控制电磁阀/换挡控制电磁阀A总成插头断开 （2）换挡控制电磁阀A的导线短路或断路 （3）换挡控制电磁阀A故障 （4）VB SOL导线断路
8	不能换挡(卡滞在4挡)	（1）换挡控制电磁阀B插头断开 （2）换挡控制电磁阀B导线短路或断路 （3）换挡控制电磁阀B故障 （4）VB SOL导线断路
9	（1）不能换挡(在2~3挡之间,仅能降至3挡) （2）车速表不工作 （3）锁止离合器不接合	（1）中间轴转速传感器插头断开 （2）中间轴转速传感器的导线短路或断路 （3）中间轴转速传感器故障

（续）

故障码	故 障 症 状	可 能 原 因
15	（1）不能换挡(在2~3挡之间,仅能降至3挡) （2）锁止离合器不接合	（1）主轴转速传感器插头断开 （2）主轴转速传感器的导线短路或断路 （3）主轴转速传感器故障
16	（1）不能换挡(卡滞在4挡) （2）锁止离合器不接合	（1）A/T离合器压力控制电磁阀A的插头断开 （2）A/T离合器压力控制电磁阀A的导线短路或断路 （3）A/T离合器压力控制电磁阀A故障 （4）VB SOL导线断路 （5）PG1及PG2导线断路或者接地不良(G101)
22	不能换挡(卡滞在4挡)	（1）换挡控制电磁阀C的插头断开 （2）换挡控制电磁阀C的导线短路或断路 （3）换挡控制电磁阀C故障 （4）VB SOL导线断路
23	（1）不能换挡(卡滞在4挡) （2）锁止离合器不接合	（1）A/T离合器压力控制电磁阀B的插头断开 （2）A/T离合器压力控制电磁阀B的导线短路或断路 （3）A/T离合器压力控制电磁阀B故障 （4）VB SOL导线断路 （5）PG1及PG2导线断路或者接地不良(G101)
25	无特殊症状出现	（1）2挡离合器压力开关插头断开 （2）2挡离合器压力开关的导线短路或断路 （3）2挡离合器压力开关故障
26	无特殊症状出现	（1）3挡离合器压力开关插头断开 （2）3挡离合器压力开关导线短路或断路 （3）3挡离合器压力开关故障

3）根据故障现象诊断。目前，电子控制自动变速器的自诊断系统还不能检测出电控系统中所有类型的故障，特别是部分执行器的故障以及传感器精度误差引起的故障一般很难检测出来。因此，在无故障码或不能取得故障码的情况下，对自动变速器电子控制系统的故障，则要根据故障现象进行故障分析，并通过检测工具和一定的检测手段以及被测车型的详细维修技术资料进行故障诊断。例如，在电子控制自动变速器控制电路中，其ECU插头的端子都有规定的测量条件及相应端子参数标准，当电子控制系统发生故障时，其测量参数将会发生变化，此时利用常用检测工具可测出其电压条件的变化，可以诊断故障；利用检测工具检测控制电路的短路、断路情况以及控制元件的性能参数，可以确诊故障部位。

（2）主要部件的故障诊断

1）传感器的故障诊断

① 变速器输入、输出转速传感器。自动变速器的转速传感器多为磁电式传感器，其常见的故障是传感器感应线圈短路或断路、传感器信号线短路或断路。自动变速器输入、输出转速传感器检测信号的原理相同，其结构及参数因车型不同而略有差异，但对其故障的诊断方法却基本相同，下面以输出转速传感器为例说明其常规诊断步骤。

a）检查传感器的动态信号。方法是：将汽车驱动桥用举升装置举起，在自动变速器

ECU 相应传感器信号端子之间接上电压表，使发动机运转，将变速杆置于 D 位，若电压表指针摆动，其电压在 0.5V 以上（电压随车速上升而增大），说明传感器有输出脉冲，其工作正常；若无电压或信号太弱，则进行下步诊断。

b）检查转速传感器。方法是：关闭点火开关，拔出转速传感器的 2 芯插头，然后用万用表电阻挡测量传感器两端子之间的电阻。传感器电阻的标准通常是几百欧到几千欧不等，因车型而异，其标准可通过维修手册获得。

若测出的阻值为零，说明传感器有短路故障；若阻值为∞（无穷大），说明存在断路故障，只要阻值不符合标准，均应更换传感器。若测量值符合标准，则说明传感器本身电路无故障，但此时无动态信号，可能是传感器安装不当或传感器转子与磁极的间隙为零所致，也可能是传感器与自动变速器 ECU 端子之间线路的短路或断路故障引起，这可通过万用表对转速传感器信号电路进行检查而确诊。

② 挡位开关。挡位开关存在故障时，可导致挡位开关信号不正确，造成自动变速器工作失常。挡位开关常见的故障有：挡位开关安装位置不当、挡位开关内部触点接触不良等。挡位开关一般故障的诊断方法，以雷克萨斯 LS400 自动变速器挡位开关为例说明如下。

用举升机举起汽车后，拔下挡位开关线束插接器，检测各挡位下各端子之间的通断情况。将变速杆置于各挡位时，所测得的通断情况应与如图 3-35 所示的相符。若有多个挡位端子间的通断情况与标准不符，则应检查并调整操纵机构和挡位开关的安装位置，再进行检测，若不能恢复正常，则应更换挡位开关；若有个别挡位端子间不导通，说明挡位开关内部触点接触不良，则应更换挡位开关。

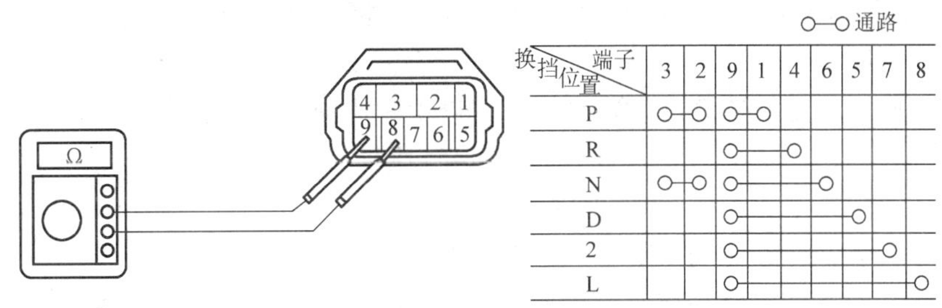

图 3-35　LS400 轿车自动变速器挡位开关的故障诊断

提示：自动变速器电子控制系统与发动机电子控制系统共享的节气门位置传感器、冷却液温度传感器等的故障诊断请参见第二单元有关内容。

2）控制电磁阀的故障诊断。自动变速器 ECU 是通过对各种控制电磁阀的通、断电，使其产生动作从而改变液压系统中的控制油路或控制压力的。因而当控制电磁阀产生故障时，其自动变速器便不能正常工作。控制电磁阀常见的故障有：电磁阀线圈短路或断路；电磁阀阀芯阻滞；电磁阀电源或控制信号异常。自动变速器控制电磁阀的类型有脉冲式（如压力调节电磁阀）和开关式（如换挡电磁阀）两种，尽管它们的工作方式有所不同，但其故障的诊断方法却基本相似，下面以开关式电磁阀为例说明其常规诊断步骤。

① 检查电磁阀的电阻。方法是：关闭点火开关，拔开电磁阀插头，测量电磁阀电阻，其标准电阻因车型而异，范围一般为 10～40Ω，通常在维修手册中可查到。

若电阻值不正常，说明电磁阀存在短路或断路故障；若电阻值符合标准，则进行下步诊断。

② 检查电磁阀的动作。方法是：将蓄电池电源串联一个 20A 的熔丝，并按照规定的极性将电磁阀的两端子与蓄电池电源的正、负极作通电与断电的测试，注意是否能听到“咔嗒”声。

若无声音，则表示电磁阀不能动作，原因是电磁阀阻滞或损坏，存在机械故障；若有“咔嗒”声，动作灵敏，则表示电磁阀的机械性能正常，其电磁阀本身无机、电故障，可进行下步诊断。

注意：脉冲式电磁阀由于其线圈电阻较小(约为 1～6Ω)，因而在进行电磁阀的动作检查时，应将蓄电池电源串联一个 8～10W 的灯泡，不可直接与蓄电池电源相连，否则会烧毁电磁阀线圈。

③ 进行路试检查。若自动变速器在小节气门开度时换挡优良，而在重载或节气门全开时换挡粗暴，则电磁阀可能存在渗漏故障。有的电磁阀在小节气门开度时工作很好，但当压力增加后会渗漏。

3）自动变速器 ECU 的故障诊断。

① 利用 ECU 的故障自诊断功能诊断。自动变速器 ECU 存在故障时，电控自动变速器的自诊断系统会将其故障信息以故障码的形式存入计算机存储器中。通过汽车专用诊断仪或人工读取 ECU 的故障码，可以诊断 ECU 是否存在故障。

② 利用 ECU 端子标准参数进行诊断。ECU 端子标准参数，是指自动变速器处于正常工作状态时，在规定的测量条件下，其 ECU 各端子具有的电路参数，如电压等。通常，ECU 端子的标准参数由原厂提供，各种车型的标准参数也不尽相同。利用 ECU 端子的标准参数进行诊断，就是通过测量 ECU 各端子的电路参数来诊断 ECU 工作是否正常的一种方法。其诊断方法如下。

接通点火开关，按照规定的测量条件操作自动变速器，用万用表测试笔测试 ECU 各端子的电路参数。将测试值与各自相应的标准值进行比较从而诊断故障，若在检测中发现某一端子的实际工作参数与标准值不符，则表明 ECU 或控制电路存在故障。通过检测，若输入传感器、开关部分、执行器及控制线路正常，则表明 ECU 存在故障。

在测试 ECU 端子的电路参数时应注意：检测前应将各插头、ECU 电源确切可靠地连接，并确保蓄电池电压正常；必须使用高阻抗的万用表，低阻抗的电压表可能会损坏 ECU。

③ 利用 ECU 的输出信号诊断。若 ECU 的输入信号正常而输出信号不正常，则 ECU 可能存在故障。ECU 输出信号有时可通过万用表进行检测。现以丰田汽车电子控制自动变速器为例说明 ECU 输出的换挡控制信号的检测方法。

a）起动发动机并运转至正常工作温度(冷却液温度高于 80℃)。

b）将超速挡开关置于 ON 位置。

c）按下模式选择开关，使之位于“NORM(标准)”方式。

d）将万用表(直流电压挡)的正极测笔接 T_T 插孔，负极测笔插 E_1 插孔，如图 3-36 所示。

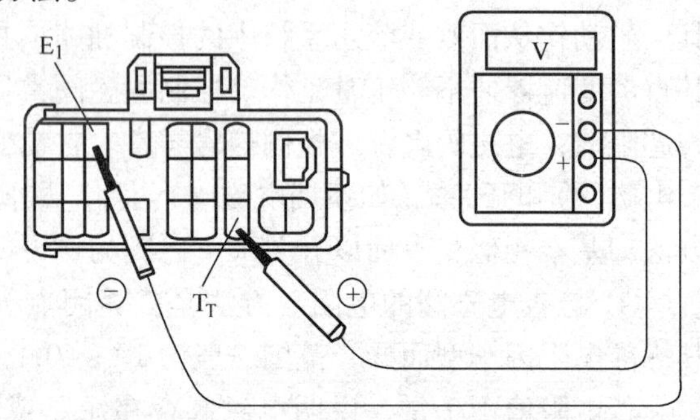

图 3-36　在故障检测插座上测电压

e）将变速杆置于 D 位，踩下加速踏板，让汽车加速行驶。

f）路试车速超过10km/h后，注意车身的轻微振动（此时意味着换挡），并观察万用表的指示情况，记下换挡时万用表指示的电压，即换挡信号。

正常情况下，ECU发出的换挡信号电压与换挡的挡位具有严格的对应关系，如表3-15所示。其规律是：随着挡位的升高，万用表的指示电压将作阶跃性增大，每次电压增大的时刻即为ECU发出升挡控制信号的时刻。若换挡时测出的信号电压与规定的标准电压不符，则说明换挡控制信号不正常。若ECU输入信号及控制电路正常，则说明ECU存在故障。

表3-15　换挡信号电压与挡位的标准关系

换挡挡位	换挡信号电压/V	换挡挡位	换挡信号电压/V
1挡	0	3挡、锁止离合器接合	5
2挡	2	4挡	6
2挡、锁止离合器接合	3	4挡、锁止离合器接合	7
3挡	4		

④ 利用代替法诊断。将性能良好的同型号的自动变速器ECU替换可疑的ECU进行检查。若替换后，控制电路的工作状态由异常变为正常，自动变速器工作正常，则表示原ECU有故障。

2. 自动变速器机械及液压控制系统故障的诊断

在确认自动变速器电控系统无故障后，自动变速器仍然不能正常工作，则表明机械或液压控制系统存在故障。机械及液压控制系统故障多集中在液压控制机构的堵、漏、卡和执行元件的磨损、失调等方面。通常，其故障可通过机械试验，即失速试验、液压试验、时滞试验及道路试验加以区分和诊断。

尽管每种车型的电子控制自动变速器的具体结构有所差异，但它们的工作原理及控制方法是基本相同的，造成每种故障的原因，特别是一些常见故障的原因，都具有一定的范围。因此可通过参考常见故障的诊断方法来进行各种故障诊断。通常将自动变速器机械及液压控制系统常见故障的诊断方法制成诊断表，表中一般列出每种故障产生的各种可能原因和故障诊断步骤，人们可参考诊断表进行故障诊断。各种车型自动变速器的诊断表可由原车维修手册提供，表3-16为本田雅阁轿车BAXA型自动变速器机械及液压控制系统的故障诊断表，其表3-16中故障可能原因栏目的数字代码意义见表3-17，表3-16中检查诊断栏目的字母代码意义见表3-18。

表3-16　自动变速器机械及液压控制系统故障诊断表

故 障 现 象	故障可能原因	检 查 诊 断
发动机运转，但车辆在任何挡位均不能行驶	1，11，12，15，16，35，44，45	C，H，I，J，M，N，O，R，S
车辆在2位不能行驶	3，22，30，48，49	D，P，T
车辆在D4、D3、1位不能行驶	29，46，47	P，T
车辆在R位不能行驶	17，18，28，32，51，52	J，K，L，Q，T
在D4、D3、2、1位时失速	1，11，15，16，35，36	C，H，I，R

（续）

故 障 现 象	故障可能原因	检 查 诊 断
在 D4、D3、1 位时失速	11，47	H，T
在 2 位时失速	11，49	H，T
在 R 位失速转速高	51	T
失速转速低	6，40，42，43，37	
发动机怠速不稳	1，6，41，42，43，15，37	B，C
车辆在 N 位时移动	2，21，47，49，50，51，53，54，55	C，T
从 N 位换到 D4、D3 位时过慢，且振动过大	5，7，11，12，17，19，21，24，27，29，33，47	D，E，H，L
从 N 位换到 R 位过慢，且振动过大	5，7，11，12，17，21，28，32，51	D，E，H，L，T
在 D4 位不能换挡，不能升至 4 挡	3，13，14，22，25	D，F
在 D4、D3 位不能换挡	4，17，23，2	D，K
在 D4、D3、1 挡不能换挡	4，23，26	D
变速杆在所有挡位振动过大	7，19，20，21	E，L
1 挡升 2 挡或 2 挡降 1 挡时振动过大	5，9，21，24，29，30，33，34，47，49	D，G，T
2 挡升 3 挡或 3 挡降 2 挡时振动过大	5，10，21，24，30，31，34，49，50	D，T
3 挡升 4 挡或 4 挡降 3 挡时振动过大	5，21，24，31，32，50，51	D，L，T
变速杆在所有挡位时变速器均有噪声	15，56	I，U
车速大于 50km/h 时车辆不能加速	40	
变速杆在所有位置时均有振动	41	B
变速杆操纵不顺畅	8.11，12	F，H
变速杆不能换至 P 位	11，12，57	H，V
锁止离合器不分离	6，7，43，37，38，39	E
锁止离合器操纵不顺畅	6，7，43，36，37，38，39	E
锁止离合器不接合	6，7，13，14，43，36，37，38	E
A/T 挡位位置指示灯不显示变速杆位置	8，11，12	F，H
车速里程表工作不正常	14	
在 N 位时车辆跳动	58，59，53	

表 3-17　自动变速器故障原因数字代码含义表

代　码	故 障 原 因	代　码	故 障 原 因
1	ATF 油不足	7	A/T 离合器压力控制电磁阀 A/B 故障
2	ATF 油过多	8	A/T 挡位位置开关故障或调节失灵
3	换挡控制电磁阀 A 故障	9	2 挡离合器压力开关故障
4	换挡控制电磁阀 B 故障	10	3 挡离合器压力开关故障
5	换挡控制电磁阀 C 故障	11	换挡拉线破损/调节失灵
6	锁止控制电磁阀故障	12	换挡拉线与变速器接头或变速器箱体磨损

（续）

代　码	故 障 原 因	代　码	故 障 原 因
13	主轴转速传感器故障	37	锁止换挡阀故障
14	中间轴转速传感器故障	38	锁止控制阀故障
15	ATF 泵磨损或堵塞	39	锁止正时阀故障
16	调节阀卡滞或弹簧磨损	40	液力变矩器单向离合器故障
17	换挡拨叉轴卡滞	41	驱动盘故障或变速器组装不当
18	调节阀故障	42	发动机输出功率低
19	CPC 阀 A 故障	43	锁止离合器活塞故障
20	CPC 阀 B 故障	44	主轴磨损/损坏
21	隔板节流孔中有异物	45	主减速器主动齿轮磨损/损坏（两个齿轮）
22	换挡阀 A 故障	46	1 挡齿轮磨损/损坏（两个齿轮）
23	换挡阀 B 故障	47	1 挡离合器故障
24	换挡阀 C 故障	48	2 挡齿轮磨损/损坏（两个齿轮）
25	换挡阀 D 故障	49	2 挡离合器故障
26	换挡阀 E 故障	50	3 挡离合器故障
27	伺服控制阀故障	51	4 挡离合器故障
28	倒挡 CPC 阀故障	52	倒挡齿轮磨损/损坏（三个齿轮）
29	1 挡蓄压器故障	53	离合器间隙不当
30	2 挡蓄压器故障	54	滚针轴承接触面胶合或磨损/损坏
31	3 挡蓄压器故障	55	止推垫圈接触面胶合或磨损/损坏
32	4 挡蓄压器故障	56	液力变矩器壳体或变速器箱体轴承磨损/损坏
33	1 挡单向阀球卡滞		
34	2 挡单向阀球卡滞	57	驻车制动机构故障
35	ATF 滤网堵塞	58	修理或组装不当
36	液力变矩器单向阀故障	59	齿轮间隙不当

表 3-18　自动变速器故障检查诊断字母代码含义表

代码	检查诊断内容
B	将发动机转速调至规定的怠速
C	检查 ATF 液面高度，并检查 ATF 冷却管路是否渗漏以及连接是否松动。如果必要，冲洗 ATF 冷却器管路
D	检查 D4 指示灯的显示情况，并检查插头是否松动。随后检查 O 形圈和换挡控制电磁阀是否卡滞
E	检查 D4 指示灯的显示情况，并检查插头是否松动。随后检查 ATF 离合器压力控制电磁阀体密封垫和 ATF 供油管是否磨损和损坏。如果 A/T 离合器压力控制电磁阀卡滞，则检查 CPC 阀
F	检查 D4 指示灯的显示情况，并检查插头是否松动。随后检查 ATF 挡位位置开关。如果挡位位置开关有故障，则更换。如果 A/T 挡位位置开关调整失准，则调节挡位位置开关和换挡拉线
G	检查 D4 指示灯的显示情况，并检查插头是否松动。检查确认插入插头的电源插座没有堵塞
H	检查变速杆和变速器控制轴上的换挡拉线插头是否松动

（续）

代码	检查诊断内容
I	ATF 泵和液力变矩器箱体接合不当会导致 ATF 泵滞塞，其症状大部分情况下表现为与转速有关的嘀哒噪声或高频率的尖叫声
J	测量管路压力
K	检查换挡拨叉螺栓是否安装在换挡拨叉轴上
L	如果 ATF 滤网被钢屑或铝屑堵塞，则检查 ATF 泵。如果 ATF 泵正常，同时没有发现污染的其他原因，则更换液力变矩器
M	如果右侧盖中的 4 挡离合器供油导向片被主轴划伤，则检查变速器箱体内滚珠轴承的移动是否过量。如果滚珠轴承正常，则在右侧盖出现压痕时更换右侧盖，导向片底下的 O 形圈可能磨损
N	如果 3 挡和 4 挡离合器供油管轴套松动或损坏，则更换主轴。如果 4 挡离合器供油管损坏或失圆，则更换 4 挡离合器。如果 3 挡离合器供油管损坏或失圆，则更换右侧盖
O	检查小齿轮轴轴颈是否磨损，如果差速器小齿轮轴磨损，则大修差速器总成，并更换 ATF 滤网，彻底清洗变速器，以及冲洗液力变矩器，冷却器和管路
P	检查副轴和 1 挡/2 挡离合器总成是否磨损和损坏
Q	检查中间轴 4 挡齿轮和倒挡齿轮的倒挡接合套齿牙凹槽，如果倒挡齿轮和倒挡接合套磨损损坏，则应将其更换
R	更换主轴滚珠轴承时要小心不要损坏液力变矩器箱体，当转动拆下主阀体时，也可能损坏 ATF 泵，如果未发现该故障，则会导致 ATF 泵滞塞，维修时应使用正确的工具和正确的操作
S	与液力变矩器壳体齐平安装主轴油封，如果将油封推入液力变矩器壳体直到其底部露出，则油封将会阻塞油液回流通道，并导致自身损坏
T	检查离合器活塞、离合器活塞单向阀和 O 形圈。检查弹簧保持架是否磨损和损坏，检查离合器端片与顶片间隙，如果间隙超出容许值，则检查离合器片和离合器盘是否磨损和损坏。如果离合器片和离合器盘已磨损和损坏，则将其整体更换。如果正常，则调节离合器端片间隙
U	在装配轴承的情况下，检查中间轴和副轴之间的接触面，检查 ATF 导板是否损坏和磨损。检查 1 挡离合器供油管是否损坏和失圆，如果 1 挡离合器损坏或失圆，则将其更换。如果 1 挡离合器供油管衬套损坏或失圆，则更换副轴
V	检查驻车制动锁块弹簧以及驻车制动器操纵杆弹簧的安装情况，如果安装不正确，则将弹簧正确安装到位。检查驻车制动行程挡块是否被翻转安装。检查驻车制动锁块和驻车制动圆柱销之间的距离，如果该距离超出容许值，则用驻车制动行程挡块调整该距离

提示：只要根据不同车型、不同故障来灵活运用故障诊断表，就可以缩小故障的诊断范围，减少故障的诊断时间，提高故障的诊断效率。

说明：有些机械或液压控制系统故障可能有多种原因引起或者说有多个产生故障的部位，其故障的诊断通常比较复杂，因而要想做到真正的确诊故障，必须要熟悉其结构、原理、诊断标准及故障机理。

任务二　掌握电子控制动力转向系统的检测诊断方法

电子控制动力转向系统是在普通动力转向系统基础上，以车载微机的应用为条件发展起来的，有电动式和液压式两种。目前，液压式电子控制动力转向系统在汽车上得到了广泛应用，下面以这种系统为例说明其故障的检测与诊断。

一、电子控制动力转向系统的检测

电子控制动力转向系统是通过控制系统的油压来控制转向助力的，因此可通过转向时的油压和转向盘转向力的检测来反映系统电控组件的工作性能和技术状况。不同形式的电子控制动力转向系统其检测方法和标准也不尽相同，下面以皇冠轿车电子控制动力转向系统说明其检测方法。

1. 转向盘转至极限位置时油压的检测

1）测压前的准备。先将压力表连接在动力转向泵与转向控制阀的压力管道中，如图3-37所示，完全开启压力表阀门；然后起动发动机并使其怠速运转，将转向盘从左、右转动的极限位置之间连续转动3～4次，以提高转向液温度并排出系统内的空气，使转向液温度升至80℃以上，并确保液面高度正常。

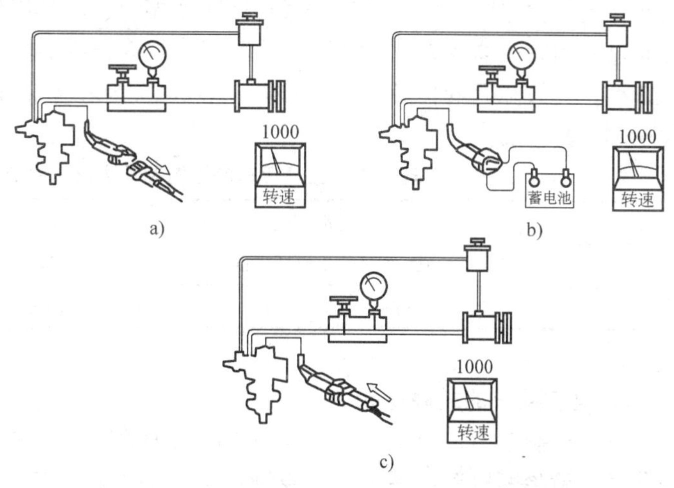

图3-37　电子控制动力转向系统的油压检测

a）拔下电磁阀插接器测量油压　b）给电磁阀通电测量油压

c）装上电磁阀插接器测量油压

2）检测发动机怠速时动力转向泵输出的最高压力。发动机怠速运转，关闭压力表阀门，观察压力表读数。若压力过低，则说明动力转向泵有故障；若压力正常，则进行下步检测。

3）将转向盘转至极限位置，拔下电磁阀插接器(图3-37a)，然后，起动发动机，使其转速稳定在1000r/min，随后测量动力转向泵的输出油压，其最低压力应为7355kPa。否则，转向器存在内部泄漏或电磁阀有故障。

4）按图3-37b所示方法给电磁阀加蓄电池电压，再测量动力转向泵的输出油压，其最大油压应为3924kPa。若压力过高，则说明电磁阀有故障。

注意：给电磁阀线圈加蓄电池电压的时间不要超过30s，以防烧毁电磁阀线圈；若要重测该项，则应等到电磁阀线圈不烫手时方可进行。

5）按图3-37c所示方法插好电磁阀插接器，重新测量动力转向泵的输出油压，其最低压力应为7355kPa。若压力过低，则说明电子控制动力转向系统有故障。

2. 转向盘转向力的检测

1）使转向盘处于汽车直线行驶位置，并使发动机怠速运转。

2）给电磁阀线圈断电，用测力计测量转向盘沿两个方向转动时的转向阻力，最大转向阻力不应大于39N。

3）给电磁阀线圈加蓄电池电压，再用测力计重测两个方向的转向阻力，其最大的转向阻力约为118N(参考值)。

提示：正常情况下，电磁阀线圈通电后，电磁阀动作会使阀的节流面积增大，使转向助力减少，因而导致转向盘转向力增大。若通电后转向阻力没有增大，则说明电磁阀存在故障。

二、电子控制动力转向系统的故障诊断

1. 电控系统的故障自诊断

电子控制动力转向系统一般具有故障自诊断功能，以监测、诊断系统的工作情况，诊断系统故障。当电子控制系统出现故障时，其普通转向系统仍能正常工作，但电子控制系统将停止转向助力的控制，同时，其电控单元则将其故障信息以故障码的形式储存于存储器内，以便备查。检修时，可利用其故障自诊断功能快速、准确地确定其故障类型和故障部位。通常通过专用解码器或人工方法读取故障码，然后根据故障码的相应内容快速诊断故障。不同的车型，其故障码的含义也各不相同，表 3-19 为三菱轿车电子控制动力转向系统（EPS）的故障码及其含义。

表 3-19　三菱轿车电子控制动力转向系故障码及其含义

故　障　码	故障可能部位	故　障　码	故障可能部位
11	EPS 主计算机电源不良	13	EPS 电磁阀工作不良
12	VSS 车速信号不良	14	EPS 主计算机故障

2. 电控系统的故障诊断

电子控制动力转向系统机械及油路的故障诊断，可参考普通动力转向部分进行。其电控部分的故障诊断以皇冠轿车电子控制动力转向系统为例进行说明，如图 3-38 所示为该车动力转向系统的控制电路及 ECU 插接器示意图。

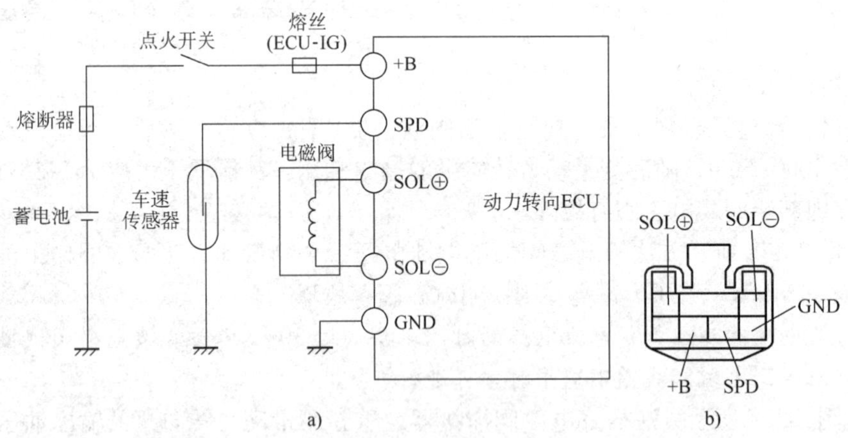

图 3-38　电子控制动力转向系统控制电路及 ECU 插接器
a）控制电路　b）ECU 插接器

（1）故障现象　怠速或低速行车时转向沉重；高速行驶时转向太灵敏。

（2）故障原因

1）动力转向系统机械及油路故障。

2）动力转向的 ECU-IG 熔丝烧毁。

3）动力转向的 ECU 插接器接触不良。

4）车速传感器线束有断路或短路故障。

5）动力转向电磁阀线圈有断路或短路故障。

6）动力转向 ECU 故障。

（3）故障诊断

1）检查转向系统机械及油路故障，如轮胎气压、前轮定位、悬架与转向连接件之间的连接情况以及动力转向泵的输出油压等，检查正常或排除以上故障后仍不能消除故障现象，则进行下步检查。

2）打开点火开关(ON)，检查 ECU-IG 熔丝是否完好。若熔丝烧毁，应更换熔丝重新检查，若熔丝又烧毁，则表明此熔丝与动力转向 ECU 的 +B 端子之间的电路有接地故障；若熔丝完好，则进行下步检查。

3）拔下动力转向 ECU 插接器，按图 3-39a 所示方法，检查动力转向 ECU 插接器的 +B 端子与车身接地处之间的电压是否为正常值(10～14V)。若无电压，则表明 ECU-IG 熔丝与 ECU 的 +B 端子之间的线束有断路故障；若电压正常，则进行下步检查。

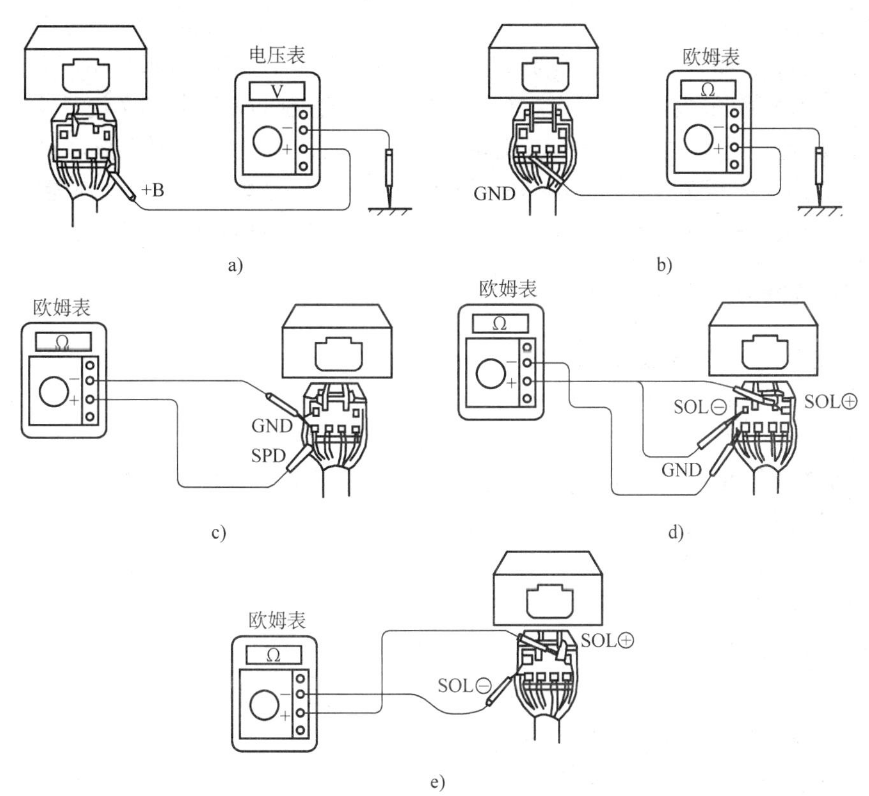

图 3-39　电子控制动力转向系统故障诊断

a）检查 +B 端子与车身接地处之间电压　b）检查 GND 端子与车身接地处之间电阻

c）检查 SPD 端子与 GND 端子之间电阻　d）检查 SOL⊕端子或 SOL⊖端子与 GND 端子之间电阻

e）检查 SOL⊕端子与 SOL⊖端子之间电阻

4）按图 3-39b 所示方法，检查动力转向 ECU 插接器的 GND 端子与车身接地处之间的电阻是否为零。若电阻不为零，则表明 ECU 插接器的 GND 端子与车身接地处之间线束断路或接触不良；若电阻为零，则进行下步检查。

5）顶起汽车一侧前轮并使之转动，用欧姆表测量 ECU 插接器的 SPD 端子和 GND 端子之间的电阻(图 3-39c)。在车轮转动时，其正常的电阻值应在 0 ~ ∞ 之间交替变化，否则说明 ECU 的 SPD 端子与车速传感器之间的线束有断路或短路故障，或车速传感器有故障。若其电阻变化正常，则进行下步检查。

6）按图 3-39d 所示方法，检查动力转向 ECU 插接器的 SOL⊕端子或 SOL⊖端子与 GND 端子之间是否导通。若相通，则表明 SOL⊕端子或 SOL⊖端子与 GND 端子之间的线路发生短路，或电磁阀有故障；若不导通，则进行下步检查。

7）按图 3-39e 所示方法，用欧姆表检查 SOL⊕端子与 SOL⊖端子之间的电阻，其正常值应为 6 ~ 11Ω。若阻值不正常，则表明 SOL⊕端子与 SOL⊖端子之间的线路有断路或电磁阀有故障；若阻值正常，则可能是动力转向 ECU 故障，必要时可对 ECU 进行替换检查。

任务三　掌握电子控制防抱死制动系统的检测诊断方法

汽车防抱死制动系统(Anti-Lock Braking System)是指汽车在制动过程中防止车轮制动抱死拖滑的控制系统，简称 ABS。它是在汽车普通制动系统的基础上增加的一种主动安全装置，可以提高汽车的制动性能。现代汽车广泛使用电子控制防抱死制动系统，这对汽车的行车安全、高效运输、操纵稳定性都是十分有利的。然而，一旦 ABS 发生故障，则会降低汽车的制动性能，容易导致已习惯使用 ABS 的驾驶人产生安全隐患。因此，对目前的汽车检修来说，电子控制防抱死制动系统应作为汽车检测与故障诊断的重点内容之一。

一、电子控制 ABS 检测诊断的注意事项

汽车行驶时，若 ABS 故障指示灯持续点亮，说明 ABS 系统存在故障，此时应及时对 ABS 进行检测诊断，操作时应注意下列事项。

1）检修 ABS 之前，要判断其故障到底是由 ABS 本身引起的还是由普通制动系统引起的，不能只局限于 ABS，因为普通制动系统工作不正常也会导致 ABS 工作不正常。因此，检修 ABS 时应首先确保普通制动系统工作正常。

2）在点火开关处于接通位置时，不要拆装系统中的 ABS 线束插头和电器元件，以免损坏 ABS ECU。

3）对于带有高压蓄能器的 ABS，在拆下 ABS 高压管之前应首先泄压，使蓄能器中的高压制动液完全释放，以免高压制动液喷出伤人。释放蓄能器高压制动液的方法是：先关闭点火开关，然后反复踩、放制动踏板，直至制动踏板变得很硬为止。

4）ABS 电器元件及插头、接口，特别是 ABS ECU 端子不能沾染油污，否则会引起线路接触不良或短路，影响系统正常工作。

5）制动液压系统没有完全装好时，不能接通点火开关，以免 ABS 电动泵通电泵油。

6）要注意车轮转速传感器和传感器齿圈不能被污染，否则，车轮转速信号就不准确，从而影响系统控制精度，严重时甚至会导致 ABS 无法正常工作。

7）若拆下或更换任何一个制动系统的液压部件和油管，应视情添加制动液，并必须按规范给制动液压系统排气。

8）要求供给 ABS 的电压正常，否则，正常的 ABS 也会工作不正常。

9）ABS 中的电器元件，如 ABS ECU、ABS 调压器、传感器等很多都是不可维修的，若 ABS 电器元件发生损坏，则应予以更换。

二、电子控制 ABS 检测诊断的基本方法

ABS 故障的现象是多样的，故障的原因是复杂的，其故障的诊断较普通制动系统难度较大。但如果采用合适的方法，则往往可以对其进行快速诊断和排除故障。

1. ABS 故障的初步检查

初步检查是在 ABS 出现明显故障或感觉 ABS 工作不正常时首先采用的检测方法。初步检查的主要内容是直观检查和试车检查。

（1）直观检查　ABS 故障的直观检查就是检查容易触及到的与 ABS 故障内容有关的部件，以保证 ABS 系统有正常的工作条件。

1）检查驻车制动是否完全释放。

2）检查制动储液罐液面是否符合规定。

3）检查所有的制动管路有无损坏变形和泄漏迹象。

4）检查 ABS 的所有熔断器是否完好，导线是否破损，插座是否牢固。

5）检查蓄电池容量和电压是否符合规定，正负极导线的连接是否可靠。

6）检查 ABS ECU 插接器插接是否牢靠。

7）检查电路连接处是否腐蚀、损坏、松脱或接触不良，ABS 的各接地线接地是否可靠。

8）检查轮胎磨损是否严重。

9）检查车轮转动有无阻滞，轮毂轴承间隙是否正常。

提示：通过直观检查，常常可以发现 ABS 故障的原因，并可以及时排除，从而提高 ABS 故障诊断排除的效率。

（2）试车检查　ABS 故障的试车检查就是路试时，观察汽车行驶及制动过程中发生的现象，以进一步确认 ABS 故障。通常用下面几种方法判断 ABS 故障。

1）根据 ABS 故障指示灯判断故障。正常情况下，在点火开关接通或起动发动机时，ABS 故障指示灯应闪亮 4s 左右时间（因车型而异）后熄灭。在试车期间及停车过程中，ABS 故障指示灯应保持熄灭。若 ABS 故障指示灯点亮，则表明 ABS 有故障。

2）根据制动轮胎的印迹判断故障。试车在大于 40km/h 以上速度紧急制动时，若在路面上留下较长的拖印痕迹，则说明车轮制动抱死，ABS 存在故障。若制动效果好但只留下很短的拖印痕迹，则说明 ABS 工作正常，因为汽车在经历低速制动停车时，车轮会出现短暂的抱死状态。

3）根据制动时汽车的方向稳定性判断。试车若以较小的制动强度制动，其方向稳定性较好，但试车以较高的车速（如 60km/h）在直道或弯道紧急制动时，汽车如果有严重的侧滑、甩尾现象，说明 ABS 存在故障。

提示：用制动拖印痕迹判断 ABS 故障是一种最本质的方法，只要制动时道路留有较长的轮胎拖印，则 ABS 肯定存在故障。

说明：踩下制动踏板紧急制动时，若脚感到有轻微振动，则属于正常现象而不是故障，其振动是由于 ABS 工作时制动系统的压油不断地调整而对制动踏板的反作用引起的。

2. ABS 故障码的读取

在电子控制 ABS 中，一般都具有故障自诊断功能。当 ABS 出现故障时，应利用其自诊断功能，采用一定的方法进入系统中的自诊断模式，读取故障码。进入自诊断模式读取故障码的方法大致可归纳为下述三种。

（1）借助专用诊断测试仪读取故障码　借助专用诊断测试仪与 ABS 系统故障诊断通信接口相连，按照一定的操作规程，通过与 ABS ECU 双向通信，从测试仪的显示器或指示灯上显示故障码或故障信息。图 3-40 所示的 ELIT 检测仪是雪铁龙公司的专用诊断测试仪，它可同时用于电子控制 ABS、发动机电子控制系统、自动变速器电子控制系统的检测与故障诊断。对于装有 BOSCH ABS 5.3 的神龙富康、爱丽舍等轿车，其 ABS 故障的检测诊断采用 ELIT 检测仪最好。检测时，ELIT 的通信插头应与驾驶室内仪表台左下方的 16 路诊断接口连接，它对 ABS 的检测具有系统识别、读取故障码、删除故障码、参数测量、激活检测、ABS 系统的第二级排气等功能。

（2）连接自诊断起动电路人工读取故障码　汽车电子控制 ABS 中设有自诊断插座，检测人员可按规定的操作，跨接诊断插座中的相应端子或其他方法，根据故障指示灯的闪烁规律，读取故障码。下面以丰田雷克萨斯 LS400 型轿车的 ABS 为例说明故障码的读取方法。

1）将点火开关接通，脱开维修插接器插头。

2）用跨接线连接 TDCL 或检查用插接器的端子 T_C 和 E_1，如图 3-41 所示。

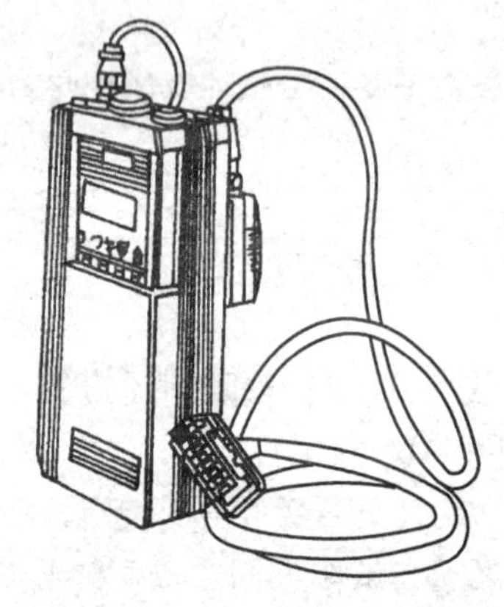

图 3-40　ELIT 检测仪

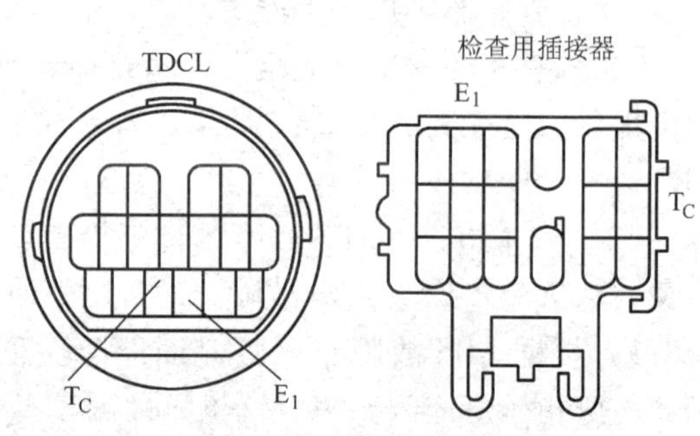

图 3-41　TDCL 或检查用插接器

3）ABS 故障指示灯则以闪烁的频率显示故障码。其正常码及故障码的闪烁规律如图 3-42 所示，若有两个或更多故障码，则数字最小的故障码首先显示，ABS 故障码的含义见表 3-20。

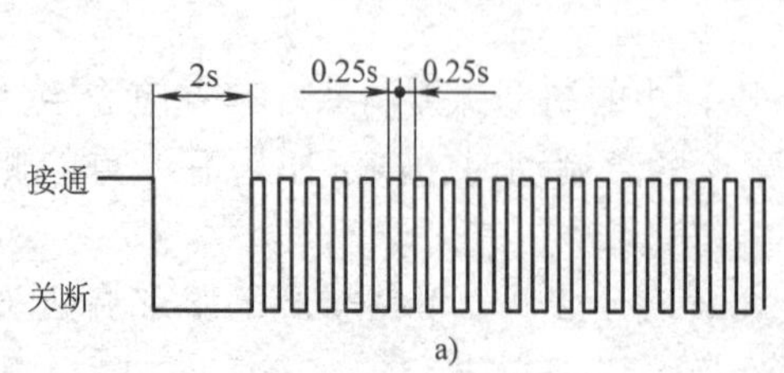

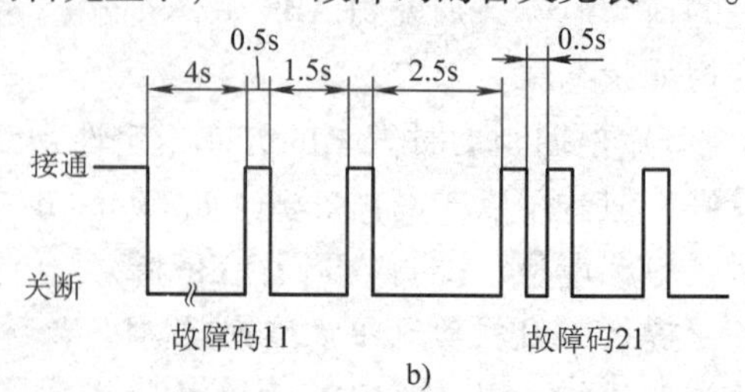

图 3-42　ABS 故障码及正常码闪烁显示实例

a）正常码　b）故障码 11 与 21

表3-20　ABS故障码表

故障码	ABS指示灯	故障诊断
11	闪烁	ABS电磁继电器电路断路
12	闪烁	ABS电磁继电器电路短路
13	闪烁	制动泵电动机继电器电路断路
14	闪烁	制动泵电动机继电器电路短路
21	闪烁	前右轮三位电磁阀电路断路或短路
22	闪烁	前左轮三位电磁阀电路断路或短路
23	闪烁	后右轮三位电磁阀电路①(或后轮电磁阀电路)断路或短路
24	闪烁	后左轮三位电磁阀电路断路或短路
31	闪烁	前右轮车速传感器信号出错
32	闪烁	前左轮车速传感器信号出错
33	闪烁	后右轮车速传感器信号出错
34	闪烁	后左轮车速传感器信号出错
35	闪烁	前左或后右车速传感器电路断路
36	闪烁	前右或后左车速传感器电路断路
37	闪烁	前车速传感器转子故障
41	闪烁	蓄电池电压过低或过高
43	闪烁	TRC控制系统失灵②
51	闪烁	制动泵电动机闭锁
持续码	一直点亮	ABS ECU失灵

① 仅指不带TRC的轿车。

② 仅指带TRC的轿车。

4）故障码读取完毕后，在端子T_C和E_1上取下跨接线，关闭点火开关。

提示：车型不同时，其获取故障码的操作方法可能会有差异，其故障码的含义也可能会不同。但这些差异和不同，一般能在相应车型的维修手册中查询得到。

（3）利用汽车仪表板上的信息显示系统读取故障码　有的汽车仪表板上具有驾驶人信息系统，检测人员可按照一定的自诊断操作程序，从信息显示屏上显示ABS的故障码或故障信息。

3. ABS故障诊断

根据ABS故障码，多数情况下只能了解故障大致范围和基本情况。但为了确诊故障的性质、具体原因和部位，必须利用合适的检测工具并且采用一定的方法对电路或电控制元件进行深入地检测诊断。

（1）ABS故障诊断工具　对ABS故障进行深入诊断的常用工具是专用诊断仪和万用表。

1）专用诊断仪。一般汽车生产厂家都为维修站推荐或配有相应的诊断测试仪。这种测试仪不仅能读出故障码，还能与万用表配合，对ABS的电路参数、传感器和执行器等有关参数进行测量，通过与标准参数比较，从而确诊故障部位。采用专用诊断仪还可以进行激活检测，更快速方便地诊断故障，如ELIT检测仪可以对BOSCH ABS 5.3中的泵电动机进行激活检测，激活后，若能听到泵的运转声，则说明泵电动机正常。

2）万用表。万用表是最基本的诊断仪器，在没有专用检测仪时，可利用万用表直接对

ABS 电控系统插接器端子或线路进行测试，并将测得的端子电位参数及传感器、执行器的电阻参数与相应的维修说明书上提供的标准参数进行比较，从而确诊故障。利用万用表检测速度较慢，而且要求测试人员对 ABS 电控系统插接器各端子的位置及名称都比较熟悉。

3）故障检测盒。为了提高测试效率，现在不少维修站采用专用的故障检测盒与万用表配套测量。使用时，拔开 ABS ECU 插接器，将故障检测盒分别与 ABS ECU 插接器插座（ECU 侧）和插接器线束侧插头相连。这样故障检测盒的检测插孔就可与 ABS ECU 各个端子相连接，使其插孔号与 ABS ECU 端子号一一对应，通过万用表对故障检测盒相应插孔的检测，就可得到 ABS ECU 端子及其连接部件的电路参数，无须直接测量有关端子，使检测变得更方便、快捷。图 3-43 为爱丽舍、富康等轿车专用的故障检测盒。

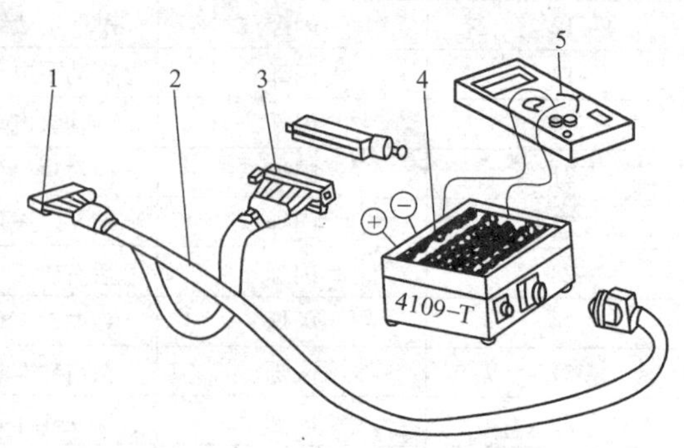

图 3-43　接线盒及其连接方法

1—插接器（接控制单元）　2—线束　3—插接器（接信号）　4—接线盒　5—万用表

（2）ABS 故障诊断方法　各种车型甚至同一车型生产年代不同，其 ABS 的结构、电路参数、故障码及其含义不尽相同。因而对 ABS 故障深入诊断时，首先应熟悉被诊断车型的 ABS 结构及控制电路，掌握被诊断车型的 ABS 技术资料及诊断标准，然后再利用必要的检测诊断工具如专用诊断仪、万用表、故障检测盒等采用下列适当的方法来确诊故障的部位和故障原因。

1）根据故障码进行故障诊断。当读取故障码后，先根据车型在维修手册中查出故障码所代表的故障现象和故障部位，然后根据各故障码对应故障的诊断工艺流程、检查方法进行诊断，主要是对电路及其电控元件进行检查。诊断排除故障时，要严格按照维修手册中的规定方法和步骤进行。

提示：故障排除后，应对 ABS ECU 内的故障码进行清除。否则，尽管 ABS 故障排除，且系统恢复正常，但 ABS ECU 的存储器仍然记忆着原故障信息，行车时其故障指示灯仍然会点亮。

2）根据故障征兆表进行故障诊断。当 ABS 无故障码显示，但故障依然存在时，则说明故障出现在 ABS 自诊断系统检测的范围之外。此时，可按被诊断车型的 ABS 故障征兆表提供的线索及故障诊断流程，通过检测工具对 ABS 电路及电控元件进行故障诊断并排除故障，表 3-21 为雷克萨斯 LS 400 ABS 的故障征兆表。

表 3-21　ABS 故障征兆表

故 障 征 兆	诊 断 步 骤
ABS 不工作	（1）检查故障码，再次确认输出的是否是正常码 （2）检查 IG 电源电路 （3）检查车速传感器电路 （4）用检测仪检查 ABS 执行器，若不正常，则检查液压系统是否漏油 （5）若以上都正常而故障依然存在，则更换 ABS ECU

（续）

故障征兆	诊断步骤
ABS 功能减弱	（1）检查故障码，再次确认输出的是否是正常码 （2）检查车速传感器电路 （3）检查停车灯开关电路 （4）用检测仪检查 ABS 执行器，如果不正常，则检查液压系统是否漏油 （5）若以上都正常而故障依然存在，则更换 ABS ECU

3）根据 ABS ECU 端子及电路参数进行故障诊断。ABS ECU 端子及电路都有规定的测量条件及相应的端子参数标准。当 ABS 出现故障时，其测量参数将会发生变化。此时，可通过检测工具测量其端子及相应的电路参数，与维修手册中的标准值比较进行故障诊断。诊断时，一般可通过插接器，检查 ABS 电控系统各有关电路的电压、电阻或导通情况，然后根据资料提供的故障诊断表诊断其故障部位。其常用的检查方法如下。

① 在 ABS ECU 插接器连接的状态下，按照规定的检测条件，用万用表测量 ABS ECU 各端子的对地电压，如图 3-44a 所示。所测的电压值应在标准范围内，否则说明 ABS ECU、电控元件或电路有故障。

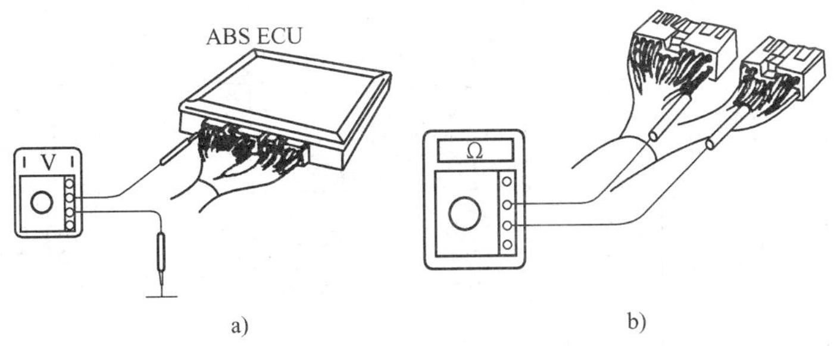

图 3-44　检测 ABS 电路参数

a）测量 ABS ECU 各端子的对地电压　b）测量有关端子之间的电阻或导通性

② 断开 ABS ECU 插接器，在线束侧插头上检测有关端子之间的电阻值或导通情况，如图 3-44b 所示。若所测的电阻值或导通情况与规定的标准不符，则说明某电路或电控元件存在故障。

三、电子控制 ABS 常见故障的诊断

对于不同车型的 ABS，尽管其结构、控制方式不同，其 ABS 故障的检测诊断过程略有差异，但其常见故障的诊断原理及方法是相似的，具有借鉴的意义。下面以爱丽舍、富康等轿车的电子控制 ABS 为例介绍其常见故障的诊断方法。

1. ABS 泵电动机故障

（1）故障现象　接通点火开关，ABS 故障指示灯点亮；利用 ELIT 检测仪读出的故障信息为泵电动机故障。

（2）故障原因

1）泵电动机内部线路断路或短路。

2）泵插接器松脱或接触不良。

3）传递电路发生故障。

（3）故障诊断

1）接通点火开关，ABS 指示灯常亮，用 ELIT 检测仪确认是 ABS 泵电动机故障信息。

2）用 ELIT 检测仪清除故障信息，确定无故障码。

3）症状模拟试验：水平或垂直地轻微摇动与 ABS 有关的插接器和线束；用手指轻轻振动液压单元及 ABS ECU 总成。

4）用 ELIT 检测仪重新检查故障码，看故障信息是否再现。若无故障码，则说明与 ABS 有关的插接器可能会引起间歇性故障。若故障信息再现，则进行下步诊断。

5）使用 ELIT 检测仪对泵电动机进行激活检测。方法是：将 ELIT 检测仪与车上 16 路诊断插头连接(图 3-45)，起动 ELIT 检测仪，在系统测试中进入 ABS 检测的多功能菜单，选择激活检测，然后移动光标，选择液压泵电动机，并按键确认进行激活检测。检测时，如果能听到泵的运行声，说明泵电动机正常，则故障可能在 ABS ECU，可更换 ABS ECU 后重试来确诊故障。

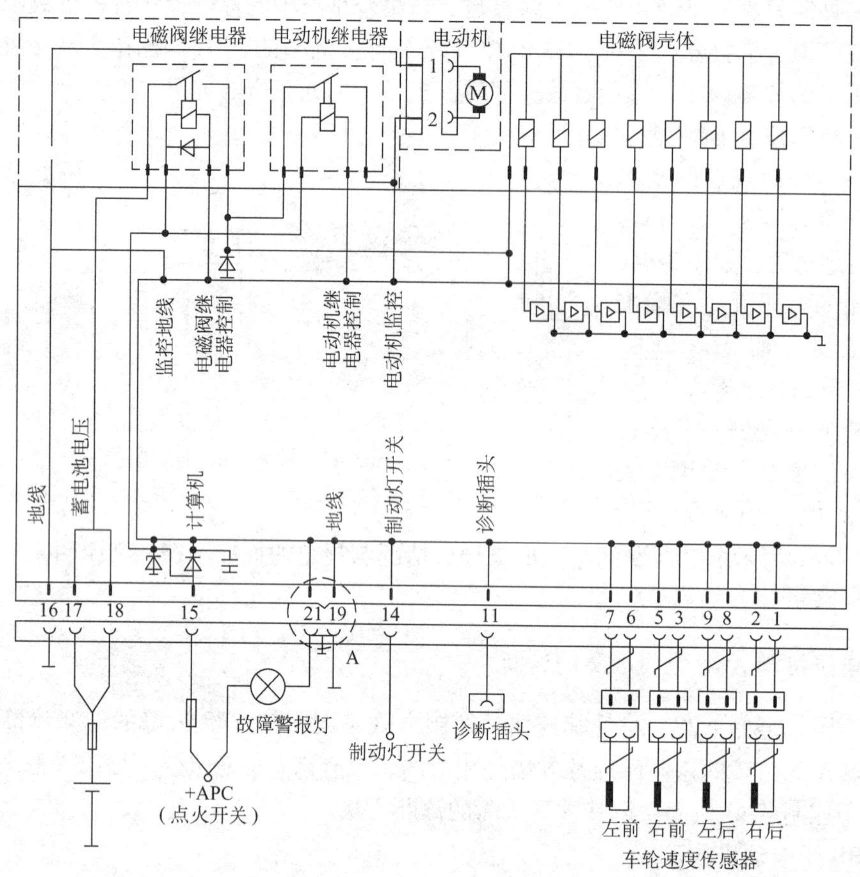

图 3-45　BOSCH ABS 5.3 控制电路

6）如果激活检测时，泵电动机不运行，则关闭点火开关，拔掉泵电动机的插接器，接通点火开关，用万用表的电压挡检测泵电动机的输入电压，其电压值应为蓄电池电压。若电压值异常，则进行步骤 8)，若电压值正常，则进行下步诊断。

7）拔掉泵电动机的插接器，用万用表的电阻挡直接测量泵电动机的电阻，其正常阻值为 $R=2\Omega$。当 $R=0$ 时，表示泵电动机内部导线短路；当 $R=\infty$ 时，表示泵电动机内部导线断路。若泵电动机损坏，则应予以更换。

8）检查蓄电池电压及 ABS 熔断器，如正常，则故障可能在 ABS ECU，可更换 ABS

ECU 后重试来确诊故障。

2. 车轮转速传感器故障

（1）故障现象　接通点火开关，ABS 故障指示灯点亮；利用 ELIT 检测仪读出的故障为左后、右前、右后、左前车轮转速传感器故障。

（2）故障原因　根据车轮转速传感器的结构原理（图 3-46）分析，其转速传感器故障的可能原因如下。

1）车轮转速传感器线圈断路或短路。

2）插接器连接处接触不良。

3）车轮转速传感器与 ABS ECU 不匹配。富康轿车 29 齿齿圈的车轮转速传感器与 48 齿齿圈的车轮转速传感器所对应的 ABS ECU 不能互换。

4）车轮转速传感器及其传感器转子安装不当，间隙不符合要求。

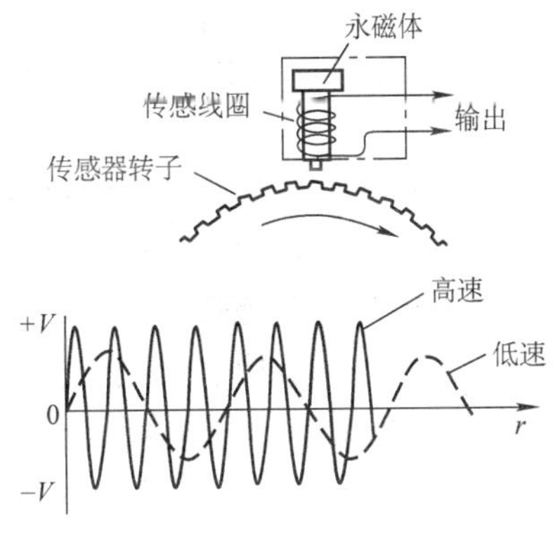

图 3-46　车轮转速传感器结构原理

（3）故障诊断

1）接通点火开关，ABS 指示灯常亮，用 ELIT 检测仪确认是车轮转速传感器故障。

2）用 ELIT 检测仪清除故障信息，确定无故障码。

3）症状模拟试验：水平或垂直地轻微摇动与 ABS 有关的插接器和线束；用手指轻轻振动液压单元及 ABS ECU 总成。

4）用 ELIT 检测仪重新检查故障码，看故障信息是否再现。若无故障码，则说明与 ABS 有关的插接器可能会引起间歇性故障。若故障信息再现，则进行下步诊断。

5）检查车轮转速传感器及其转子齿圈的状况和固定情况，确保车轮转速传感器安装正确，齿圈齿数符合要求。传感器与转子齿圈齿顶的间隙应为 0.3 ~ 1.2mm。

6）关闭点火开关，拔下 ABS ECU 插接器插头。

7）用万用表电阻挡在 ABS ECU 插接器线束侧相应车轮转速传感器端子（图 3-45 中：左后轮转速传感器为 9—8；右前轮转速传感器为 5—3；右后轮转速传感器为 2—1；左前轮转速传感器为 7—6）处测量各车轮转速传感器线圈电阻。转速传感器在 20℃ 时的标准电阻值应为 (1600 ± 320) Ω。

若电阻值正常，则进行步骤 9）；若电阻值太小，说明车轮转速传感器或线路有短路故障；若电阻值太大，则插接器及线路可能接触不良；如果电阻 $R \to \infty$，则说明车轮转速传感器或线路有断路故障。当电阻值异常时，进行下步诊断。

8）拔下异常的车轮转速传感器的 2 通道插接器（图 3-45），直接测量车轮转速传感器电阻，若电阻值为 0 或 ∞，则说明有短路或断路故障，应更换有故障的车轮转速传感器；若电阻值正常，则说明原来检测的异常是由连接线路造成的，应检查线路连接和插接器的状况，排除其接触不良或短路、断路故障。恢复正常后，进行下步诊断。

9）清除故障信息，进行路试。若 ABS 故障指示灯点亮且显示同样的故障信息，则故障可能在 ABS ECU，可更换 ABS ECU 后重试来确诊故障。

3. 车轮转速传感器无信息故障

（1）故障现象　车速大于 40km/h 时，没有速度信息，ABS 指示灯点亮；利用 ELIT 检测仪读出的故障为左后、右前、右后、左前车轮转速传感器无信息故障。

（2）故障原因

1）车轮转速传感器线圈断路或短路。

2）车轮转速传感器线路与地线短路。

3）插接器连接处接触不良。

4）车轮转速传感器及其传感器转子安装不当，间隙不符合要求。

（3）故障诊断

1）接通点火开关，ABS 指示灯常亮，用 ELIT 检测仪确认是车轮转速传感器无信息故障。

2）用 ELIT 检测仪清除故障信息，确定无故障码。

3）症状模拟试验：水平或垂直地轻微摇动与 ABS 有关的插接器和线束；用手指轻轻振动液压单元及 ABS ECU 总成。

4）用 ELIT 检测仪重新检查故障码，看故障信息是否再现。若无故障码，则说明 ABS 有关的插接器可能会引起间歇性故障。若故障信息再现，则进行下步诊断。

5）检查车轮转速传感器及其转子齿圈的状况和固定情况，确保车轮转速传感器安装正确，使传感器电极与转子齿圈齿顶的间隙为 0.3 ~ 1.2mm。

6）关闭点火开关，拔下 ABS ECU 插接器插头。

7）测量车轮转速传感器的输出电压。方法是将车桥顶起，转动相应车轮，用万用表电压挡在 ABS ECU 插接器线束侧相应车轮转速传感器端子（图 3-45）处测量车轮转速传感器的输出电压，最小车速测量值：2.75km/h，对应电压 120mV。

若测得的电压值大于 0.1V，且随车轮转速的增加而升高，说明车轮转速传感器及线路正常，则进入步骤 11）；若测得的电压值过小或为 0，则为不正常，应进行下步诊断。

8）用万用表电阻挡在 ABS ECU 插接器线束侧测量不正常车轮转速传感器端子之间的线圈电阻。标准电阻值应为（1600 ± 320）Ω。

若电阻值正常，则进行步骤 10）；若电阻值异常，则进行下步诊断。

9）拔下异常的车轮转速传感器的 2 通道插接器（图 3-45），直接测量车轮转速传感器电阻，若电阻值为 0 或∞，则说明有短路或断路故障，应更换有故障的车轮转速传感器；若电阻值正常，则说明原来检测的异常是由连接线路造成的，应检查线路连接和插接器的状况，排除其接触不良或短路、断路故障。恢复正常后，进行下步诊断。

10）检查车轮转速传感器导线与地线的绝缘电阻，其阻值应大于 20MΩ，否则为不正常，应更换车轮转速传感器，进行下步诊断。

11）清除故障信息，在车速大于 40km/h 时路试。若 ABS 故障指示灯点亮且显示同样的故障信息，则故障可能在 ABS ECU，可更换 ABS ECU 后重试来确诊故障。

4. ABS 电磁阀故障

（1）故障现象　接通点火开关，ABS 故障指示灯点亮；利用 ELIT 检测仪读出的故障为 ABS 电磁阀故障。

（2）故障原因

1）电磁阀电磁线圈短路或断路。

2）电磁阀正极与地线短路。

3）ABS ECU 的信息与电磁阀实际控制不符。

（3）故障诊断

1）接通点火开关，ABS 指示灯常亮，用 ELIT 检测仪确认是 ABS 电磁阀故障。

2）用 ELIT 检测仪清除故障信息，确定无故障码。

3）症状模拟试验：水平或垂直地轻微摇动与 ABS 有关的插接器和线束；用手指轻轻振动液压单元及 ABS ECU 总成。

4）用 ELIT 检测仪重新检查故障码，看故障信息是否再现。若无故障码，则说明 ABS 有关的插接器可能会引起间歇性故障。若故障信息再现，则进行下步诊断。

5）检查电磁阀电阻。用万用表电阻挡检查各电磁阀线圈的电阻，若电阻∞，则说明线圈有断路故障；若电阻值过小或为 0，则说明线圈有短路现象。若电磁阀存在故障，则应予以更换。如正常，则进行下步诊断。

6）检查电磁阀正极与地线有无短路。用万用表电阻挡检查电磁阀正极与地线之间的电阻，若电阻值过小或为 0，则说明电磁阀正极短路。若电磁阀存在故障，则应予以更换。如正常，则进行下步诊断。

7）清除故障信息，进行路试。若 ABS 故障指示灯点亮且显示同样的故障信息，则故障可能在 ABS ECU，可更换 ABS ECU 后重试来确诊故障。

5. ABS ECU 故障

（1）故障现象　接通点火开关，ABS 故障指示灯点亮；利用 ELIT 检测仪读出的故障为 ABS ECU 故障。

（2）故障原因

1）元件老化、内部电路短路或断路。

2）微机系统中的 CPU、存储器、接口电路等芯片或电路烧坏。

3）微机裂损、接地不良。

（3）故障诊断

1）接通点火开关，ABS 指示灯常亮，用 ELIT 检测仪确认是 ABS ECU 故障。

2）用 ELIT 检测仪清除故障信息，确定无故障码。

3）症状模拟试验：用手指轻轻振动液压单元及 ABS ECU 总成。

4）用 ELIT 检测仪重新检查故障码，看故障信息是否再现。若无故障码，则说明 ABS ECU 存在间歇性故障。若故障信息再现，则进行下步诊断。

5）拆下原 ABS ECU，换上工作正常的同型号的 ABS ECU 进行路试，此时若 ABS 工作恢复正常，则表明原 ABS ECU 有故障。ABS ECU 存在故障时，应更换 ABS ECU。

任务四　了解电子控制防滑转系统的检测诊断方法

一、电子控制防滑转系统概述

汽车防滑转系统（Anti Slip Regulation）是指汽车在驱动过程中防止驱动车轮发生滑转的控制系统，简称 ASR。采用防滑转系统的汽车，在起步、加速、驱动行驶时，其 ASR 通过对驱动轮驱动力矩的控制，能防止驱动轮滑转，特别是防止汽车在不对称路面或在转弯时驱动轮发生滑转，能充分利用轮胎和地面的附着系数，从而使汽车具有良好的加速性、方向稳定性和操纵性。

汽车防滑转系统(ASR)有时也称为驱动力控制系统，其英文缩写为TRC。由于ASR和ABS之间有许多共同之处，如都是对车轮的滑移率(或滑动率)进行控制、都需轮速传感器信号等，因此在驱动轮具有防滑转功能的汽车上，常将ASR和ABS组合在一起，构成具有制动防抱死和驱动防滑转功能的防滑控制系统，如雷克萨斯LS400轿车的防滑控制系统就是ABS/TRC。

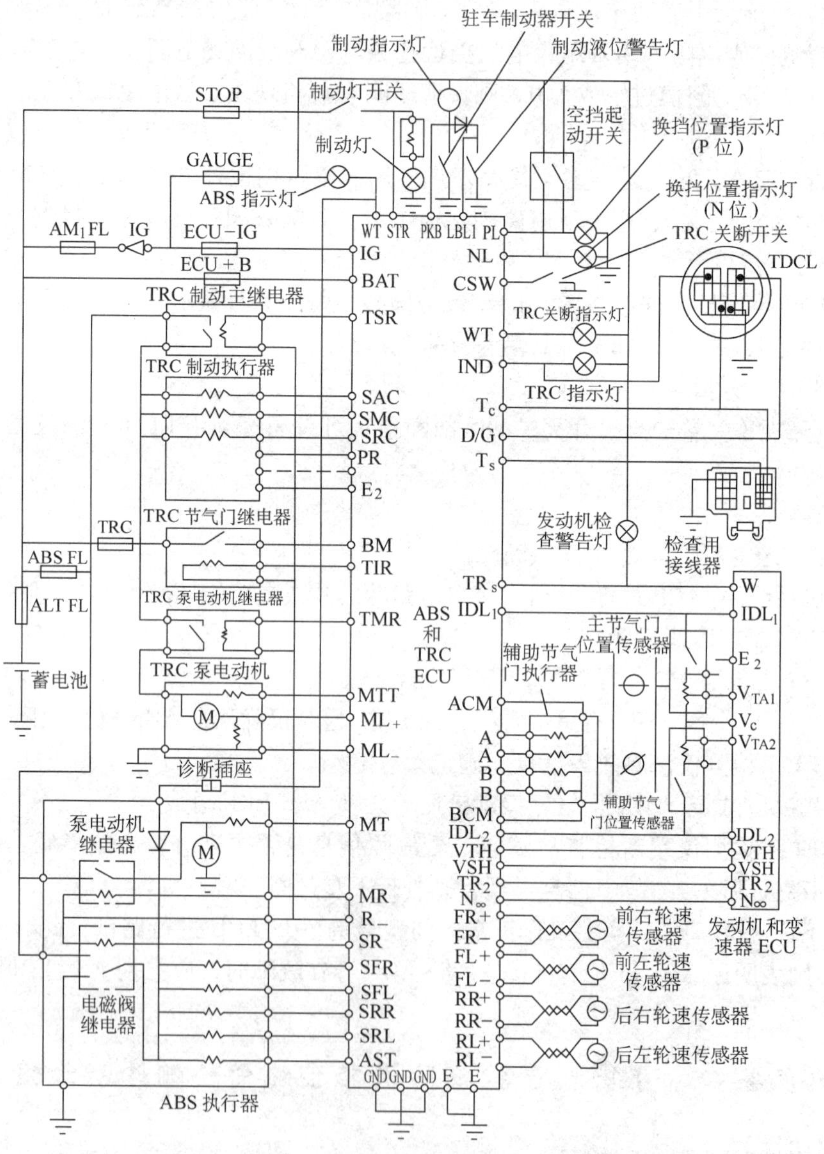

图3-47　TRC系统电路图

为便于电子控制防滑转系统故障的检测与诊断，现以雷克萨斯LS400轿车的防滑控制系统为例进行简要介绍。图3-47所示为雷克萨斯LS400轿车ABS/TRC系统的电路图。其电子控制防滑转系统TRC主要由电控单元(ABS/TRC ECU)、TRC制动执行器、轮速传感器、辅助节气门位置传感器、主节气门位置传感器、TRC 故障指示灯等组成。该电子控制防滑转系统采用控制发动机辅助节气门开度和对驱动轮进行制动的双重控制方法，控制驱动轮的输出转矩和转速。当驱动轮滑转时，从动轮轮速传感器输出的车身速度信号和驱动轮轮速传感器输出的轮速信号，经 ABS/TRC ECU 处理、运算后，获得驱动轮滑动率的信息。此时 ECU 则根据车速、驱动轮速、路面条件和驾驶人踩加速踏板的动作来实现其防滑转控制，使滑动率达到最佳状态(约 20%)。如当驱动轮滑转超过预定值时，一方面其 ECU 指令辅助节气门执行器逐渐关闭辅助节气门，以减少发动机输出转矩，降低驱动轮的转速；另一方面若 ECU 判定需要制动介入时，则发出控制信号，使 TRC 制动执行器开始工作，对驱动轮施加制动，使驱动轮速下降，从而抑制驱动轮滑转。当汽车在附着系数不对称的路面(一边车轮处于较好路面,一边车轮处于泥泞路面)行车时，若处于泥泞路面的驱动轮产生滑转，则 ABS/TRC ECU 控制 TRC 制动执行器就会对滑转驱动轮进行制动，此时需要较大的转矩克服施加制动的驱动轮，由于差速器具有平均分配转矩的功能，因此处于好路面的车轮便可获得较大的驱动转矩，使整车的驱动力达到最大值，从而提高汽车的通过性能。

经上所述，TRC 的基本功能是防止驱动轮滑转，获取最大驱动力，从而提高汽车的起步、加速能力以及提高汽车行驶的稳定性和通过性。若一旦 TRC 出现故障，其 ECU 就会启动 TRC 的失效保护功能，立即切断供给 TRC 节气门继电器的电流，使辅助节气门执行器停止工作；并同时切断至 TRC 制动主继电器电流，使 TRC 制动执行器失电，从而使 TRC 停止工作。此时，汽车会像没有 TRC 一样可以正常行驶，但却丧失了 TRC 的基本功能。因此为了提高汽车的行驶性能，对于 TRC 的故障应及时诊断并加以排除。

二、电子控制防滑转系统的检测诊断

目前的高档轿车广泛使用了电子控制防滑转系统，下面以雷克萨斯 LS400 轿车为例，说明 TRC 故障的检测诊断方法。

1. TRC 故障检测诊断的一般步骤

TRC 故障的现象是多样的，故障的原因是复杂的，其故障诊断的难度较大。因此，对于 TRC 故障的诊断，往往需要通过对 TRC 电路图的分析，采用一定的步骤，利用 TRC 的自诊断、专用检测仪器诊断及人工的深入诊断来综合进行。其 TRC 故障诊断及排除的一般步骤如下。

1）对 TRC 系统进行初步检查。

2）确认故障情况和故障症状。

3）利用专用检测仪器或人工法读取 TRC 自诊断的故障情况，初步确定故障部位。

4）根据读解的故障信息，利用必要的工具如专用诊断仪、检测盒、万用表等对故障部位进行深入的快速检查，确诊故障的部位和故障原因。

5）排除故障。

6）TRC 故障排除后，进行故障信息的删除步骤。否则，尽管 TRC 故障排除，且系统恢复正常，但 TRC ECU 存储器仍然记忆着原故障信息。

7）检查 TRC 故障指示灯是否仍然持续点亮。若指示灯仍然持续点亮，则说明 TRC 中仍有故障存在，或故障已经排除，而故障信息未被删除，应继续排除故障或重新删除故障信息。

8）当 TRC 故障指示灯不再点亮后，进行路试，确认 TRC 恢复正常。

2. TRC 故障的检测诊断

（1）TRC 故障码的读取与清除　为了方便诊断 TRC 故障，首先应获取 TRC 故障码，在电子控制的 TRC 电路中，都设有故障自诊断功能，当 TRC 出现故障时，自诊断系统对故障以故障码的形式进行记忆储存，以供人们读取。而当 TRC 系统故障排除后，或进行确认故障时，应清除故障码。利用专用检测仪进入故障自诊断模式，很容易读取或清除故障码。当无专用检测仪时，可通过连接跨接线的方法，使系统进入故障自诊断模式，人工读取或清除故障码，其具体方法如下。

1）TRC 故障码的读取。

① 接通点火开关。

② 用跨接线连接 TDCL 或检查用插接器的端子 T_C 和 E_1，如图 3-41 所示。

③ 按 TRC 故障指示灯的闪烁规律读取故障码。故障码的闪烁规律如图 3-42 所示。若有两个或更多故障出现，则数字最小的故障码首先显示。TRC 系统故障码的含义见表 3-22。

表 3-22　TRC 系统故障码表

故障码	TRC 故障指示灯	故 障 诊 断
11	闪烁	TRC 制动主继电器电路断路
12	闪烁	TRC 制动主继电器电路短路
13	闪烁	TRC 节气门继电器电路断路
14	闪烁	TRC 节气门继电器电路短路
15	闪烁	长时间向 TRC 制动泵电动机供电（制动液渗漏）
16	闪烁	压力开关电路断路（LHD）、压力传感器电路短路（RHD）
17	闪烁	压力开关（传感器）保持关断状态
19	闪烁	TRC 泵电动机 ON（开）和 OFF（关）操作比预定次数多（蓄压器制动液泄漏）
21	闪烁	主制动缸关断电磁阀电路断路或短路
22	闪烁	蓄压器关断电磁阀电路断路或短路
23	闪烁	储油罐关断电磁阀电路断路或短路
24	闪烁	辅助节气门执行器电路断路或短路
25	闪烁	步进电动机运行时达不到 ECU 指示的位置
26	闪烁	ECU 控制辅助节气门至全开位置，但辅助节气门不转动
27	闪烁	当停止向步进电动机供电时，辅助节气门未达到它的全开位置
44	闪烁	TRC 控制时，NE 信号未送至 ECU
45	闪烁	当怠速开关接通时，主节气门位置传感器信号为 1.5V 或更高
46	闪烁	当怠速开关关断时，主节气门传感器信号为 4.3V 或更高，或为 0.2V 或更低
47	闪烁	当怠速开关接通时，辅助节气门位置传感器信号为 1.45V 或更高
48	闪烁	当怠速开关关断时，辅助节气门位置传感器信号为 4.3V 或更高，或为 0.2V 或更低
49	闪烁	发动机信息交换电路断路或短路
51	闪烁	发动机控制系统出现故障
52	闪烁	制动液位警告灯开关电路故障

（续）

故障码	TRC 故障指示灯	故障诊断
54	闪烁	TRC 泵电动机继电器电路断路
55	闪烁	TRC 泵电动机继电器电路短路
56	闪烁	TRC 泵电动机锁死

④ 故障码读取完毕后，在端子 T_C和 E_1上取下跨接线，关闭点火开关。

2）故障码的清除。

① 用跨接线连接 TDCL 或检查用插接器的端子 T_C和 E_1。

② 在 3s 内踩下制动踏板 8 次或 8 次以上，储存在 ECU 中的故障码即会被清除。

③ 检查 TRC 故障指示灯是否显示正常码，若仍然显示故障码，则表明该故障码所代表的故障是目前存在的故障。

④ 在 TDCL 或检查用插接器端子上拆下跨接线。

（2）TRC 故障的诊断方法

1）根据故障码表诊断故障。当读取故障码后，先根据车型在维修手册中查出故障码所代表的故障现象和故障部位，然后根据各故障码对应故障的诊断工艺流程、检查方法，对电路及其电控元件进行检查，诊断排除故障。诊断排除故障时，要严格按照维修手册中的规定方法和步骤进行。

2）根据故障征兆表诊断故障。当读取故障码时，显示正常码，而 TRC 仍然工作不正常，则说明故障超出了 TRC 自诊断的范围，此时应先根据维修手册中提供的故障征兆表进行初步诊断，然后根据其故障诊断流程进行故障的确诊并排除故障。雷克萨斯 LS400 轿车 TRC 故障征兆见表 3-23。

表 3-23　TRC 故障征兆表

故障征兆	故障诊断
TRC 工作不正常	（1）检查故障码，再次确认输出的是正常码 （2）检查 IG 电源电路 （3）检查液压系统是否漏电 （4）检查车速传感器电路 （5）检查空挡起动开关电路 （6）如以上检查均正常，而问题仍然存在，则应更换 ABS/TRC ECU
TRC 指示灯故障	（1）检查 TRC 指示灯电路 （2）检查 ABS/TRC ECU
TRC OFF 指示灯故障	（1）检查 TRC OFF 指示灯电路 （2）检查 ABS/TRC ECU
不能进行故障码检查	（1）检查 TRC 指示灯电路 （2）检查诊断电路 （3）检查 ABS/TRC ECU
即使在 N 位或 P 位，TRC 泵电动机仍在工作	（1）检查空挡起动开关电路 （2）检查 ABS/TRC ECU

3）根据TRC指示灯诊断故障。在实际应用中，可根据TRC故障指示灯及TRC关断指示灯的点亮情况进行故障的诊断与排除。雷克萨斯LS400轿车TRC的指示灯故障诊断见表3-24。

表3-24　TRC指示灯故障诊断表

故障现象	可能原因	
	故障部位	故障类型
点火开关置于ON位置后，TRC故障指示灯点亮不到3s	TRC故障指示灯或电路	断路或短路
TRC关断指示灯一直亮着	TRC关断开关或电路	断路或短路
点火开关置于ON位置后，TRC关断指示灯点亮不到3s	TRC关断指示灯或电路	断路或短路

4）根据TRC ECU端子及电路参数诊断故障。TRC ECU端子及电路都有规定的测量条件及相应端子参数标准。当TRC出现故障时，其测量参数将会发生变化。此时，可通过检测工具测量其端子及相应的电路参数，与维修手册中的标准值比较进行故障诊断。诊断故障时，一般可通过插接器检查TRC电控系统中各有关电路的电压、电阻或导通情况，然后根据资料提供的故障诊断表诊断其故障部位。

任务五　熟悉电子控制悬架系统的检测诊断方法

一、电子控制悬架系统概述

随着电子技术、传感器技术的飞速发展，电子控制的悬架系统在汽车上已得到了广泛的应用。性能优异的悬架系统，既能使汽车的乘坐舒适性达到令人满意的程度，又能使汽车的操纵稳定性达到最佳状态。电子控制悬架系统可从行驶舒适性和安全性出发，使悬架的弹簧刚度和减振器的阻尼力随汽车行驶状态而变至最优状态，同时，其悬架系统还可根据车载情况及汽车运行工况自动调整车身高度，以保持汽车行驶所需要的高度及汽车行驶姿势的稳定。为便于对电子控制悬架系统的检测与诊断，现对其电子控制系统进行简要介绍。

图3-48所示为雷克萨斯LS400轿车电子控制空气悬架系统电路图。该控制系统主要由空气弹簧、阻尼力可调减振器、悬架电子控制单元（ECU）、高度传感器、转向盘转角传感器、节气门位置传感器、悬架控制执行器、高度控制阀、排气电磁阀、高度控制开关、悬架控制开关以及空气压缩机等组成。该悬架有两套控制系统，一是弹簧刚度和减振器阻尼力控制系统，它能根据轿车行驶状况，自动调整弹簧刚度和减振器的阻尼力，从而选择最佳的空气弹簧刚度和减振器阻尼特性的组合，以获得良好的乘坐舒适性和操纵稳定性，其LRC开关用于选择空气弹簧和减振器的工作模式。当LRC开关处于“SPORT”位置时，系统进入“高速行驶自动控制”；当LRC开关处于“NORM”位置时，系统对悬架的刚度、阻尼力进行“常规值自动控制”。二是汽车高度控制系统，它能根据轿车内乘员人数和装载质量多少以及车速的高低，自动调节车身高度，其高度控制开关和高度ON/OFF控制开关用于选择车

身高度控制的工作模式。当高度 ON/OFF 控制开关处于 OFF 位置时，系统不执行车身高度控制；当高度 ON/OFF 控制开关处于 ON 位置，高度控制开关处于“HIGH”位置时，系统对车身高度进行“高值自动控制”；而高度控制开关处于“NORM”位置时，车身高度则进入“常规值自动控制”状态。电子控制悬架系统一般都具有故障自诊断功能，以监测、诊断系统的工作情况，诊断系统故障。

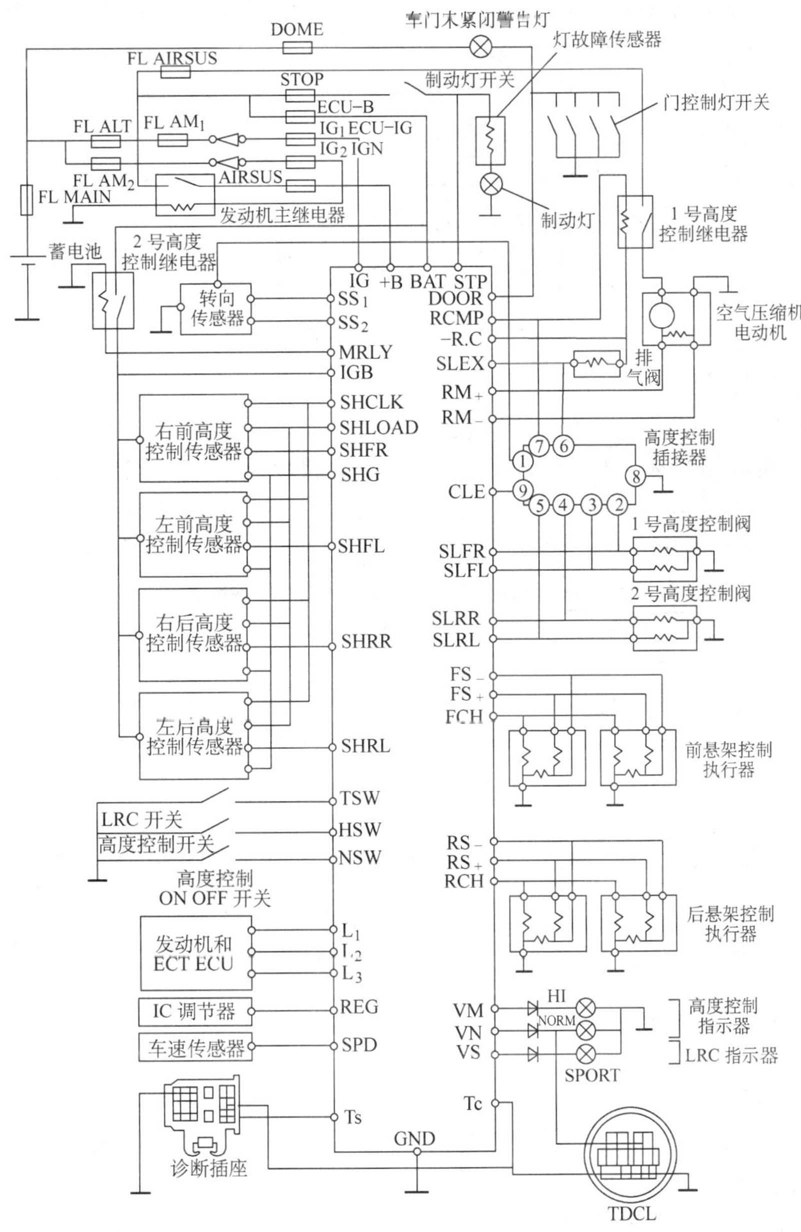

图 3-48　汽车电子控制空气悬架系统电路图

二、电子控制悬架系统的检测诊断

对于不同车型的电控悬架系统，由于其结构、控制方式的不同，其故障的检测与诊断方法也略有差异。下面以雷克萨斯 LS400 轿车电子控制空气悬架系统为例介绍其故障的检测与诊断方法。

1. 故障的初步诊断

利用指示灯对系统进行初步诊断。指示灯的状态(亮、熄、闪烁及其闪烁频率)与系统所处的工况有关，因此，利用指示灯对系统进行初检效果较好。

1）当点火开关置于 ON 位置时，若高度控制“NORM”指示灯以 1s 的间隔闪烁，则表明悬架控制系统有故障。当故障出在 ECU 本身时，则两个高度指示灯都将熄灭。

2）当点火开关置于 ON 位置时，其“SPORT”、“NORM”、“HI”指示灯不亮，其故障可能在汽车高度控制供电电路或指示灯电路。

3）当点火开关置于 ON 位置时，其“SPORT”、“NORM”、“HI”指示灯亮 2s，然后全部熄灭，其故障可能在悬架控制执行器供电电路。

4）当接通点火开关、LRC 开关拨到“NORM”侧时，“SPORT”指示灯仍然亮着，其故障可能在 LRC 开关电路。

5）当发动机运转时，将高度控制开关拨到“NORM”侧，“HI”指示灯仍然亮着，其故障可能在高度控制开关电路。

6）将点火开关转至 ON 位置，用跨接线连接 TDCL 或检查用插接器端子 T_S 和 E_1，按表 3-25 中的检测项目和对应的操作方法，分别在发动机停转和运转状态下，观察高度控制“NORM”指示灯的状态，若观察结果与表中相同，则系统正常；若某项观察结果与表中不同，则该项目的控制电路可能存在故障。

表 3-25　高度控制“NORM”指示灯检测表

检 查 项 目	操作方法 1	“NORM”指示灯		操作方法 2	“NORM”指示灯	
		停机	运转		停机	运转
转向传感器	转向盘居中	闪烁	常亮	转向盘转角 45°以上	常亮	闪烁
制动灯开关	松开制动踏板	闪烁	常亮	踩下制动踏板	常亮	闪烁
门控灯开关	所有车门关闭	闪烁	常亮	所有车门打开	常亮	闪烁
节气门位置传感器	松开加速踏板	闪烁	常亮	加速踏板踩到底	常亮	闪烁
高度控制开关	置于“NORM”位	闪烁	常亮	置于“HIGH”位	常亮	闪烁
LRC 开关	置于“NORM”位	闪烁	常亮	置于“SPORT”位	常亮	闪烁
高度控制 ON/OFF 开关	置于“ON”位	闪烁	常亮	置于“OFF”位	常亮	闪烁

注：表中“NORM”指示灯的闪烁是指以 0.25s 的间隔方式闪烁。

2. 根据故障码诊断

（1）读取故障码　利用解码器或利用人工方法使系统进入自诊断状态，然后读取故障码。其人工读取故障码的方法如下。

1）将点火开关转到“ON”位置。

2）用跨接线短接 TDCL 插座或检查插接器中的 T_C 端子和 E_1 端子(图 3-41)。

3）将高度控制 ON/OFF 开关置于“ON”位置。

4）根据仪表板上高度控制“NORM”指示灯的闪烁情况读取故障码。

5）故障码读取完毕后，脱开 T_C 端子和 E_1 端子之间的跨接线。

（2）根据故障码诊断故障　读取故障码后，可根据表 3-26 所列的故障码含义诊断电子控制悬架系统的故障。

（3）清除故障码　待故障排除后，还应将其存储器内的故障码进行清除，人工其清除故障码的方法有下列两种。

1）在关闭点火开关的情况下，用跨接线将高度控制插接器端子 9 与 8（图 3-48）短接，同时使检查插接器端子 T_S 与端子 E_1 短接。保持这一状态达 10s 以上，然后接通点火开关并脱开以上各端子。

表 3-26　雷克萨斯 LS400 轿车电子控制空气悬架系统故障码表

故障码	诊断系统	故障诊断	故障可能部位
11	右前高度控制传感器电路	车身高度控制传感器电路断路或短路	ECU 与高度控制传感器之间的配线或接线器故障；高度控制传感器故障；ECU 故障
12	左前高度控制传感器电路		
13	右后高度控制传感器电路		
14	左后高度控制传感器电路		
21	前悬架控制执行器电路	悬架控制执行器电路断路或短路	ECU 与悬架控制执行器之间的配线或接线器故障；悬架控制执行器故障；ECU 故障
22	后悬架控制执行器电路		
31	1 号高度控制阀电路	高度控制阀电路断路或短路	ECU 与高度控制阀之间的配线或接线器故障；高度控制阀故障；ECU 故障
33	2 号高度控制阀电路（用于右悬架）		
34	2 号高度控制阀电路（用于左悬架）		
35	排气阀电路	排气阀电路断路或短路	ECU 与排气阀之间的配线或接线器故障；排气阀故障；ECU 故障
41	1 号高度控制继电器电路	1 号高度控制继电器电路断路或短路	ECU 与 1 号高度控制继电器之间的配线或接线器故障；1 号高度控制继电器故障；ECU 故障
42	压缩机电动机电路	压缩机电动机电路短路；压缩机电动机被锁住	ECU 与压缩机电动机之间的配线或接线器故障；压缩机电动机故障；ECU 故障
51①	至 1 号高度控制继电器（控制压缩机电动机用）的持续电流	向 1 号高度控制继电器供电持续时间超过 8.5 min	压缩机电动机；压缩机；空气管；1 号、2 号高度控制阀；排气阀；高度控制传感器；高度控制传感器连接杆；溢流阀；ECU 故障
52②	至排气阀的持续电流	向排气阀供电持续时间超过 6 min	高度控制阀；排气阀；空气管；高度控制传感器；高度控制传感器连接杆；ECU 故障
61	悬架控制信号	ECU 故障	ECU 故障
71③	高度控制 ON/OFF 开关电路	高度控制 ON /OFF 开关位于“OFF”位置或高度控制 ON/OFF 开关电路故障	ECU 与高度控制 ON/OFF 开关之间的配线或接线器故障；高度控制 ON/OFF 开关故障；ECU 故障

（续）

故障码	诊断系统	故障诊断	故障可能部位
72	悬架控制执行器电源电路	悬架控制执行器电源电路断路或 AIR SUS 熔丝烧断	悬架 AIR SUS 熔丝故障；ECU 与发动机主继电器之间的配线或接线器故障；ECU 故障

① 有时故障码“51”并非不正常，由于压缩空气的溢流压力是 980 kPa，若在坡道上或汽车超负荷情况下进行高度控制，压缩机电动机就会连续运转以使汽车高度上升，因而会使通过 1 号高度控制继电器电流保持 8.5 min 以上，故会输出故障码“51”，并且会停止执行汽车高度控制以及减振器阻尼力和弹簧刚度的控制。此时，只要关闭点火开关约 70 min 后再接通点火开关，系统即恢复正常。

② 若在拆下车轮或在顶起汽车时进行汽车高度控制，可能会输出代码“52”，同时汽车高度控制以及减振器阻尼力和弹簧刚度的控制将会中止，但这并非异常。此时，只要关闭点火开关后再接通，系统即恢复正常。

③ 当高度控制 ON /OFF 开关在“OFF”位置时，输出故障码“71”。

2）在关闭点火开关的情况下，拆下 1 号接线盒中的 ECU—B 熔丝(图 3-48)10s 以上。

3. 故障的深入诊断

对于初步诊断及故障码确定的故障，还应进行详细的深入检测诊断，以便查出故障的确切原因。诊断时，应使用推荐的检测工具按汽车制造商维修手册提供的方法和步骤进行。有时一个故障是由多个原因引起的，检测诊断时可根据维修手册中提供的故障征兆一览表的顺序进行。对系统进行检查修理并清除故障码后，应对系统进行路试运行，然后再通过观察指示灯看是否还有故障存在，若系统还存在故障，应重新检修。

4. 汽车高度调整功能的检测

先将汽车停在水平地面上，使轮胎气压正常，然后进行检测。

1）将汽车处于“NORM”高度调整的状态下。

2）用专用工具检查汽车高度。

3）起动发动机，将高度控制开关从“NORM”位置切换到“HIGH”位置。

4）检测完成高度调整所需的时间和汽车高度变化量。其正常调整时间：从操作高度控制开关至压缩机起动约需 2s；从压缩机起动至高度调整完毕约需 20～40s。汽车高度值调整的正常变化量为 10～30 mm。

5）起动发动机，将高度控制开关从“HIGH”位置切换到“NORM”位置，并检测完成此次高度调整所需的时间和汽车高度变化量。其车身高度下降调整的正常时间及汽车高度调整的正常变化量与车身高度上升调整的情况大约相同。

提示：若高度调整超时或高度变化量超出范围，则说明悬架系统存在故障。

本单元小结

1. 滑行距离是指汽车加速至某一预定车速后摘挡，利用汽车具有的动能来行驶的距离，它可用路试法或底盘测功机检测。滑行阻力是指汽车空挡、制动解除时，汽车由静止至开始移动所需的推力或拉力，它可用路试法检测。汽车传动系统的总体技术状况可通过滑行阻力、滑行距离评价，其滑行阻力越小，滑行距离越长，说明传动系统技术状况越好。传动系统游动角度是离合器、变速器、万向传动装置和驱动桥的游动间隙之和，它与传动系统各总成和机件的磨损有着密切关系，用它可以诊断汽车传动系统的技术状况，当传动系统游动角度过大时，其传动系统的工作条件将会恶化，会加速零件的磨损并增大传动噪声，使传动效率降低，其游动角度可利用数字式或指针式检测仪检测。传动系统离合器、手动变速器、万向传动装置、驱动桥的常见故障，可根据其故障现象，分析故障原因，诊断故障部位。

2. 转向系统的技术状况常用转向盘转向力、转向盘自由转动量来诊断。转向盘转向力是指在一定行驶条件下作用在转向盘外缘的最大切向力，常用转向参数测量仪或转向测力仪检测，转向盘转向力受多种综合因素的影响，如果行驶系统技术状况良好，车轮定位、轮胎气压正常，而转向盘转向力过大，则说明转向系统存在故障。转向盘自由转动量是指汽车转向轮处于直线行驶位置静止不动时，转向盘可以自由转动的角度，常用转向参数测量仪或简易检测仪检测，转向盘自由转动量是转向系统内部各传动连接部件间隙的总反映，若自由转动量过大，则说明从转向盘至转向轮的传动链中一处或多处的配合松旷，存在故障。液压动力转向系统还需要检测液压助力部分，主要检测转向泵输出压力、系统油液、转向泵传动带紧度等。转向系统的常见故障主要是转向沉重和转向不灵敏，可根据其故障现象，分析故障原因，诊断故障部位。

3. 在用汽车制动性能的检测指标主要有：制动力、制动距离、充分发出的平均减速度、制动协调时间和制动稳定性。汽车制动性能可由台试或路试检测。台试检测采用制动力法，常用设备是单轴反力式滚筒制动试验台或平板式制动试验台，主要检测制动力、左右车轮制动力差、制动协调时间等。路试检测采用制动距离法或制动减速度法，常用仪器是非接触式多功能速度检测仪或 GPS 汽车多功能检测仪，主要检测制动距离、制动时间、制动速度、最大减速度、平均减速度、*MFDD*。台试检测和路试检测都有各自的标准，台试检测后，若对汽车制动性能有质疑，则可用路试检测方法进行复检，并以满载路试的检测结果为准。在汽车制动性能检测中，其检测结果只要符合制动力法、制动距离法和制动减速度法其中之一的标准要求，即可判为合格。汽车制动系统常见故障是制动失效、制动不灵、制动跑偏和制动拖滞，诊断时可根据其故障现象，分析故障原因，确诊故障部位。

4. 车轮定位检测包括前轮定位、后轮定位，即四轮定位检测。前轮定位检测参数是指前轮前束、前轮外倾角、主销后倾角和主销内倾角，后轮定位检测参数主要是指后轮前束、后轮外倾角。车轮定位参数是车桥技术状况的重要诊断参数，当汽车发生碰撞事故或操纵稳定性变差或维修时，需要进行车轮定位检测。车轮定位常用检测仪器有：气泡水准式车轮定位仪和各种形式的四轮定位仪。目前广泛使用微机四轮定位仪，具有操作简单、使用方便、测量参数准确、适应车型多、检测效率高等特点。

5. 车轮不平衡包括车轮静不平衡和车轮动不平衡。若车轮质心与旋转轴线不重合，则该车轮为静不平衡；若车轮质心偏离其旋转轴线或车轮的惯性主轴与其旋转轴线不重合，则该车轮为动不平衡。高速行驶的汽车，若车轮不平衡，则会引起车轮的跳动和摆振，从而影响汽车的行驶平顺性、操纵稳定性和行驶安全性。因此，必须对车轮的不平衡进行检测，并进行平衡作业。由于动平衡的车轮肯定是静平衡的，而静平衡的车轮却不一定动平衡，因此对车轮一般是要进行动不平衡检测。车轮不平衡检测在车轮平衡机中进行，有就车式检测和离车式检测两种。目前，广泛使用就车式检测平衡方法，当车轮难以平衡时，可采用离车式检测平衡方法。不过车轮平衡机都有最大不平衡量限值，严重失衡的车轮是不能上机平衡的。

6. 在用汽车悬架性能的主要评价指标有：车轮接地力和车轮接地性指数。车轮接地力是指模拟汽车行驶时车轮与道路接触的法向力，它用来表征车轮和道路的接触状态，进而评价汽车悬架性能；车轮接地性指数也称吸收率，是指共振时车轮作用于检测台的最小动态垂直接地力与静态垂直接地力之比的百分数，它用来表征悬架系统在汽车行驶中确保车轮与道路接触的最小能力。用车轮接地力或车轮接地性指数评价在用汽车悬架性能，其本质是一致的，但目前我国常用的评价指标是车轮接地性指数。汽车悬架性能常在谐振式悬架系统检测台检测，它可显示动态轮荷与静态轮荷的百分比及其同轴左右轮百分比的差值。

7. 自动变速器基础检查主要是指对 ATF 油位、油质、操纵机构及发动机怠速进行的检查，其目的是检验自动变速器是否在正常前提条件下工作；手动换挡试验是指人为地使自动变速器脱离车上自动变速器电子控制单元的控制，由测试人员手动进行的各挡位试验，其目的是区别故障存在于电子控制系统还是机械系统或液压控制系统；自动变速器机械试验主要有：失速试验、时滞试验、液压试验和道路试验，其目的是区分故障是由机械系统引起的，还是由液压控制系统引起的，并同时诊断出故障的具体部位。液压式电子控制动力转向系统检测的主要内容是转向盘转至极限位置时的油压和转向盘转向力，通过给动力转向电磁阀通、断电进行对比检测，从而判断电子控制动力转向系故障。ABS 故障的直观检查就是检查容易触及到的与 ABS 故障内容有关的部件，以保证 ABS 有正常的工作条件；ABS 故障的试车检查就是路试时，观察汽车行驶及制动过程中发生的现象，以确认 ABS 故障，即根据 ABS 故障指示灯、制动轮胎印迹、制动的方向稳定性判断故障。对于底盘电子控制系统故障如自动变速器电子控制系统、电子控制动力转向系统、电子控制防抱死制动系统、电子控制防滑转系统、电子控制悬架系统等的故障，可利用专用诊断仪、人工法读取故障码，或利用万用表等检测工具，根据其故障现象诊断其故障原因及部位。

思 考 题

1. 什么是汽车滑行性能？为什么要检测汽车滑行性能？如何检测汽车滑行性能？
2. 什么是传动系统游动角度？如何检查传动系统游动角度？
3. 离合器打滑、分离不彻底的原因是什么？如何诊断？
4. 变速杆跳挡、换挡困难的原因是什么？如何诊断？
5. 驱动桥异响的原因是什么？如何诊断？
6. 何谓转向盘自由转动量？怎样检测？其检测标准是多少？
7. 汽车转向沉重、转向不灵敏的原因是什么？如何诊断？
8. 路试制动性检验的项目有哪些？台试制动性检验的项目有哪些？
9. 试述反力式滚筒制动试验台、平板式制动试验台检测制动性能的方法。
10. 反力式滚筒制动试验台能检测 ABS 性能吗？为什么？
11. 液压制动系统制动失效、制动不灵的原因是什么？如何诊断？
12. 气压制动系统制动失效、制动不灵的原因是什么？如何诊断？
13. 为何要检测车轮定位？如何利用四轮定位仪检测车轮定位？
14. 什么是车轮的静不平衡和动不平衡？如何检测和平衡？
15. 为何要检测悬架性能？怎样检测和评价悬架性能？

16. 汽车行驶系统的常见故障有哪些？如何诊断？

17. 何谓自动变速器的基础检查？其检查的目的是什么？

18. 何谓自动变速器的手动试验、失速试验、液压试验、时滞试验和道路试验？怎样利用这些试验来诊断故障？

19. 如何对电子控制自动变速器电控系统的故障进行诊断？

20. 电子控制动力转向系统的常见故障有哪些？如何检测诊断？

21. 如何路试检测 ABS 性能？如何诊断 ABS 的常见故障？

22. 如何检测诊断电子控制防滑转系统的性能或故障？

23. 如何检测诊断电子控制悬架系统的性能或故障？

单元四　整车检测技术

项目一　汽车驱动轮输出功率检测

学习目标：

- 了解汽车底盘测功机的结构原理
- 熟悉驱动轮输出功率常用的检测项目
- 能利用底盘测功机检测发动机额定转矩和额定功率时的驱动轮输出功率
- 能正确评价在用汽车的动力性

驱动轮输出功率是评价汽车技术状况的基本参数之一，是汽车综合性能检测的必检项目。通过驱动轮输出功率的检测，可以评价汽车的动力性。驱动轮输出功率在汽车底盘测功机上检测，俗称底盘测功。

任务一　了解汽车底盘测功机

汽车底盘测功机是一种不解体检验汽车性能的检测设备，它是在室内台架上通过模拟汽车道路行驶工况的方法来检测汽车动力性的，必要时还可检测汽车燃油经济性以及汽车多工况排放指标。汽车底盘测功机按工作原理可分为测力式、惯性式和综合式三类。测力式底盘测功机可通过模拟道路阻力直接测量汽车驱动轮输出功率或驱动力；惯性式底盘测功机可通过模拟汽车行驶惯性来测量汽车的加速能力；综合式底盘测功机兼备测力式和惯性式两种功能，目前的汽车底盘测功机大多属于综合式的。

一、底盘测功机结构

汽车底盘测功机一般由滚筒装置、加载装置、飞轮装置、测量装置、控制与指示装置和辅助装置等组成，基本结构如图 4-1 所示。

1. 滚筒装置

底盘测功机的滚筒用来模拟连续移动的路面，测功时，驱动车轮在滚筒上滚动。因此，滚筒是支撑车轴载荷，并传递功率、转矩、速度的主要构件。底盘测功机有单滚筒与双滚筒两种类型。

单滚筒底盘测功机，其滚筒直径大，多在 1500 ~ 2500mm 之间，检测时车轮滚动阻力小，测试精度高，但由于大滚筒制造成本高，同时驱动轮检测定位难，因此单滚筒底盘测功机仅适用于科研单位。双滚筒底盘测功机，其滚筒直径相对较小，多在 185 ~ 400mm 之间，检测时驱动轮胎变形大，测试精度相对较低，但由于双滚筒制造成本低，且驱动轮检测定位方便，因此双滚筒底盘测功机适用于汽车维修企业和汽车综合性能检测站。

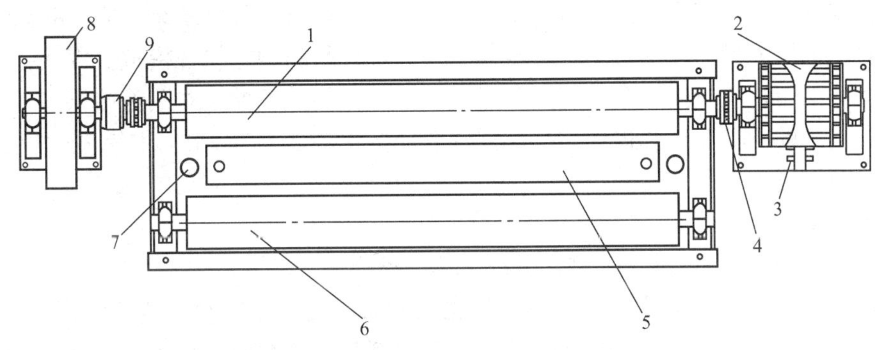

图 4-1　汽车底盘测功机结构示意图

1—主动滚筒　2—加载装置　3—压力传感器　4—联轴器　5—举升器

6—从动滚筒　7—挡轮　8—飞轮装置　9—电磁离合器

2. 加载装置

在测力式底盘测功机中，必须装有加载装置。加载装置俗称测功器，用来模拟汽车在道路上的行驶阻力，吸收驱动轮上的输出功率。测功器的类型有：水力测功器、电力测功器和电涡流测功器。由于电涡流测功器具有测试精度高、适应范围广、结构紧凑、易于调控、便于安装等优点，因此目前的汽车底盘测功机加载装置大多采用电涡流测功器。

图 4-2 所示为圆盘式电涡流测功器的结构原理图，它主要由圆盘转子和浮动定子组成。圆盘转子由高磁导率钢制成，圆周呈齿状，转子通过联轴器与滚筒相连；浮动定子圆周装有励磁线圈，定子通过浮动支承能绕其轴线摆动。这种测功器是利用电磁感应产生涡电流形成制动载荷的。测功时，励磁线圈通以直流电产生磁场，并通过转子、空气隙、铁心形成磁通回路，当汽车驱动滚筒带动转子在磁场中旋转时，由于磁通的周期性变化因而会在转子盘上产生涡电流。由于涡电流和外磁场的相互作用，对转子盘产生一个制动阻力矩，从而对滚筒起加载作用。调节通过励磁线圈电流的大小，即可改变模拟阻力矩（或吸收功率）的范围。电涡流测功器将吸收的能量转变为热能，并经空气或冷却水散失。

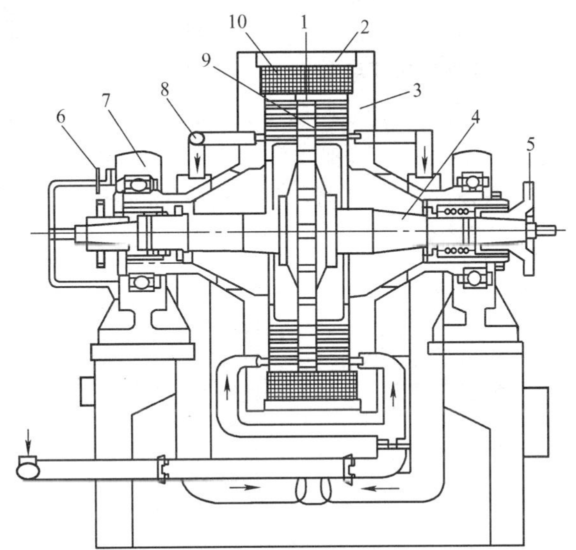

图 4-2　圆盘式电涡流测功器的结构原理

1—圆盘转子　2—定子　3—冷却盘　4—主轴

5—连接盘　6—转速传感器　7—支座

8—排水管　9—空气隙　10—励磁线圈

3. 飞轮装置

在惯性式底盘测功机中，装有飞轮装置。它通过离合器与主动滚筒相连，用于模拟汽车在道路上行驶的惯性。为了准确测量，飞轮的转动惯量应与被测车辆路试时的惯性相适应。一般来说，一定惯量的飞轮只能模拟一类对应车型的惯性能量，为扩大车辆检测范围，可采用多个飞轮或飞轮组合与不同的车型匹配。但由于现代车辆的类型复杂，以及测试条件的不断变化，即使采用大量的飞轮组合也很难与各类车辆进行精确地惯性模拟。因此，在有的底盘测功机上其飞轮装置只用一个飞轮，而通过制定相应的数学模型对测量结果进行修正来精确模拟各类汽车的行驶惯性。这样不仅可以简化飞轮装置，降低制造成本，扩大使用范围，还可使检测操作更为方便。

4. 测量装置

测量装置主要包括测力装置、测速装置和测距装置。

（1）测力装置　测力装置用来测量驱动轮上的驱动力，它由测力臂和测力传感器组成。其传感器有液压式、机械式和电测式等多种形式。测功时，测功器转子与定子之间的制动转矩通过与定子相连的测力臂传给测力传感器，然后传感器输送信号至测量电路，通过转换由测力仪表直接显示驱动轮的驱动力。

（2）测速装置　测速装置可用来测量车速，它一般由测速传感器、中间处理装置和指示装置组成。常见的测速传感器有光电式、磁电式、霍尔传感器及测速发电机等多种形式。测速传感器的转子随滚筒一起滚动，测试时，传感器将滚筒的转速信号转变为电信号，该信号经中间处理装置变换放大，并由指示装置显示车速。底盘测功机在测功、加速、滑行、燃油消耗、排放等试验时，都需要准确地测量车速。

（3）测距装置　一般采用光电盘脉冲计数式测距装置。当汽车在底盘测功机上进行加速距离、滑行距离、燃油经济性检测时，必须使用测距装置。

5. 控制与指示装置

（1）控制装置　控制装置用来控制底盘测功机的整个检测过程，使检测能够按照给定的方式自动进行，确保车辆检测模拟的准确性。底盘测功机的控制主要是对加载装置的控制，一种电涡流式加载装置控制系统的框图如图 4-3 所示。

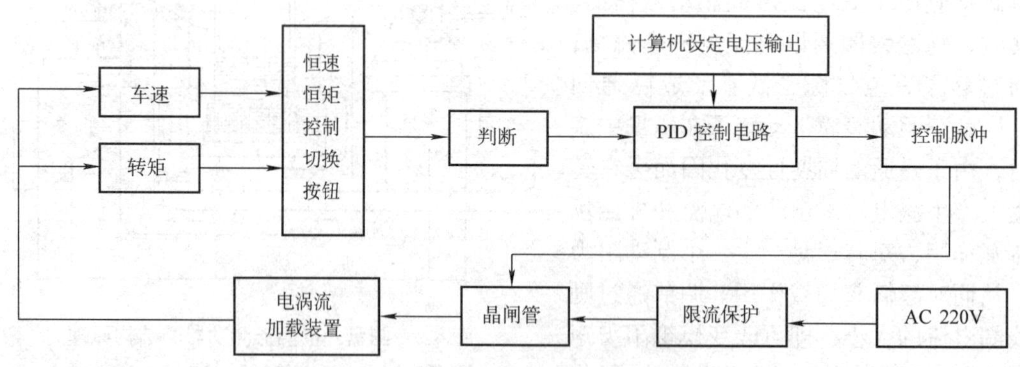

图 4-3　电涡流式加载装置控制系统框图

从图 4-3 中可以看出，电涡流加载装置控制系统是一个带反馈的闭环系统。检测时接通电源，整流系统将 220V 的交变电压转变为电涡流式加载装置所要求的励磁直流电压并提供控制电压，选定控制方式(恒速控制或恒矩控制)，于是系统将所选定的速度或转矩信号与计算机输出的设定信号同时输出给 PID 控制电路进行运算处理，然后输出加减载控制脉冲信号(加载或减载电压)触发晶闸管，晶闸管输出电压加在电涡流加载装置的两端，使励磁线圈的电压发生变化，导致电涡流加载装置励磁电流发生改变，从而控制底盘测功机的负荷。当车速或转矩未能达到规定要求时，其车速或转矩的反馈信号将促使其控制系统通过加载装置不断地修正被测车辆的速度或转矩以达到控制的目的。

（2）指示装置　目前，汽车底盘测功机检测的输出功率、驱动力和车速等参数普遍采用 CRT 监视器直接显示，CRT 还可显示测量过程的动态曲线。一般底盘测功机还有指针式仪表，它可显示电涡流测功机的电流、转速、输出转矩，以便监视测功机的工作状态。

6. 辅助装置

（1）举升装置　为方便被测车辆驶入和驶出底盘测功机，在主、副两滚筒中间一般还装有举升装置。举升装置有气动、液动和电动三种形式，以气动式举升装置为多见。

（2）冷却风扇　采用风冷式的底盘测功机，在加载装置处装有冷却风扇，以加强空气流动，散失加载装置测功时产生的热能，冷却加载装置。

（3）反拖电动机　有的底盘测功机还装有反拖电动机，利用反拖电动机可以有效、快速地检测底盘传动效率。

二、底盘测功机原理

汽车驶上底盘测功机，将驱动轮支承于两个滚筒之上，如图 4-4 所示。起动发动机让车轮驱动滚筒转动使之模拟路面的行驶状态，此时滚筒表面的线速度就是汽车的行驶速度，根据滚筒的转速可以换算出汽车的行驶速度，而滚筒的转速可由测速传感器输出脉冲信号来反映，其脉冲频率的高低与滚筒转速成正比。汽车行驶的道路阻力由电涡流测功器加载模拟，当给电涡流测功器励磁线圈加一定电流时，测功器中的涡电流就会与磁场相互作用，产生一个制动转矩，并反作用于滚筒表面，这个制动转矩反力使定子随着转子旋转方向摆动，通过力臂作用在压力传感器之上，压力传感器输出模拟信号的大小与制动转矩成正比，在滚筒转速稳定时该制动转矩即为驱动轮对滚筒的驱动转矩。实际上，在测速装置获取滚筒转速电信号的同时，其测力装置也将滚筒转矩信息转换成电信号，两信号同时输入给计算机系统处理运算后，即可显示驱动轮输出功率。其功率表达式为

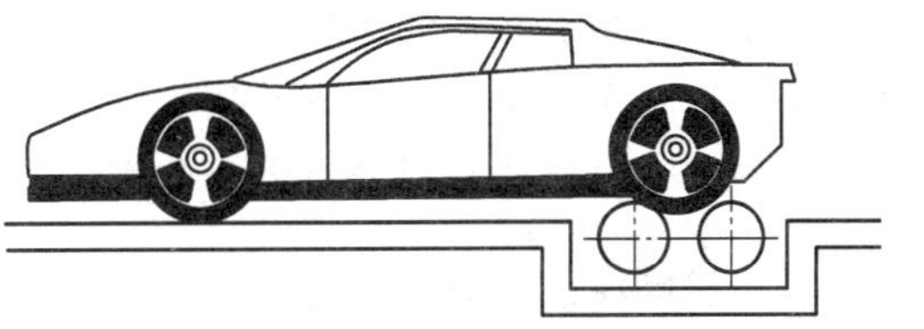

图 4-4　双滚筒底盘测功机测功示意图

$$P_k = \frac{F_t V}{3600} \tag{4-1}$$

式中　P_k——驱动轮输出功率（kW）；

F_t——驱动力（N）；

V——车速（km/h）。

通过改变电涡流测功器负荷的大小，可以模拟汽车在道路上行驶的各种阻力，因此可以实现汽车在各种车速下驱动轮上的输出功率、驱动力的测定。但实际测试时，汽车发动机稳态转速下的最大功率点和最大转矩点对应的汽车底盘输出功率及驱动力的测试用得最多，因为利用它们可以评价汽车及发动机的动力性。

提示： *在底盘测功机上进行变工况试验如对汽车进行加速能力和滑行距离测试时，需用飞轮装置来模拟汽车行驶的惯性力。*

任务二　掌握驱动轮输出功率的检测方法

一、检测项目的确定

底盘测功根据其目的不同可分为汽车动力性检测、经济性检测、排放检测等内容。测功前，首先应根据检测目的或应车主的要求，确定检测项目。因为不同的检测项目，其检测点的选取及测试方法会有所差异。常用的底盘测功检测项目如下。

（1）发动机全负荷额定功率转速下驱动轮输出功率的检测　它检测的是汽车最大驱动功率，其功率大小反映汽车整车的动力性及技术状况，是汽车动力性检测的必检项目。

（2）发动机全负荷额定转矩转速下驱动轮输出功率的检测　它检测的是汽车在直接挡或最高挡克服最大阻力时的驱动功率，其功率大小反映汽车在该挡行驶时的最大加速能力和爬坡能力，这也是汽车动力性检测的必检项目。

（3）发动机全负荷选定车速下驱动轮输出功率的检测　它检测的是选定车速对应的功率，测试时往往会选多种车速，其功率大小可反映不同车速时的动力性。

（4）发动机部分负荷选定车速下驱动轮输出功率的检测　它检测的是多种不同的节气门开度、不同选定车速的功率，其功率大小可反映汽车在不同工况下行驶的动力性。

提示：在测取功率的同时，若还测取汽车的燃油消耗或排放污染物，则就构成了汽车燃油经济性检测或汽车排放检测的项目。若采用规定的检测规范，利用底盘测功机不仅可以评价汽车的动力性，还可以评价汽车的燃油经济性和排放性能。

二、检测点的选择

通常，检测点的多少与所确定的检测项目有关。在汽车技术等级评定、在用汽车动力性评价时，只需测定发动机全负荷额定功率转速下和额定转矩转速下驱动轮的输出功率。若需全面考核发动机的动力性、底盘的技术状况及调整质量，还可进行中间转速下的功率测量。

检测点车速取决于发动机工况和汽车挡位。发动机工况由检测项目确定，而汽车挡位则一般选择直接挡或最高挡。其检测点的车速值可根据式(4-2)确定。

$$V = 0.377\frac{rn}{i_0 i_g} \tag{4-2}$$

式中　V——汽车底盘测功车速(km/h)；

n——选定工况的发动机转速（r/min)；

r——车轮的滚动半径(m)；

i_g——变速器选定挡位的速比；

i_0——主减速器速比。

提示：驱动轮输出功率的大小与汽车的行驶工况有关。只有正确地选择检测工况和检测点，才能客观地评价汽车的使用性能。

三、检测前的准备

1. 底盘测功机的准备

1）在底盘测功机进行定期检查、定期润滑、定期标定的基础上，保证底盘测功机各系统能进行正常工作。

2）按规定的程序操作进入待机状态。

3）飞轮装置除进行多工况油耗试验和加速、滑行试验外，不允许任意使用。

2. 被测车辆的准备

1）轮胎表面应清洁，不能嵌入任何杂物。

2）轮胎的规格和气压应符合制造厂的规定。

3）发动机机油应充足，机油压力应在允许的范围之内。

4）发动机冷却系统的工作应正常。

5）车辆处于空载状态，并关闭空调系统等非汽车运行所必需的耗能装置。

6）道路运行，走热全车，使汽车各运动部件、润滑油、冷却液等达到正常的温度状态。

提示：走合期的新车或大修车不宜进行驱动轮输出功率的检测。

四、驱动轮输出功率的检测

驱动轮输出功率的检测步骤如下。

1）接通底盘测功机电源，使设备处于检测状态。

2）升起举升器托板。

3）将被测车辆沿垂直滚筒的方向平稳地驶上底盘测功机，并将驱动轮置于两滚筒间举升器托板上。

4）操作仪器，降下举升器托板。

5）用三角铁塞住从动轮，对被测车辆进行必要的纵向约束。

6）起动发动机，利用被测车辆带动底盘测功机滚筒稍作空运转，使底盘测功机各运动部件的工作温度正常。

注意：为确保检测安全，被测汽车前方严禁站人。

7）测量驱动轮输出功率。根据检测项目及检测点设定的检测车速来测量功率，每点重复测量三次，取平均值。按如下选定的内容进行检测。

① 发动机全负荷额定功率转速下驱动轮输出功率的检测。起动发动机，由低速挡逐渐换至直接挡或最高挡，逐渐踩下加速踏板，同时调节测功器的加载负荷，使发动机在加速踏板踩到底及额定转速对应的车速下运转，待车速稳定15s后，读取和记录功率值。

② 发动机全负荷额定转矩转速下驱动轮输出功率的检测。起动发动机，由低速挡逐渐换至直接挡或最高挡，逐渐踩下加速踏板，同时调节测功器的加载负荷，使发动机在加速踏板踩到底及最大转矩转速对应的车速下稳定运转，15s后读取功率。

③ 发动机全负荷选定车速下驱动轮输出功率的检测。在加速踏板踩到底时，通过调节测功器的加载负荷，使发动机在选定车速下稳定运转，15s后读取功率。

④ 发动机部分负荷选定车速下驱动轮输出功率的检测。在发动机节气门部分开启的情况下，通过调节测功器的加载负荷，使发动机在选定车速下稳定运转，15s后读取功率。

提示：检测过程中，应密切注意被测车辆的各种异响、发动机冷却液温度及底盘测功机的工作状态，保证测试的顺利进行，以免发生意外事故。

8）记录环境状态下的各种检测数据，以便进行数据处理。输出或打印检测结果。

9）测试完毕，待驱动轮停转后，拆除外围的冷却及约束附件，升起举升器托板，将被测车辆驶离底盘测功机，然后切断底盘测功机电源。

任务三　掌握在用汽车动力性的评价方法

在车辆技术状况等级评定及综合性能检测中，需要对在用汽车进行动力性评价。动力性差的汽车通常其最高车速低、加速时间长、爬坡能力小，而导致在用汽车动力性变差的最根本原因是发动机、传动系统的技术状况随着使用时间的增加而逐渐下降，造成驱动轮输出功率的相应减小。因此，驱动轮的输出功率在一定条件下可以反映在用汽车的动力性，目前常用汽车底盘测功时发动机额定转矩和额定功率下的驱动轮输出功率来评价在用汽车的动力性。

一、在用汽车动力性评价方法

在用汽车动力性是依据规定检测工况下，校正驱功轮输出功率与相应的发动机输出总功率的百分比与标准值比较进行评价的。

1. 测出实际驱动轮输出功率

在实际环境状态下，采用汽车额定转矩和额定功率的工况，在底盘测功机上测出汽车驱动轮的输出功率。该功率称为实际驱动轮输出功率，它不含轮胎滚动阻力和底盘测功机传动系统阻力所消耗的功率。

2. 计算校正驱动轮输出功率

实际驱动轮输出功率校正到标准环境状态下的功率，称为校正驱动轮输出功率。校正驱动轮输出功率的表达式为

$$P_0 = \alpha P \tag{4-3}$$

式中　P_0——标准环境状态下的校正功率；

α——校正系数，通过计算或查表得到；

P——实际驱动轮输出功率。

校正功率的标准环境状态是指：大气压 100kPa、相对湿度 30%、环境温度 298K(25℃)、干空气压 99kPa(干空气压是基于总气压为 100kPa,水蒸气分压为 1kPa 计算得到的)时的状态。

3. 计算校正驱动轮输出功率与相应发动机输出总功率的百分比

$$\eta_{VM} = P_{VMO}/P_M \tag{4-4}$$

$$\eta_{VP} = P_{VPO}/P_e \tag{4-5}$$

式中　P_{VMO}——汽车在额定转矩工况下的校正驱动轮输出功率(kW)；

P_{VPO}——汽车在额定功率工况下的校正驱动轮输出功率(kW)；

P_M——发动机额定转矩功率(kW)；

P_e——发动机额定功率(kW)；

η_{VM}——汽车在额定转矩工况下的校正驱动轮输出功率与额定转矩功率的百分比(%)；

η_{VP}——汽车在额定功率工况下的校正驱动轮输出功率与额定功率的百分比(%)。

4. 在用汽车动力性评价

GB/T 18276—2000《汽车动力性台架试验方法和评价指标》中规定，在用汽车动力性合

格的条件是：

$$\eta_{VM} \geqslant \eta_{Ma} \tag{4-6}$$

或

$$\eta_{VP} \geqslant \eta_{Pa} \tag{4-7}$$

式中　η_{Ma}——汽车在额定转矩工况下校正驱动轮输出功率与额定转矩功率的百分比的允许值(%)；

η_{Pa}——汽车在额定功率工况下校正驱动轮输出功率与额定功率的百分比的允许值(%)。

GB 18565—2001《营运车辆综合性能要求和检验方法》中规定，轿车的动力性按额定转矩工况进行检测和评价，应满足式(4-6)合格条件的要求；而其他车辆应按规定的式(4-6)、式(4-7)两种合格条件中任选一种工况进行检测和评价。

若η_{VM}或η_{VP}比其相应的η_{Ma}或η_{Pa}允许值小，则表明汽车的动力性不良，说明在用汽车发动机及其传动系统技术状况较差。

提示：为了确诊汽车动力性不良的原因，在底盘测功机上可采用反拖法检测传动系统消耗的功率，若汽车传动系统消耗的功率过大，则表明传动系统效率过低，说明汽车传动系统技术状况不良；否则，说明发动机动力性不足、技术状况不良。

二、在用汽车动力性评价标准

在用汽车动力性评价标准就是校正驱动轮输出功率与相应发动机输出总功率百分比的允许值，如η_{Ma}、η_{Pa}。表4-1为GB/T 18276—2000《汽车动力性台架试验方法和评价指标》提供的部分国产在用汽车评价标准，其他在用车辆可参照执行。

表4-1　汽车驱动轮输出功率限值

汽车类别	汽车型号		额定转矩工况		额定功率工况	
			直接挡检测速度 v_M/(km/h)	校正驱动轮输出功率/额定转矩功率允许值 η_{Ma}(%)	直接挡检测速度 v_P/(km/h)	校正驱动轮输出功率/额定功率允许值 η_{Pa}(%)
载货汽车	1010系列 1020系列	汽油车	60	50	90	40
	1030系列 1040系列	汽油车	60	50	90	40
		柴油车	55	50	90	45
	1050系列 1060系列	汽油车	60	50	90	40
		柴油车	50	50	80	45
	1070系列 1080系列	柴油车	50	50	80	45
	1090系列	汽油车	40	50	80	45
		柴油车	55	50	80	45
	1100、1110系列 1120、1130系列	柴油车	50	45	80	40
	1140系列 1150系列 1160系列	柴油车	50	50	80	40
	1170系列 1190系列	汽油车	55	50	80	40

（续）

汽车类别	汽 车 型 号		额定转矩工况		额定功率工况	
			直接挡检测速度 v_M/(km/h)	校正驱动轮输出功率/额定转矩功率允许值 η_{Ma}(%)	直接挡检测速度 v_P/(km/h)	校正驱动轮输出功率/额定功率允许值 η_{Pa}(%)
半挂列车[1]	10t半挂列车系列	汽油车	40	50	80	45
		柴油车	50	50	80	45
	15t、20t半挂列车系列	柴油车	45	45	70	40
	25t半挂列车系列	柴油车	45	50	75	40
客车	6600系列	汽油车	60	45	85	35
		柴油车	45	50	75	40
	6700系列	汽油车	50	40	80	35
		柴油车	55	45	75	35
	6800系列	汽油车	40	40	85	35
		柴油车	45	45	75	35
	6900系列	汽油车	40	40	85	35
		柴油车	60	45	85	35
	6100系列	汽油车	40	40	85	35
		柴油车	40	45	85	35
	6110系列	汽油车	40	40	85	35
		柴油车	55	45	80	35
	6120系列	柴油车	60	40	90	35
轿车	夏利、富康		95/65[2]	40/35[2]	—	—
	桑塔纳		95/65[2]	45/40[2]	—	—
备注	5010系列~5040系列厢式货车和罐式货车驱动轮输出功率的允许值按同系列普通货车的允许值下调2%，其他系列厢式货车和罐式货车驱动轮输出功率的允许值按同系列普通货车的允许值下调4%					

① 半挂列车是按载质量分类。

② 为汽车变速器使用三挡时的参数值。

项目二　汽车燃油经济性检测

学习目标：

- 了解燃油消耗量道路试验的条件和方法
- 熟悉燃油消耗量台架试验的规范和方法
- 了解燃油消耗量限值及其意义
- 正确理解等速百公里油耗、循环工况百公里油耗的含义汽车燃油经济性是指汽车以最少的燃油消耗完成单位运输工作量的能力，它通常用规定行驶工况的汽车燃油消耗量来表示。由于汽车燃油消耗量是评价在用汽车技术状况和维修质量的综合性参数，同时也是诊断和分析汽车故障的重要参考数据，因此对在用车辆进行燃油经济性的检测具有重要意义。

任务一　掌握汽车燃油经济性的评价指标

一、汽车燃油经济性评价指标

汽车燃油经济性评价指标是单位行程的燃油消耗量。单位行程的燃油消耗量常用一定运行工况下汽车行驶百公里的燃油消耗升数(L/100km)来表示，其燃油消耗的升数越小，则汽车的燃油经济性就越好。根据汽车燃油消耗试验工况的不同，单位行程的燃油消耗量主要有下面两种表示方法：

1. 等速百公里油耗

等速百公里油耗是目前常用的一种评价指标，它是指汽车在一定载荷下，以最高挡在水平良好路面上等速行驶100km的燃油消耗量，一般是汽车等速行驶一定的里程折算成100km的燃油消耗升数(L/100km)。乘用车常用90km/h和120km/h的燃油消耗量(L/100km)来评价其燃油经济性，在汽车使用说明书上可经常见到这些指标。表4-2为几种车型的等速百公里油耗。

表4-2　几种车型的90km/h等速百公里油耗

车型	富康988EL	赛欧SL	本田雅阁2.3L	现代XG30	波罗ALi	奥迪A4-3.0	宝来1.8T
90km/h等速油耗/(L/100km)	6.5	5.3	7.3	10.4	5.8	9.7	6.3

等速百公里油耗是一种单项评价指标，由于等速百公里油耗试验没有模拟汽车实际行驶中频繁出现的加速、减速、怠速等非稳定行驶工况，因此，它只能反映汽车在一定车速下的燃油经济性，而不能作为全面考核汽车运行的燃油经济性的参考指标。

2. 循环工况百公里油耗

循环工况百公里油耗是按规定的循环行驶试验工况来模拟汽车的实际运行工况，折算成100km的燃油消耗量(L/100km)。所模拟的运行工况主要有换挡、怠速、加速、减速、等速、离合器脱开等的车速—时间规范。车型不同时，实际行驶的状况也会有所差异，因此其百公里油耗检测的多工况循环、多工况规范也不一样。如百公里油耗检测时，我国乘用车常采用十五工况循环，城市客车和双层客车(包括城市铰接式客车)常采用四工况循环，货车常采用六工况循环等。

循环工况百公里油耗是一项综合性评价指标，由于循环工况百公里油耗耗试验考虑了汽车的实际运行工况，因此，它可以全面地评价汽车的燃油经济性。

我国及欧洲一些国家多采用单位行程的燃油消耗量(L/100km)作为汽车燃油经济性评价指标。而美国、英国等一些国家则采用汽车消耗的单位燃油量所经过的行程作为汽车燃油经济性评价指标，单位是 MPG 或 mile/USgal，即每消耗 1 加仑的燃油汽车行驶的英里数(1 英里 = 1.6093km,1 英加仑 = 4.546L,1 美加仑 = 3.785L)。对于这种评价指标，其 MPG 数值越大，则汽车燃油经济性就越好。这种评价指标其实质与上述的单位行程的燃油消耗量评价指标是一致的。

二、汽车燃油消耗量限值

GB 19578—2004《乘用车燃料消耗量限值》规定了我国生产车(乘用车)燃料消耗量的限值，见表 4-3。

表 4-3　乘用车燃油消耗量限值(1)

整车整备质量(CM)/kg	第一阶段/(L/100km)	第二阶段/(L/100km)
CM≤750	7.2	6.2
750 < CM≤865	7.2	6.5
865 < CM≤980	7.7	7.0
980 < CM≤1090	8.3	7.5
1090 < CM≤1205	8.9	8.1
1205 < CM≤1320	9.5	8.6
1320 < CM≤1430	10.1	9.2
1430 < CM≤1540	10.7	9.7
1540 < CM≤1660	11.3	10.2
1660 < CM≤1770	11.9	10.7
1770 < CM≤1880	12.4	11.1
1880 < CM≤2000	12.8	11.5
2000 < CM≤2110	13.2	11.9
2110 < CM≤2280	13.7	12.3
2280 < CM≤2510	14.6	13.1
2510 < CM	15.5	13.9

注：1. 对于新认证车，第一阶段的执行日期为 2005 年 7 月 1 日，第二阶段的执行日期为 2008 年 1 月 1 日。

2. 对于在生产车，第一阶段的执行日期为 2006 年 7 月 1 日，第二阶段的执行日期为 2009 年 1 月 1 日。

若申请车型在结构上具有以下一种或多种特征，则其燃料消耗量限值如表 4-4 所示。

1）装有自动变速器。

2）具有三排或三排以上座椅。

3）符合 GB/T 15089—2001《机动车辆和挂车分类》中规定条件的 M_1G 类汽车，即指包括驾驶人座位在内，座位数不超过 9 座的越野客车。

提示：汽车燃油消耗量限值的意义在于优化汽车设计、控制汽车油耗、节约石油能源、减轻环境污染。

表 4-4　乘用车燃油消耗量限值(2)

整车整备质量(CM)/kg	第一阶段/(L/100km)	第二阶段/(L/100km)
CM≤750	7.6	6.6
750 < CM≤865	7.6	6.9
865 < CM≤980	8.2	7.4
980 < CM≤1090	8.8	8.0
1090 < CM≤1205	9.4	8.6
1205 < CM≤1320	10.1	9.1
1320 < CM≤1430	10.7	9.8
1430 < CM≤1540	11.3	10.3
1540 < CM≤1660	12.0	10.8
1660 < CM≤1770	12.6	11.3
1770 < CM≤1880	13.1	11.8
1880 < CM≤2000	13.6	12.2
2000 < CM≤2110	14.0	12.6
2110 < CM≤2280	14.5	13.0
2280 < CM≤2510	15.5	13.9
2510 < CM	16.4	14.7

任务二　熟悉汽车燃油经济性的检测方法

汽车燃油经济性检测就是检测汽车的燃油消耗量。汽车燃油消耗量可以通过道路试验或台架试验测得。

一、燃油消耗量道路试验

1. 试验条件

试验道路为清洁、干燥、平坦的沥青或混凝土直线路段，路长 2 ~ 3km，路宽不小于 8m，纵向坡度在 0.1% 以内。

试验车辆必须进行预热行驶，使发动机、传动系统及其他部分预热到规定的温度状态，但汽车发动机不得调整。轮胎充气压力应符合该车技术条件的规定，误差不超过 ± 10kPa。装载质量除有特殊规定外，乘用车试验质量应为整备质量加上 180kg，当车辆的 50% 载质量大于 180kg 时，则车辆的试验质量为整备质量加上 50% 的载质量；商用车试验质量为：M_2、M_3类城市客车为装载质量的 65%，其他车辆为满载；装载物应均匀分布且固定牢靠，试验过程中不得晃动和颠离。试验车辆必须清洁，应关闭车窗和驾驶室通风口，由恒温器控制的空气流必须处于正常调整状态。

试验仪器主要是油耗仪和非接触式车速仪，要求精度为 0.5%，计时器最小读数为 0.1s。

试验气候条件应是：无雨无雾，相对湿度小于 95%，气温 0 ~ 40℃，风速不大于 3m/s。

2. 试验方法

（1）等速行驶燃油消耗量测定　试验时，汽车尽量选用最高挡，按照等速百公里油耗指标规定的车速，如乘用车 90km/h 或 120km/h，等速行驶通过 500m（或 1000m）的测量路段，测定耗油量和时间，每种车速往返试验各两次，两次试验之间的时间间隔应尽可能缩短，以保持稳定的热状况，往返四次试验结果的油耗量差值不应超过 ±5%，取四次试验结果的平均值作为等速行驶的油耗量，并折算成等速百公里油耗量（L/100km）。

（2）多工况燃油消耗量测定　试验时，汽车按多工况规定的车速—时间规范（如换挡、怠速、加速、减速、等速、离合器脱开等）和挡位，通过测量路段，用试验仪器记录行程—车速—时间曲线，检测试验参数。完成一次循环试验后，汽车应迅速调头，从相反方向重复下一次循环试验。累计进行四次循环试验，将此多工况循环的累计油耗量折算成算术平均百公里油耗量（L/100km）。

目前，多工况循环燃油消耗量道路试验方法得到了广泛的应用，下面简要介绍我国商用车辆燃油消耗量道路试验的几种工况循环。

1）四工况循环。GB/T 12545.2—2001《商用车辆燃料消耗量试验方法》（该标准已部分被 GB/T 12545.1—2008 代替）规定的四工况循环如图 4-5 所示，具体说明详见表 4-5，它适用于城市客车和双层客车（包括城市铰接式客车）。

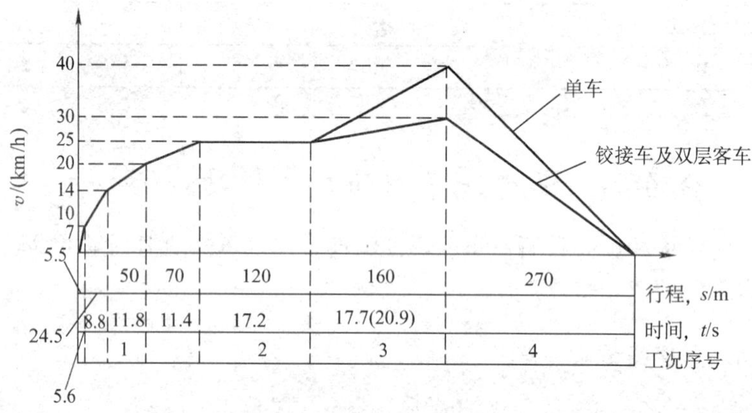

图 4-5　四工况循环

表 4-5　四工况循环规范

工况	运转状态/(km/h)	行程/m	累积行程/m	时间/s	变速器挡位及换挡车速	
					挡位	换挡车速/(km/h)
1	0→25 换挡加速	5.5	5.5	5.6	1→3	6→8
		24.5	30	8.8	3→4	13→15
		50	80	11.8	4→5	19→21
		70	150	11.4	5 挡	
2	25	120	270	17.2	5 挡	
3	(30)25→40	160	430	(20.9)17.7	5 挡	
4	减速行驶	270	700		空挡	

注：1. 对于 5 挡以上变速器采用 2 挡起步，按表中规定循环试验；对于 4 挡变速器采用 1 挡起步，将 4 挡代替表中 5 挡，其他依次代替，按表中规定试验循环进行。

2. 括号内数字适用于铰接式客车及双层客车。

2）六工况循环。GB/T 12545.2—2001《商用车辆燃料消耗量试验方法》规定的六工况循环如图4-6所示，具体说明详见表4-6，它适用于城市客车和双层客车除外的车辆。

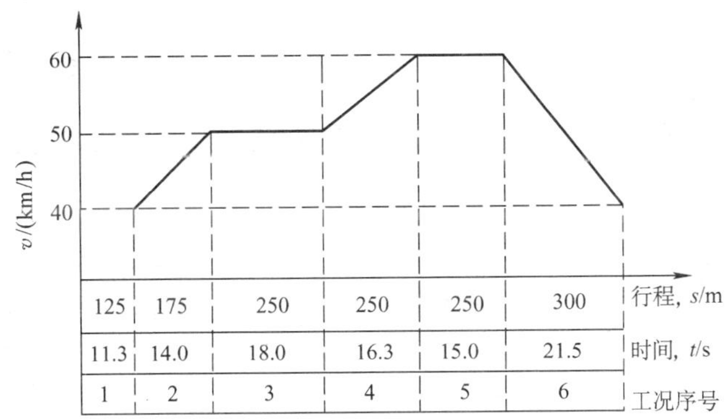

图4-6　六工况循环

表4-6　六工况循环规范

工况	运转状态/(km/h)	行程/m	累积行程/m	时间/s	加速度/(m/s²)
1	40	125	125	11.3	—
2	40→50	175	300	14.0	0.2
3	50	250	550	18.0	—
4	50→60	250	800	16.3	0.17
5	60	250	1050	15.0	—
6	60→40	300	1350	21.5	0.26

3. 试验特点

1）等速行驶燃油消耗量的道路试验，检测简单、使用方便、成本低廉，但由于试验条件不同于汽车的实际行驶工况，因此所测的油耗只能作为一种相对比较性的指标。

2）多工况循环燃油消耗量的道路试验，在一定程度上反映了汽车的实际行驶工况，所测油耗能反映汽车的燃油经济性，但其油耗试验相对于等速行驶的燃油消耗量试验要麻烦、复杂、时间长。

提示：燃油消耗量的道路试验与台架试验相比，需要有良好的道路条件和气候条件。

二、燃油消耗量台架试验

燃油消耗量台架试验在汽车底盘测功机上进行。由于汽车底盘测功机能模拟汽车行驶阻力、运动惯性以及各种道路行驶工况，所以底盘测功机的台架试验可以按照很复杂的多工况循环规范对汽车的燃油消耗量进行测量，道路上进行的各种燃油消耗量试验均可在底盘测功机上进行。各国汽车制造商和汽车监督检验机构常用室内台架试验方法检测汽车的燃油消耗量。

1. 试验规范

检测要求及车型不同，其试验规范不尽相同。如GB/T 12545.1—2008《汽车燃料消耗量试验方法　第1部分：乘用车燃料消耗量试验方法》规定的十五工况循环如图4-7所示，具体

图中
K—离合器脱开;K1、K2—离合器脱开，变速器在1挡或2挡;
1—1挡;2—2挡;3—3挡;
PM—空挡;R—怠速
：换挡
：每一点的车速(±2km/h)和时间(±1s)的复合允差如插图所示
运转终了时间：195 s
运转时间/s
运转序号
工况时间/s
v/(km/h)
t/s

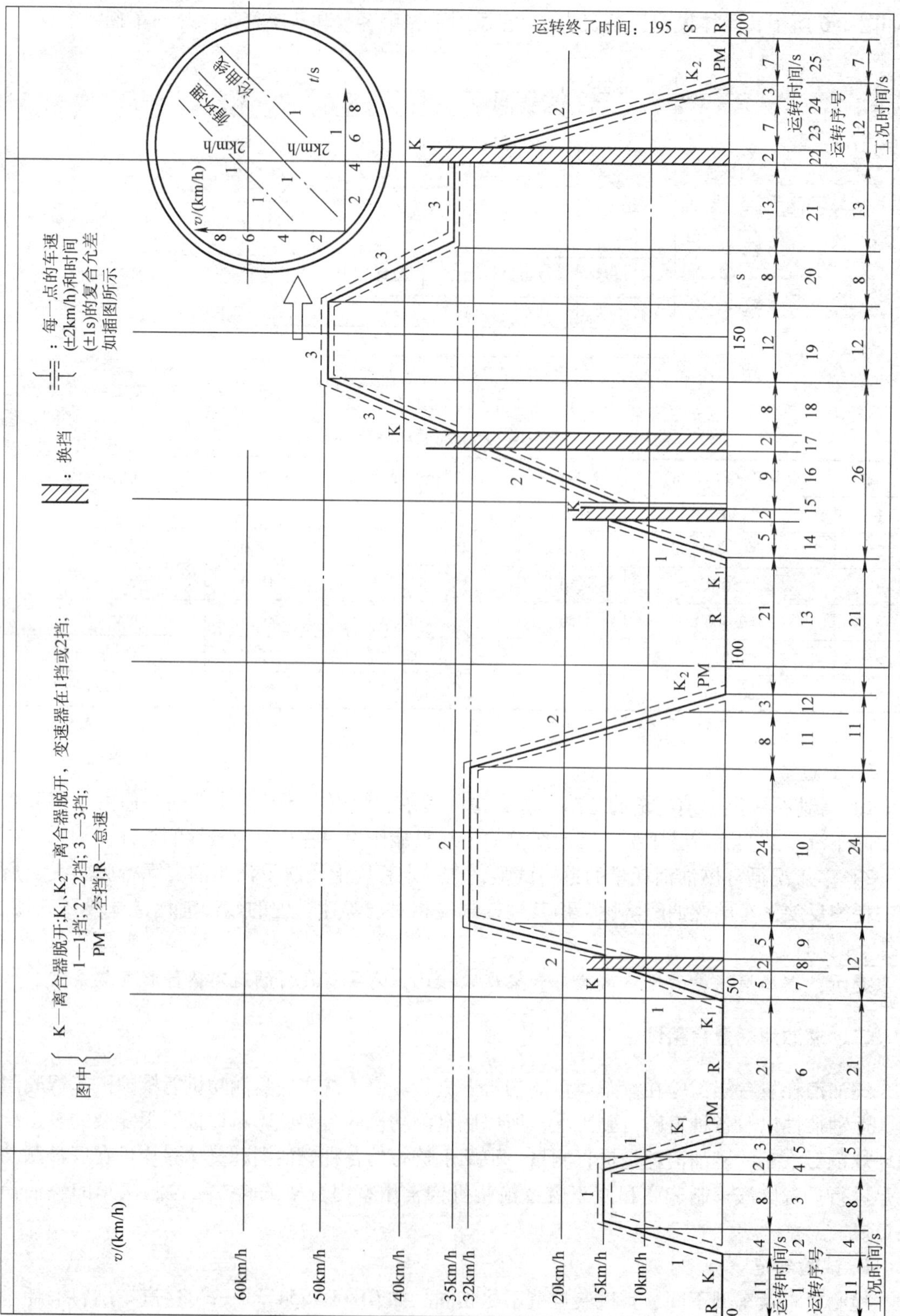

图 4-7　十五工况循环

说明详见表4-7，它模拟的是市区运转循环，适用于乘用车。GB 19578—2004《乘用车燃料消耗量限值》中规定的生产车(乘用车)燃料消耗量限值试验规范如图4-8所示，它由4个市区运转循环和1个市郊运转循环组成，其中市区运转循环为十五工况循环(图4-7)，用来模拟市区条件下汽车的行驶工况；市郊运转循环为十三工况循环(图4-9)，用来模拟市郊条件下汽车的行驶工况，其具体说明详见表4-8。

表4-7　十五工况循环规范

工况[3]	操作 序号	操作 状态	加速度/(m/s²)	速度/(km/h)	每次时间 操作/s	每次时间 工况/s	累计时间/s	手动变速器使用挡位
1	1	怠速	—	—	11	11	11	6sPM[1] +5sK$_1$[2]
2	2	加速	1.04	0→15	4	4	15	1
3	3	等速	—	15	8	8	23	1
4	4	等速	-0.69	15→10	2	5	25	1
	5	减速，离合器脱开	-0.92	10→0	3		28	K$_1$
5	6	怠速	—	—	21	21	49	16sPM +5s K$_1$
6	7	加速	0.83	0→15	5	12	54	1
	8	换挡			2		56	—
	9	加速	0.94	15→32	5		61	2
7	10	等速	—	32	24	24	85	2
8	11	减速	-0.75	32→10	8	11	93	2
	12	减速，离合器脱开	-0.92	10→0	3		96	K$_2$
9	13	怠速	—	—	21	21	117	16sPM +5s K$_1$
10	14	加速	0.83	0→15	5	26	122	1
	15	换挡			2		124	—
	16	加速	0.62	15→35	9		133	2
	17	换挡			2		135	—
	18	加速	0.62	15→35	8		143	3
11	19	等速	—	50	12	12	155	3
12	20	减速	-0.52	50→35	8	8	163	3
13	21	等速	—	35	13	13	176	3
14	22	换挡			2	12	178	—
	23	减速	-0.86	32→10	7		185	2
	24	减速，离合器脱开	-0.92	10→0	3		188	K$_2$
15	25	怠速	—	—	7	7	195	7sPM

① PM——变速器置空挡，离合器接合。

② K$_1$(或K$_2$)——变速器挂1挡(或2挡)，离合器脱开。

③ 对于自动变速器汽车，驾驶人可根据工况自行选择合适的挡位。

2. 试验方法

台架试验时，将被检汽车驱动轮置于测功机滚筒上，利用测功机滚筒模拟连续移动的路面，利用测功机加载装置模拟汽车的行驶阻力，利用测功机飞轮系统模拟汽车的运动惯性，按多工况规定的车速—时间规范（如换挡、怠速、加速、减速、离合器脱开等）和挡位操作汽车和底盘测功机，用试验仪器记录行程—车速—时间曲线，检测试验参数及油耗，然后折算出汽车百公里油耗量(L/100km)。

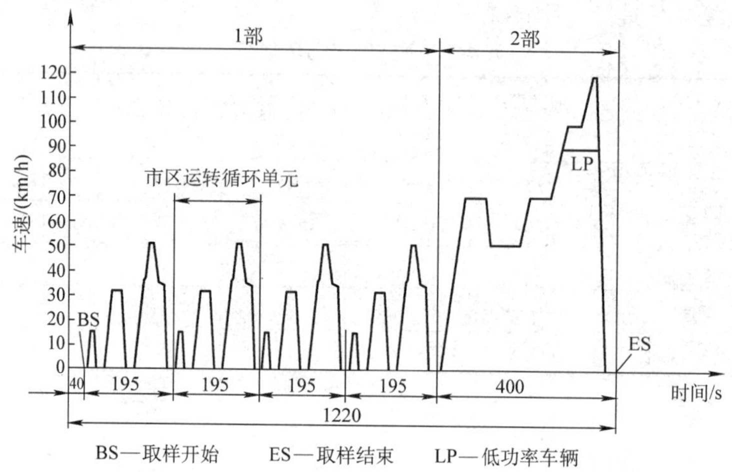

图 4-8　试验运转循环

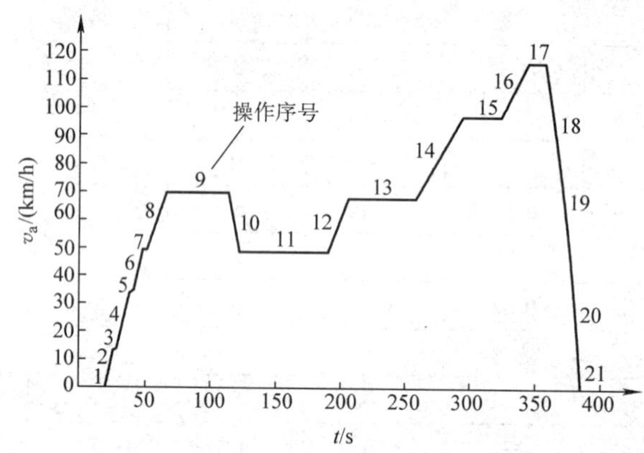

图 4-9　市郊十三工况循环

表 4-8　市郊十三工况循环规范

工况	操作		加速度/(m/s^2)	速度/(km/h)	每次时间		累计时间/s	手动变速器使用挡位
	序号	状态			操作/s	工况/s		
1	1	怠速	—	—	20		20	$K_1$①
2	2	加速	0.83	0→15	5	20	25	1
	3	换挡	—	—	2		27	—
	4	加速	0.62	15→35	9		36	2
	5	换挡	—	—	2		38	—
	6	加速	0.52	35→50	8		46	3
	7	换挡	—	—	2		48	—
	8	加速	0.43	50→70	13		61	4

（续）

工况	操作		加速度/(m/s^2)	速度/(km/h)	每次时间		累计时间/s	手动变速器使用挡位
	序号	状态			操作/s	工况/s		
3	9	等速	—	70	50	50	111	5
4	10	减速	-0.69	70→50	8	8	119	4s·5+4s·4
5	11	等速	—	50	69	69	188	4
6	12	加速	0.43	50→70	13	13	201	4
7	13	等速	—	70	50	50	251	5
8	14	加速	0.24	70→100	35	35	286	5
9	15	等速	—	100	30	30	316	5②
10	16	加速	0.28	100→120	20	20	336	5②
11	17	等速	—	120	10	10	346	5②
12	18	减速	-0.69	120→80	16	34	362	5②
	19	减速	-1.04	80→50	8		370	5②
	20	减速，离合器脱开	-1.39	50→0	10		380	$K_5$①
13	21	怠速	—	—	20	20	400	PM③

① K_1（或 K_5）—变速器挂1挡（或5挡），离合器脱开。

② 如车辆装有多于5挡的变速器，使用附加挡位时应与制造厂推荐的相一致。

③ PM—变速器置空挡，离合器接合。

在底盘测功机上检测时，能采用多种测量油耗的方法，如质量法、容积法与碳平衡法。质量法是利用油耗计检测一已知质量的燃油消耗所需的时间(s)来确定燃油消耗量。容积法是利用油耗计检测一已知容积的燃油消耗所需的时间(s)来确定燃油消耗量。碳平衡法是利用检测排放仪器测出排气中CO、CO_2、HC所含碳的总量与所耗燃油的碳量相等的原则，根据式(4-8)来确定燃油消耗量，我国GB 19578—2004《乘用车燃料消耗量限值》中规定的乘用车燃料消耗量限值就是根据这种方法计算得到的。

$$Q=\frac{0.1154}{D}[(0.866\times Q_{HC})+(0.429\times Q_{CO})+(0.273\times Q_{CO_2})] \tag{4-8}$$

式中　Q——燃油消耗量(L/100km)；

Q_{HC}——测得的碳氢排放量(g/km)；

Q_{CO}——测得的一氧化碳排放量(g/km)；

Q_{CO_2}——测得的二氧化碳排放量(g/km)；

D——15℃时试验燃油的密度(kg/L)。

3. 试验特点

与道路试验相比，在底盘测功机上进行燃油消耗量测量具有下述特点。

1）能控制试验条件，检测时间不受外界条件的限制。

2）易于控制行驶状况，能采用符合实际的复杂循环。

3）能采用多种测量油耗的方法，如质量法、体积法与碳平衡法等，可使测量更加精准。

4）测量循环控制精确，燃油消耗量检测的重复性好。

5）可以同时进行燃油经济性与排气污染物测试。

6）不易准确模拟道路滚动阻力、空气阻力、惯性阻力，有待进一步的改进或完善。

项目三　汽车车轮侧滑检测

学习目标：

- 了解车轮侧滑的概念
- 了解车轮侧滑量的检测原理
- 熟悉双滑板侧滑试验台的结构原理
- 掌握车轮侧滑量的检测方法

车轮定位参数不正确，会引起车轮因承受侧向力而发生侧滑。其中，尤以车轮外倾和前束两参数对车轮侧滑的影响为最大。车轮侧滑是指汽车在直行过程中，车轮在向前直线滚动的同时，产生的侧向滑移现象。车轮严重侧滑时，不仅会加快轮胎的磨损，更重要的是会破坏汽车的操纵稳定性，影响行车安全。因此，汽车侧滑是汽车安全检测中的必检项目。

任务一　了解车轮侧滑量的检测原理

汽车车轮侧滑的程度用侧滑量来衡量，侧滑量是车轮定位动态检测的一个重要参数，它由侧滑试验台检测。

一、车轮侧滑机理

车轮侧滑主要是由车轮外倾与车轮前束匹配不当引起的，下面从这两方面来分析车轮侧滑机理。

1. 车轮外倾引起侧滑

为提高转向车轮工作时的安全性，转向车轮一般会设置一定的外倾角。这样可防止汽车承载后由于车轮内倾引起的轮毂在路面对车轮垂直反力的轴向分力作用下，压向外端的小轴承，导致小轴承和紧固螺母载荷增大，严重时损坏紧固螺母，出现车轮“飞脱”的危险。但是，转向前轮外倾后，在车轮向前滚动时，车轮就会具有向外滚开的趋势。虽然在刚性前轴的约束下，前轮并不能真正地向外分开滚动，但前轴分别给两前轮向内的侧向力和轮胎在地面上的滑磨是实际存在的。因此，在汽车行驶时，前轴两车轮在向前滚动的同时会向内侧滑。

2. 车轮前束引起侧滑

为减少和消除车轮外倾造成的轮胎滑磨及磨损增加的危害，车轮一般应设置前束。车轮具有前束后，在车轮向前滚动时，车轮就会具有向内滚动的趋势。虽然在刚性前轴的约束下，车轮并不能真正地向内收拢，但车轴分别给两车轮向外的侧向力及轮胎在地面上的滑磨也是实际存在的。因此，在汽车行驶时，同轴上的两车轮在向前滚动的同时还会向外侧滑。

3. 外倾与前束的综合作用

车轮定位中，外倾与前束在车上同时存在，若车轮外倾与前束配合得当，则车轮在向前滚动过程中，车轮外倾与前束产生的作用于车轮的侧向力就会因其大小相等方向相反而抵消，使车轮处于向前直行的滚动状态，无侧滑现象。若车轮外倾与前束配合不当，则两者产生的对车轮的侧向力就会失去平衡，车轮将会向侧向力大的一方侧滑。

二、车轮侧滑量测量原理

1. 双滑板测量原理

车轮的侧滑量可利用图 4-10 所示的双滑板装置进行测量。该装置的双滑动板互不连接，均通过滚动装置平放于地面，且在沿汽车行驶的纵向受约束不能移动，而在横向则可自由滑动。

假定让两个只有外倾而无前束的车轮缓慢地向前通过可以左右滑动的滑板，由于车轮轮胎与滑板之间摩擦系数很大，因而两侧滑板则会在车轮侧向力的作用下，分别向内滑动，如图 4-10a 所示。该滑动量即为车轮外倾引起的侧滑量，其单个车轮的平均侧滑量为 X_1，则：

$$X_1=\frac{(L-L')}{2}$$

式中　L——滑板静态时两板外侧间距；

L'——滑板向内侧滑后两板外侧间距。

假定让两个只有前束而没有外倾的车轮缓慢地向前通过可以左右滑动的滑板，则两侧的滑板在侧向力的作用下将分别向外侧滑动，如图 4-10b 所示。该滑动量即为前束引起的侧滑量，其单个车轮的平均侧滑量为 X_2，则：

$$X_2=\frac{(L''-L)}{2}$$

式中　L''——滑板向外侧滑后两板外侧间距。

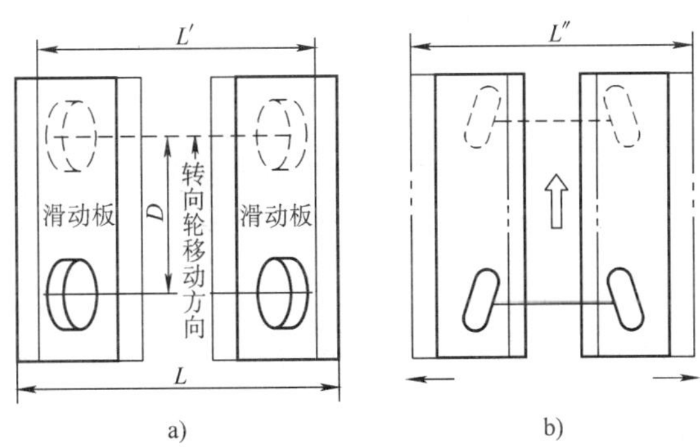

图 4-10　车轮侧滑量测量原理

a）车轮外倾引起的侧滑　b）前束引起的侧滑

实际上，目前一般汽车转向前轮同时存在着外倾与前束，因此在两前轮通过可以左右滑动的滑板时，其侧滑量 X 应为前束和外倾两者的综合，即 $X=X_2-X_1$。只有在外倾与前束配合得当时，二者产生的侧向力相互抵消，才能保持车轮无侧滑，此时滑动板也无侧滑，即 $X=0$。若两者配合不当，则侧向力失去平衡，车轮将沿着较大侧向力的方向侧滑，从而产生侧滑量，此时 $X\neq0$。当 $X>0$ 时，两轮向外侧滑；当 $X<0$ 时，两轮向内侧滑。

双滑板侧滑试验台就是利用上述滑动板原理来检测车轮侧滑量的。

2. 单滑板测量原理

单滑板侧滑试验台仅用一块滑板，如图 4-11 所示。其单滑板通过滚动装置平放于地面上，且在沿汽车行驶的纵向受约束不能移动，而在横向则可自由滑动。

让汽车左前轮从单滑板上通过，右前轮从地面上行驶。若右前轮正直行驶无侧滑，而左前轮具有侧滑角 α 产生侧滑时，如图 4-11a 所示，通过车轮与滑动板间的附着作用就会带动滑动板向左移动距离 b。若右前轮具有侧滑角 β，同样右前轮相对左前轮也会侧滑，从而引起滑动板向左移动的距离为 c，并由于左前轮同时产生侧滑量 b，则滑动板的移动距离为两前轮侧滑量之和，即 $b+c$，如图 4-11b 所示。

上述 $b+c$ 距离可反映出汽车左、右车轮总的侧滑量及侧滑方向。也就是说，采用单滑板式侧滑试验台测量汽车的侧滑量时，虽然是一侧车轮从滑动板上通过，但测量的结果并非是单轮的侧滑量，而是左、右轮侧滑量的综合反映。根据这一侧滑量可以计算出每一边车轮的侧滑量，即单轮的侧滑量为

$$X=\frac{b+c}{2}$$

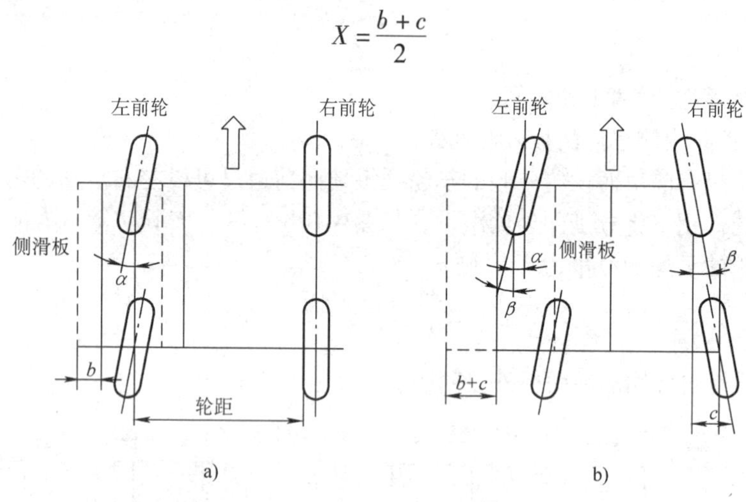

图 4-11　侧滑量单滑板测量原理

a）单轮引起的侧滑　b）双轮引起的侧滑

任务二　掌握车轮侧滑量的检测方法

一、侧滑量检测试验台

目前，我国国内车轮侧滑量的检测大多采用双滑板式侧滑试验台。图 4-12 所示为电气式侧滑试验台的结构简图，它主要由测量装置、指示装置和报警装置等组成。

1. 测量装置

测量装置主要由左右两块滑动板、杠杆机构、回位装置、位移传感器及信号传递装置等组成，它能将车轮侧滑量测出并将其传给指示装置。滑动板的长度一般有 500mm、800mm 和 1000mm 三种，滑动板表面与轮胎之间可以看成是无滑动的。滑动板在外力作用下，通过滚轮、轨道和两板之间的杠杆机构(双销叉式曲柄)，能进行左右等量的相对运动。当车轮

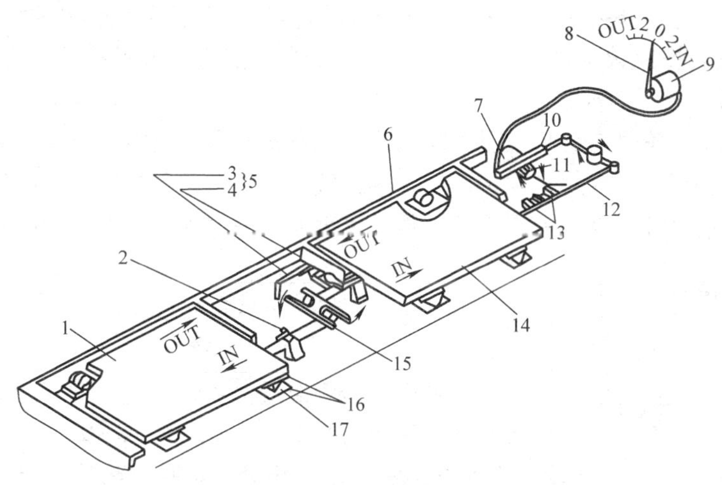

图 4-12 电气式侧滑试验台

1—左滑动板 2—导向滚轮 3—回位弹簧 4—摆臂 5—回位装置 6—框架
7—产生电信号的自整角电动机 8—指示机构 9—接受电信号的自整角电动机
10—齿条 11—小齿轮 12—连杆 13—限位开关 14—右滑动板
15—双销叉式曲柄 16—轨道 17—滚轮

正前束(IN)过大时，滑动板向外侧滑动；当车轮负前束(OUT)过大时，滑动板向内侧滑动；当侧向力消失时，在回位装置作用下两滑动板回到零点位置；当关闭锁止装置时，两滑动板被约束锁止。

按滑动板滑动量传递给指示装置方式的不同，测量装置可分为电气式和机构式两种。

(1) 电气式测量装置 电气式测量装置是把滑动板的滑动量通过位移传感器变成电信号，再经过放大、处理而传输给指示装置的一种测量装置，如图 4-12 所示。该装置的位移传感器有自整角电动机式、电位计式和差动变压器式等多种形式。

(2) 机械式测量装置 机械式测量装置是通过连杆和 L 形杠杆等零件，把滑动板与指示装置机械地连接在一起，并将滑动板滑动量直接传递给指示装置的一种测量装置。

2. 指示装置

指示装置是把测量装置传递来的车轮侧滑量信号按规定的单位加以显示的装置。指示装置有机械式和电气式两类。目前大多数采用电气式，其电气式又分为数字式和指针式两种。

图 4-13 所示为指针式指示装置，其标定时按汽车每行驶 1km 侧滑 1m 为 1 格刻度，指示装置在“0”刻度的两侧有 IN、OUT 字样，并分别刻有 7 格以上的刻度。当指示装置的指针指向某一刻度时，该刻度的数值便可反映其侧滑量的大小，而指针的位置则可反映其侧滑的性质，若指针指向 IN 边，则表示滑板向外侧滑动；若指针指向 OUT 边，则表示两侧滑板向内侧滑动；若指针指向 0，则表示车轮无侧滑。

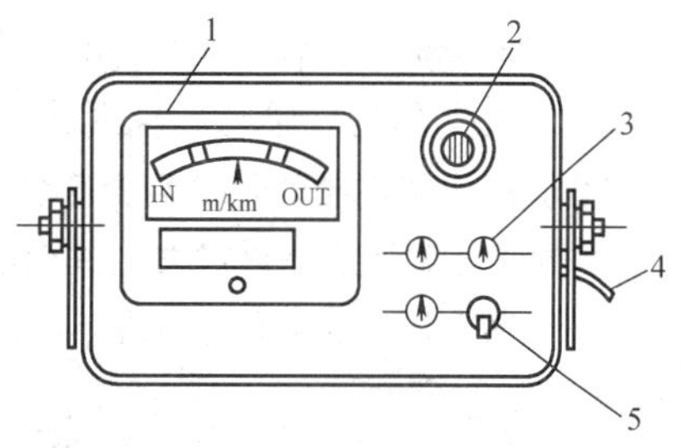

图 4-13 侧滑量指示装置

1—指示仪表 2—蜂鸣器或信号灯
3—电源指示灯 4—电线 5—电源开关

数字式指示装置由数码管显示侧滑量。数字式指示装置多以计算机进行数据采集和处理，当滑动板侧滑时，通过位移传感器转换成电信号，经过放大与信号处理后，成为0~5V的模拟量，再经过A/D转换器转换成数字量，输入计算机运算处理，然后由数码管显示其检测结果。

3. 报警装置

报警装置用于车轮侧滑量超过限值时的报警。在检测车轮侧滑量时，为便于快速表示测量结果是否合格，当侧滑量超过规定值后，其报警装置能根据测量装置的限位开关等发出信号，用蜂鸣器或信号灯报警，无需再读取指示仪表的数值，因此可节约检测时间。

二、车轮侧滑量的检测

1. 侧滑量检测方法

侧滑量检测不仅针对前轮，也可以是后轮。侧滑量检测时，应根据其侧滑试验台使用说明书规定的步骤进行。一般双滑板侧滑试验台的侧滑量检测方法如下。

1）汽车在检测前，应将轮胎充气至规定气压，并除去轮胎表面的油污、水渍及花纹沟槽内的夹杂物。

2）打开试验台滑动板的锁止装置，并接通电源。注意指示装置，它应指示“0”位。

3）将汽车垂直对正侧滑试验台，并使转向盘处于正中位置。

4）将汽车以3~5 km/h的车速平稳驶向试验台滑板，在行进过程中，不允许转动转向盘或制动汽车。

5）当被测汽车前轮(或后轮)完全通过试验台滑板时，从指示装置上观察侧滑方向并读取、打印最大侧滑量，其最大侧滑量即为被测前轮(或后轮)的侧滑量。

6）检测完毕，锁止滑动板并切断电源。

注意：超过试验台允许轴荷的车辆，不得通过侧滑试验台，以免将其损坏。

2. 侧滑量检测分析

（1）检测标准　GB 7258—2004/XG3—2008《机动车运行安全技术条件》国家标准第3号修改单规定：对前轴采用非独立悬架的汽车，用双侧滑板试验台检测时，前轮侧滑量值应在±5m/km之间。对于轿车的前轮侧滑量一般在±3m/km之间。规定侧滑量方向为外正内负。

（2）检测分析　车轮侧滑量是反映车轮前束与车轮外倾综合作用的参数，因此当侧滑量超标时，应根据其侧滑性质重点查找车轮前束与车轮外倾的匹配情况。侧滑量超标时，若指针指向IN边(或读数为+)，则表明前束太大或外倾角太小甚至车轮内倾；若指针指向OUT边(或读数为-)，则表明前轮外倾角太大或前束过小甚至负前束。总之，车轮侧滑量超标，则说明车轮外倾与前束匹配不当，应加以调整。

提示：通常车轮的外倾角不可调整，因此调整时只能调前束。绝大多数情况下的侧滑不合格都可以通过前束调整得到解决，但侧滑调合格后并不一定说明其车轮定位符合设计要求。因此，为确保行车安全，建议通过静态车轮定位检测与调整来解决车辆的侧滑不合格问题。

项目四　汽车排放污染物检测

学习目标：

- 了解汽车排放污染物及其检测标准

- 熟悉汽车排放污染物常用的检测仪器
- 能利用不分光红外线气体分析仪检测汽油车的 CO 和 HC
- 能利用不透光烟度计检测柴油车的排气烟度

随着汽车保有量的急剧增加，汽车排放污染物对大气的污染已经构成公害，它对部分人群，尤其是对大城市的人群已经造成了严重的健康威胁。同时，它还损害生态环境，污染河流湖泊，危及野生动植物的生存。汽车排放污染物恶化了人类的生存环境，已发展成为严重的社会问题。因此，监督并检测汽车排放污染物，已成为汽车检测项目中极为重要的部分。

任务一　了解汽车排放污染物

一、汽车排放污染物及其危害

汽车排放污染物主要有：一氧化碳（CO）、碳氢化合物（HC）、氮氧化合物（NO_X）、微粒（PM）、硫化物等。这些污染物由汽车的排气管、曲轴箱和燃油系统排出，分别称为排气污染物、曲轴箱污染物和燃油蒸发污染物。

1. 一氧化碳

汽车尾气排放的 CO 是燃料不完全燃烧的产物。当发动机混合气过浓或燃烧质量不佳时，易生成 CO。CO 是一种无色无味的有毒气体，它进入人体后极易与血液中的血红蛋白结合。CO 与血红蛋白的亲和力是氧的 300 倍，因此，CO 可使血液携带氧的能力降低从而引起缺氧。CO 被人体大量吸入后会使人感觉恶心、头晕及疲劳，严重时会使人窒息死亡。

2. 碳氢化合物

汽车排放中的 HC 是多种碳氢化合物的总称，它是发动机未燃尽的燃料分解或供油系统中燃料的蒸发所产生的气体。汽车排放污染物中，HC 的 20% ~25% 来自曲轴箱窜气，20% 来自化油器和燃油箱中的蒸发，其余则由发动机排气管排出。单独的 HC 只有在浓度相当高的情况下才会对人体产生影响，一般情况下作用不大。但它能引起光化学反应生成光化学氧化剂，且会生成甲醛，形成烟雾，对人的眼、鼻和咽喉黏膜有较强的刺激作用，严重时可致癌。

3. 氮氧化合物

汽车排放中的 NO_X 是复杂氮氧化合物的总称，主要包括 NO_2 和 NO。废气中的 NO_X 主要是在高温燃烧过程中由空气中的氧和氮化合而成的，燃料中的含氮化合物也会部分形成氮氧化物排放出来。汽车尾气中直接排出的氮氧化物基本上是 NO，汽油机排出的氮氧化合物中，NO 占 99%，而柴油机排出的氮氧化合物中 NO_2 比例稍大。NO 在发动机刚排出时，其毒性较小，但排出之后的 NO 在大气中会被氧化为剧毒的 NO_2，这一过程一般需要几小时，若空气中有强氧化剂如臭氧，则氧化过程将变得很迅速。NO_2 是一种刺激性很强的污染物，它能刺激人的眼、鼻黏膜，麻痹嗅觉，甚至引起肺气肿；NO_2 还是形成酸雨及光化学烟雾的主要物质之一，对人及植物生长均有不良影响。

4. 微粒

汽车排放中的微粒是发动机排气中各种固体或液体微粒的总称。汽油机排出的主要微粒包括铅化物、硫酸盐、低分子物质；柴油机排出的主要微粒为碳物质（炭烟）和高分子量的有机物(润滑油的氧化和裂解产物)，其微粒的直径大约在0.1~10μm范围内。柴油机产生的微粒量比汽油机多30~60倍，炭烟是柴油机燃烧不完全的产物，它是由直径较小的多孔性炭粒构成。微粒中对人体和大气环境危害最大的是2.5μm左右的微粒，它悬浮于离地面1~2m高的空气中，容易被人体吸入。而这些微粒上，往往还吸附有许多有机污染物、重金属元素和一些致癌物质，因而当其沉积到人体肺部时，会严重危害人体的健康。

5. 硫化物

汽车排放中的硫化物主要为二氧化硫(SO_2)，它由所用燃料中的硫和空气中的氧反应生成。SO_2有强烈的气味，它本身可刺激咽喉与眼睛，严重时可使人中毒，引起呼吸道疾病。SO_2还是形成酸雨的主要成分，它能严重污染河流、湖泊等水系，使土壤和水源酸化，从而殃及野生动植物的生存安全，破坏自然界的生态平衡。

提示：一氧化碳、碳氢化合物在汽油车排放污染物中占主导地位，而排放微粒则是柴油车的主要污染物。

二、汽车排放污染物含量表示方法

为了控制、监督、分析和检测汽车排放污染，对汽车的排放污染物的含量，应有统一、合理的表示方法。其污染物的排放量根据不同的场合，常用浓度排放量、质量排放量、比排放量和排气烟度来表示。

1. 浓度排放量

浓度排放量常用体积分数和质量浓度表示。体积分数是指排气体积中污染物所占的体积比，根据实际中污染物浓度的不同，可分别用%、10^{-6}或10^{-9}来表示。例如，对排气中浓度较高的CO和CO_2一般用%来表示；对浓度较低的HC、NO_X用10^{-6}表示；而对浓度更低的成分可用10^{-9}表示。质量浓度是指单位排气体积中污染物的质量，常用mg/m^3单位计量。

2. 质量排放量

质量排放量是指实际检测时每小时或每测试循环发动机排放的污染物质量，常用(g/h)或(g/测试)来表示。在实际环境治理工作中，若对排放污染物进行总量监测，或在车辆排放检测中按规定的工况循环测量排放量，可用质量排放量表示。

3. 比排放量

比排放量是指检测时汽车单位行驶里程所排放的污染物质量或发动机单位功所排放的污染物质量，常用的比排放量量纲为g/km或g/(kW·h)。

在整车试验时，用单位测试循环的质量排放量(g/测试)除以每测试循环的运转公里数可得到每公里的排放量(g/km)，这是排放法规中最常用的计量单位；当进行发动机排放特性试验时，可以用单位功所排放的污染物质量作为评价指标，但一般测试仪器测出的是浓度排放量，此时可用浓度排放量、排气流量、排气密度及发动机有效功率进行计算得出单位功所排放的污染物质量。

4. 排气烟度

排气烟度常用波许烟度R_b值和光吸收系数K值表示。采用滤纸式烟度计检测排烟时，用R_b值表示其排烟的浓度，R_b值越大，表示排烟越浓，炭微粒越多；采用不透光烟度计检测排烟时，用光吸收系数K值表示，K值越大，表示炭烟的质量浓度越高。

任务二　熟悉汽车排放污染物的检测仪器

一、汽车排气成分分析仪

1. 不分光红外线分析仪

不分光红外线分析仪(NDIR)适宜检测汽车排放中的CO和CO_2。

(1) 不分光红外线分析仪检测原理　NDIR是基于某些待测气体对特定波长红外辐射能的吸收程度来测定其浓度的。除了单原子气体(如Ar、Ne)和同原子的双原子气体(如N_2、O_2和H_2)外，大多数非对称分子如汽车排气中的有害气体CO、HC、NO等都有吸收红外线的能力，但不同气体在红外波段内有其特定波长的吸收带，如CO为4.7μm、CO_2为4.2μm、C_6H_{14}(正已烷)为3.5μm、NO为5.3μm等，如图4-14所示。红外线被吸收的程度，与被测气体的浓度有对应的函数关系，气体浓度愈高，吸收红外线的能力就愈强。不分光红线外分析仪则根据废气吸收红外线的能量引起的变化来测量废气中各种污染物的浓度。

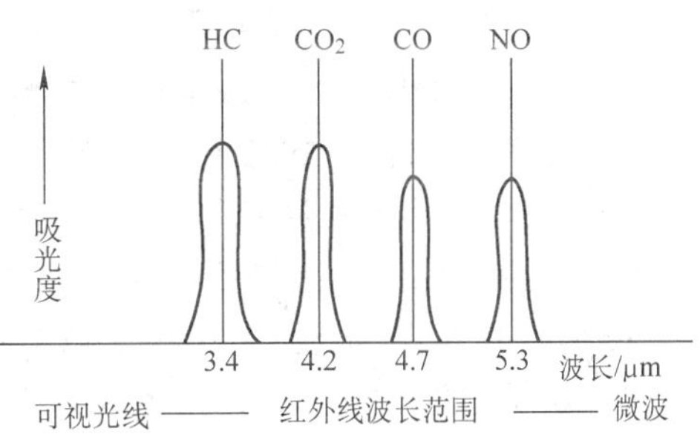

图4-14　气体的红外吸收光谱

提示： 对于特定的被测气体，测量时所用的红外光的波长是一定的。如测CO，则所用的红外光波长为4.7μm。

图4-15所示为不分光红外气体分析装置的结构原理示意图。该装置由红外线光源、气样室、旋转光栅和传感器等组成。气样室由比较室和试样室构成，其中比较室内充满不吸收红外线能量的气体(如N_2)，以作为比较之用；而试样室则可接受连续流过的废气，以供分析。检测室用于吸收红外光的能量，它由容积相等的左右两腔构成，中间用兼作电容传感器极板的金属膜片隔开，两腔充有相同浓度的被测气体，如测废气中CO含量时，两腔均充有CO，而测HC含量时，均充入C_6H_{14}气体。在过滤室中充有干扰气体，其作用是预先滤掉干扰气体所能吸收的那部分波段，以防检测时排气中所含的干扰气体的干涉而产生测量误差，如测CO时，在过滤室中充入CO_2、HC_4等，就可在检测时不受排气中的CO_2和CH_4的干扰。旋转光栅的作用是交替地遮挡和让开红外线，使两极间的电容循环变化，从而产生交变信号，有利于测量。

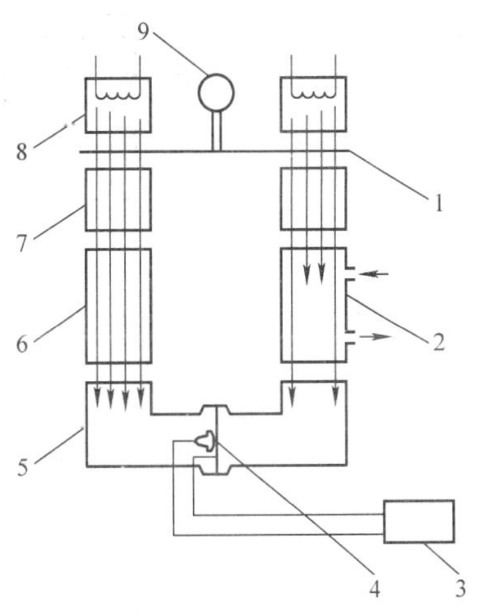

图4-15　气体分析装置结构原理图
1—旋转光栅　2—试样室　3—电测量装置
4—电容器动极膜片　5—检测室　6—比较室
7—过滤室　8—红外线辐射器　9—电动机

检测时，两个红外线光源发出相同的两束红外线，当红外线通过旋转光栅时，两束红外线将形成红外线脉冲。其中一路红外线脉冲经过滤室、试样室后进入检测室右腔，另一路则通过过滤室、比较室进入检测室左腔。由于通过比较室到达检测室的红外线能量未被吸收，所以检测室左腔中的被测气体吸收了较多的能量；而通过试样室到达检测室的红外线由于已被试样室中的所测气体吸收了一部分能量，所以检测室右腔中的被测气体只能吸收较少能量。这样，检测室两腔中的气体便产生了温差，从而导致两腔压力出现差异，致使作为电容一个极的金属膜片产生弯曲振动，其振动频率取决于旋转光栅的转速，振幅则取决于所测气体的浓度。膜片的弯曲振动将使传感器的电容量发生交替变化，从而产生交流电压信号，该信号经放大整流后，可转换为直流信号输送给指示装置。

不分光红外分析仪可测量 CO、CO_2、HC、NO 等多种气体成分，当然测量时须在检测室内充入相应的气体。汽车排放法规中一般规定不分光红外线分析仪只用于检测 CO 和 CO_2，但由于它的便携性，故也被广泛地用于怠速时 HC 的检测。在测定 HC 时，检测室内应密封正已烷，其测定的结果以相当于正已烷的浓度来表示。在要求高精度测量时，不分光红外分析仪不能用来测量 HC，因为该分析仪，对饱和烃敏感，而对非饱和烃和芳香烃不敏感，因此，其测量结果主要反映了饱和烃的含量，而不代表排气中各种烃类的总含量。

提示：用 NDIR 测量 CO 是一种较好的方法，其测量上限为 100%，下限可至微量(10^{-6}级)以至痕量(10^{-9}级)；当采用连续取样系统时，还能观察排气成分随发动机运转条件的不同而引起的变化。

(2) 不分光红外线 CO/HC 气体分析仪　它是一种能从汽车排气管中采集气样，并对其中所含 CO 和 HC 的浓度进行连续测量的仪器。图 4-16 所示为便携式 MEXA—324J 型 CO/HC 气体分析仪，它主要由废气取样装置、气体分析装置、浓度指示处理装置和校准装置组成。

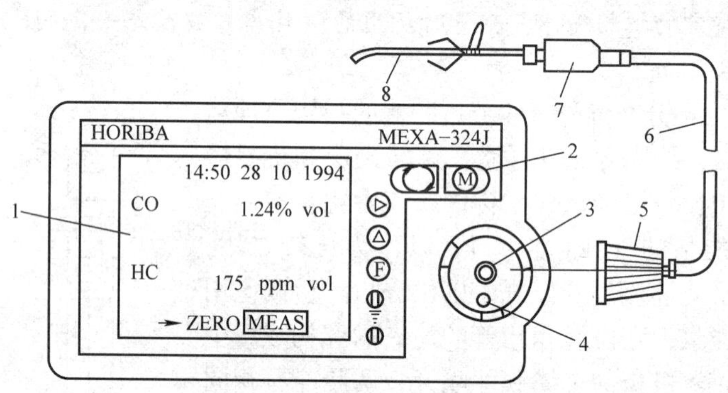

图 4-16　MEXA—324J 型 CO/HC 气体分析仪

1—液晶显示器　2—操纵键　3—废气导入管　4—排水口　5—水分离器
6—取样软管　7—前置过滤器　8—取样头

1）废气取样装置。该装置由取样头、过滤器、取样软管、水分离器和泵等组成。通过取样头、导管和泵从汽车的排气管里采集废气，经过滤器和水分离器除去废气中的炭渣、灰尘和水分后，送入气体分析装置。

2）气体分析装置。该装置设置在主机内，它根据废气中 CO、HC 能分别吸收不同波长红外线能量的原理，从来自取样装置的混有多种成分的废气中，分别测量出 CO 和 HC 的浓度信息，并以电信号形式输送给浓度指示处理装置。

3）浓度指示处理装置。该装置是主机的核心部分，它主要由信号处理装置、液晶显示器和操纵键等组成。从气体分析装置送来的电信号，经微机信号处理装置后在液晶显示器同时显示出 CO 和 HC 的浓度含量，其中 CO 以体积百分数(%)为单位，HC 以正已烷当量体积百万分数(10^{-6})为单位，如图 4-16 所示。

4）校准装置。该装置是为了保持分析仪指示精度，使之能显示正确指示值的一种装置。在分析仪上，除自动校准外，还需定期加入标准气样进行校准。校准方法是：先在分析仪上输入气样的浓度值，再把标准气瓶插入仪器的废气入口，缓慢地将标准气导入仪器内，按下 M 键后仪器就会自动校正。

2. 氢火焰离子分析仪

氢火焰离子分析仪(FID)用来检测汽车排放中的 HC。

氢火焰离子分析仪的检测原理是基于大多数有机碳氢化合物在氢火焰中产生大量电离的现象来测定 HC 浓度的。由于电离度与引入火焰中的碳氢化合物分子中碳原子数成正比，所以这种分析法对不同类型的烃没有选择性，因而它可测定 HC 的总量。

氢火焰离子分析仪通常由燃烧器、离子收集器及测量电路组成。图 4-17 所示为 FID 的工作原理图，被测气体与含有 40% H_2(其余为 He)的燃料气体混合后进入燃烧器，并与引入的空气一起形成可燃混合气。此时用点火丝点燃，HC 便在氢火焰的高温(2000℃左右)中，裂解产生元素态碳，然后形成碳离子 C^+，在 100～300V 外加电压作用下形成离子流，这个离子流(电流)的强度与 HC 中 C 原子数成正比。由此可见，只要测出这个离子电流的大小，就可得到 HC 的浓度。微弱的离了电流经放大后被送入指示或记录仪表。整个系统应加电磁屏蔽，以避免外界电磁干扰的影响。

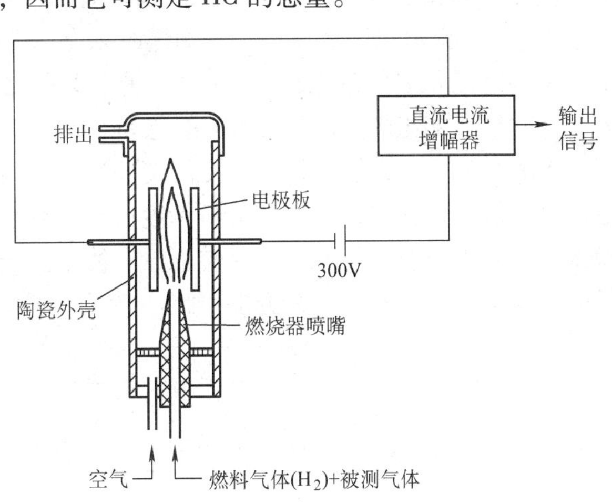

图 4-17　FID 工作原理图

FID 可直接用于轻型汽车排气污染物中 HC 的排放测定。但在台架试验中，测量车用柴油机或汽油机排气污染的 HC 时，应采用加热的氢火焰离子分析仪(HFID)，HFID 设置了加热模块，它可使除取样探头外的其余部分温度保持在(190±10)℃(柴油车)或(130±10)℃(汽油机)的范围之内，这样可以消除由于气体冷凝，损失部分碳氢化合物而造成的测量误差。

提示：用氢火焰离子分析仪测量 HC 是一种较好的方法。它具有很高的灵敏度，其检测极限最小可达 10^{-9} 数量级，可以在较宽的动态范围内进行测量；其测量精度高，响应快，可靠性好，使用维护方便。

3. 化学发光分析仪

化学发光分析仪(CLD)用来检测汽车排放中的 NO_X。

化学发光分析仪测量 NO_X 的原理是基于 NO 和 O_3 的反应：

$$NO + O_3 = NO_2^* + O_2$$

$$NO_2^* = NO_2 + h\nu$$

式中　NO_2^*——激发态 NO_2；

　　h——普朗克常量；

ν——光量子频率。

检测时，首先使被测气体中的 NO 与 O_3反应，生成 NO_2^* 分子，在 NO_2^* 由激发态衰减到基态的过程中，会发出波长为 0.6～3μm 的光量子 $h\nu$(即近红外光谱线)，称为化学发光。这种化学发光的强度与 NO 浓度成正比，因而通过检测发光强度就可确定被测气体中 NO 的浓度。

化学发光分析仪从原理上讲只能测量 NO，而无法测量 NO_2。但实际应用中可以先通过适当的转换将 NO_2还原成 NO，然后再进行 NO 的测量，即可用间接方法测出 NO_2。因此，用同一仪器也可以测得 NO_2和 NO_X。

图 4-18 为化学发光分析仪的检测原理图。检测时，O_2持续不断地进入臭氧发生器 5，产生的臭氧 O_3进入反应室 6。在检测 NO 时，汽车尾气经二通阀 2 后直接进入反应室，NO 与 O_3反应产生的化学发光，经滤光片进入光电倍增器 7，反映 NO 浓度的电信号经信号放大器 8 输出，并由指示仪表 9 显示，其测量结果是 NO 的浓度。检测 NO_2时，转动二通阀，汽车尾气全部经三元催化转化器 3，尾气中的 NO_2在此转化为 NO，然后进入反应室 6 再与 O_3反应，这时仪器测出的是 NO 与 NO_2的总和 NO_X，再利用测定的 NO_X和 NO 的浓度差值，可以测出 NO_2的浓度。为使 NO_2全部转化成 NO，三元催化转化器的工作温度必须保持在 650℃以上，由于催化转化器的效率对分析精度有直接影响，故应经常检查催化转化器，当效率低于 90% 时，需要更换新的三元催化转化器。使用滤光片的目的是分离给定的光谱区域，以避免反应气体中其他一些化学发光的干扰。

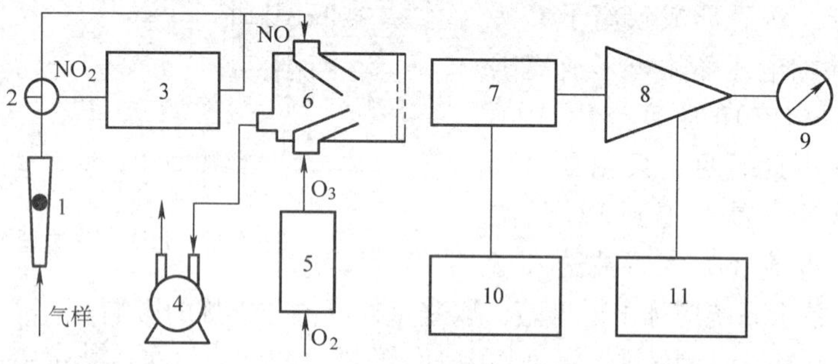

图 4-18　CLD 检测原理图

1—流量计　2—二通阀　3—三元催化转化器　4—抽气泵　5—臭氧 O_3发生器
6—反应室　7—光电倍增器　8—放大器　9—指示仪表　10—高压电流　11—电流放大器

提示： 用化学发光分析仪测量 NO_X是一种较好的方法。它测量精度高，响应特性好，在 $0\sim10^{-2}$范围内具有良好的线性输出；其仪器灵敏度高，体积分数可达 10^{-7}。

注意： 化学发光分析仪为各国汽车排放试验规范中推荐的检测 NO_X仪器，但在无此种仪器的情况下也允许采用 NDIR 测量，不过此时的测试精度通常较低。

4. 汽车综合排放分析仪

汽车综合排放分析仪通常是根据汽车排放法规的要求，将各种废气成分分析仪有机组合成一起的检测仪器，它可以对排放法规中规定的全部气体排放物进行分析测量，图 4-19 所示为汽车综合排放分析仪的示意图，它用 NDIR 原理测量 CO 和 CO_2，用 HFID 原理测量 HC，用 CLD 原理测量 NO_X。

为适应电控燃油喷射发动机汽车检测的需要，目前开发的汽车综合排放分析仪还增加了 O_2的检测功能，能检测五种气体(CO、CO_2、HC、NO_X、O_2)成分的浓度。这种五气体分析仪通

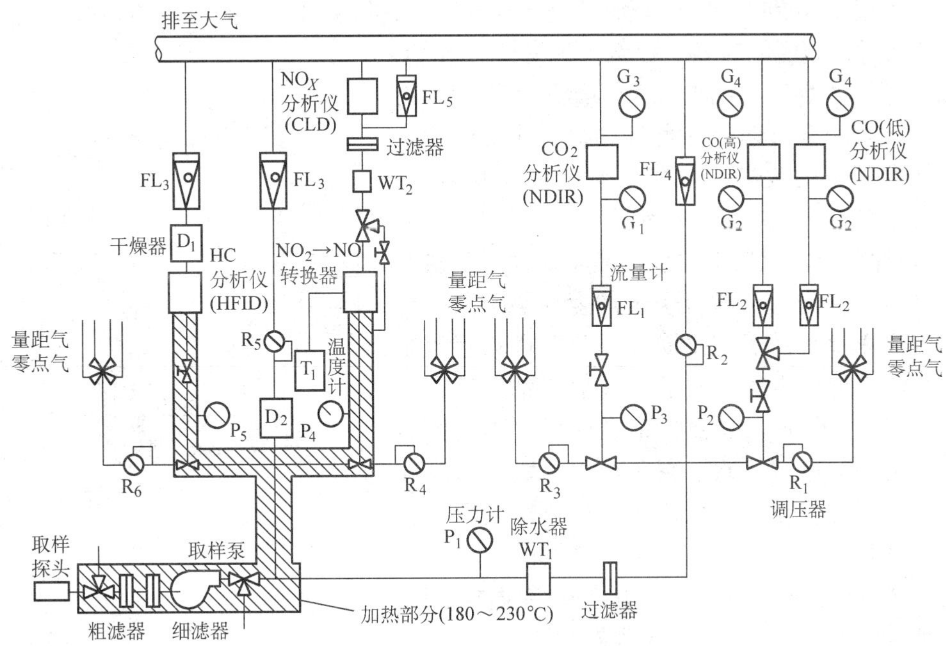

图 4-19　汽车综合排放分析仪示意图

常采用 NDIR 原理测量 CO、CO_2、HC，用 CLD 原理测量 NO_X，用氧传感器法测量 O_2。因 CLD 原理测量 NO_X浓度的设备结构复杂，故市场上提供的在线快速检测用的五气体分析仪多用 NDIR 原理测量 NO_X浓度，但其测量 NO_X的精度较低。

提示：利用汽车综合排放分析仪可同时进行快速检测汽车排气中的 CO、CO_2、HC、NO_X和 O_2。这种检测仪器能较全面地检测汽车排放污染物，能满足发动机台架试验或整车底盘测功机试验的排放测量要求，但其价格较贵，检测成本高。

二、汽车排气烟度计

柴油车的排烟主要有黑烟、蓝烟和白烟，其排烟的多少以烟度来表征。常用的烟度计有滤纸式烟度计和不透光烟度计。

1. 滤纸式烟度计

滤纸式烟度计是一种用滤纸收集排烟，再比较滤纸表面对光的反射率来测量烟度的仪器。

（1）基本检测原理　用滤纸式烟度计检测柴油机烟度时，需从排气管抽取一定量的废气，并使之通过规定面积的标准洁白滤纸，于是废气中的炭烟微粒便过滤在滤纸上，使滤纸染黑，然后用光电检测装置测出滤纸的被染黑程度，该染黑程度即代表柴油机的排气烟度。由于滤纸染黑的程度不同，则对照射到滤纸表面光线的反射能力也会不同。据此烟度 S_F可表示为

$$S_F = 10\left(1 - \frac{R_o}{R_c}\right) \tag{4-8}$$

式中　R_o——污染滤纸的反射因数；

　　　R_c——洁白滤纸的反射因数。

R_o/R_c的值由 0 到 100%，分别对应于全黑滤纸的反射和洁白标准滤纸的反射。当污染滤纸为全黑时，烟度值为 10；滤纸无污染时，烟度值为 0。

（2）滤纸式烟度计结构原理　滤纸式烟度计有手动、半自动和全自动三种类型。滤纸式烟度计主要由取样装置、烟度测量与指示装置、控制装置、校准装置等组成，如图 4-20 所示。

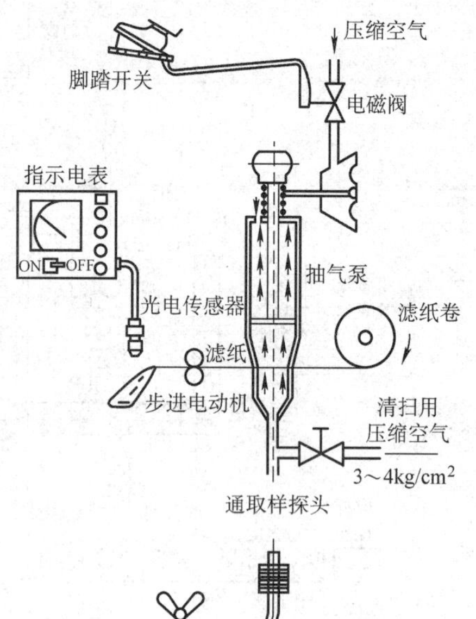

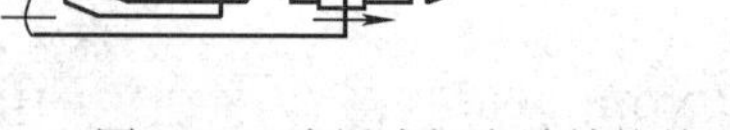

图 4-20　滤纸式烟度计结构简图

1）取样装置。该装置的作用是将柴油机的炭烟取出并吸附于滤纸上，然后送至烟度检测装置。取样装置由取样探头、活塞式抽气泵和取样软管等组成。取样软管把取样探头与活塞式抽气泵连接在一起，取样探头的结构形状能保证在取样时不受排气动压的影响。取样时，滤纸在泵筒内，取样探头在活塞式抽气泵的作用下抽取废气，抽气时炭烟留在滤纸上并将其染黑，夹持机构保证滤纸的有效工作面直径为 32mm。取样完成后，滤纸夹持机构松开，染黑滤纸由进给机构送至烟度检测装置。

2）烟度测量与指示装置。该装置如图 4-21 所示，由环形硒光电池、光源和指示仪表构成。检测时，光源的光线通过有中心孔的环形光电池照射到滤纸上，一部分光线被滤纸上的炭烟所吸收，另一部分光线被滤纸反射到环形光电池上，使光电池产生光电流。光电流的大小反映了滤纸反射率的大小，而滤纸反射率则取决于滤纸的染黑程度。滤纸染黑程度越高，则滤纸反射率越低，光电流就越小；滤纸染黑程度越小，则滤纸反射率越高，光电流就越大。

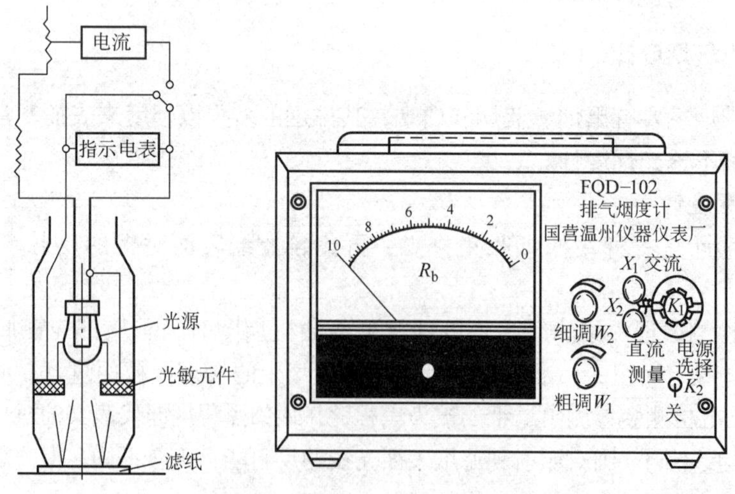

图 4-21　烟度测量与指示装置

指示仪表是一块微安表，当由硒光电池输送来的电流强度不同时，指示仪表指针的位置也就不同。实际使用的烟度计上，多数指示仪表盘的刻度以 0～10 均匀刻度，用波许单位

(R_b)表示，测量全白滤纸时指针位置为0，测量全黑滤纸时指针位置为10，在表盘上可以直接读出波许单位烟度值。

3）控制机构。控制机构包括用脚操纵的抽气泵电磁开关、滤纸进给机构和压缩空气清洗机构等。压缩空气清洗机构可在废气取样前，用压缩空气清除探头内和取样管内积存的炭粒，以避免前一次测量残留在取样管内炭烟的影响。

4）校准装置。烟度计在使用过程中，由于电源电压的变化，会引起灯光发光强度改变，影响测量精度，因此要随时校准。通常烟度计附带有供标定用的标准烟样纸，烟度校准时，把标准烟样纸放在污染计测量装置的规定位置上，开灯照射，再用仪表调整旋钮把仪表指针调到标准烟样纸所代表的污染度数值上即可。

滤纸式烟度计具有结构简单、调整方便、使用可靠，测量精度较高等优点，它曾广泛用于各国柴油机的烟度检测，目前，我国许多检测站仍在使用滤纸式烟度计。但滤纸式烟度计只能对废气作抽样试验，不能作连续测量。

2. 不透光烟度计

不透光烟度计是一种根据光在排气中被烟气消减的程度来测量烟度的仪器。不透光烟度计可分为全流式和分流式两类。全流式不透光烟度计是通过测量全部排气的透光衰减率来检测烟度，而分流式不透光烟度计则是通过测量由取样管引入的部分烟气的透光衰减率来检测烟度。

（1）基本检测原理　不透光烟度计主要由光源、光通道、光接收器等组成，其基本检测原理如图4-22所示。不透光烟度计光源发出的可见光通过一定有效长度的、充满被测烟气的光通道，其光强度被烟气衰减，而透过烟气的被衰减的光量到达光接收器，于是光接收器输出与光强度衰减成正比的不透光度信号，从而检测烟度。

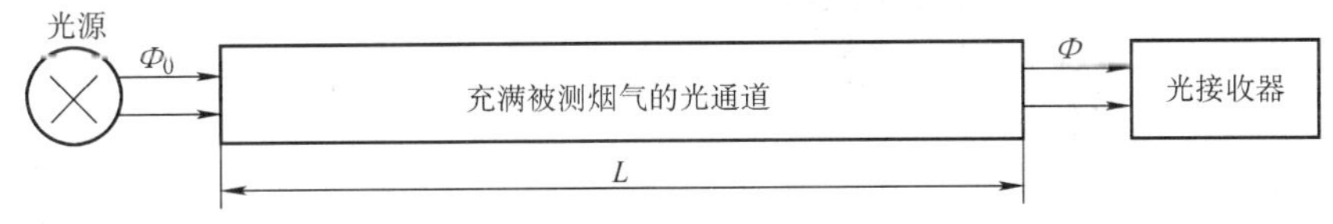

图4-22　不透光烟度计基本检测原理

排气对光的吸收(或衰减)能力反映了排气烟度的大小，可用光吸收系数表示。光吸收系数是排气中单位容积颗粒数n、颗粒物在光束方向上的法向投影面积A和颗粒物衰减系数Q的乘积。在测量排烟时，炭烟颗粒的A和Q值对于发动机大部分运行工况变化不大，而每个颗粒本身的密度也大致相等，因此可近似认为光吸收系数与炭烟的质量浓度成正比。根据光的透射原理有

$$\Phi = \Phi_0 e^{-KL} \tag{4-10}$$

式中　Φ_0——入射光通量(lm)；

Φ——出射光通量(lm)；

K——光吸收系数(m^{-1})；

L——光通道有效长度(m)。

由式(4-10)可得：

$$K = -\frac{1}{L}\ln\frac{\Phi}{\Phi_0} \tag{4-11}$$

由于我国新的排放标准中用光吸收系数作为柴油机排放烟度的评价指标，因此不透光烟度计应使用光吸收系数作为计量单位，它是一种光吸收的绝对单位。但有的不透光烟度计用不透光度作为计量单位，其不透光度是指光线被排烟吸收而不能到达光接收器的百分率。仪表的不透光度可用式(4-12)换算为光吸收系数：

$$K = -\frac{1}{L}\ln\left(1 - \frac{N}{100}\right) \tag{4-12}$$

式中　N——不透光度读数(%)；

K——相应的光吸收系数值。

两种计量单位的刻度范围均以光全通过时为零，光全吸收时为满量程。即烟气完全不吸光时，$N=0$，$K=0$；光线完全被烟气吸收时，$N=100$，$K=\infty$ (m^{-1})。

(2) 全流式不透光烟度计　美国 PHS 烟度计是一种将柴油机全部排气都导入检测部分进行烟度测定的全流式不透光烟度计，其结构原理如图 4-23 所示。它基于光电转换原理，用透光度来测定排烟浓度。在排气管口端不远处的排气烟束两侧分别布置有光源和光电池，排烟时，光电池接受到的光线与排气烟度成正比。为了减小排气的热影响，光源和光电元件放在离排气通路有一定距离的地方。

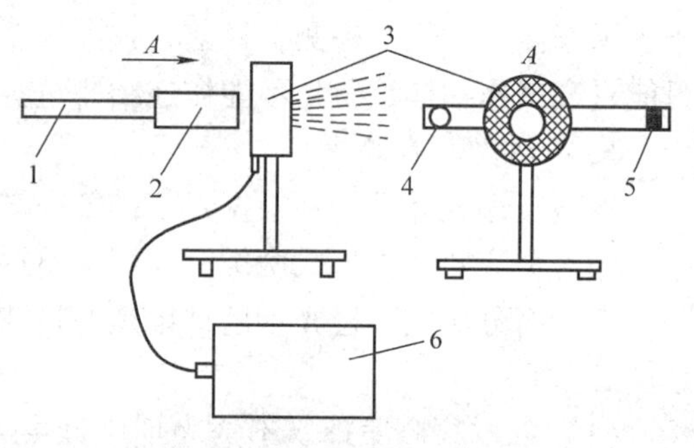

图 4-23　全流式不透光烟度计结构原理图

1—排气管　2—排气导入管　3—检测通通　4—光源　5—光电检测单元　6—烟度显示记录仪

(3) 分流式不透光烟度计　英国哈特里奇烟度计是一种典型的分流式不透光烟度计，它利用光线通过部分烟气时透光的衰减率来测量排气烟度，其结构原理如图 4-24 所示。测定前，用鼓风机向空气校正管(A)吹入干净空气，旋转转换手柄，使光源和光电池分别置于校正管两侧，作零点校正。然后，再旋转转换手柄，将光源和光电池移至测试管(S)两侧，并把需要测定的一部分汽车尾气连续不断地导入测试管，光源发出的光部分地被排气中的烟气吸收衰减，光电检测单元则可连续测出光源发射光透过排放气体的透光强度，并通过光电转换显示测量结果。烟度指示值以 0 表示无烟，以 100 表示全黑。

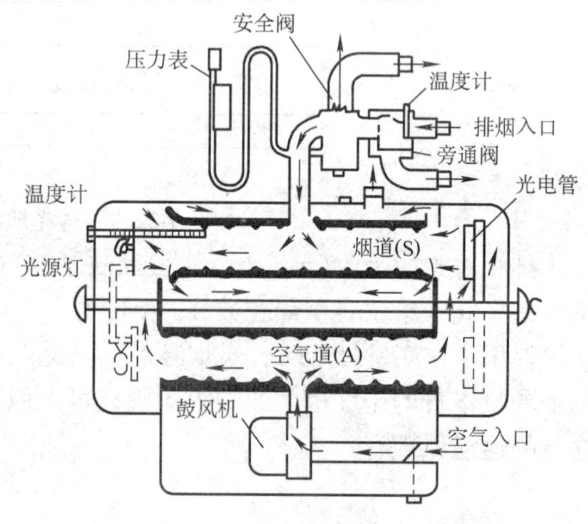

图 4-24　分流式不透光烟度计结构原理图

提示：不透光烟度计可以对柴油车排烟进行连续测量，可以按排放法规的要求进行稳态和非稳态工况下的烟度测量，在低烟度时有较高的分辨率，可以用来研究柴油机的瞬态炭烟排放特性。

三、排气颗粒物测量系统

汽车的排气颗粒物需要通过稀释风道测量系统测出。根据柴油机排气通过稀释风道的比例不同，柴油机排气颗粒物测量系统可分为全流式稀释风道测量系统和分流式稀释风道测量系统两种类型。在美国轻型车和重型车排放标准以及欧洲轻型车的排放标准中，都必须使用全流式稀释风道来测量柴油机的颗粒排放物。在欧洲重型车排放标准中，允许使用分流稀释风道系统。我国GB 17691—2005《车用压燃式、气体燃料点燃式发动机与汽车排气污染物排放限值及测量方法》(中国Ⅲ、Ⅳ、Ⅵ阶段)中规定，两种测量系统均可使用。

1. 全流式稀释风道测量系统

在全流式稀释风道测量系统中，全部排气被引入稀释风道。图4-25所示为全流式稀释风道测量系统示意图。颗粒物测量时，整车或发动机按规定的工况运转，在抽气泵的作用下，环境空气经空滤器以恒定的容积流量进入稀释风道，发动机排出的废气进入稀释风道，并与空气混合，形成稀释样气，其稀释比一般为8～10，在距排气入口处10倍于稀释风道直径的风道上，温度不超过52℃的稀释样气在颗粒取样泵的抽吸下以一定的流速流过颗粒收集滤纸，使颗粒被过滤到滤纸上获得排气颗粒物，然后用微克级精密天平称得滤纸在收集前后的质量差，如此就可得到颗粒物的质量，并根据需要计算出颗粒排放率如g/m³、g/km、g/(kW·h)。

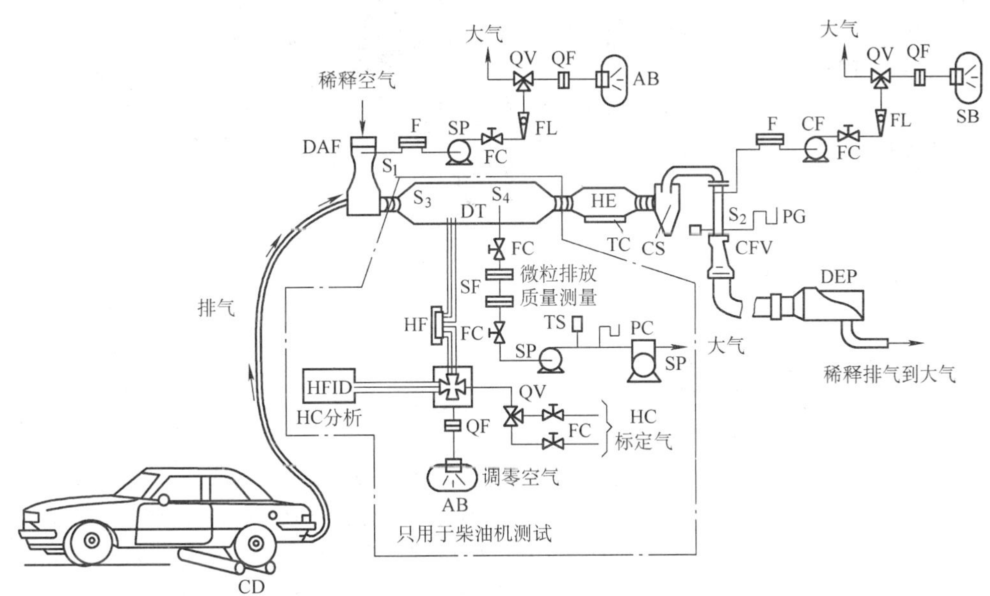

图4-25　全流式稀释风道测量系统

CD—底盘测功机　AB—空气取样袋　CF—积累流量计　CFV—临界流文杜里管　CS—旋风分离器　DT—稀释风道　DAF—稀释空气滤清器　DEP—稀释排气抽气泵　F—过滤器　FC—流量控制器　FL—流量计　HE—换热器　HF—加热过滤器　PG—压力表　QF—快接管接头　QV—快速作用阀　S_1～S_4—取样探头　SP—取样泵　SB—稀释排气取样袋　SF—测量颗粒排放质量的取样过滤器　TC—温度控制器　TS—温度传感器

提示：全流式稀释风道测量系统测量精度高，但体积庞大，价格昂贵。

2. 分流式稀释风道测量系统

在分流式稀释风道测量系统中，部分排气被引入稀释风道。图4-26所示为带多管分流、浓度测量和部分取样的分流测量系统示意图。颗粒物测量时，发动机按规定工况运转，在抽气泵SB的作用下，环境空气经空滤器DAF进入稀释风道，来自排气管EP的原始排气，由装在EP内的若干尺寸相同（直径、长度和弯曲半径相同）管子组成的分流器FD3，通过输送管TT，输送到稀释风道DT与空气混合，而通过其余管子的排气则流经缓冲室DC，因而由总管数确定分流，为控制分流流量恒定，特将新鲜空气通过喷入DT内，使DC与TT出口间压差为零（由压差传感器DPT控制），用排气分析仪ECA测量原始排气、稀释排气和稀释空气中的示踪气（CO_2或NO_X）的浓度，这是检查排气的分流所必需的，而且可用来调节喷射空气流量以达到精确控制分流，稀释比由示踪气浓度计算。用取样泵P，通过颗粒物取样探头PSP和颗粒物输送管，从分流稀释风道中，抽取稀释的排气样气进入颗粒物取样系统，并通过颗粒收集滤纸获取颗粒物。其排气样气的流量由流量控制器FC3控制。

提示： 分流式稀释风道测量系统的体积小，价格便宜，但测量精度稍低。

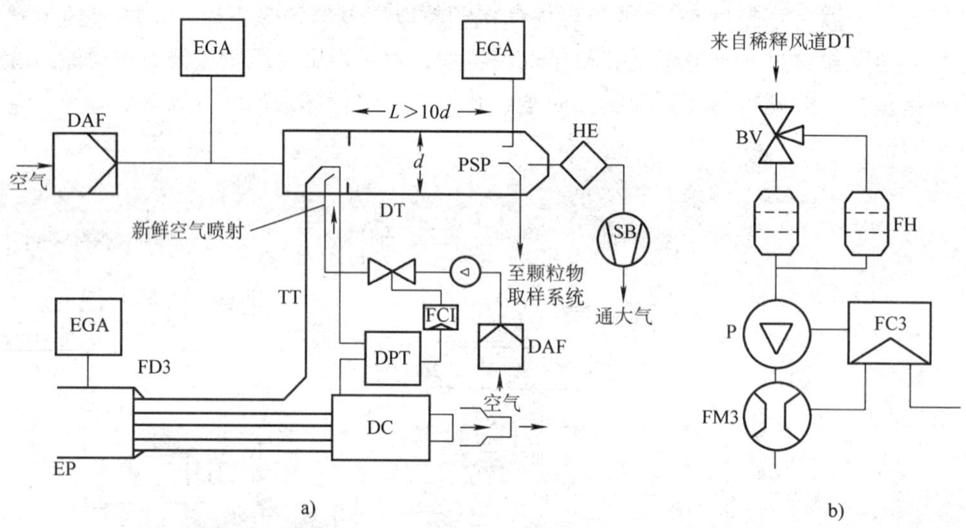

图4-26　分流式稀释风道测量系统

a）分流式风道稀释系统　b）颗粒物取样系统

SB—抽气泵　DAF—空滤器　EP—排气管　FD3—分流器　TT—输送管　DT—稀释风道　DC—缓冲室　DPT—压差传感器　EGA—排气分析仪　P—取样泵　PSP—颗粒物取样探头　FC3—流量控制器　FCI—流量控制器　HE—热交换器　BV—球阀　FH—滤纸保持架　FM3—流量计

任务三　掌握汽车排放污染物的检测方法

一、怠速法

怠速法是测量汽油车在规定怠速工况下排气污染的方法，主要可检测CO和HC，其常用的检测仪器是不分光红外线气体分析仪。

1. 怠速测量法

怠速工况时，发动机在无负载的最低稳定转速运转，混合气雾化条件较差，混合气相对较浓，燃烧状况不佳，CO 和 HC 的排放严重，因此怠速工况历来都是作为 CO 和 HC 检测的一个重要工况。怠速测量法就是对汽油车怠速工况排气中的 CO 和 HC 浓度进行监测，其测量步骤如下。

1）开启废气检测仪，按仪器使用说明书要求做好检查、预热及调整工作，使检测仪处于正常的待检状态。

2）发动机进气系统应装有空气滤清器，排气系统应装有排气消声器，并不得有泄漏。将发动机运行至规定的热状态。

3）发动机空转，离合器处于接合状态，变速杆置于空挡位置，加速踏板完全松开。

4）发动机由怠速工况加速到至 0.7 倍的额定转速，维持 60s 后降至怠速。

5）发动机降至怠速状态后，将取样探头插入排气管中间，深度等于 400mm，并固定于排气管上。

6）发动机在怠速状态，维持 15s 后开始读数，读取 30s 内的最低值及最高值，其平均值即为测量结果。

7）若为多排气管时，取各排气管测量结果的算术平均值。

提示：检测的 CO、HC 浓度应符合排放标准的要求，否则为不合格。

2. 双怠速测量法

双怠速测量法就是对汽油车怠速、高怠速工况排气中的 CO 和 HC 浓度进行监测。所谓高怠速工况是指发动机无负载稳定运转在 50% 额定转速或制造厂技术文件中规定的某一高转速时的工况。高怠速时，混合气的雾化及燃烧条件会有所改善，CO 和 HC 的排放有所下降，为全面反映汽车 CO 和 HC 的排放状况，提高测量精度，并监控因三元催化转化器效率降低造成的汽车排气恶化，应将高怠速工况纳入检测范围。我国 GB 18285—2005《点燃式发动机汽车排气污染物排放限值及测量方法》规定，装用点燃式发动机的新生产汽车的形式核准和生产一致性检查以及在用汽油车的排放检查采用双怠速法。双怠速测量法的测量步骤如下。

1）开启废气检测仪，按仪器使用说明书要求做好检查、预热及调整工作，使检测仪处于正常的待检状态。

2）发动机进气系统应装有空气滤清器，排气系统应装有排气消声器，并不得有泄漏。

3）必要时在发动机上安装转速计、点火正时仪、冷却液和润滑油测温计等测试仪器。测量时，发动机冷却液和润滑油温度正常，或者达到汽车使用说明书规定的热车状态。

4）汽车离合器处于接合状态，变速杆置于空挡位置（对于自动变速器汽车应处于 N 位或 P 位）。

5）控制加速踏板，使发动机由怠速工况加速到 0.7 倍的额定转速，维持 30s 后降至高怠速（即 0.5 倍的额定转速或规定的转速）。

6）发动机降至高怠速状态后，将取样管插入排气管中间，深度等于 400mm，并固定于排气管上。维持 15s 开始读数，读取 30s 内的最低值及最高值，其平均值即为高怠速排放测量结果。对于使用闭环控制电子燃油喷射系统和三元催化转化器技术的汽车，还应同时读取过量空气系数的数值。

注意：若车辆排气管长度小于测量深度，则应使用排气加长管。

7）发动机从高怠速降至怠速状态，维持15s后开始读数，读取30s内的最低值及最高值，其平均值即为怠速排放测量结果。

8）若为多排气管，则分别取各排气管高怠速和怠速排放测量结果的算术平均值作为测量结果。

提示：怠速和高怠速检测的CO、HC浓度应分别符合排放标准的要求，对于使用闭环控制电子燃油喷射系统和三元催化转化器技术的汽车，其高怠速检测的过量空气系数还应在1.00±0.03或制造厂规定的范围内，否则为不合格。

怠速法检测具有操作简便、测试时间短、效率高、成本低、测试仪器便于携带等优点，因而怠速法极适用于汽车检测站对在用汽车排放性能的年检测试、环保部门对在用汽车进行的排放监测。

二、工况法

工况法是将汽车若干常用工况和排放污染较重的工况结合在一起测量排放污染物的方法。工况法的循环试验模式应根据汽车的排放性能、行驶特点、交通状况、道路条件、车流密度和气候地形等因素，对大量统计数据进行科学分析而制定，以最大限度地重现汽车运行时的排放特性。

工况法在汽车底盘测功机上进行，利用底盘测功机模拟汽车行驶阻力、运动惯性以及各种道路行驶工况，按照规定的工况循环规范对汽车排放污染物进行测量。在世界各国的排放法规中，工况法采用的工况循环规范较多，下面仅介绍我国汽油车部分排放法规中应用的稳态工况法和瞬态工况法。

1. 稳态工况法(ASM)

稳态工况法由多种稳态工况组成。我国于2005年7月1日起实施的GB 18285—2005《点燃式发动机汽车排气污染物排放限值及测量方法》规定，全国点燃式发动机在用汽车的排放监控，在机动车保有量大、污染严重的地区，可采用稳态工况法(ASM)。

ASM试验运转循环由ASM5025和ASM2540两个稳态工况组成，其规范如图4-27所示并见表4-9。检测时，通过底盘测功机对车辆加载：ASM5025工况时，测功机以车辆25.0km/h的速度、1.475m/s^{2}的加速度时输出功率的50%作为设定功率对车辆加载，ASM2540工况时，测功机以车辆40.0km/h的速度、1.475m/s^{2}的加速度时输出功率的25%作为设定功率对车辆加载，使车辆在规定的稳定负荷下运转，按规范采样测量排放浓度。

表4-9　稳态工况法(ASM)试验运转循环规范

工况	运转次序	速度/(km/h)	操作时间 mt/s	测试时间 t/s
5025	1	25	5	—
	2	25	15	
	3	25	25	10
	4	25	90	65

（续）

工况	运转次序	速度/(km/h)	操作时间 mt/s	测试时间 t/s
2540	5	40	5	—
	6	40	15	
	7	40	25	10
	8	40	90	65

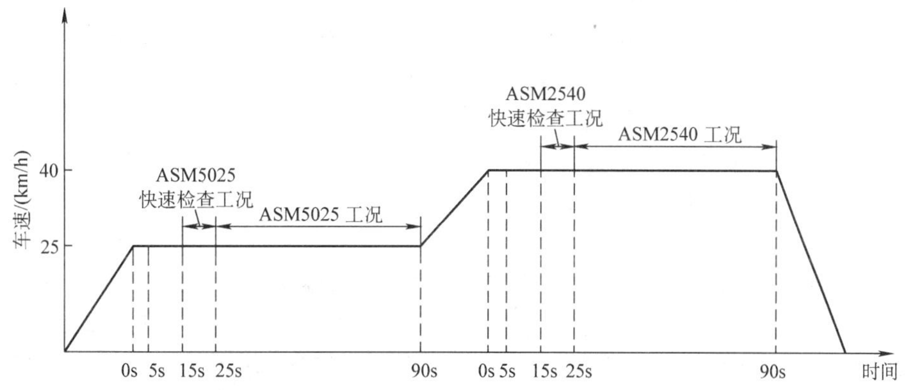

图 4-27　稳态工况法（ASM）试验运转循环

2. 瞬态工况法

瞬态工况法由多种瞬态工况组成。我国于 2005 年 7 月 1 日起开始实施的 GB 18352. 3—2005《轻型汽车污染物排放限值及测量方法》（中国Ⅲ、Ⅳ阶段）规定，在车辆形式核准中的Ⅰ型试验，采用如图 4-8 所示的运转循环，它由 4 个市区十五工况循环（图 4-7）和 1 个市郊十三工况循环（图 4-9）组成。检测时，将汽车放置在带有负荷和惯量模拟的底盘测功机上，并根据车辆参数自动设定测功机载荷，然后按规定的运转循环测量排放浓度。

工况法是当今世界上广泛使用的汽车排放试验方法，是汽车排放检测的必然发展趋势。与怠速法相比，工况法检测结果能较全面地评价车辆的排放水平。但工况法比怠速法要复杂得多，工况法要有转鼓试验台，并具有齐备的模拟汽车行驶动能的飞轮系统，还要有经过大量调查研究与数据处理制订出的模拟汽车道路运行工况的试验程序，还要配备复杂而昂贵的大型综合分析仪和保证汽车按试验程序运行所需的程序自动控制系统。因此，工况法的执行会受到很大限制，一般多用于新车的形式核准试验和生产一致性检查。

三、烟度法

烟度法是指对柴油车排烟浓度进行监测的方法，它可分为稳态和非稳态测量两种。

1. 稳态烟度测量

稳态烟度测量是指在柴油车稳定转速工况下利用不透光烟度计检测其排气烟度。它主要有全负荷烟度测量法和加载减速工况法两种。

（1）全负荷烟度测量法　全负荷烟度测量法是指柴油机在全负荷稳定转速下测量柴油机排气烟度的一种方法。由于柴油车冒黑烟在全负荷运转时较为严重，因此全负荷烟度测量法是柴油车烟度检测中最常用的方法。我国于2005年7月1日起实施的GB 3847—2005《车用压燃式发动机和压燃式发动机汽车排气烟度排放限值及测量方法》标准中，规定压燃式发动机形式核准的烟度检测试验应采用全负荷烟度测量法。

我国车用柴油机全负荷烟度测量法要求：在全负荷曲线上不同稳定转速下测定排气烟度（光吸收系数值），在最高额定转速和最低额定转速之间应选取足够多的转速工况点，其中必须包含最大转矩转速和最大功率转速点，对各种车用柴油机进行全负荷烟度测量，每一转速的烟度测量必须在柴油机运转稳定后进行，任何一次测量结果都不得超过允许限值。

全负荷烟度测量法既可在发动机（台架）上进行，也可在汽车（底盘测功机）上进行。

提示：由于高强化柴油机或增压柴油机在突然加速过程中排烟浓度会很高，因此，这种稳态烟度测量就存在一定缺陷，不能反映出柴油机的全部冒烟特性。

（2）加载减速工况法　加载减速工况法是一种在底盘测功机上模拟车辆负载稳定运行时测量压燃式汽车排气烟度的方法。GB 3847—2005《车用压燃式发动机和压燃式发动机汽车排气烟度排放限值及测量方法》规定，在机动车保有量大、污染严重的地区，对于压燃式发动机在用汽车的排放监控采用加载减速工况法检测烟度。其检测方法如下。

1）车辆的预检。预检的目的是核实受检车辆是否和行驶证相符，并评价车辆的状况是否能够进行加载减速工况的排放检测。预检时，还应中断受检车辆所有主动型制动功能和转矩控制功能（自动缓速器除外），例如中断制动防抱死系统（ABS）、电子稳定程序（ESP）等，并关闭车上所有以发动机为动力的附加设备，或切断其动力传递机构。

2）检测系统的检查。其检查的目的是为了判断底盘测功机是否能够满足待检车辆的功率要求，同时检查检测系统的工作状态是否正常。将待检车辆驶入底盘测功机正确放置，连接好发动机转速传感器，选择合适的挡位，进行功率试测，其功率应在检测范围内。连接好不透光烟度计，插入采样探头，深度不得低于400mm，检查不透光烟度计的零刻度和满刻度。

3）排气烟度的检测。在汽车发动机冷却液温度达到制造厂规定的正常温度、检测系统正常时进行下述加载减速排气烟度的检测。

① 起动发动机，变速杆置空挡，逐渐踩下加速踏板直到踩到底，并保持在最大开度状态，记录此时发动机的最大转速，然后松开加速踏板，使发动机回到怠速状态。

② 选择合适挡位，使加速踏板踩到底时，测功机的指示车速最接近70km/h。若两个挡位接近的程度相同，则检测时选用低挡位。对装有自动变速器的车辆，应注意不要在超速挡下进行测量。

③ 加速踏板踩到底，按下检测开始键，底盘测功机进入自动检测状态，检测最大轮边功率以及相对应的发动机转速和转鼓线速度（VelMaxHP），同时检测该点的光吸收系数值。

④ 计算机控制系统自动按照规定的加载减速检测程序改变底盘测功机的负载，实现加载减速检测。第一次加载使VelMaxHP降低10%，检测该点的光吸收系数值；第二次加载使VelMaxHP降低20%，检测该点的光吸收系数值。

⑤ 自动控制系统采集三工况点（VelMaxHP、90% VelMaxHP、80% VelMaxHP）的检测数据，包括轮边功率、发动机转速和排气光吸收系数，以判定受检车辆的排气烟度是否达标。若功率扫描过程中测得的实际最大轮边功率值低于制造厂规定的发动机标定功率值的50%，或者三工况点的任何一个光吸收系数值超过标准规定的相应限值，则

该车排放不合格。

⑥ 检测结束，松开加速踏板，打印检测报告并存档。

4）车辆驶离底盘测功机。

加载减速工况法模拟了实际车辆行驶的部分工况，较客观地反映了被检车辆的烟度排放状况。由于限值中配套有轮边功率及发动机转速的控制要求，因此可以有效地防止检测作弊。

提示：加载减速工况法检测烟度实际上是全负荷烟度测量法的一种简化，只有三个检测点，因此其操作相对简便，检测速度快。

2. 非稳态烟度测量

非稳态烟度测量是指柴油车在变工况条件下利用不透光烟度计检测其排气烟度。柴油机在非稳态下的排气烟度受多种不稳定因素影响而变化很大，为了客观公正地反映柴油车的排烟特性，对非稳态烟度测定应有严格控制的试验规范。目前，非稳态烟度测量广泛使用自由加速烟度法。我国2005年7月1日实施的GB 3847—2005《车用压燃式发动机和压燃式发动机汽车排气烟度排放限值及测量方法》中，规定在用车检测应使用自由加速烟度法。

自由加速烟度法是指柴油机从怠速状态突然加速至高速空载转速过程中进行排气烟度测量的一种方法。典型的自由加速烟度检测规范如图4-28所示。检测通常在车上进行，检测时，使发动机运行至正常热状态，将变速杆置于空挡，把取样探头按规定插入并固定于排气管内，在发动机怠速下，迅速踩下加速踏板，使喷油泵在最短时间内供给最大油量，在发动机达到调速器允许的最大转速前，保持此位置，一旦达到最大转速，立即松开加速踏板，使发动机恢复至怠速，如此重复至少6次，前两次（或两次以上）用于吹净排气系统，并便于对仪器进行必要的调整，用不透光烟度计测量并记录最后连续四次的光吸收系数，若连续四次测量的光吸收系数均在0.25m^{-1}的带宽内，则其四次测量的算术平均值即为自由加速烟度值。

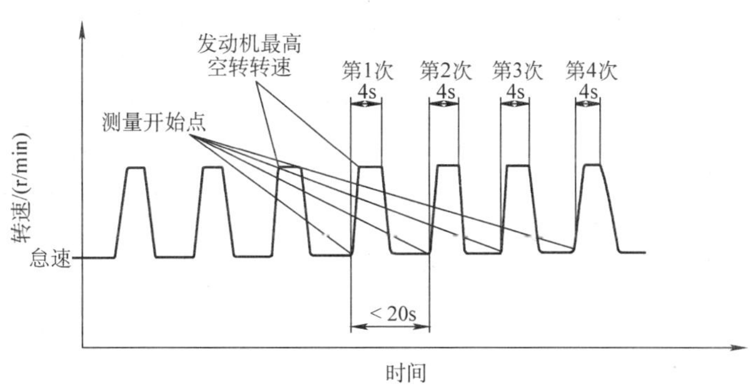

图4-28　自由加速烟度检测规范

自由加速烟度检测具有操作简便易行、测试仪器价格便宜且便于携带、检测时间短等特点，它广泛应用于柴油车的年检、路检。但自由加速烟度法也存在一些缺陷：如操作时将加速踏板迅速踩到底中的速度与力度不同，维持及松开加速踏板的时间不一，会使测量的不确定性大，重复性差；另外，自由加速烟度法是在发动机空载下检测的，因此对于车辆有负载时的排气烟度仍然难以反映出来。

四、随车检测诊断法

随车检测诊断法是指利用车载测量（OBM）系统或车载诊断（OBD）系统随车监测汽车排放是否超标的一种方法。

目前汽车的车载测量系统是指一种随车安装的排放测量系统，它具有实时监测汽车发动机排放水平的能力，能鉴别并记录汽车发动机排放超标的测量数据。在这种车上，人们可根据其测量数据随时了解汽车的排放状况。

根据中国Ⅲ、Ⅳ阶段（GB 18352.3—2005）汽车排放检测标准规定，将来其轻型汽车必须装有车载诊断系统。这种系统具有自诊断功能：当汽车运行时，若电控系统出现故障、排放超标、三元催化转化器效率下降、氧传感器损坏等，则 OBD 故障警告灯就会闪烁，以便随时提醒车主去维修站检修车辆。

任务四　了解汽车排放污染物的检测标准

为了控制汽车排放污染对生态环境的危害，世界上许多国家对车辆的排放制定了严格的法规。我国在吸收发达国家的成功经验后，制定、修改、颁布并实施了多种汽车排放污染物标准。下面是我国现行的部分汽车排放污染物检测标准。

一、点燃式发动机汽车排气污染物双怠速排放限值

点燃式发动机车辆，应对双怠速 CO 和 HC 的浓度排放量加以限制。从 2005 年 7 月 1 日起实施的 GB 18285—2005《点燃式发动机汽车排气污染物排放限值及测量方法》标准规定：装用点燃式发动机的新生产汽车，其形式核准和生产一致性检查的排气污染物排放限值见表 4-10；在用汽车排气污染物排放限值见表 4-11。

表 4-10　新生产汽车排气污染物排放限值（体积分数）

车　型	类　别			
	怠　速		高 怠 速	
	CO（%）	HC（10^{-6}）	CO（%）	HC（10^{-6}）
2005 年 7 月 1 日起新生产的第一类轻型汽车	0.5	100	0.3	100
2005 年 7 月 1 日起新生产的第二类轻型汽车	0.8	150	0.5	150
2005 年 7 月 1 日起新生产的重型汽车	1.0	200	0.7	200

表 4-11　在用汽车排气污染物排放限值（体积分数）

车　型	类　别			
	怠　速		高 怠 速	
	CO（%）	HC（10^{-6}）	CO（%）	HC（10^{-6}）
1995 年 7 月 1 日前生产的轻型汽车	4.5	1200	3.0	900
1995 年 7 月 1 日起生产的轻型汽车	4.5	900	3.0	900
2000 年 7 月 1 日起生产的第一类轻型汽车	0.8	150	0.3	100

（续）

车　　型	类　　别			
	怠　　速		高　怠　速	
	CO(%)	HC(10^{-6})	CO(%)	HC(10^{-6})
2001年10月1日起生产的第二类轻型汽车	1.0	200	0.5	150
1995年7月1日前生产的重型汽车	5.0	2000	3.5	1200
1995年7月1日起生产的重型汽车	4.5	1200	3.0	900
2004年9月1日起生产的重型汽车	1.5	250	0.7	200

注：1. 表4-10、表4-11中轻型汽车是指最大总质量不超过3500kg的M_1类、M_2类和N_1类车辆。
2. 表4-10、表4-11中第一类轻型汽车是指设计乘员数不超过6人（包括驾驶人），且最大总质量≤2500kg的M_1类车。对于2001年5月31日以后生产的5座以下（含5座）的微型面包车，执行此类在用汽车排放限值。
3. 表4-10、表4-11中第二类轻型汽车是指本标准适用范围内除第一类车以外的其他所有轻型汽车。
4. 表4-10、表4-11中重型汽车是指最大总质量超过3500kg的车辆。
5. 表4-10、表4-11中HC容积浓度值按正已烷当量。
6. 表4-10、表4-11中高怠速是指：轻型汽车规定为(2500±100)r/min；重型车规定为(1800±100)r/min；如有特殊规定的，按照制造厂技术文件中规定的高怠速转速。

二、压燃式发动机汽车排气烟度排放限值

压燃式发动机车辆，应对排气烟度加以限制。在用车辆的排气烟度检测由规定的自由加速试验测得，其排气烟度排放限值，在2005年7月1日起实施的GB 3847—2005《车用压燃式发动机和压燃式发动机汽车排气烟度排放限值及测量方法》中有明确规定，见表4-12。

表4-12　在用汽车排气烟度排放限值

车　　型	光吸收系数/m^{-1}	烟度/R_b
2005年7月1日起按本标准规定经形式核准批准车型生产的在用汽车	不应大于车型核准批准的自由加速排气烟度排放限值，再加0.5m^{-1}	—
2001年10月1日至2005年7月1日生产的自然吸气式汽车	2.5	—
2001年10月1日至2005年7月1日生产的涡轮增压式汽车	3.0	—
1995年7月1日至2001年9月30日生产的在用汽车	—	4.5
1995年6月30日以前生产的在用汽车	—	5.0

三、轻型汽车形式核准试验污染物排放限值

GB 18352.3—2005《轻型汽车污染物排放限值及测量方法》（中国Ⅲ、Ⅳ阶段）规定了轻型汽车污染物排放第Ⅲ和Ⅳ阶段形式核准的要求、车辆生产一致性和在用汽车符合性的检查和

判别方法。下面对其标准中形式核准试验的类型及部分排放限值进行说明。

1. 车辆形式核准试验类型

车辆形式核准试验类型和内容见表4-13。表中的轻型汽车是指总质量不超过3500kg的M_1类、M_2类和N_1类汽车；其车载诊断(OBD)系统是指安装于汽车上的用于排放控制的车载诊断系统，它具有识别可能存在故障区域的功能，并能将故障信息以故障码的形式存入ECU存储器内。

表4-13 车辆形式核准试验类型和内容

形式核准试验类型	试验内容	装点燃式发动机的轻型汽车			装压燃式发动机的轻型汽车
		汽油车	两用燃料车	单一气体燃料车	
Ⅰ型 Ⅱ型	常温下冷起动后排气污染物排放试验	进行	试验两种燃料	进行	进行
Ⅲ型	曲轴箱污染物排放试验	进行	只试验汽油	进行	不进行
Ⅳ型	蒸发污染物排放试验	进行	只试验汽油	不进行	不进行
Ⅴ型	污染控制装置耐久性试验	进行	只试验汽油	进行	进行
Ⅵ型	低温下冷起动后排气中CO和HC的排放试验	进行	只试验汽油	不进行	不进行
双怠速	测定双怠速的CO、HC和高怠速的过量空气系数	进行	试验两种燃料	进行	不进行
车载诊断(OBD)系统	车载诊断(OBD)系统试验	进行	进行	进行	进行

2. 车辆形式核准试验排放限值

(1) Ⅰ型试验排放限值　汽车在带有负荷和惯性模拟的底盘测功机上，常温下冷起动后，按规定的运转循环(4个市区十五工况循环+1个市郊十三工况循环,如图4-8所示)、排气取样和分析方法、颗粒物取样和称量方法进行排气污染物排放试验。对点燃式发动机汽车，其排气污染物是指排气管排放的气态污染物(CO、HC、NO_X)；对压燃式发动机汽车，其排气污染物是指排气管排放的气态污染物和颗粒物(PM)。试验时，记录CO、HC、NO_X、PM，并将其结果乘以表4-14确定的相应劣化系数后，应满足表4-15的排放限值要求。

表4-14 劣化系数

发动机类别	劣化系数				
	CO	HC	NO_X	HC+NO_X	PM
点燃式发动机	1.2	1.2	1.2	—	—
压燃式发动机	1.1	—	1	1	1.2

表 4-15　Ⅰ型试验排放限值

形式核准试验			基准质量（*RM*）/kg	限值/（g/km）								
				一氧化碳（CO）		碳氢化合物（HC）		氮氧化合物（NO_X）		碳氢化合物和氮氧化合物（$HC+NO_X$）		颗粒物（PM）
				L_1		L_2		L_3		L_2+L_3		L_4
阶段	类别	级别		汽油	柴油	汽油	柴油	汽油	柴油	汽油	柴油	柴油
Ⅲ	第一类车	—	全部	2.3	0.64	0.2	—	0.15	0.5	—	0.56	0.05
	第二类车	Ⅰ	$RM\leqslant1305$	2.3	0.64	0.2	—	0.15	0.5	—	0.56	0.05
		Ⅱ	$1305<RM\leqslant1760$	4.17	0.8	0.25	—	0.18	0.65	—	0.72	0.07
		Ⅲ	$1760<RM$	5.22	0.95	0.29	—	0.21	0.78	—	0.86	0.1
Ⅳ	第一类车	—	全部	1	05	0.1	—	0.08	0.25	—	0.3	0.025
	第二类车	Ⅰ	$RM\leqslant1305$	1	05	0.1	—	0.08	0.25	—	0.3	0.025
		Ⅱ	$1305<RM\leqslant1760$	1.81	0.63	0.13	—	0.1	0.33	—	0.39	0.04
		Ⅲ	$1760<RM$	2.27	0.74	0.16	—	0.11	0.39	—	0.46	0.06

注：1. 基准质量（*RM*）：指车辆整备质量加上 100kg。
2. 第一类车：指包括驾驶人座位在内，座位数不超过 6 座，且最大总质量不超过 2500kg 的 M_1 类汽车。
3. 第二类车：指本标准适用范围内除第一类车以外的其他所有轻型汽车。

（2）Ⅲ型试验排放限值　除装压燃式发动机的汽车外，所有汽车都必须进行曲轴箱污染物排放试验。其曲轴箱污染物是指从发动机曲轴箱通气孔或润滑系统的开口处排放到大气中的物质。按规定方法进行试验时，发动机曲轴箱通风系统不允许有任何曲轴箱污染物排入大气。

（3）Ⅳ型试验排放限值　所有汽油车都必须进行蒸发污染物排放试验。其蒸发污染物是指排气管排放之外，从汽车的燃油系统损失的碳氢化合物蒸气，它包括燃油箱内温度变化排放的碳氢化合物（燃油箱呼吸损失）和汽车行驶一段时间后静置汽车的燃油系统排放的碳氢化合物（热浸损失）。按规定方法进行试验时，蒸发污染物排放量应小于 2g/试验。

（4）Ⅴ型试验要求　所有轻型汽车都应进行污染控制装置耐久性试验。按标准规定，在试验跑道上或在道路上或在底盘测功机上，进行 80000km 的耐久性试验，以确定实测劣化系数。也允许汽车制造厂选用表 4-14 的劣化系数，替代 80000km 的耐久性试验。

（5）Ⅵ型试验排放限值　所有汽油车都必须进行低温下冷起动后排气中 CO 和 HC 的排放试验。汽车在带有负荷和惯性模拟的底盘测功机上，在 -7℃ 环境温度下，按规定的运转循环（4 个市区十五工况循环）、排气取样和分析方法测量 CO 和 HC，其 CO 和 HC 的排放量应小于表 4-16 所示的限值。

表 4-16　Ⅵ型试验排放限值

类　别	级　别	试验温度 266k（-7℃）		
		基准质量（*RM*）/kg	CO，L_1/（g/km）	HC，L_2/（g/km）
第一类车	—	全部	15	1.8
第二类车	Ⅰ	$RM\leqslant1305$	15	1.8
	Ⅱ	$1305<RM\leqslant1760$	24	2.7
	Ⅲ	$1760<RM$	30	3.2

（6）车载诊断（OBD）系统试验要求　所有汽车必须装备车载诊断系统并进行规定的试验，该系统应在设计、制造和汽车安装上，能确保汽车在整个寿命期内识别劣化或故障的类型。

3. 车辆形式核准执行日期

车辆形式核准的排放限值执行日期如表 4-17 所示。

表 4-17　车辆形式核准执行日期

<table>
<tr><th colspan="2">试 验 类 型</th><th>第Ⅲ阶段</th><th>第Ⅳ阶段</th></tr>
<tr><td colspan="2">Ⅰ型试验</td><td rowspan="5">2007. 7. 1</td><td rowspan="7">2010. 7. 1</td></tr>
<tr><td colspan="2">Ⅲ型试验</td></tr>
<tr><td colspan="2">Ⅳ试验</td></tr>
<tr><td colspan="2">Ⅴ试验</td></tr>
<tr><td colspan="2">Ⅵ试验</td></tr>
<tr><td rowspan="2">车载诊断（OBD）系统</td><td>第一类汽油车</td><td>2008. 7. 1</td></tr>
<tr><td>其他车辆</td><td>2010. 7. 1</td></tr>
</table>

项目五　汽车噪声检测

学习目标：

- 了解汽车噪声及其评价指标
- 熟悉车内噪声标准和汽车喇叭检测标准
- 能利用声级计检测汽车的定置噪声和加速行驶噪声
- 能利用声级计检测车内噪声

任务一　了解汽车噪声及其评价指标

一、汽车噪声及其危害

噪声是人们不需要的令人烦躁、讨厌的声音总称。汽车噪声是由多种声源组成的综合性噪声，它主要是指发动机、传动系统、轮胎以及车身扰动空气所发出的响声，其噪声的强度通常与汽车和发动机的结构形式、技术状况和运行条件（车速、载荷、道路等）有关。

汽车噪声分车外噪声和车内噪声两种。车外噪声会造成环境公害，车内噪声则直接对驾驶人和乘客造成损害。汽车噪声不仅会破坏安静的环境，使人心情不安、烦躁、疲倦和工作效率降低，而且还会损害人体健康，引起某些疾病，如听力下降、噪声性耳聋以及神经系统和血液循环系统疾病等。噪声的强度愈大、频率愈高、作用时间愈长、个人耐力愈小，则危害就愈严重。据统计，当环境噪声大于 45dB 时，人会感到明显不适；当噪声达到 60 ~ 80dB 时，会影响睡眠；当噪声超过 90dB 时，就会对身体产生伤害。而汽车噪声强度一般可达 60 ~ 90dB，所以汽车噪声是一种环境污染。

汽车是一种移动性噪声源，其噪声影响范围大，干扰时间长，因而受害人员多。另外，车内噪声过大还会影响驾驶人的正常操作进而诱发汽车交通事故。因此，对汽车噪声应根据国家标准进行检测与控制。

二、汽车噪声的评价指标

噪声是一种声波，具有一切声波运动的特点和性质，因此噪声可用声波的度量指标来评价。

1. 声压与声压级

声压是指声波作用于大气使大气压强发生变动的变动量，单位为 Pa。它是表示声音强弱的客观度量指标。由于正常人耳能听到的最弱声音的声压和能使人耳感到疼痛的声压大小之间相差一百多万倍，使得声压表达和应用极不方便；同时，人耳对声音大小的感觉，并不与声压的大小成正比，而是同它的对数近似成正比，因此人们又引入了一个用来表示声音强弱的物理量——声压级。声压级的定义为

$$L_p = 20\lg\frac{p}{p_0} \tag{4-13}$$

式中　L_p——声压级(dB)；

p——实际声压(Pa)；

p_0——基准声压，即听阀声压，$p_0 = 2\times10^{-5}$Pa。

当引入声压级这一概念后，就把可闻声声压百万倍的变化范围变成从 0 ~ 120dB 的变化范围，这样就显著减少了数量级。在噪声测量中，通常是测定它的声压级。声压级越大，表示声音越强。

2. 响度与响度级

人耳对声音的主观感觉，不仅与声压有关，而且还与声音的频率有关。在人耳可听的频率范围 20 ~ 20000Hz 内，人耳对高频声反应敏感，而对低频声反应迟钝。声压级相同的声音，由于其频率不同，听起来也并不一样响；相反，不同频率的声音，虽然声压级不同，但有时听起来却一样响。因此，用声压级测定的声音强弱与人耳的主观感受往往不一样，这说明主观感受与客观物理量之间并不完全一致。在噪声研究中，应将这种主观感受与客观反应加以统一，否则无法对噪声做出有用的评价。因此，在噪声评价中常用与人耳主观感受相适应的响度与响度级度量指标来描述噪声。

响度是人耳主观感受的声音强弱程度。响度的大小主要依赖于声强，也与声音的频率有关，因此声音的响度是声压级和频率的函数。响度单位为宋(Sone)，1Sone 是声压级为 40dB、频率为 1000Hz 纯音所产生的响度。

响度级是表示响度的主观量，它是以频率 1000Hz 的纯音作标准，将其他频率声音的强度级换算成主观音响感觉与之相同的标准音的强度级。响度级用于不同频率、不同强度级声音的主观音响感觉的比较。响度级的单位是方(Phon)，它是 1000Hz 纯音的声压级分贝值，如 1000Hz 纯音的声压级为 40dB，则响度级是 40Phon。若其他频率的声音响度与 1000Hz 的纯音响度相同，则把 1000Hz 的响度级当做该频率的响度级。

把不同频率、相同响度级的点连成的曲线称为等响曲线或叫等响特性。为了确定声压级与响度级的关系，通过许多人的听觉试验，得到 1000Hz 纯音各分贝值的等响度曲线，图

4-29所示为ISO推荐的等响度曲线。图中的纵坐标是声压级(dB)，横坐标是频率(Hz)，二者都是声波客观的物理量。因为频率不同时，人耳的主观感觉不同，所以每个频率都有各自的听阈声压级和痛阈声压级。如果把它们连接起来，就能得到听阈线和痛阈线。两线之间按响度的不同可分为若干个响度级，通常分成13个响度级，单位是方，听阈线为零方响度线，痛阈线为120Phon响度线。两者之间通常标出10Phon、20Phon……100Phon、110Phon响度线。

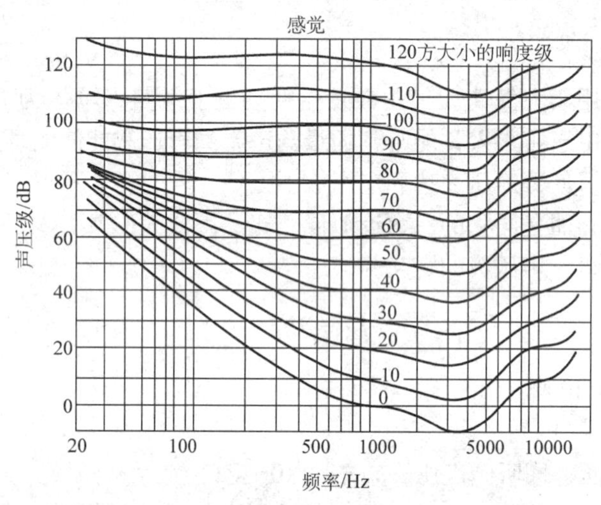

图4-29　等响度曲线

凡在同一条曲线上的各点，虽然它们代表着不同频率和声压级，但其响度(主观感觉)是相同的。每条等响曲线代表的响度级由该曲线在1000Hz时的声压级的分贝值而定。实际上是以1000Hz纯音作为基准声音，当某一噪声听起来与该纯音一样响，则该噪声的响度级(方值)就等于这个纯音的声压级(分贝值)。例如某噪声听起来与声压级85dB、频率1000Hz的基准声音一样响，则该噪声的响度级就是85Phon。

3. A声级

声级计是测量声音强弱的仪器，声级计的输入是声音客观存在的物理量——声压和频率，而输出不仅要求是对数关系的声压级，还应该是符合人耳特性的主观量——响度级。然而，声压级没有反映出频率的影响，它具有平直的频率响应。为使声级计的输出符合人耳的听觉特性，应通过一套电学的滤波器网络，对某些频率成分进行衰减，这种特殊的滤波器叫计权网络。通过计权网络测得的声压级，已不再是客观物理量的声压级，而是经过听感修正的声压级，叫做计权声级。

通常，声级计设有A、B、C三种计权网络，它能对不同频率的声音信号进行不同程度的衰减。A计权网络是效仿40Phon等响曲线而设计的，其特点是对低频和中频声有较大的衰减，即测量仪器对高频敏感，对低频不敏感，这与人耳对声音的感觉比较接近；B计权网络是效仿70Phon的等响曲线，使被测的声音通过时，低频段有一定的衰减；C计权网络是效仿100Phon的等响曲线，任何频率都没有衰减，因而可用C计权网络测得的读数代表总声压级。

经过A计权网络测出的dB读数称A计权声级，简称A声级(L_A)，并用dB(A)表示其单位。由于噪声的A声级，与人们的主观感觉比较接近，同时A声级的测量比较方便，因此，A声级已成为国际标准化组织和绝大多数国家作为评价噪声的度量指标。

任务二　了解汽车噪声检测仪器

一、声级计

声级计是一种最基本的噪声测量仪器，它可以按人耳相近的听觉特性检测汽车噪声和喇叭声响。根据所用电源不同，声级计可分为交流式和直流式(干电池)两种。其中，直流干电池式声级计因体积小、质量轻、操作携带方便，应用比较广泛。图4-30所示为国产ND_2型便携式精密声级计。

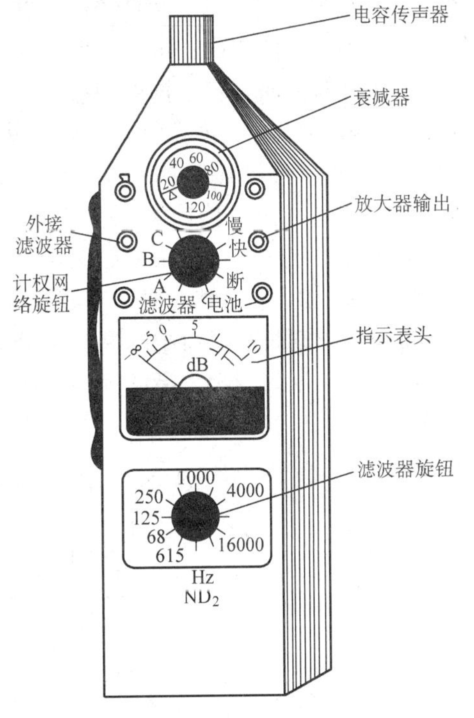

图4-30　ND_2型便携式精密声级计

1. 声级计的基本结构

声级计一般由传声器、放大器、衰减器、计权网络、检波电路、指示仪表和电源等组成。声级计结构原理框图如图4-31所示。

(1) 传声器　传声器常称为话筒，是声级计的传感器，其作用是把噪声信号转变为电信号。常见的传声器有晶体式、驻极式、动圈式和电容式多种。其中，电容式传声器是声学测量中比较理想的传声器，它具有动态范围大、频率响应特性好、灵敏度高和在一般测量环境中稳定性好等优点，因而目前应用广泛。

(2) 放大器　放大器的作用是将传声器输出的微弱电压信号放大，在声频范围内放大器应具有平直的放大特性、较低的固有噪声和良好的稳定性，以满足检测的需求。

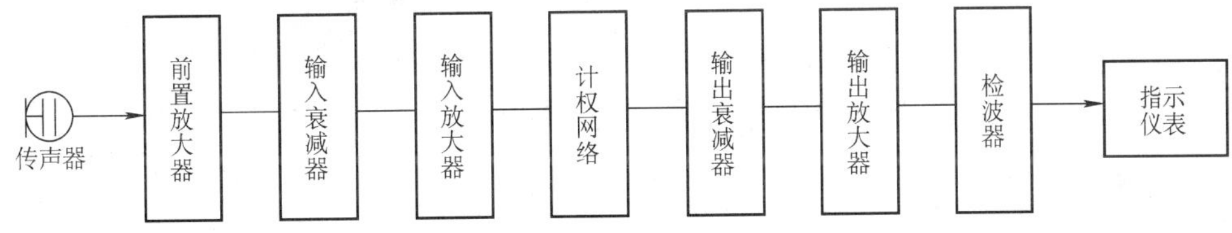

图4-31　声级计结构原理框图

(3) 衰减器　衰减器的作用是调整输入信号和输出信号的幅度，以控制指示仪表获得适当的指示值。

(4) 计权网络　声级计内通常设有A、B、C三种标准的计权网络，其作用是使仪器检测噪声的频率特性更接近人耳的听觉特性，可对所测噪声进行听感修正。

(5) 检波器　检波器的作用是将迅速变化的声音频率交流信号转换成变化较慢的直流

电压信号，以便于仪表指示。

（6）指示仪表　指示仪表的作用是直接显示噪声级的 dB 值，可用数字显示或指针指示。

声级计面板上一般还备有一些插孔，以便外接滤波器、示波器、记录仪等，对噪声做进一步分析。有的声级计内还装有倍频程滤波器（图 4-30），以便在现场对噪声直接作频谱分析。

2. 声级计工作原理

声级计检测时，噪声可通过传声器转换成电压信号，并由前置放大器变换阻抗，使其与输入衰减器相匹配，然后信号经输入放大器送入计权网络处理，再经输出衰减器及放大器将信号放大到一定的幅度，最后经有效值检波器进入指示仪表，从表头得到相应的声级读数。

声级计检测时，应根据被测噪声的性质和特点选择声级计的“快”挡或“慢”挡。声级计一般都有“快”和“慢”两挡，其中“快”挡平均时间为 0.27s，比较接近人耳听觉的生理平均时间；“慢”挡平均时间为 1.05s。当对稳态噪声进行测量或需要记录声级变化过程时，使用“快”挡较为合适；当被测噪声的波动比较大时，使用“慢”挡比较合适。

声级计检测时，还可根据如图 4-32 所示的声级计 A、B、C 计权网络频率响应特性，通过声级计 A、B、C 三挡对同一声源测量所得的读数大致地估计出所测噪声的频谱特性：若 $L_A = L_B = L_C$，则表明噪声中的高频成分较突出；若 $L_B = L_C > L_A$，则表明中频成分略强；若 $L_C > L_B > L_A$，则表明噪声呈低频特性。

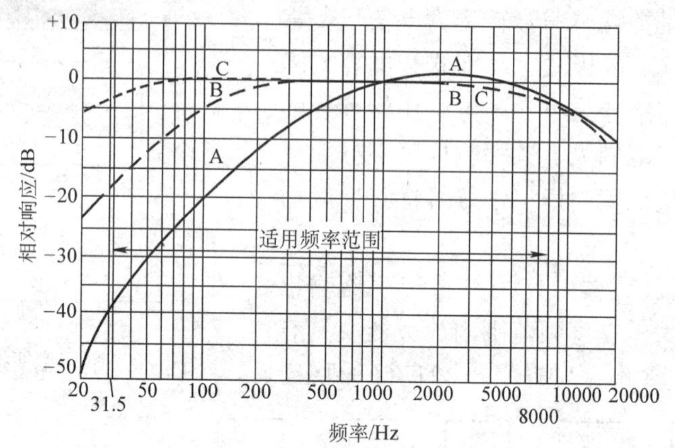

图 4-32　声级计 A、B、C 计权网络的频率响应特性

二、频率分析仪

汽车噪声是由大量的不同频率的声音复合而成的，因此为了分析产生噪声的原因，需对噪声进行频谱分析。

所谓频谱分析就是应用数学原理（傅里叶变换），将原来由时间域表征的动态参数转换为由频率域表征。实现这一转换的最基本装置是滤波器，利用滤波器可将待分析的噪声信号所包含的不同频率的分量分离出来，并由记录器记录测量结果。通常，根据测量结果，以频率为横坐标，以声压级为纵坐标作出的噪声曲线称为噪声的频谱图。它在频域上描述了声音强弱的变化规律。

用于测定噪声频谱的仪器称为频率分析仪或频谱仪。频率分析仪主要由滤波器、测量放大器和指示装置组成。检测时，噪声信号经过一组滤波器，可使被测信号中所含有的不同频率分量逐一分离出来，并由测量放大器将其幅值放大，然后由指示装置直接显示测量结果或绘制频谱图。

图4-33所示为频谱仪测得的几种轿车加速行驶的噪声频谱曲线图，从图上可以看出，汽车加速行驶噪声是宽频带噪声，低、中频段噪声级较高，其原因是各声源（尤其是进排气系统）的中、低频噪声都有较高的声级。

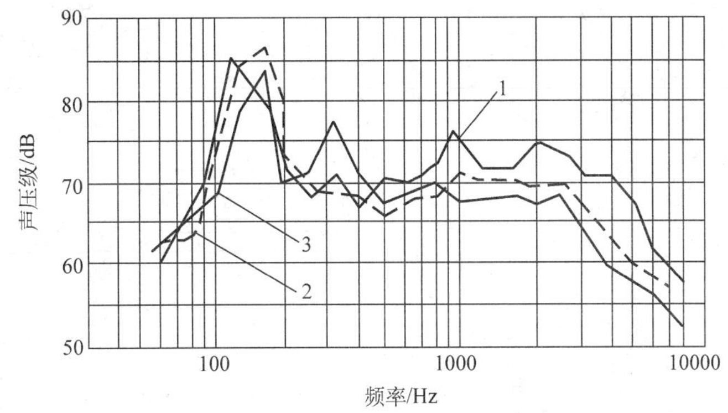

图4-33　轿车加速行驶的噪声频谱曲线图

1—排量1.1L　2—排量1.5L　3—排量1.7L

提示：利用频率分析仪，可以了解噪声的频率成分和各频率噪声的强弱，可为汽车噪声故障的诊断提供依据，并做到有针对性地控制和消除噪声。

任务三　熟悉汽车噪声的检测方法

汽车噪声是一个由多种声源组成的综合性噪声，噪声影响因素很多。对于同一车辆，由于其使用条件不同，噪声也不同。因而，要全面评价或模拟汽车发出的噪声是困难的。从防止噪声公害的角度出发，只能通过简单再现汽车使用中的某一特定状态或工况进行检测。

一、汽车定置噪声的测量

汽车定置噪声是指车辆不行驶，发动机处于空载运行状态时的噪声。其测量内容包括汽车排气噪声测量和发动机噪声测量。定置噪声测量按GB/T 14365—1993《声学—机动车辆定置噪声测量方法》的规定进行。

1. 测量的基本条件

1）测量仪器应采用精密声级计。

2）测量场地应为开阔的、由混凝土或沥青等坚硬材料构成的平坦地面，其边缘距车辆外廓至少3m。除测量人员和驾驶人外，测量现场不得有影响测量的其他人员。

3）背景噪声应比所测车辆噪声至少低10dB（A）。背景噪声是指测量对象噪声不存在时，周围环境的噪声。

4）测量时，变速杆应挂空挡（自动变速器汽车操纵手柄处于P位或N位），拉紧驻车制动器操纵杆，离合器接合；发动机室盖、车窗和车门应关上，车辆的空调器和其他辅助装置关闭；发动机冷却液温度、机油温度应符合生产厂的规定。

2. 排气噪声测量方法

1）将车辆置于测量场地中央，如图 4-34 所示。

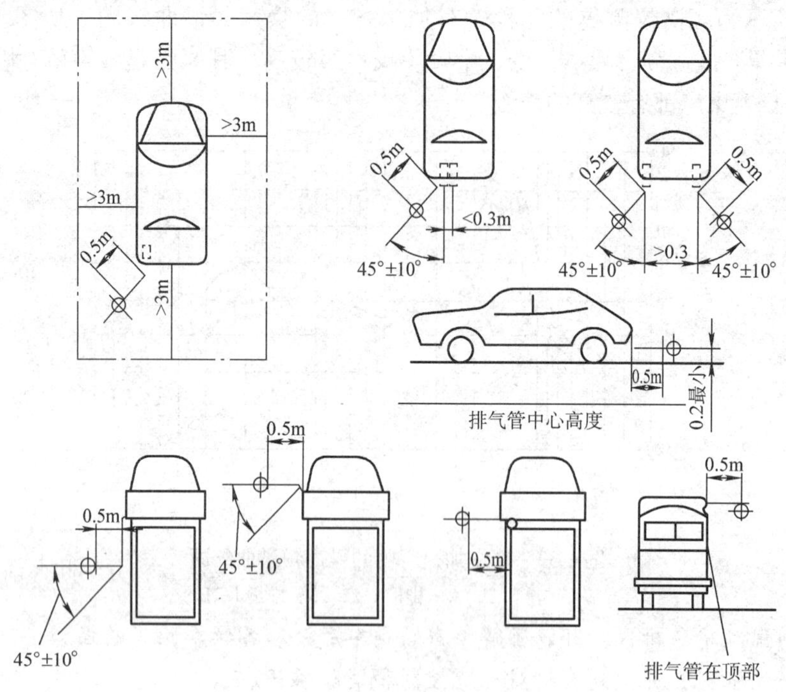

图 4-34　汽车定置排气噪声测量场地及传声器位置

⊕ —传声器位置

2）将声级计传声器按如图 4-34 所示的规定测点位置放置。传声器与排气口端等高，在任何情况下距地面不得小于 0. 2m；传声器的参考轴应与地面平行，并和通过排气口气流方向且垂直地面的平面成 45° ±10°的夹角；传声器朝向排气口，距排气口端 0. 5m，放在车辆的外侧。对排气管垂直向上的车辆，传声器放置高度应与排气管口等高，传声器朝上，其参考轴应垂直地面，传声器应放在离排气管较近的车辆一侧，并距排气口端 0. 5m。

3）将发动机稳定在 3/4 的额定转速，测量由稳定转速尽快减速到怠速过程的最高声级。测量时使用声级计的 A 计权、快挡，每个测点重复测量，直到连续出现 3 个读数变化范围在 2dB(A)之内为止，并取其算术平均值作为测量结果。

提示：若汽车装有多个排气管，并且各排气管的间隔又大于 0. 3m，则应对每一个排气管都要测量，并记录其最高声级。

3. 发动机噪声测量方法

1）将车辆置于测量场地中央，如图 4-35 所示。

2）将声级计传声器按如图 4-35 所示的规定测点放置，传声器测点位置应随发动机在车上的布置不同而变化。

3）将发动机从怠速尽可能快速地加速到 3/4 的额定转速，并保持必要长的时间，测量该过程的最高声级。测量时使用声级计的 A 计权、快挡，每个测点重复测量，直到连续出现3个读数变化范围在2dB(A)之内为止，并取算术平均值作为测量结果。

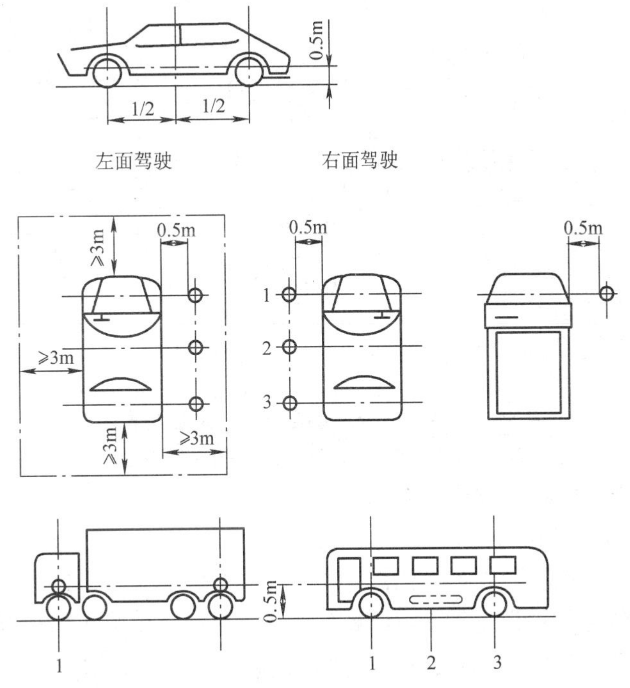

图4-35　汽车定置发动机噪声测量场地和传声器位置

1—前置发动机　2—中置发动机　3—后置发动机　⊕—传声器位置

二、汽车加速行驶噪声的测量

汽车加速行驶噪声的测量按GB 1495—2002《汽车加速行驶车外噪声限值及测量方法》规定进行。

1. 测量的基本条件

1）测量仪器应采用精密声级计。

2）测量场面地应平坦而空旷，在测试中心以50m为半径的范围内，不应有大的反射物，如建筑物、围墙等。

3）测试场地应有规定长度的平直、干燥的沥青路面或混凝土路面。路面坡度不超过0.5%。

4）背景噪声应比所测车辆噪声至少低10dB，并保证测量不被偶然的其他声源所干扰。

5）测量应在良好的天气条件进行，风速不超过5m/s，为避免风噪声干扰，可采用防风罩，但应注意防风罩对声级计灵敏度的影响。

6）声级计附近除测量者外，不应有其他人员，如不可缺少时，则必须在测量者背后。声源与传声器之间不应有任何人员站留。

7）被测车辆应空载，技术状况正常，测量时发动机应处于正常使用温度。

8）测量场地及测点位置如图4-36所示，传声器应用三脚架固定在离地面高1.2m±0.02m、距行驶中心线7.5m±0.05m的两侧，其参考轴线必须水平并垂直指向行驶中心线。

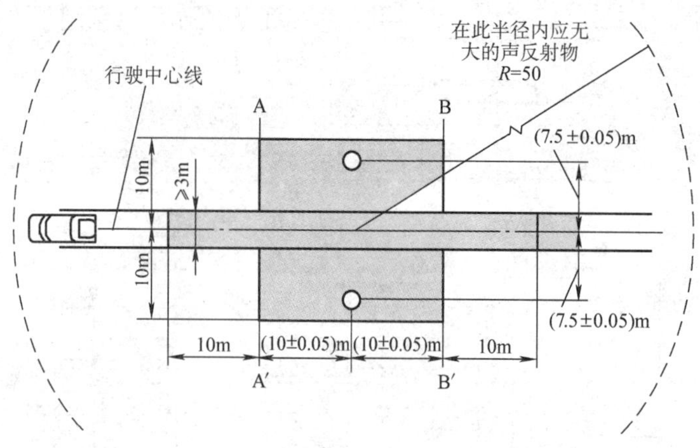

图 4-36　汽车加速行驶噪声测量场地示意图

□—最小的标准试验路面　○—传声器 $h=(1.2\pm0.02)$m

2. 加速行驶车外噪声测量方法

1）确定汽车的行驶挡位。

① 对于 M_1、N_1类前进挡位为 4 挡或 4 挡以下的汽车应选用第 2 挡测量。

② 对于前进挡位为 4 挡以上的 M_1和 N_1车辆，应分别选用第 2 挡和第 3 挡测量。若选用第 2 挡测量时，汽车尾端通过 BB′线时发动机转速超过了额定转速 n_r，则应逐次按 5% n_r降低接近 AA′线时发动机的稳定转速 n_A，直至通过 BB′线的发动机转速不再超过 n_r，若 n_A降到了怠速，汽车通过 BB′线的发动机转速仍超过 n_r，则只用第 3 挡测量。对于前进挡多于 4 挡并装用额定功率 140kW 的发动机、且比功率大于 75kW/t 的 M_1汽车，若该车用第 3 挡其尾段通过 BB′线时的速度大于 61km/h，则只用第 3 挡测量。

2）按规定条件稳定地到达始端线。接近 AA′线时的稳定速度取下列速度中的较小者：

① 50km/h。

② 对于 M_1类和发动机功率不大于 225kW 的其他各类汽车，对应于 $3/4n_r$的车速。

③ 对于 M_1类以外的且发动机功率大于 225kW 的各类汽车，对应于 $1/2n_r$的车速。

3）加速通过测量区。从车辆前端到达始端线开始，立即将加速踏板踩到底并保持不变，使车辆直线加速行驶，当车辆后端到达终端线时，立即松开加速踏板。

4）声级测量。声级计用 A 计权网络、“快”挡进行测量。

① 在汽车每一侧至少应测量四次。

② 应测量汽车加速驶过测量区时的最大声级。每一次测得的读数值应减去 1dB(A)作为测量结果。

③ 若在汽车同侧连续四次测量结果相差不大于 2dB(A)，则认为测量结果有效。

④ 将每一挡位条件下每一侧的四次测量结果进行算术平均，然后取两侧平均值中较大者作为中间结果。

5）汽车最大噪声级的确定。对于只用一个挡位测量的汽车，直接取中间结果作为最大噪声级；对于采用二个挡位测量的汽车，取两挡中间结果的算术平均值作为最大噪声级。最大噪声级的值应按有关规定修约到一位小数。

三、车内噪声测量方法

车内噪声的测量可按 GB/T 18697—2002《声学—汽车车内噪声的测量方法》的规定执行。

1. 测量的基本条件

1）测量仪器应采用精密声级计。

2）测量跑道应有试验需要的足够长度，应是平直、干燥的沥青路面或混凝土路面。

3）测量时环境温度在 -5～35℃，风速不大于 5m/s。

4）测量时车辆门窗应关闭。

5）背景噪声应比所测的车内噪至少低 10dB，并保证测量不被偶然的其他声源所干扰。

6）测量时汽车空载，车内除驾驶人和测量人员外，不应有其他人员。

7）测量时，确保汽车技术状态正常，发动机处于正常工作温度。

2. 客车车内噪声测量方法

1）确定车内噪声测点。客车室内噪声测点可选在车厢中部及最后一排座的中间位置，其高度通常在人耳附近，其传声器在测点处朝向车辆前进方向，其车内噪声测点的布置如图 4-37 所示。

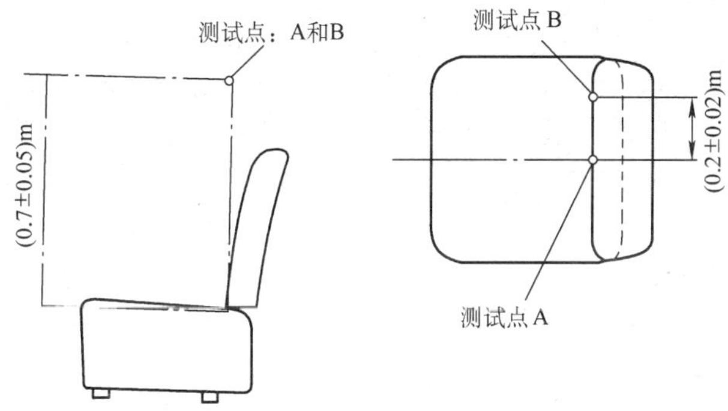

图 4-37　车内噪声测点位置

A—未占用的座位　B—驾驶人座位

2）使车辆以常用挡位 50km/h 的车速匀速行驶。

3）用声级计测量 A 计权声级的数值。

3. 驾驶人耳旁噪声测量方法

1）按照图 4-37 所示在驾驶人座位确定噪声测点及安装传声器。

2）将变速杆置于空挡，车辆处于静止，发动机处于额定转速状态。

3）将声级计置于 A 计权、快挡进行测量，读取声级计的读数。

四、汽车喇叭声级测量方法

汽车喇叭声级的测点位置如图 4-38 所示，传声器朝向汽车，轴线与汽车纵轴线平行。检测时应注意不被偶然的其他声源峰值所干扰。测量次数定在 2 次数以上，并监听喇叭声音是否悦耳。

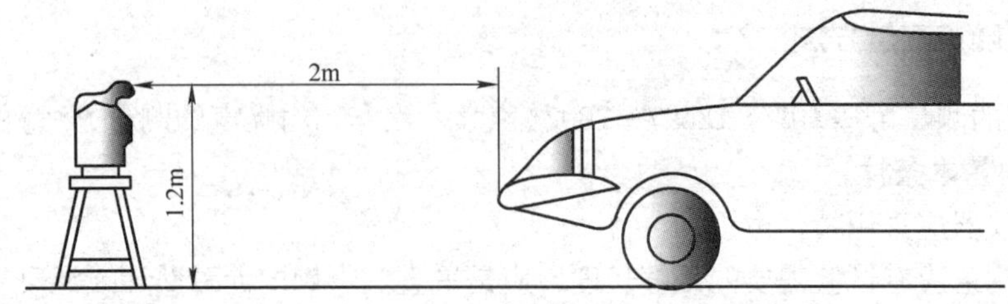

图 4-38　汽车喇叭声级的测点位置

任务四　了解汽车噪声的检测标准

一、汽车定置噪声标准

我国在用车辆处于定置工况下的噪声应根据 GB 16170—1996《汽车定置噪声限值》的规定，不得超过表 4-18 的限值。

表 4-18　汽车定置噪声限值

车辆类型	燃料种类及其他		噪声限值/dB(A)	
			1998 年 1 月 1 日前出厂的车辆	1998 年 1 月 1 日起出厂的车辆
轿车	汽油		87	85
微型客车、货车	汽油		90	88
轻型客车、货车越野车	汽油	$n_r \leqslant 4300$r/min	94	92
		$n_r > 4300$r/min	97	95
	柴油		100	98
中型客车、货车大型客车	汽油		97	95
	柴油		103	101
重型货车	$P \leqslant 147$kW		101	99
	$P > 147$kW		105	103

注：1. P——发动机额定功率(kW)。
　　2. n_r——发动机额定转速(r/min)。

二、汽车加速行驶噪声标准

汽车加速行驶时，车外最大噪声应根据 GB 1495—2002《汽车加速行驶车外噪声限值及测量方法》的规定，不得超过表 4-19 的限值。

三、车内噪声标准

1. 客车车内噪声标准

GB 7258—2004/XG3—2008《机动车运行安全技术条件》国家标准第 3 号修改单规定，客车以 50km/h 的速度匀速行驶时，客车车内噪声声级应不大于 79dB(A)。

表 4-19　汽车加速行驶车外噪声限值

汽车分类	噪声限值/dB(A)	
	第一阶段	第二阶段
	2002.10.1～2004.12.30 期间生产的汽车	2005.1.1 以后生产的汽车
M_1	77	74
M_2(GVM≤3.5t)，或 N_1(GVM≤3.5t)：		
GVM≤2t	78	76
2t<GVM≤3.5t	79	77
M_2(3.5t<GVM≤5t)，或 N_1(GVM>5t)：		
P<150kW	82	80
P≥150kW	85	83
N_2(3.5t<GVM≤12t)，或 N_3(GVM>12t)：		
P<75kW	83	81
75kW≤P<150kW	86	83
P≥150kW	88	84

注：1. GVM——最大总质量(t)。

2. P——发动机额定功率(kW)。

3. M_1，M_2(GVM≤3.5t)和 N_1类汽车装用直喷式柴油机时，其限值增加 1dB(A)。

4. 对于越野汽车，其 GVM>2t 时：如果 P<150kW，其限值增加 1dB(A)；如果 P≥150kW，其限值增加 2dB(A)。

5. M_1类汽车，若其变速器前进挡多于 4 个，P>140kW，P/GVM 之比大于 75kW/t，并且用第三挡测试时其尾端出线的速度大于 61km/h，其限值增加 1dB(A)。

2. 驾驶人耳旁噪声标准

GB 7258—2004/XG3—2008《机动车运行安全技术条件》国家标准第 3 号修改单规定，汽车驾驶人耳旁噪声声级应不大于 90dB(A)。

四、汽车喇叭检测标准

从防止噪声对环境污染的观点出发，汽车喇叭噪声越低越好。然而从保证行车安全的角度出发，汽车的喇叭必须有一定的响度。为此，GB 7258—2004/XG3—2008《机动车运行安全技术条件》国家标准第 3 号修改单对汽车喇叭做出如下要求。

1）具有连续发声功能，其工作应可靠。

2）在距车前 2m，离地高 1.2m 处测量时，喇叭声级的值应为 90dB(A)～115dB(A)。

项目六　汽车前照灯检测

学习目标：

- 了解前照灯的检测标准
- 熟悉前照灯发光强度、光束照射位置及配光特性的概念

- 掌握前照灯发光强度、光束照射位置检测的基本原理
- 能正确使用前照灯检测仪检测汽车前照灯

汽车前照灯在使用过程中，灯泡会逐渐老化，发光效率下降；反射镜污暗、聚光性能变差。汽车运行中的振动，也可能会引起前照灯安装位置错动，改变光束的照射方向。这些都会使夜间行车时，前方道路情况看不清或看不远，或给迎面来车的驾驶人造成炫目，易导致夜间行车事故的发生。因此，定期检测前照灯是十分必要的，它是汽车安全性能检测的重要项目。

任务一　了解前照灯评价指标及检测标准

一、前照灯评价指标

1. 发光强度

发光强度是表示光源发光强弱的物理量，计量单位是坎德拉(cd)。其定义是：一个光源发出频率为 540×10^{12}Hz 的单色辐射，且在此方向上的辐射强度为 1/683W/sr(瓦特每球面度)，则此光源在该方向上的发光强度为 1cd。

前照灯就是一个光源，前照灯发光强度越大，则受光物体照得越亮，驾驶人能看清物体的距离就越远。受光物体被光源照明的程度称为照度，它是受光面明亮度的物理量，计量单位是勒克斯(lx)。在不计光源大小(看做是点光源)的情况下，照度与离开光源距离的平方成反比。因此，在受光距离一定时，受光物体照度的大小实际上反映了光源的发光强度。

2. 光束照射位置

如果把前照灯光线最亮的地方看做是光轴的中心，则光束照射位置可用该中心对某一水平、垂直坐标轴的偏离量来表示。

前照灯的光束照射位置会影响驾驶人夜间行车的视野，影响汽车前方路面的照明程度，以及影响迎面来车驾驶人的视觉。因此，在前照灯发光强度足够的情况下，正确的光束照射位置能使驾驶人夜间行驶、会车时看清前方的路面，确保行车安全。

3. 配光特性

前照灯远光是夜间行车照明用的，当无迎面来车或不尾随其他车辆时，希望灯光照得远并使路面有足够亮度；前照灯的近光是会车用的，要求光束倾向路面右侧，以避免迎面来车驾驶人炫目。因此，前照灯发出的光线应满足一定的分布即配光特性。配光特性是指用等照度曲线表示的明亮度分布特征，亦称光形分布特性，它可反映受照物体各部位照度的大小。

(1) 对称配光特性　对称配光特性是指前照灯光束在受照物体上所产生的等照度曲线左右对称、不偏向一边、水平方向宽、垂直方向窄的一种光形分布，如图 4-39 所示。我国前照灯的远光灯采用这种配光特性。

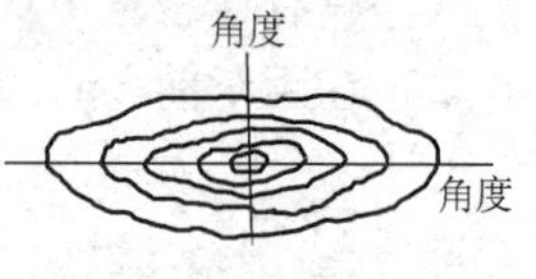

图 4-39　对称配光特性

(2) 非对称配光特性　非对称配光特性是指前照灯光束在受照物体上产生等照度曲线不对称的一种光形分布。若非对称配光特性的灯光投射到配光屏幕，则会有一条明显的明暗截止线(即明暗陡变的分界线)，常见的非对称式配光方式有两种，如图 4-40 所示。我国前照灯的近光灯采用图 4-40b 所示的配

光形式。

提示：良好的前照灯配光特性可以使其远光具有良好的照明，近光具有足够的照明和不炫目。

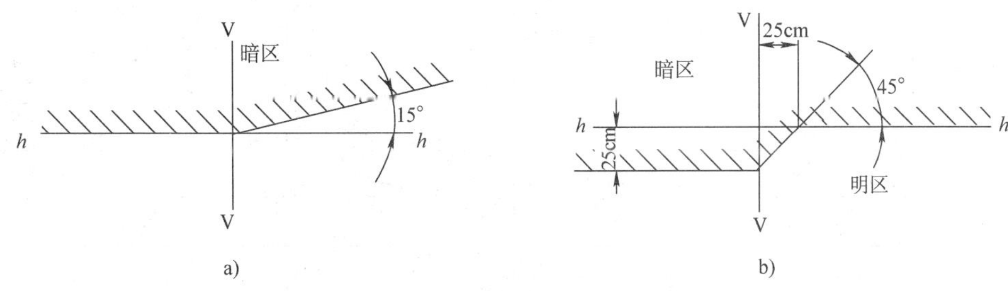

图 4-40　非对称式配光示意图

二、前照灯检测标准

前照灯的发光强度、光束照射位置在 GB 7258—2004/XG3—2008《机动车运行安全技术条件》国家标准第 3 号修改单中具有明确的规定；其前照灯配光特性在 GB 4599—2007《汽车用灯丝灯泡前照灯》中也有明确的要求。这些规定和要求就是前照灯的检测标准。

1. 前照灯远光光束发光强度要求

汽车每只前照灯的远光光束发光强度应达到表 4-20 的要求。对于采用四灯制的机动车，其中两只对称的灯达到两灯制的要求时也视为合格。测试时，其电源系统应处于充足电状态。

表 4-20　前照灯远光光束发光强度要求

机动车类型	检查项目			
	新注册车/cd		在用车/cd	
	两灯制	四灯制	二灯制	四灯制
最高设计车速小于 70km/h 的汽车	10000	8000	8000	6000
其他汽车	18000	15000	15000	12000
备注	四灯制是指前照灯具有四个远光光束			

2. 前照灯光束照射位置要求

（1）前照灯近光光束照射位置　前照灯照射在距离 10m 的屏幕上时，乘用车前照灯近光光束明暗截止线转角或中点的高度应为 0.7H ~ 0.9H（H 为前照灯基准中心高度，下同），其他汽车应为 0.6H ~ 0.8H。汽车前照灯近光光束水平方向位置向左偏不允许超过 170mm，向右偏不允许超过 350mm。

（2）前照灯远光光束及远光单光束灯照射位置　前照灯照射在距离 10m 的屏幕上时，要求在屏幕光束中心离地高度，对乘用车为 0.9H ~ 1.0H，对其他汽车为 0.8H ~ 0.95H；汽车前照灯远光光束水平位置要求，左灯向左偏不允许超过 170mm，向右偏不允许超过 350mm，右灯向左或向右偏均不允许超过 350mm。

3. 前照灯配光性能要求

前照灯配光性能应在前照灯基准中心前 25m，过 HV 点的垂直配光屏幕上测定，其配光屏幕的布置如图 4-41 所示。

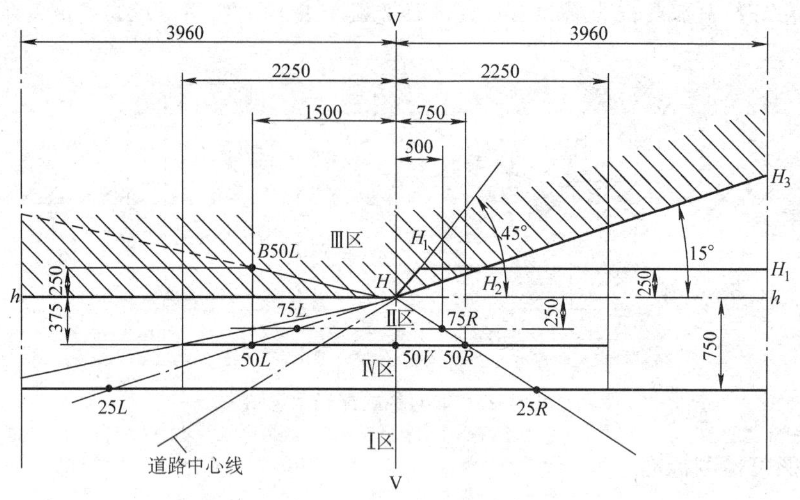

图 4-41 在配光屏幕上测定配光性能

（1）近光的配光要求

1）在配光屏幕上，近光应产生明显的明暗截止线，其水平线部分在 V-V 线的左半边，右半边为与水平线向上 15°的斜线，或向上成 45°斜线至水平线垂直距离 250mm 转向水平的折线。明暗截止线上方为暗区、下方是明区。

2）在配光屏幕上的照度值，应符合表 4-21 的规定。Ⅲ区尤其是 B50L 处应尽可能暗些，以防对方驾驶人炫目；Ⅳ区代表车前方 25 ~ 50m 处，是近光照明区，应有足够的照度；Ⅰ区代表车前方 10 ~ 25m 处，是照得最亮的区域，为避免与其他区域产生过大的明暗对比，其最大照度有所限制。

表 4-21 前照灯近光照度要求

测试点或测试区域	白炽前照灯/lx		卤钨前照灯/lx	
	最大值	最小值	最大值	最小值
B50L	0.3	—	0.3，0.4①	—
75R	—	6	—	12
75L	—	—	12	—
50R	—	6	—	12
50L	—	—	15	—
50V	—	—	—	6
25L	—	1.5	—	2
25R	—	1.5	—	2
Ⅲ区任何点	0.7	—	0.7	—
Ⅳ区任何点	—	2	—	3
Ⅰ区任何点	20	—	$2E_{50R}$②	—

① 单光束为 0.3，双光束为 0.4。

② E_{50R} 为 50R 实测照度。

3）在Ⅰ、Ⅱ、Ⅲ和Ⅳ区域内，其水平方向相邻间的照度应无明显的陡变，以不致影响良好的可见度。

（2）远光的配光要求

1）远光在配光屏幕上的照度值，应符合表4-22的规定。

2）双光束卤钨前照灯，其远光最大照度应不大于近光在75R点测试照度的16倍。

表4-22　前照灯远光照度要求

测试点或测试区域	白炽前照灯/lx		卤钨前照灯/lx	
	最大值	最小值	最大值	最小值
最大照度 E_{max}	—	32	240	48
HV点	—	$0.9E_{max}$	—	$0.8\ E_{max}$
HV点至1125L和R	—	16	—	24
HV点至2250L和R	—	4	—	6

任务二　掌握前照灯的检测方法

一、前照灯检测的基本原理

1. 发光强度检测原理

光学上点光源发光强度与被照物体照度的大小可由下式表示：

$$I = EL^2 \tag{4-14}$$

式中　I——光源发光强度；

E——被照面上的照度；

L——光源至被照面的距离。

由式(4-14)知：当受光距离L为一定值时，光源的发光强度与被照面上的照度成对应比例关系。因此，只要测得受光物体被照面上照度的大小，即可得到光源的发光强度。

通常，被照面上的照度可利用光电池的光生伏特效应检测。当被照面上装有光电池时，受光照射后，其光照越强，照度越大，则光电池产生的电动势就越大。因此，测出其电动势就可得到被照面上的照度，实际上也就是测出了光源的发光强度。汽车前照灯检测仪一般采用这一原理来检测前照灯的发光强度。

图4-42为发光强度检测原理图，其测量电路由光电池、光度计和可变电阻等组成。当前照灯按规定的距离照射光电池时，光电池便会按受光强度的大小产生电动势，并在其回路中产生相应的光电流，使光度计指针偏转，经标定后，其指针偏转的大小即可反映前照灯的发光强度。

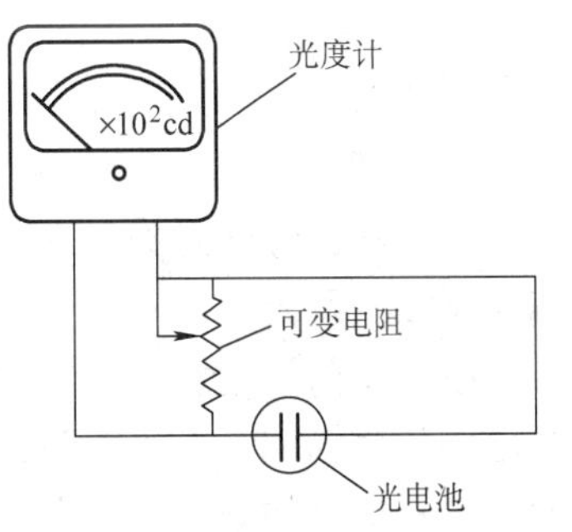

图4-42　发光强度检测原理

2. 光轴偏移量检测原理

汽车前照灯光轴偏移量一般是根据检测仪中四块性能完全相同的光电池的受光面不一致的程度来检测。图4-43为光轴偏移量测量电路，其受光器有四块光电池组成，其中上下一对光电池$S_{上}$、$S_{下}$之间接有上下偏移指示计，用于测量光轴的上下偏移量，左右一对光电池 $S_{左}$、$S_{右}$之间接有左右偏移指示计，用于测量光轴的左右偏移量。

检测时，将受光器置于标准位置，当前照灯光束照射光电池后，若光轴中心正好照在四块光电池组成的受光器中心，则四块光电池的受光面一致，因而各自产生的电动势大小一致，则上下、左右偏移量检测电路无电流，表示光轴无偏移；而当光轴中心向某一方向偏移时，则四块光电池的受光面不一致，因而各自产生的电动势大小不一致，于是上下、左右偏移量检测电路便产生了电流，使上下偏移指示计及左右偏移指示计的指针偏转。其指针偏转的幅度反映了汽车前照灯光轴偏移量的大小，而指针偏转的方向则反映了汽车前照灯光轴的偏移方向。

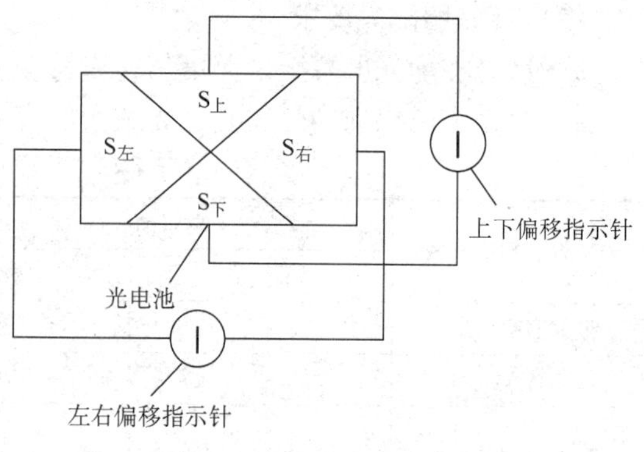

图 4-43　光轴偏移量检测原理

二、前照灯检测仪

1. 前照灯检测仪的类型

（1）按检测对象分类　目前国内使用的前照灯检测仪按检测对象分有两种类型：一类是采用 SAE 标准(美国采用的标准)的前照灯检测仪，它可用来检测对称光的前照灯，如自动追踪光轴式前照灯检测仪等。另一类是采用 ECE 标准(联合国欧洲经济委员会标准)的前照灯检测仪，它可用于检测对称光和非对称光前照灯，这类检测仪主要有两种结构形式：一种是投影式前照灯检测仪，其屏幕采用特殊材料制作，易于识别被测前照灯光束投影的明暗截止线；另一种是采用 CCD 和光电技术的前照灯检测仪。

（2）按结构特征与测量方法分类　根据结构特征与测量方法，前照灯检测仪可分为聚光式、屏幕式、投影式和自动跟踪光轴式等几类。这些不同类型的前照灯检测仪主要由接受前照灯照射光束的受光器、前照灯发光强度指示装置、前照灯光轴偏移量指示装置以及支柱、底座、导线、车辆摆正找准器等组成。

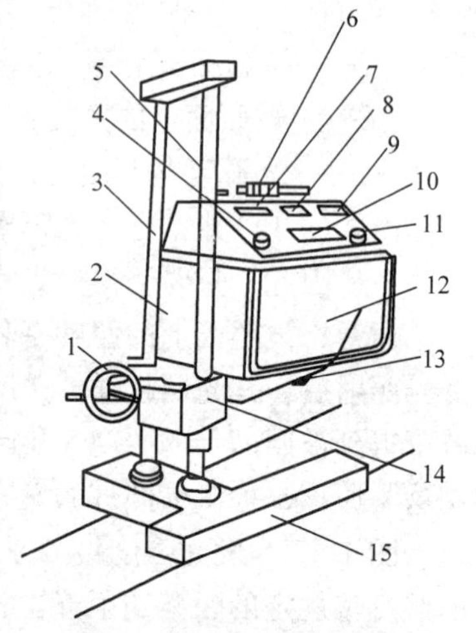

图 4-44　投影式前照灯检测仪
1—上下移动手轮　2—光接收箱　3—后立柱(防回转)　4—光轴刻度盘(左右)　5—前立柱(带齿条)　6—对准瞄准器　7—光轴左右偏移指示表　8—光度计　9—光轴上下偏移指示表　10—投影屏幕　11—光轴刻度盘(上下)　12—聚光镜　13—测距卷尺　14—传动箱　15—底座

2. 典型的前照灯检测仪

（1）投影式前照灯检测仪　投影式前照灯检测仪是将前照灯光束的影像映射到投影屏上，从而检测发光强度、光轴偏移量以及配光特性的。

投影式前照灯检测仪的外形结构如图 4-44 所示，它主要由光接收箱和行走机构两大部分组成。检测仪通过底座上的行走机构可在导轨上左右运动；光接收箱由两根立柱支承并导向，通过齿轮、齿条的传动作用，其光接收箱可视需要沿立柱上下运动。光接收箱的屏幕上对称地分布5个光电池(图4-44)，其中上下光电池检测垂直方向的光分布情况，其平衡输出连接至光轴上下偏移指示表；左右光电池检测水平方向的光分布情况，其平衡输出连接至光轴左右偏移指示表；中心光电池检测发光强度，其输出连接至光度计。

检测时，被测前照灯光束经透镜汇聚后进入光接收箱，由反射镜将光束影像反射到显示屏幕上(图4-45)，通过上下与左右移动光接收箱，使其上下和左右偏移指示表指针为零，

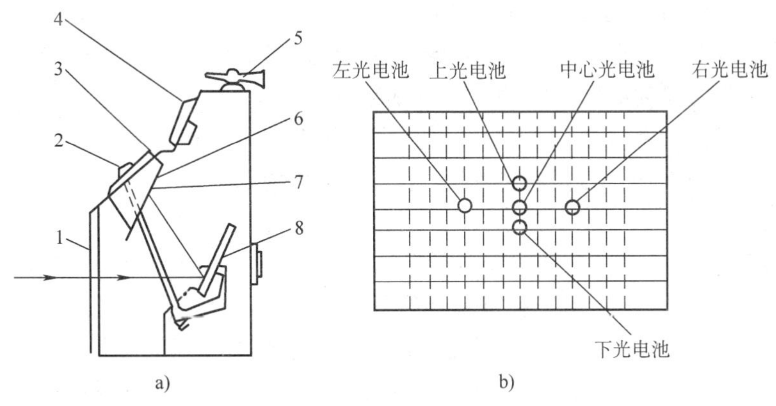

图4-45　投影式前照灯的工作原理

a) 光路　b) 光电池分布

1—聚光镜　2—光轴刻度盘　3—屏幕盖　4—指示表　5—对准瞄准器　6—屏幕　7—光电池　8—反射镜

此时表明上、下、左、右的光电池受光量相等，从而找到被测前照灯主光轴的方向，其主光轴中心正好反射到中心光电池上，因此通过光度计可测出前照灯发光强度值。

通过转动检测仪的光轴刻度盘(左右、上下)，使前照灯影像中心与投影屏坐标原点重合，可以从光轴刻度盘上读出光轴偏移量。

通过观察前照灯近光光束在屏幕上的投影，检查近光是否产生明显的明暗截止线，可确定前照灯近光的配光特性是否符合要求。

(2) 自动追踪光轴式前照灯检测仪　自动追踪光轴式前照灯检测仪是利用光接收箱自动追踪光轴的方法来检测发光强度和光轴偏移量的。

1) 检测仪的基本结构。自动追踪光轴式前照灯检测仪的外形结构如图4-46所示，它主要由行走机构、光接收箱和自动追踪传动系统等部分组成。行走机构可使检测仪通过底座下面装的轮子在导轨上左右运动。光接收箱在立柱的导引下，可由链条牵引作上下运动。在光接收箱正面配置有上下左右

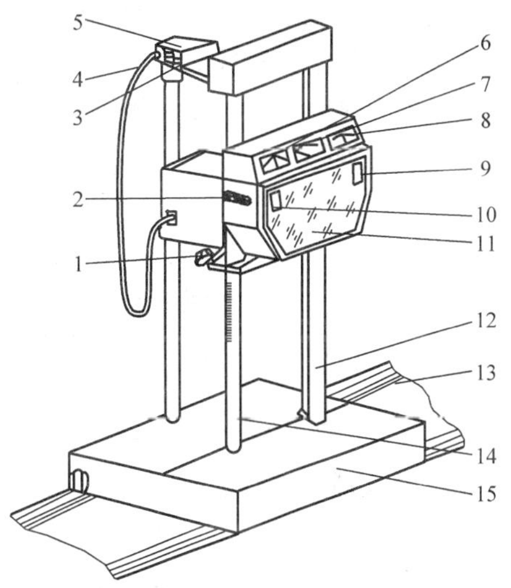

图4-46　自动追踪光轴式前照灯检测仪

1—调整手轮　2—车辆找准器　3—输出信号插座　4—控制盒插座　5—接线盒　6—光轴上下偏移量指示表　7—光度计　8—光轴左右方向偏移量指示表　9—测定指示灯　10—电源指示灯　11—光接收箱　12—右立柱　13—轨道　14—左立柱　15—底座

四个光电池，用于光轴追踪；光接收箱内部装有一透镜组件、四象限硅光电池和光检测系统，用于发光强度和光轴偏移量的检测。自动追踪传动系统主要由驱动电动机和传动链条、链轮等组成，用于光轴的追踪。

2）光轴自动追踪原理。光接收箱正面配置的作为受光器的四个光电池具有性能相同，上下、左右布置对称(图 4-47)的特点。检测时，四个光电池接收前照灯光束的照射，当上下光电池受到的光照度不同时，其光电池产生的偏差信号将驱动上下传动部件中的电动机，牵引光接收箱向光照平衡的位置移动。同样，左右光电池的偏差信号将驱动左右传动部件中的电动机，使光接收箱向左或向右移动，直到光轴位置偏差信号为零。由于这两个运动的综合作用，光接收箱即可自动追踪光轴而对准被检测的前照灯光轴。

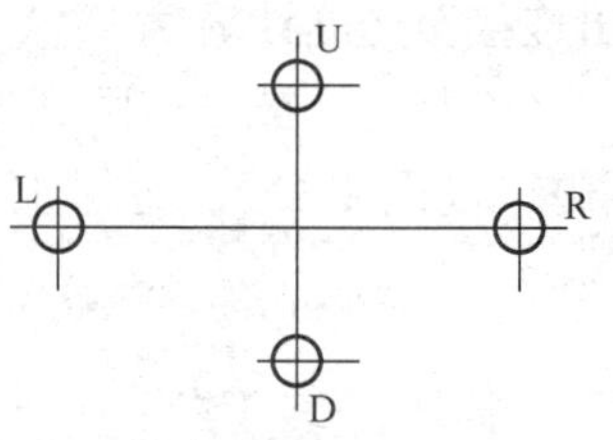

图 4-47 光电池的分布

3）光轴偏移量的测量。光轴偏移量测量是利用光接收箱内四象限光电池组、聚光镜控制系统和光检测系统(位移传感器和指示装置等)来共同完成的。检测时，前照灯光轴对准光接收箱后，光束通过接收箱内透镜聚光投射至四象限光电池组上。若前照灯光轴偏移量为零，则光束的焦点会落在四象限光电池组的中央，其四光电池产生的偏差信号为零，光轴偏移量指示表指示为零。若前照灯光轴偏离了四象限光电池组的中央，则光电池必然会产生偏差信号，其左右偏移的偏差信号将驱动控制透镜的左右电动机，使透镜移动，使会聚的光束在水平方向趋于光电池组中心；同样，上下偏移的偏差信号则驱动透镜在垂直方向上作调整，使会聚的光束在垂直方向趋于光电池组中心；当光束会聚在四象限光电池组中央时，透镜的移动调整结束。此时，透镜在两个方向的位移量由分别安装在两个方向上的位移传感器检测，由于透镜的位移量与光轴偏移量成线性比例关系，因此通过传感器位移量的检测就可确定光轴的偏移量。

4）发光强度的测量。当光束的焦点落在光接收箱内四象限光电池组的中央时，其四块光电池组输出电压的大小，将对应于照射在光电池表面的光照度，由于光源至光电池表面的距离一定，因此光电池组的输出电压实际上就是对应的被检测前照灯的发光强度。将其四块光电池的各自输出电压送往检测电路处理，最后由光度计显示其发光强度。

三、前照灯检测方法

1. 检测前的准备

（1）检测仪的准备　在前照灯检测仪不受光状态下，确保光度计和光轴偏斜指示计的指示值为零；确保前照灯检测仪能在导轨上正常移动。

（2）车辆的准备　清除前照灯上的污垢，使轮胎气压符合规定，蓄电池处于充足电状态，其灯光电路状况完好，汽车空载并乘坐一名驾驶人。

2. 检测方法

汽车前照灯检测仪有多种类型，其具体使用方法各不相同。使用时，应根据检测仪规定的步骤进行检测。

（1）用投影式前照灯检测仪检测

1）将汽车尽可能地与导轨保持垂直方向驶近检测仪，使前照灯与光接收箱保持规定的距离。

2）用车辆摆正瞄准器使检测仪和汽车对正。

3）开亮前照灯，移动检测仪，使光束照射到光接收箱上，并确保上下、左右光轴偏斜指示计的指针指到零位。

4）观察投影屏上前照灯影像位置，必要时转动光轴刻度盘测出光轴的偏移量。

5）读取光度计的指示值，该值即为被测前照灯的发光强度。

6）变换前照灯开关至近光，观察屏幕上的光束投影，检查近光配光性能。

（2）用自动追踪光轴式前照灯检测仪检测

1）将汽车尽可能地与导轨保持垂直方向驶近检测仪，使前照灯与光接收箱保持3m的距离。

2）用车辆摆正瞄准器使检测仪和汽车对正。

3）开亮前照灯，接通检测仪电源，通过操纵开关调整光接收箱的上下与左右位置，使前照灯光照射到光接收箱上。

4）按下控制盒上的检测开关，测定指示灯亮，仪器进入测定状态，光接收箱随即追踪前照灯光轴，仪器将自动测定光轴偏移量和发光强度并通过各指示表直接显示检测结果。

5）按控制开关使仪器退出测定工作状态。

项目七　汽车车速表检测

学习目标：

- 了解车速表检测的必要性
- 熟悉车速表的检测指标及评价标准
- 掌握车速表试验台的检测原理
- 能正确使用车速表试验台检测汽车车速表

车速表是指驾驶室内用来指示汽车行驶速度的仪表。车速表长期使用后，其指示误差会愈来愈大。当车速表的指示误差太大时，不仅会使驾驶人在限速路段行驶时难以正确控制车速，而且极易使其错误地判断汽车的行驶情况，对行车安全与高效运用车辆非常不利。因此，为保证行车安全，车速表的检测被列为安全检测中的必检项目，并要求对车速表进行定期检测。

任务一　熟悉车速表试验台

车速表的检测指标是车速表的车速指示误差，车速表的检测通常在滚筒式车速表试验台上进行。

一、车速表试验台结构

车速表试验台按有无驱动装置可分为标准型与驱动型两种。若将具有车速表检测功能的各种试验台也归入其中，则还有综合型车速表试验台。

1. 标准型车速表试验台

标准型车速表试验台是指本身不带驱动装置而依赖被测汽车驱动轮来进行驱动的车速表

试验台。它主要由滚筒、测速装置、显示装置、报警装置、举升器及安全保护装置等几部分组成，如图4-48所示。

（1）滚筒　试验台通常采用四滚筒式结构，左右各有两个，用于支撑汽车的驱动轮。在测试过程中，为防止汽车的差速器起作用而造成左右驱动轮转速不等，前面的两个滚筒是用联轴器联在一起。滚筒多为钢制，直径在175～370mm之间。

（2）测速装置　即滚筒转速传感器，常用的转速传感器有测速发电机式、磁电式和霍尔元件式等。它装在滚筒的一端，其作用是将滚筒转速信号转变成电信号（模拟信号或脉冲信号）送至速度指示装置，以便试验台适时地检测车速。

（3）显示装置　即速度指示装置，以km/h为单位在指示仪表上显示，目前多用智能型数字显示装置。显示装置按照转速传感器发出的电信号进行工作，适时显示实际车速。

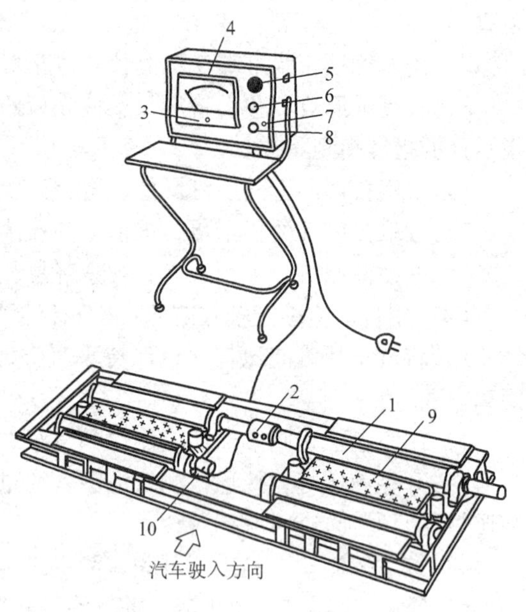

图4-48　标准型车速表试验台

1—滚筒　2—联轴器　3—零点校正螺钉　4—速度指示表　5—蜂鸣器　6—报警灯　7—电源灯　8—电源开关　9—举升器　10—速度传感器

（4）报警装置　即报警灯亮或蜂鸣器，用以速度报警，使检测更为方便、快速。检测时，当汽车实际车速达到检测车速如40km/h时，报警装置的报警灯亮或蜂鸣器响，提示检测人员已达到检测车速，应立即读取驾驶室车速表的指示值，以便与实际车速对照，看此时车速表指示值是否在规定的范围。

（5）举升器　举升器置于前后两个滚筒之间，多为气动装置，也有液压驱动和电动机驱动的。测试前，举升器升起以便汽车驶入试验台；测试时，举升器落下，滚筒支撑车轮；测试后，举升器升起，顶起车轮，以便汽车驶离试验台。

（6）安全保护装置

1）挡轮防护。车速表试验台滚筒两侧设有挡轮，以免检测时车轮左右滑移损坏轮胎或设备。

2）举升器和滚筒制动联动装置。车速表试验台都设有滚筒抱死、举升保护装置，为保证检测安全，当举升器升起时，滚筒制动抱死而不转动，当举升器下降时滚筒松开制动。

提示：有的车速表试验台为防止检测时举升器突然上升引发安全事故，还专门设有软件和硬件保护装置，以确保滚筒转速在低于设定值后才允许举升器上升。

标准型车速表试验台结构简单，价格便宜，目前得到了广泛应用。但标准型车速表试验台只适应检测那些车速表由变速器输出驱动的车辆，而不能检测那些车速表由从动车轮输出驱动的车辆。

2. 驱动型车速表试验台

驱动型车速表试验台如图4-49所示，它除带有驱动装置（电动机）外，其他组成结构基本上与标准型车速表试验台相同。驱动装置与滚筒之间通过离合器相连，其离合器起传递和中断动力的作用。

目前的汽车中，有部分车速表是由从动车轮提供的车速信号驱动的。对于这类车型，检测时将被测车辆的从动轮驶入试验台，离合器5接合，起动电动机6带动滚筒和被测车轮旋转，从而驱动试验台车速表显示实际车速，与此同时也驱动驾驶室内车速表显示指示车速而测出车速表的指示误差。对于车速表由变速器或分动器输出驱动的车辆，检测时，则可让离合器5分离，将被测车辆的驱动轮驶入试验台并驱动滚筒旋转，从而测出车速表指示误差，此时驱动型车速表试验台完全是当标准型车速表试验台使用。

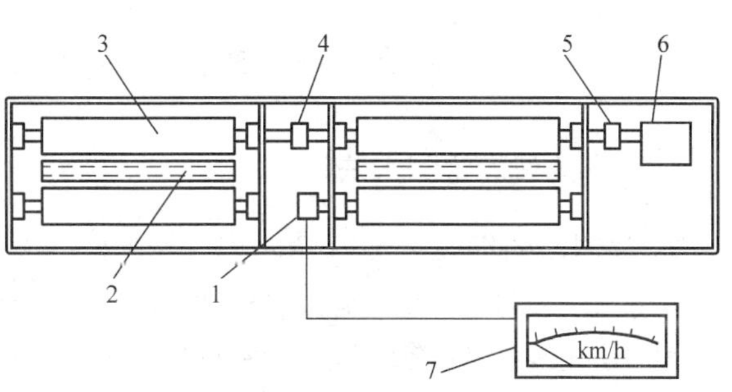

图4-49　驱动型车速表试验台

1—测速发电机　2—举升器　3—滚筒　4—联轴器　5—离合器　6—电动机　7—速度指示仪表

驱动型车速表试验台最大的优点是检测范围广，除极个别汽车如全时四轮驱动汽车外，能检测各种车辆的车速表。

3. 综合型车速表试验台

综合型车速表试验台通常是一个多功能试验台，其车速表检测往往是一个附加功能而不是主要功能。例如汽车底盘测功机、汽车惯性滚筒式制动试验台等，它们都有测速的功能，因此可以很容易地检测汽车车速表。

二、车速表试验台检测原理

车速表试验台检测原理如图4-50所示。检测时，通常将汽车驱动轮置于滚筒上，车轮借助于摩擦力带动滚筒旋转。旋转的滚筒相当于连续移动的路面，以驱动轮在该滚筒上旋转来模拟汽车在路面上行驶时的实际状态，利用车速表试验台测出的车速与车速表上显示的车速进行对比，从而检测车速表的指示误差。

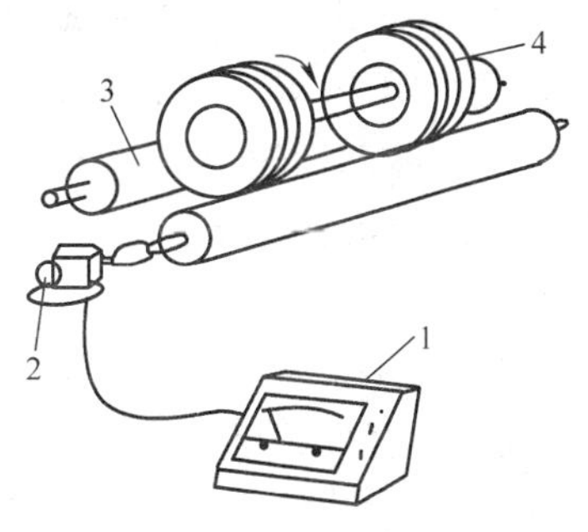

图4-50　车速表试验台检测原理

1—车速指示仪表　2—转速传感器　3—滚筒　4—被测车轮

检测时，由于车轮和滚筒之间无相对滑动，故车轮的线速度与滚筒的线速度相等，因此滚筒线速度可作为汽车的实际车速。其实际车速可由式(4-15)求出：

$$V = Ln60 \times 10^{-6} \tag{4-15}$$

式中　V——汽车实际车速(km/h)；

L——滚筒的圆周长(mm)，在滚筒半径确定后L为常数；

n——滚筒的转速(r/min)。

由式(4-15)可知，实际车速与滚筒的转速成正比。因此，可通过速度传感器测出滚筒转速，然后经测量电路处理即可得到实际车速，并在试验台的车速指示仪表上加以显示。

试验台在检测实际车速的同时，驾驶室内的车速表也会被滚筒上的车轮驱动，因而车速表也将显示指示车速。将车速表试验台测得的车速与车速表的指示车速比较即可得到车速表的车速指示误差。

任务二　掌握车速表的检测与分析方法

一、车速表的检测方法

1. 检测前的准备

（1）试验台的准备　确保车速表试验台处于良好的工作状态，滚筒在静止状态时接通电源其指示仪表指针应在零位，举升器动作应正常，滚筒表面应清洁无油、水、泥等杂物。

（2）被检车辆的准备

1）确保轮胎气压符合汽车制造厂的规定，以免引起检测误差。

2）确保轮胎花纹沟槽内无任何杂物如小石子等，以免检测时杂物飞出伤人；轮胎应不沾有水、油等，以免检测时车轮打滑。

2. 检测方法

1）接通车速表试验台电源，升起滚筒间的举升器。

2）将被检车辆与滚筒垂直地驶入车速表试验台，使具有车速表输入信号的车轮停于两滚筒之间。

3）降下滚筒间的举升器，让轮胎与举升器托板完全脱离，使车轮稳定地支承在滚筒上。

4）用挡块抵住位于车速表试验台滚筒之外的一对车轮的前方，以防检测时汽车驶出试验台发生意外事故。

5）用标准型车速表试验台检测。

① 起动汽车，将变速杆挂入最高挡，缓慢踩下加速踏板，使驱动轮平稳地加速运转。

② 当汽车车速表的指示值达到车速 40km/h 时，维持 3 ~ 5s 测取实际车速，读取试验台速度表的指示值；或当试验台速度表的车速指示值达到检测车速 40km/h 时，立即读取汽车车速表的车速指示值。

6）用驱动型车速表试验台检测。

① 将汽车变速杆挂入空挡。

② 接合试验台离合器，使滚筒与电动机相连。

③ 起动电动机，驱动滚筒及车轮缓慢加速。

④ 当汽车车速表的指示值达到车速 40km/h 时，维持 3 ~ 5s 测取实际车速，读取试验台速度表的指示值；或当试验台速度表的车速指示值达到检测车速 40km/h 时，立即读取汽车车速表的车速指示值。

7）检测结束时，对于标准型试验台，减速停车，轻踩制动踏板，使滚筒停止转动。对于驱动型试验台，应先将试验台离合器分离或关断电动机电源，然后再踩制动踏板。

8）升起举升器，去掉挡块，汽车驶离试验台。

9）切断试验台电源。

二、车速表的检测分析

1. 检测标准

车速表的检测标准在 GB 7258—2004/XG3—2008《机动车运行安全技术条件》国家标准

第3号修改单中有明确的规定：车速表指示车速 v_1(km/h)与实际车速 v_2(km/h)之间应符合关系式(4-16)：

$$0 \leqslant v_1 - v_2 \leqslant (v_2/10) + 4 \tag{4-16}$$

当被测汽车车速表的指示车速 v_1 为 40km/h 时，车速表试验台速度指示值 v_2 在 32.8 ~ 40km/h 范围内为合格；或当车速表试验台速度指示值 v_2 为 40km/h 时，汽车车速表的指示车速 v_1 在 40 ~ 48km/h 范围内为合格。

2. 检测结果分析

当汽车车速表的车速指示误差大于规定范围时，应找出其产生误差的原因，以消除故障隐患。汽车在使用过程中，车速表产生误差的原因主要有：车速信号传递误差、车速表本身故障或损坏、轮胎磨损误差。

（1）车速信号传递误差　目前，汽车车速表获取车速信号的方式有机械式和电子式两种。机械式获取车速信号通常是通过软轴将变速器的输出轴转速传递给车速表的主动轴，这种机械式车速信号的传递可靠性较高，一般不会产生误差。而电子式获取车速信号通常是通过安装在变速器处的各种车速传感器如光电式、霍尔效应式、磁电式等获得反映汽车车速的脉冲信号，再由电子电路驱动车速表，这种车速信号在传递时，若传感器性能变差、老化、损坏，或驱动电路性能不良、存在故障，会使车速信号产生误差，从而导致车速表出现指示误差。

（2）车速表本身故障或损坏　目前的汽车车速表主要有电磁式和电子式两大类。电磁式车速表用于机械式车速信号的获取，其车速表是利用磁电互感作用，通过指针摆动来显示汽车行驶速度的，车速表内有可转动的活动盘、转轴、轴承、齿轮、游丝等零件和磁性元件，由于这些零件在使用过程中的自然磨损以及磁性元件的磁性变化，都会造成车速表的指示误差。而电子式车速表通常是一个电磁式电流表，用于接收驱动电路送来的车速信号，其接收的平均电流与车速成正比，并驱动车速表指针偏摆，指示相应的车速，它无需软轴传动，其车速表性能一般较为稳定，但当电磁式电流表失效或性能变差时，也会造成车速表的指示误差。

（3）轮胎磨损误差　汽车轮胎在使用过程中，随行驶里程的增加会逐渐磨损，其滚动半径将日渐减小。在变速器输出轴转速不变的情况下，车速表的指示值为定值，与轮胎滚动半径的变化无关；而汽车实际行驶速度却会因轮胎滚动半径的变小而变小，因而车速表指示值与实际车速就会形成误差。若仅是因为轮胎磨损而引起的车速表指示值误差，则可通过更换轮胎来消除车速表指示值误差。

提示：当车速表因部件磨损过甚或损坏时，应予以更换。若轮胎气压和轮胎尺寸合适，车速表正常，而在车速表试验台检测时车速表仍然指示误差过大，则说明车速信号的接收或传递部分存在故障，应予以修复或更换。

本单元小结

1. 驱动轮输出功率是评价汽车技术状况的基本参数之一，它可在汽车底盘测功机上检测。目前的汽车底盘测功机一般由滚筒装置、加载装置、飞轮装置、测量装置、控制与指示装置和辅助装置等构成。底盘测功机可以模拟汽车在道路上行驶的各种阻力，实现汽车在各种车速下驱动轮上的输出功率、驱动力的测定。驱动轮输出功率的检测方法与检测项目及检测目的有关。在车辆技术状况等级评定及综合性能检测中，常用发动机额定转矩和额定功率时的驱动轮输出功率来评价在用汽车动力性，在用汽车动力性合格的条件是：$\eta_{VM} \geqslant \eta_{Ma}$或$\eta_{VP} \geqslant \eta_{Pa}$。

2. 汽车燃油经济性检测主要内容是单位行程的燃油消耗量(L/100km)，其常用评价指标有等速百公里油耗、循环工况百公里油耗。燃油消耗量检测分为路试和台试。等速行驶燃油消耗量测定时，汽车尽量选用最高挡，按照等速百公里油耗指标规定的车速，如乘用车90km/h或120km/h，等速行驶通过500m(或1000m)的测量路段，测定耗油量和时间，折算成等速百公里油耗量(L/100km)。多工况燃油消耗量测定，根据车型不同，采用不同的车速—时间规范，如城市客车和双层客车采用四工况循环，货车采用六工况循环，乘用车采用十五工况循环等，按多工况循环的累计油耗量折算成百公里油耗量(L/100km)。

3. 车轮侧滑量是车轮定位动态检测的一个重要参数，它由侧滑试验台检测。侧滑试验台是根据汽车行驶时车轮外倾和车轮前束分别对滑板产生侧向力的综合效应来检测侧滑的。侧滑量检测不仅针对前轮，也可以是后轮。车轮侧滑主要由车轮外倾与车轮前束匹配不当引起，一旦侧滑量超标，则应根据其侧滑性质查找车轮侧滑严重的原因，看其是前束超标还是车轮外倾不正常，并进行必要的调整或维护，使车轮侧滑量符合要求。

4. 汽车排放污染物主要有：CO、HC、NO_X、PM、硫化物等。NDIR是基于某些待测气体对特定波长红外辐射能的吸收程度来测定其排气浓度，适宜检测汽车排放中的CO和CO_2；FID是基于大多数有机碳氢化合物在氢火焰中产生大量电离现象来测定HC浓度；CLD是基于NO和O_3的反应，会产生化学发光，其发光强度与NO浓度成正比来测定NO_X浓度；汽车综合排放分析仪能检测CO、CO_2、HC、NO_X、O_2。滤纸式烟度计是用滤纸收集排烟，再比较滤纸表面对光的反射率来测量烟度；不透光烟度计是根据光在排气中被烟气消减的程度来测量烟度。稀释风道测量系统可检测汽车排气颗粒物。汽油车常用不分光红外线气体分析仪，通过怠速测量法或双怠速测量法检测CO和HC；柴油车常用不透光烟度计，通过自由加速烟度法或全负荷烟度测量法、加载减速工况法检测其排气烟度。我国现行的部分汽车排放污染物检测标准有：GB 18285—2005《点燃式发动机汽车排气污染物排放限值及测量方法》、GB 3847—2005《车用压燃式发动机和压燃式发动机汽车排气烟度排放限值及测量方法》。

5. 汽车噪声通常用A声级dB(A)表示。声级计是检测汽车噪声的最主要测量仪器。汽车定置噪声是指车辆不行驶，发动机处于空载运行状态时的噪声，其测量包括汽车排气噪声测量和发动机噪声测量。汽车加速行驶噪声测量按GB 1495—2002《汽车加速行驶车外噪声限值及测量方法》规定进行。车内噪声测量按GB/T 18697—2002《声学—汽车车内噪声的测量方法》的规定执行，有客车车内噪声测量和驾驶人耳旁噪声测量。

6. 汽车前照灯的发光强度、光束照射位置和配光特性是前照灯检测的主要内容。汽车前照灯的技术状况可用前照灯检测仪检测。按检测对象分类，前照灯检测仪可分为SAE标准和ECE标准两类；按结构特征与测量方法分类，前照灯检测仪可分为聚光式、屏幕式、投影式和自动跟踪光轴式等几类。前照灯发光强度通常利用光电池的光生伏特效应检测；前照灯光轴偏移量一般根据检测仪中四块性能完全相同的光电池的受光面不一致的程度来检测。投影式前照灯检测仪是将前照灯光束的影像映射到投影屏上，从而检测发光强度、光轴偏移量以及配光特性的；自动追踪光轴式前照灯检测仪是利用光接收箱自动追踪光轴的方法来检测发光强度和光轴偏移量的。

7. 车速表检测通常在滚筒式车速表试验台上进行。车速表试验台有标准型、驱动型和综合型三类。其中标准型车速表试验台不带驱动装置而依赖被测汽车驱动轮来进行驱动；驱动型车速表试验台本身带有驱动装置，能检测车速表由从动车轮输出驱动的车辆；综合型车速表试验台是一个多功能试验台，检测车速表是其功能之一。检测前，将具有车速表输入信号的车轮停于两滚筒之间，检测时旋转的滚筒相当于连续移动的路面，以模拟汽车在路面行驶的实际状态，利用车速表试验台测出的车速与车速表上显示的车速进行对比，从而检测车速表的指示误差。

思　考　题

1. 什么是底盘测功？为什么要进行底盘测功？
2. 试述底盘测功机的工作原理和检测方法。
3. 如何评价在用汽车的动力性？
4. 汽车燃油经济性的评价指标有哪些？如何检测？
5. 车轮为什么会侧滑？如何检测侧滑？
6. 利用双滑板式侧滑试验台能否判断车轮侧滑的原因？试举例说明。
7. 汽车排气污染物的主要成分有哪些？各用什么方法检测？
8. 试述 NDIR、FID、CLD 的测量原理及其特点。
9. 何谓不透光度？简述不透光烟度计的工作原理和检测方法。
10. 在用汽油车应采用何种方法检测排气污染物？其检测标准如何？
11. 柴油车烟度检测的方法有哪些？各有何特点？
12. 汽车噪声的常用评价指标是什么？
13. 简述声级计的工作原理及检测方法。
14. 何谓汽车的定置噪声？如何检测汽车的定置噪声？
15. 汽车加速行驶噪声如何测量？车内噪声如何测量？
16. 对汽车前照灯灯光的安全检测有哪些要求？四灯制与两灯制的检测要求有哪些差别？
17. 前照灯检测仪有哪几种类型？试述其各自的检测原理。
18. 试述投影式前照灯检测仪、自动追踪光轴式前照灯检测仪的检测方法。
19. 试述车速表误差的检测原理和检测方法。
20. 车速表指示误差产生的原因主要有哪些？如何确定车速表指示误差？

单元五　车身及附件的检测与诊断

项目一　车身的检测诊断

学习目标：

- 了解车身损伤的原因及碰撞损伤形式
- 熟悉车身检测常用的测量系统
- 掌握车身损伤的目检诊断方法
- 能利用测量系统诊断碰撞损伤车身

随着汽车车速的提高和汽车保有量的增加，汽车碰撞的严重性和危害性也日益加剧。而在汽车碰撞事故中，损坏最严重的部件就是车身。由于当前轿车广泛采用承载式车身，轿车行驶时各种载荷均由车身承受，因此当汽车发生碰撞、翻车等意外事故时，车身很容易产生变形及损坏等故障。对其故障进行检测诊断是彻底修复车身的前提，同时还是制订车身修理工艺规程及车身修复方案的重要依据，更是提高维修效率的重要手段。

任务一　了解车身的损伤

对车身损伤故障进行分析，找出其损伤的主要原因，确定损伤的主要类型，分析损伤倾向及其所产生的影响、波及范围等，都是车身检测诊断所要完成的任务。

一、车身常见损伤及原因

轿车车身在长期的使用过程中，很容易受到碰撞以至损伤。车身钣金件常见的损伤有：磨损、裂纹、断裂、腐蚀、脱焊、金属板面凸凹、折皱、弯曲和歪扭等。车身损伤主要有以下几个方面的原因。

1. 工作条件恶劣引起损伤

汽车车身长期处在严酷条件下工作，易引起损伤。若汽车长时间在凹凸不平路面行驶时，车身总是在不断地振动，使车身表面承受着交变载荷，在这些载荷作用下，车身钣金表面在应力集中和结构薄弱的部位，就很容易产生裂断；若车身长期处于风吹雨打、日晒夜露场合，其化学作用能造成钣金件腐蚀；车身在风沙冲击下，其摩擦作用可造成车身表面划伤、保护层破坏；在不平路面高速行车、经常性地突然加速、紧急制动、急转弯等可造成车身裂纹、变形等损伤。

2. 意外损伤

汽车发生重大的意外事故，如撞车、坠崖等引起损伤，主要表现在车身表面的凹陷与凸起、钣金件的撕裂与折皱、车身的弯曲与歪扭、车身焊接部位的脱开与断裂等。

3. 车身结构设计缺陷引起损伤

车身结构设计不合理或存在缺陷导致损伤，如部件间连接不牢固造成断裂或松脱；部件结构强度不够，引起裂纹、撕裂、板面凸凹；构件结构不合理，引起车身断裂、磨损和腐蚀等。

4. 车身制造工艺不良引起损伤

车身制造工艺不良导致损伤，如车身装配质量不好可引起车身断裂和腐蚀；车身加工质量不好，可引起车身变形和断裂损伤等。

提示： 车身钣金件受到损伤的情况及原因往往不是单纯的一种，而是多种组合。因此，在检测诊断时应认真观察和分析，找出车身损伤的各种不同原因。

轿车车身产生断裂损伤的部位多在侧围立柱与门槛和顶边梁的连接处、车身框架的转弯连接处、前立柱与前围挡板、前围横梁的连接处、底板加强梁结构的连接处以及前后纵梁等处。产生腐蚀损伤的部位多为车身底部外露构件、挡泥板、车身上设计的流水槽等部位。车身几何尺寸易受到破坏的部位多为前/后风窗玻璃安装口、车门开口、发动机室罩开口、前后纵梁等处。因此，在车身检测诊断中，应重点检查上述有关部位，及时发现车身的损伤并加以修复。

二、车身碰撞的损伤形式

汽车车身的碰撞，实际上是物体间的相互机械作用，这种作用的结果就是导致车身发生变形和破坏，即车身损伤。车身损伤的形式多种多样，按其损伤的原因可分下列几种形式：

1. 直接损伤

直接损伤是指车身与其他物体直接接触而导致的损伤。直接损伤的特征是车身以外的物体直接触及车身，并与着力点处形成以擦伤、撞痕、撕裂为主要形态的损坏，其损坏是显著的。

2. 波及损伤

波及损伤是指碰撞力作用于车身并分解后，其分力通过车身构件过程中，在薄弱环节上形成的损伤。根据力的可传性，碰撞力在分解、传播、转移的过程中，比较容易通过强度或刚度高的构件，但对于强度、刚度较弱的构件，就十分容易形成不同程度的损伤。波及损伤的特征是在某些薄弱环节形成以弯曲、扭曲、剪切、折叠为主要形态的损坏。

3. 诱发损伤

诱发损伤是指部分车身构件发生变形后，同时引起相邻或装配在一起的其他构件的变形。它与波及损伤的不同点在于，它在碰撞过程中并不承载或很少承载，而主要是由于关联件的压迫、拉伸导致的诱发性损坏。诱发损伤的特征是间接损伤，多以弯曲、折断、扭曲形态出现。

4. 惯性损伤

惯性损伤是指汽车运动状态发生急剧变化，由强大的惯性力作用而导致的损伤。汽车碰撞时，其车身会产生强大的惯性力阻碍其运动而引起车身变形。惯性损伤的主要特征是在车身装配的结合部位或强度、刚度的薄弱环节产生局部弯曲变形、拉断、撕裂和撞伤等形态。

任务二　熟悉车身诊断测量系统

单一的测量器具很难满足车身测量的要求，因此在现代车身维修技术中，对轿车车身变形的诊断得依赖于车身测量系统。这种测量系统往往集先进的测量技术、多种测量器具和测量方法于一身，它能使大部分的测量工作更为简易，可同时检测车身上被测点坐标的 X、Y、Z 三个方向的数据，并能同时迅速、准确地测量多个检测点。常见的测量系统有机械式测量系统、激光测量系统和计算机辅助测量系统三类。

一、机械式测量系统

1. 桥式测量架

桥式测量架是一种典型的机械式测量系统(图5-1)，它主要由测量桥、导轨、移动式测量柱、测量杆和测量针等组成。测量时，可根据需要调整测量架与车身的相对位置，其测量针应根据车身尺寸参数及检测点的状况调整适当，使测量针在接触到车身表面的同时，能够直接从测量架上读出所对应的测量值。使用该测量系统，可对车身的各参照点进行快速测量与检测。

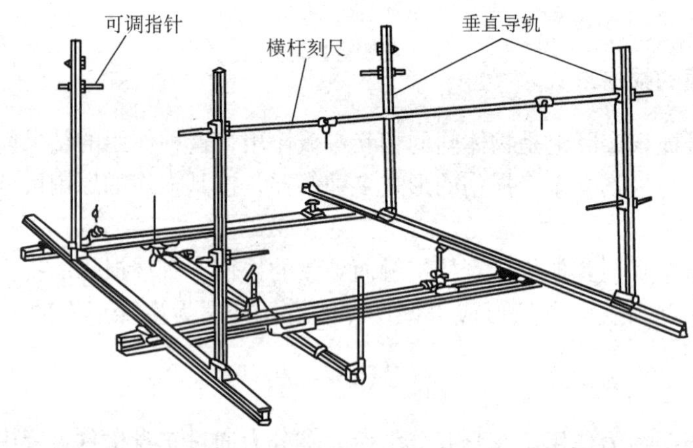

图5-1　桥式测量架

2. 台式测量系统

台式测量系统实际上是桥式测量架在车身矫正机工作台上变异的体现。

（1）系统组成　台式测量系统如图5-2所示，它主要由测量纵桥、滑动横臂、垂直套管、检测触头和测量架等组成。

1）测量纵桥。测量纵桥置于矫正机的工作台上，从车头通到车尾，能体现车身检测的基准面和中心线。

2）滑动横臂。滑动横臂相当于测量横桥，它安装在纵桥上，可前后移动，测量纵向尺寸；也可左右移动，测量横向尺寸。

3）垂直套管。垂直套管安装在滑动横臂上，如图5-3所示。垂直套管上部接检测触头，其触头可上下移动，以测量高度尺寸。

4）检测触头。检测触头安装在垂直套管上，如图5-3所示。它配有多种型号，可用于不同车型、不同位置的参照点检测。

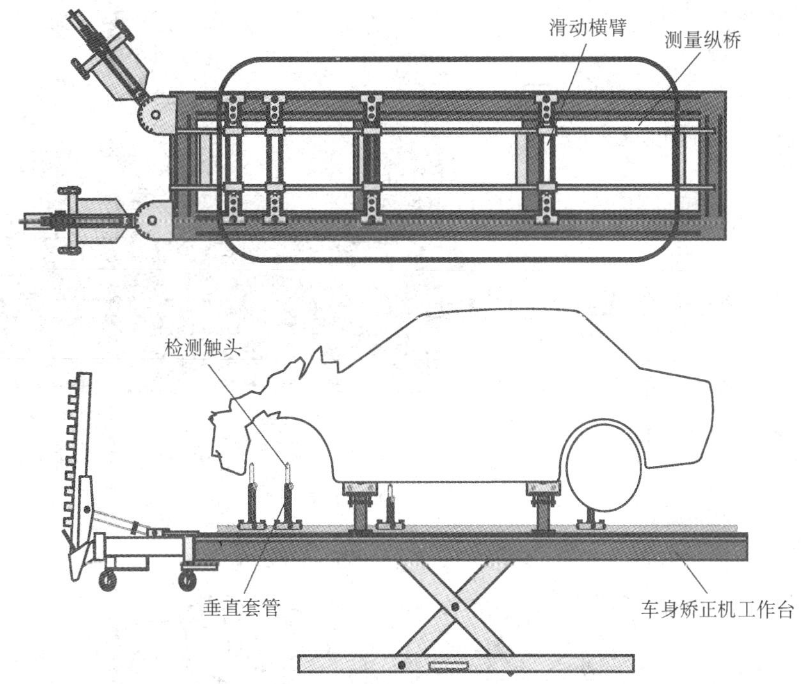

图 5-2　车身矫正机上的台式测量系统

5）测量架。测量架通过横桥安装在纵桥上，用于支柱、车窗等车身上部的测量，如图 5-4 所示。

（2）检测方法　检测前，先将车身按规定的定位点夹装在矫正机上，再将测量纵桥在矫正机的工作台上进行定位，并初步安装其他测量装置。检测时，先根据车身参照点的位置，选择规定的检测触头，调节测量装置，使检测触头与当做参照点的螺栓或孔洞相配合，再对车身的规定参照点进行检测。最后将参照点的实测值与标准值相比较，从而诊断车身各部变形损伤情况。若某参照点的两种数据相同，则说明该处位置正常；若两种数据有差异，则说明该处有变形。其差异越大，说明变形就越严重。

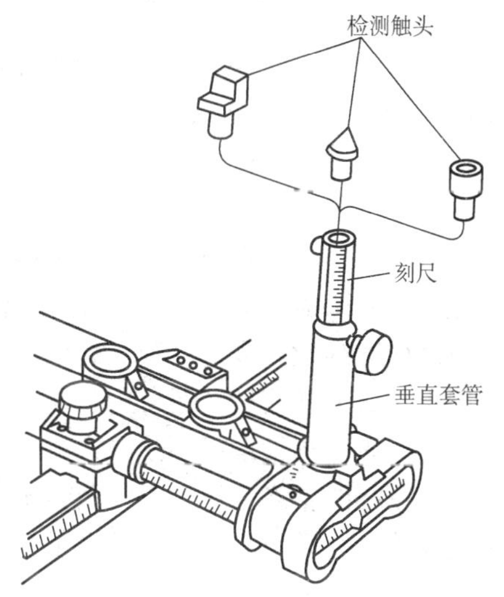

图 5-3　垂直套管及检测触头的安装

提示： 每种车型都有其测量系统用的尺寸图表，它是车身检测诊断的标准。机械式测量系统可根据各车身的其尺寸图表来检测诊断各种车身。

说明： 机械式测量系统具有工作可靠、检测范围广、价格低廉等优点，因而机械式测量系统在我国汽车维修行业得到了广泛的应用。

二、激光测量系统

激光测量系统是指利用激光对车身参照点进行检测的系统，如图 5-5 所示。它包含光学机构和机械构件两大部分。

1. 测量系统组成

测量系统的主要组成及功用如下。

1）激光发生器，用来提供安全、低强度激光束。

2）光束分解器，能使光束按某个角度精确投射。

3）激光导向器，能使光束按 90°角反射。

4）标板或刻尺，它是参照点位置的体现，是激光束照射的目标。

图 5-4　用测量架检测车身

2. 测量原理

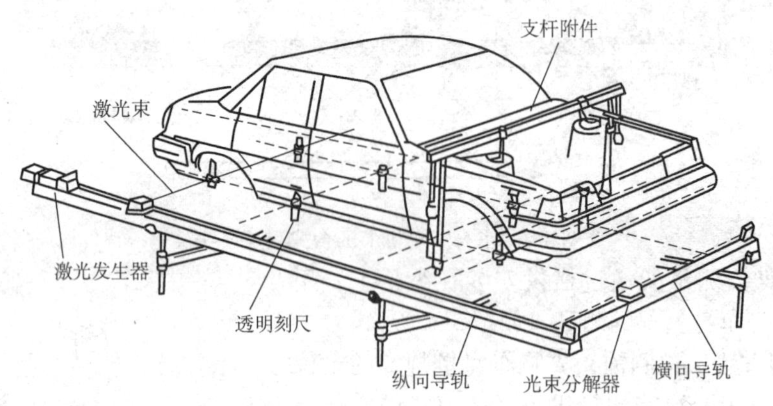

图 5-5　车身激光测量系统

检测时，测量系统会发出一束激光，并通过光束分解器使光束照射到标板或刻尺上。如果光束正好照射到标板或刻尺的规定位置，则说明参照点的位置正确。否则，说明车身变形。采用三维激光测量系统，可以测量车身任意部位长、宽、高三维坐标。激光测量系统既可用于车身下部测量，还可用于支柱、车窗等车身上部的测量。

由于激光测量系统不是以机械连接形式来实现测量的，所以在整个车身矫正过程中，激光测量系统能始终工作，不断地给出直观、准确的读数，使修理者随时都能了解各参照点的位置偏差，为矫正车身工作带来了极大的方便。这是机械测量系统无法可比的。

三、计算机辅助测量系统

车身矫正机上采用的计算机辅助测量系统主要由传感器、主机及显示器组成。传感器就是检测触头，它用来反映检测点的空间位置；主机用来接受并处理传感器送入的信号；显示器则用来显示测量结果。

计算机辅助测量系统可以通过测量得到的数据迅速算出各种尺寸偏差，实现测量过程电子化，结果显示数字化。由于它采用了自动跟踪车身检查点矫正移动的测量系统，所以可在车身矫正过程中，做到边矫正边测量。同时，显示屏上会显示测量检查的瞬时位置，以便于工作人员矫正。

提示：现代车身矫正机上采用的计算机辅助测量系统，具有边矫正边测量，效率高，自动化程度高等特点。

说明：在车身矫正过程中，利用车身测量系统进行检测诊断可控制其拉伸过程，提高其矫正质量；在车身整形过程中，利用车身测量系统进行检测诊断可确保车身恢复原样；在车身修复过程中，利用车身测量系统进行检测诊断、定位修复可确保修复后的质量和性能。

任务三　掌握车身损伤的检测诊断方法

一、车身检测诊断的基本步骤

轿车车身的损坏，绝大部分是由碰撞引起，车身碰撞故障的主要表现形式是车身变形，其检测诊断的基本步骤如下。

1）以目检确定车身碰撞位置。

2）以目检确定碰撞力的方向及其大小。

3）初步检查车身部件可能发生的损伤以及与之有关的其他部件损伤，如悬架、发动机等。

4）沿着碰撞路线系统地检查部件的损伤，包括无任何损伤痕迹的隐形损伤。可通过间接方法进行检查，例如，支柱损伤可以通过检查车门的配合状况来确定。

5）测量车身各参照点的位置尺寸，并与各参照点位置的标准尺寸比较，以诊断车身变形情况。

6）用适当的工具或检测装置检查整个车身的损伤情况。

7）对车身的所有故障作出诊断。

二、车身损伤的目检诊断

对于任何车身损伤故障首先进行的是目检。其车身的局部变形或损伤，一般通过目检就可以进行诊断。

1. 目检碰撞部位并找出损伤构件

在大多数情况下，碰撞部位能够显示出结构变形或者断裂的迹象。目检时，应先对汽车进行总体估测，然后从碰撞的位置估计汽车受伤尺寸的大小及方向，判断碰撞如何扩散并造成损伤。

检查损伤时，先从总体上查看车身是否有扭曲、弯曲及歪曲变形，然后，查看车身各个部位，设法确定出损伤位置以及所有的损伤是否都由同一碰撞引起。

由于碰撞力具有容易穿过车身坚固部位，最终抵达并损坏薄弱部件，而后扩散深入至车身部件内的特性，因此，查找车身损伤的方法、应是沿着碰撞力扩散传递的路径，按顺序逐步检查，直至找到车身薄弱部位，确认出变形损伤情况。通常，损伤的迹象在碰撞点附近比较显著，当能量在邻近的结构逐渐消散时，其损伤的程度也会相应减弱。但应注意，当碰撞点上的损伤迹象不明显时，能量却可能穿过碰撞点而传递至车身内部很深的地方，可能使得车身内部某薄弱环节的损伤更严重，因此应认真予以检查。车身损伤容易从下列部位检查中发现。

1）车身构件油漆层、内涂层及保护层的裂纹和剥落是碰撞力传递和构件变形的象征，此处应严加检查。

2）各钢板间的连接点错位，说明其相连钢板变形或连接处损坏。

3）车身构件截面突变处，易产生应力集中现象，其构件容易断裂或产生裂缝。

4）构件的棱角和边缘处，当传递冲击力时，其变形损伤较明显。

5）检查车身侧边构件的损伤程度时，极易判别构件凹面上的损伤，因为它是以严重的凹痕形式出现的。

2. 检查车身每一部位的间隙和配合

车身各部的配合及间隙是有严格要求的，若目检值与标准要求相差较大，说明相关构件变形严重。通过车身可拆卸部位的装配间隙、与车身基体的高低差及平行度的检查可发现车身构件是否变形。如通过简单地开关车门及观察车门的下垂、间隙情况可诊断支柱的变形故障；检查车门与顶侧板或车门槛板的间隙及水平差异，可以判断相应构件是否变形损伤等。

检查车身构件是否损伤的另一个较好的方法是比较汽车左右侧各对称的相应部件间隙是否相同，从而找出变形构件。这种方法在无间隙检查标准时最为实用，但该法要求车身一侧是未损伤的。

3. 检查车身的惯性损伤

当汽车受到碰撞时，一些沉重部件的惯性会转化成巨大的作用力，使其向冲击的相反方向移动而发生猛烈的冲击，从而使相关部件发生损伤。因而应对汽车的固定件、周围部件及钢板进行重点检查。

三、车身损伤的检测诊断

对于轿车车身的诊断，光凭目检是远远不够的，还须依赖于对车身的检测。在现代车身维修技术中，检测占据着极其重要的地位，因为检测所得到的数据是车身故障诊断的可靠依据。车身整体变形的认定，主要依赖于对关键要素的检测结果。车身构件的位置偏差不能过大，否则装配在车身上的总成(如转向机构、悬架系统等)，将会改变其理想位置，从而破坏汽车的操纵稳定性。而车身检测就是要找出这些位置偏差，特别是要找出用肉眼辨别不出的位置偏差，指出哪些板件偏离了正常位置，并确定其偏移方向和程度。

1. 车身的检测基准

在车身检测中，其检测基准就是车身的尺寸参照基准，包括基准面、中心线和参照点。

（1）基准面　基准面是一个假想的，与汽车底面平行且与底面有一定距离的平面。它被用来作为所有车身垂直轮廓测量的参照基准，车身参照点的高度尺寸都是以它为基准获得的。

（2）中心线　中心线是指将汽车分成左右相等两半的中心平面在俯视图上的投影线。中心线位置通常写在整车俯视图的尺寸表中，在有些汽车上能看到中心标记，即车顶和车底板上做的一系列标记点，这些点都在中心面上。中心线是车身横向尺寸的参照基准，利用它，可以方便、迅速地测量横向尺寸。

（3）参照点　参照点是指车身维修时用来测量、检验车身是否恢复至原来尺寸的一些特殊点。参照点具有标准的位置参数，是车身维修的检测基准。这些参照点通常是车身上便于测量的特殊点，如孔、特殊螺栓/螺母、板件边缘或车身上的其他部位。为便于车身的检测和维修，轿车车身尺寸图中都注明了参照点及其标准位置参数，图 5-6 所示为车身矫正机测量系统配套使用的某轿车车身检测参照点及标准尺寸参数图，图中第一行数字 1 ~ 12 为检测参照点序号；第二行字母 H ~ F 为检测触头的型号；第三行符号为检测触头的形状；第四行数字为检测

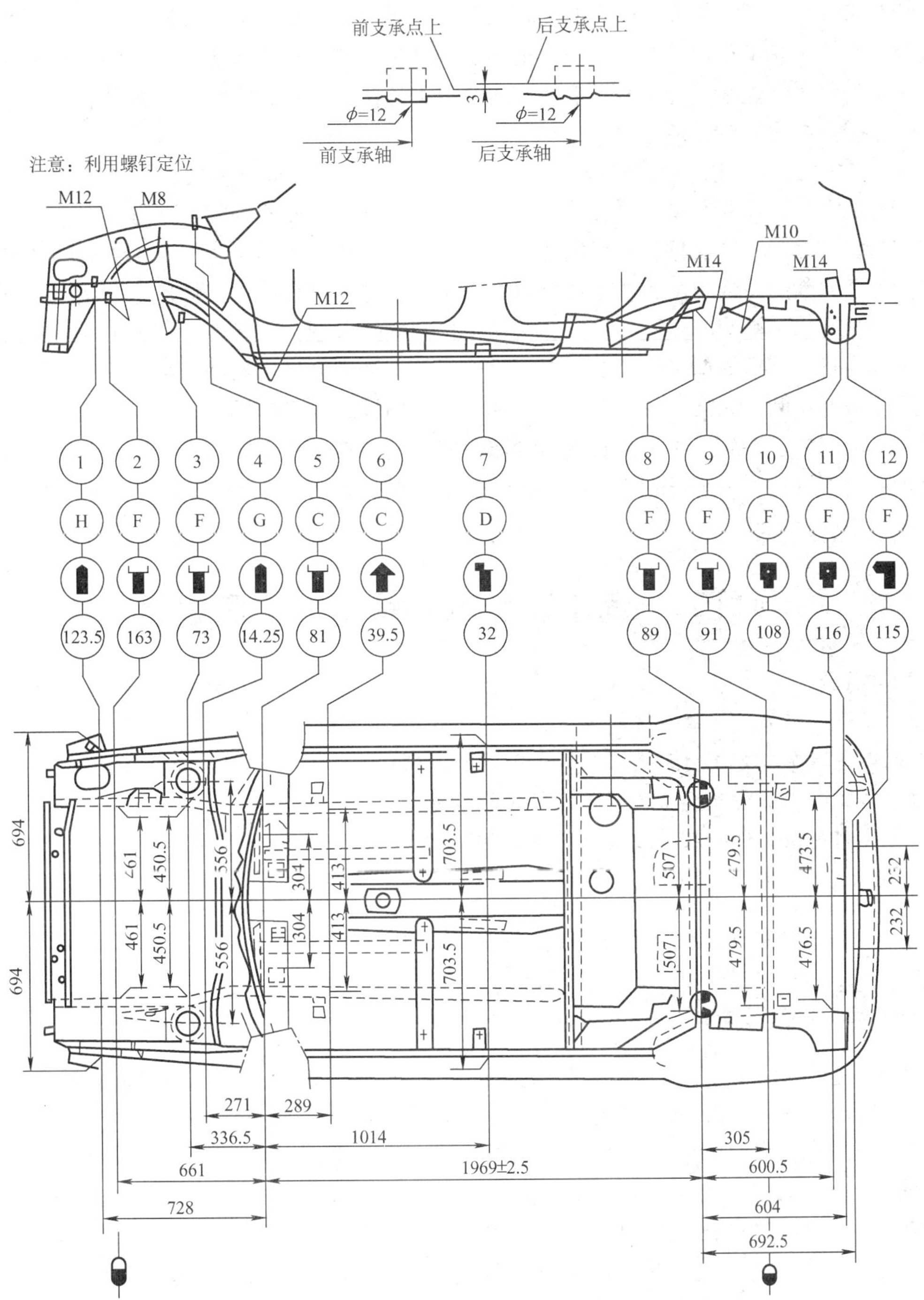

图 5-6　车身检测参照点布置及尺寸参数

参照点的相对高度尺寸，即专用检测触头在规定条件下所显示的标准高度尺寸。

2. 车身诊断的基本方法

根据检测基准的不同，车身故障诊断的基本方法可分为参数法和对比法。

（1）参数法　参数法是指根据测量工具实际测得的变形车身参照点的数据，与同参照点的标准参数相比较，从而诊断车身变形故障的一种方法。这种方法以车身图样或技术文件中的规定来体现基准目标，通过对车身的定位尺寸进行测量，可以准确地诊断车身的变形范围及其损伤程度。这是一种比较可靠也较为流行的方法，但这种方法要求修理者有车身技术文件和参照点的标准数据。

（2）对比法　对比法是指依赖测量工具实际测得的变形车身参数，与相同车身定位参数进行对比，从而诊断车身变形故障的一种方法。这种方法以相同但未变形汽车车身同部位的实测参数来体现基准目标，其诊断的精确程度主要取决于目标车身以及测量点的选取。

为提高诊断的精确程度，所选择的目标车车身应完全符合技术文件规定的状况，车身应无损伤，且要求与被测车辆同一厂家、同一年份、同一车型。有条件时，还可通过增选车辆数目来提高目标基准的精确性。若没有可供选择的车身作为对比条件，可利用车身构件的对称性原则进行诊断，如当车身只有一侧损坏时，可测量另一侧的尺寸作为标准值，与受损一侧对比，确定损伤情况。对于测量点的选取，应以基础零件和主要总成在车身上的正确装配位置为依据，尽量利用车身壳体已有的无损伤参照点。显然，当修理者手中无车身检测尺寸资料时，用该法较好。

项目二　汽车安全气囊系统的检测诊断

学习目标：

- 了解汽车安全气囊系统
- 熟悉汽车安全气囊系统检测诊断的注意事项
- 掌握汽车安全气囊系统故障诊断的基本方法
- 能利用检测仪或人工法读取及清除 SRS 的故障码

任务一　了解汽车安全气囊系统

一、汽车安全气囊系统

汽车安全气囊系统是一种被动安全装置，它可对汽车驾驶人及前排乘员起辅助安全保护作用，因此，安全气囊系统也称为辅助乘员保护系统（Supplemental Restraint System），简称 SRS。电子控制安全气囊系统主要由传感器、气体发生器、气囊和电子控制单元（ECU）组成。图 5-7 所示为雷克萨斯 LS400 轿车电子控制安全气囊系统的电路图，该安全气囊系统有 5 个传感器，两个前安全气囊传感器采用机电式碰撞传感器，分别安装在汽车前部两边翼子板的内侧，一个中央安全气囊传感器为电子式碰撞传感器，两个安全传感器为水银式碰撞传感器，均安装在安全气囊控制装置盒中。

二、汽车安全气囊系统工作原理

当汽车受到前方一定角度范围内的高速碰撞且超过某一设定强度时，安装在汽车前端的碰撞传感器和与 SRS 控制装置装在一起的碰撞传感器就会检测到汽车突然减速的信号，并将信号传送到 SRS ECU，其 ECU 会根据预先设置的程序进行数学和逻辑判断后，立即向气

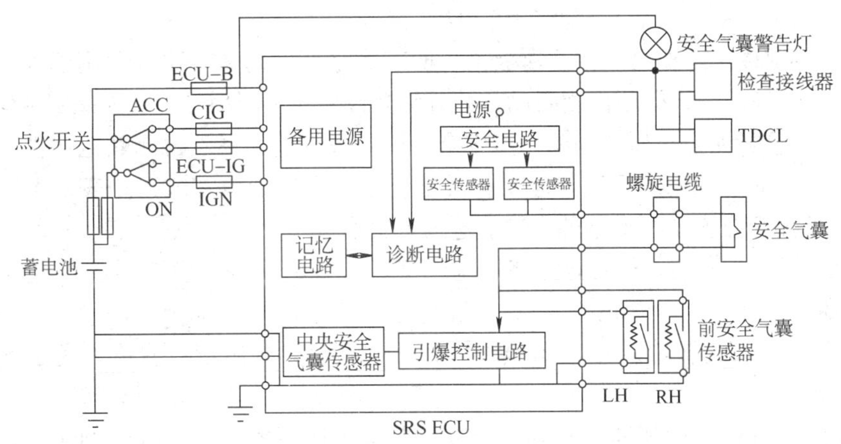

图 5-7　LS400 轿车安全气囊电路图

体发生器发出点火指令，起动充气装置，使气囊迅速充气膨胀，在人体与车内构件之间形成一个气垫，将人体与车内构件之间的碰撞转化为弹性碰撞，并通过气囊产生的变形来吸收人体碰撞产生的动能，从而使驾驶人及前排乘员免遭严重伤害。

安全气囊系统在汽车运行时，应时刻处于无故障的正常状态，其工作必须可靠有效。因此，对安全气囊系统进行适时的检测诊断是必需的。实际上，在 SRS 控制装置中专门设计有自诊断系统和相应的检测电路。安全气囊系统一旦发生故障，其自诊断系统就能将其诊断，并控制仪表盘上的 SRS 指示灯点亮以警示驾驶人安全气囊系统发生了故障，同时，自诊断系统会将其故障信息以故障码的形式存入 SRS 控制装置的存储器中，以便于人们检测获取信息。

任务二　掌握汽车安全气囊系统故障的诊断方法

一、汽车安全气囊系统检测诊断的注意事项

为防止 SRS 气囊意外引爆，造成人身伤害或财产损失，在检修 SRS 前应了解安全气囊系统检测诊断注意事项，检修时应严格按操作规程进行。通常应重点注意如下事项：

1）在排除安全气囊系统故障、拆下蓄电池负极电缆端子之前，必须先读取故障码，以便准确诊断故障。

2）SRS 检修工作必须在点火开关转到 LOCK 位置，并将蓄电池负极电缆端子拆下 20s 或更长一段时间之后才能开始。这是因为 SRS 装有备用电源，如果检修工作在拆下蓄电池负极电缆端子 20s 之内就开始进行，则其备用电源有能力供电，检查时就有可能引爆气囊。

3）在检修过程中，为防止对 SRS 传感器产生冲击而引爆气囊，应在检修工作开始之前，先将碰撞传感器拆下。

4）在拆卸 SRS 系统部件和与 SRS 相关的装置、仪表板或转向柱之前，应先断开气囊插头，以免引爆气囊。

5）即使只发生轻微碰撞而安全气囊并未张开，也应对 SRS 碰撞传感器、SRS 气囊组件

进行检查。

6）SRS 零部件的工作可靠性要求极高，所有的零部件均为一次性使用部件，绝不要重复使用。更换零部件时，必须使用新品，并且不允许使用不同型号车辆上的零部件。

7）绝对不能检测点火器的电阻，否则有可能导致气囊引爆。检测其他部件的电阻和检测 SRS 故障时，必须使用高阻抗万用表，最好使用高阻抗的数字式万用表，否则可能会导致 SRS 电路的损坏或安全气囊意外引爆而造成人身伤害。

8）严禁拆解气囊，因为气囊内部没有任何可维修的部件，引爆后的气囊已不能再次使用。

9）不要将 SRS 碰撞传感器、SRS ECU 放置在高温热源附近，应将其置于无灰尘、阴凉、干燥之处。

10）安装 SRS 前，应仔细检查其零部件，若有不适当的装卸或摔落的迹象，比如：有凹痕、裂纹或变形等，则必须更换新件。

11）在 SRS 各个总成或零部件的表面上，均标有说明标牌或注意事项，使用与检查时必须照章行事。

12）当 SRS 检修工作完成之后，必须对 SRS 指示灯进行检查。当点火开关转到 ON 或 ACC 位置时，若 SRS 指示灯亮 6s 左右后自动熄灭，则说明 SRS 正常，否则存在故障。

二、汽车安全气囊系统检测诊断的基本方法

对于 SRS 的故障，其故障诊断方法因车系不同而不尽相同，下面以雷克萨斯 LS400 轿车电子控制安全气囊系统为例说其故障的检测诊断方法。

1. 利用 SRS 指示灯诊断故障

判断安全气囊系统是否正常，根据 SRS 指示灯进行初步诊断效果较好。

1）若点火开关转至 ON 位置后，SRS 指示灯点亮，并在 6s 后自动熄灭，则表示安全气囊系统正常。

2）若点火开关转至 ON 位置后，SRS 指示灯一直点亮或闪烁，则表示安全气囊系统存在故障。

3）若发动机起动后汽车正常行驶时，SRS 指示灯亮起，则表示安全气囊系统存在故障。

4）若点火开关转至 ON 位置后，SRS 指示灯一直不亮，则说明 SRS 指示灯系统电路有故障。

2. 利用 SRS 故障码诊断故障

安全气囊系统的故障是难以确诊的，因此在进行故障诊断时，其故障码就成了最重要的信息来源。利用故障码诊断就是通过一定的方法读取故障码，然后根据其故障码表内容诊断 SRS 故障。在进行操作时，首先应使系统进入自诊断状态，然后读取故障码，待故障排除后，还应将存储器内的故障码进行清除。

（1）读取故障码　最好用专用诊断仪读取故障码。当无诊断仪器时，可用人工方法读取故障码。

1）将点火开关转到 ON 或 ACC 位置，并等待 20s 以上时间。

2）用跨接线短接 TDCL 插座的 T_C 端子和 E_1 端子，如图 5-8a 所示。

3）根据仪表板上 SRS 指示灯的闪烁情况读取故障码。当 SRS 正常时，仪表板上的 SRS

指示灯每秒闪两次，并连续闪烁，如图 5-8b 所示。当 SRS 有故障时，SRS 指示灯就会闪烁显示故障码，其故障码为两位数字，闪烁规律如图 5-8c 所示。

4）故障码读取完毕后，脱开 T_C端子和 E_1端子之间的跨接线。

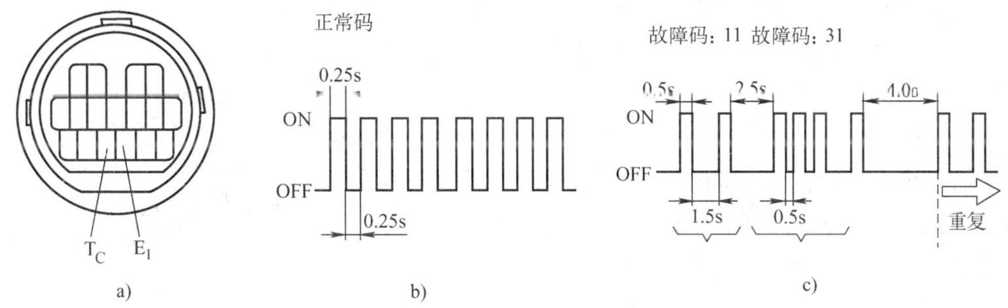

图 5-8　SRS 故障码的读取

a）TDCL 诊断插座　b）正常码　c）故障码

（2）根据故障码诊断故障　读取故障码后，可根据故障码表 5-1 的内容诊断故障。

（3）清除故障码　只有在 SRS ECU 存储器中的故障码全部清除之后，SRS 指示灯才能恢复正常的显示状态。因此，当 SRS 故障排除后，应清除故障码。在该车安全气囊系统中，当故障码 11 至 31 所对应的故障被排除并清除故障码后，SRS ECU 将把故障码 41 存入存储器中，SRS 指示灯将一直发亮，直到故障码 41 清除后，SRS 指示灯才能恢复正常显示状态。因此，安全气囊系统故障码的清除应分两步进行。

1）清除故障码 41 以外的故障码。

① 将点火开关转到 OFF 位置。

② 拆下蓄电池负极电缆或拔下 ECU—B 熔断器 10s 以上，则故障码 41 以外的故障码将清除完毕。

③ 将点火开关转到 LOCK（锁止）位置，并接上蓄电池负极电缆或插上 ECU—B 熔断器。

表 5-1　雷克萨斯 LS400 轿车 SRS 故障码表

故障码	故 障 诊 断	故障可能部位
正常代码	SRS 正常	—
	SRS 电源电压过低	蓄电池；SRS ECU
11	SRS 点火器线路接地；前安全气囊传感器线路接地	前安全气囊传感器；SRS 气囊组件；螺旋电缆；SRS ECU；配线
12	SRS 点火器引线与电源线短路；前安全气囊传感器引线与电源线短路；前安全气囊传感器引线断路；螺旋电缆与电源线短路	SRS 气囊组件；传感器线路；SRS ECU；螺旋电缆；配线
13	SRS 点火器线路短路	SRS 点火器；SRS ECU；螺旋电缆；配线
14	SRS 点火器线路断路	SRS 点火器；SRS ECU；螺旋电缆；配线
15	前安全气囊传感器线路断路	前安全气囊传感器；SRS ECU；配线
22	SRS 指示灯线路断路	SRS 指示灯；SRS ECU；配线
31	SRS ECU 故障	SRS ECU
41	SRS ECU 曾记忆过故障码	SRS ECU

2）清除故障码41。

① 将点火开关转到OFF位置，取两根跨接线，将其分别与TDCL诊断插座的T_C、AB端子连接。

② 将点火开关转到ON或ACC位置，并等待6s以上时间。

③ 由T_C端子开始，使T_C和AB端子分别交替接地两次（图5-9所示），每次接地要在(1.0±0.5)s内完成。

④ 最后保持T_C端子接地，几秒钟后故障码即被清除，SRS指示灯将以连续的形式闪烁正常码。若不闪烁正常码，则需重复上述的清码步骤，直至闪烁正常码为止。

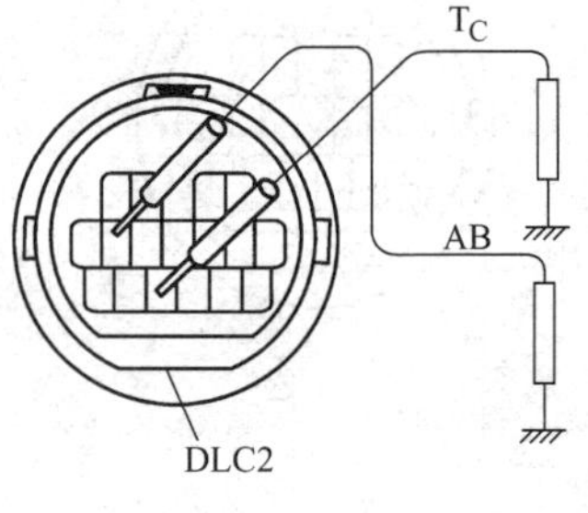

图5-9　清除故障码41

注意：在清除故障码时，其他存储系统（如时钟、防盗、音响系统）信息也将被清除。因此，待电源恢复后，其他存储系统的参数应重新设置。

3. 深入检测诊断故障

对于SRS指示灯和SRS自诊断确定的故障，是初步诊断，即大概地了解故障。要确定故障的确切原因并排除故障，还应进行详细地深入检测来诊断故障。详细检测时，应使用推荐的检测工具如专用诊断仪或万用表，依赖初步诊断提供的故障信息或故障线路，按汽车制造商维修手册提供的方法和步骤进行。若无维修资料参考，则需要检测者有足够的维修经验，并根据电路检测的参数逐步诊断故障所在。

项目三　汽车电子组合仪表的检测诊断

学习目标：

- 了解汽车电子组合仪表及其作用
- 熟悉汽车电子组合仪表系统检测诊断的注意事项
- 熟悉汽车电子组合仪表系统的故障检测方法
- 能利用检测仪诊断汽车电子组合仪表系统的故障

任务一　了解汽车电子组合仪表系统

一、汽车电子组合仪表

随着汽车电子技术的飞速发展，目前的汽车上广泛使用了电子组合仪表。汽车电子组合仪表是将各单个电子仪表有机组合在一起集中显示有关汽车行驶信息的仪表总成。汽车电子组合仪表通常由电子式车速表、里程表、百公里油耗表、发动机转速表、冷却液温度表、燃油表、油压表、气压表、车钟、警告及指示信号装置等组成，它用来显示汽车行驶的有关定量信息（如车速、里程、发动机转速、百公里油耗）和定性信息（如警告信号等），为驾驶人提供服务。

在高档组合仪表中还嵌入总线技术，仪表会起到数据采集处理的作用，与汽车仪表ECU双向通信，以便ECU能准确地综合判断仪表的工作状态，并给出故障显示以提醒驾驶人，或指导维修人员排除故障；同时可将防盗系统纳入汽车仪表ECU的监管下，使汽车仪表具有一定的智能化水平。

有的汽车电子组合仪表还与无线传输设备结合，可与车外设备进行信息交流，使仪表系统具有通信和导航等功能，如电子仪表储存电子地图并装备车载GPS系统，可随时了解车辆行驶的具体位置、到达目的地的行驶路线等信息；电子仪表及车载无线通信系统可通过交通管理中心、汽车救助中心等获得城市交通状况信息、选择最佳行驶路线、及时得到救助等。

二、汽车电子组合仪表系统

1. 组合仪表系统的组成及原理

汽车电子组合仪表系统主要由各传感器、微机、电子仪表板显示装置等组成，如图5-10所示。

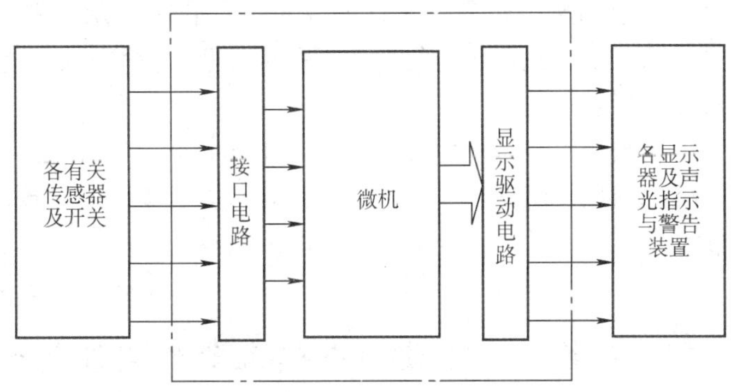

图5-10　汽车电子组合仪表系统示意图

组合仪表系统的各有关传感器会将汽车行驶的相应信号作为输入信号通过多路传输经接口电路送入微机。对于模拟式传感器，应将输入信号通过A/D转换成数字信号后才能送入微机，各种信号经微机分析处理后经显示驱动电路将信息及时传送给相应的显示装置进行显示，对于模拟式显示器，微机的输出信号应通过D/A转换成模拟信号后才能送入显示器。

2. 电子组合仪表板

电子组合仪表板通过数字、文字、曲线、图形等多种显示方式，向汽车驾驶人发出车辆行驶工况、状态等信息和各种警告信号。这些信息或信号可直接或间接地反映汽车主要部位的技术状况，是保证汽车运行安全，提高汽车动力性、经济性、可靠性、舒适性的第一手资料，汽车驾驶人可通过电子组合仪表板随时关注汽车的瞬息变化。

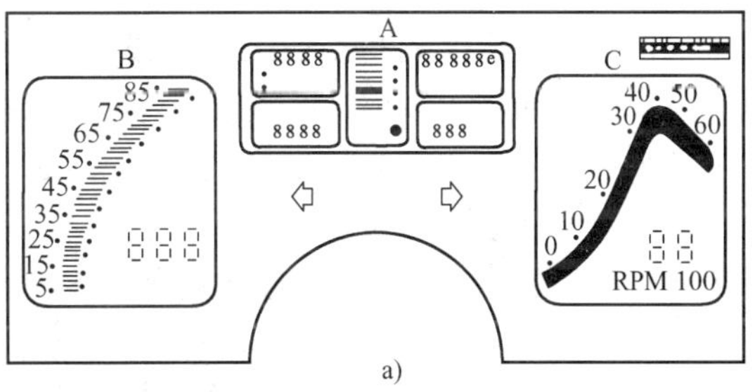

a)

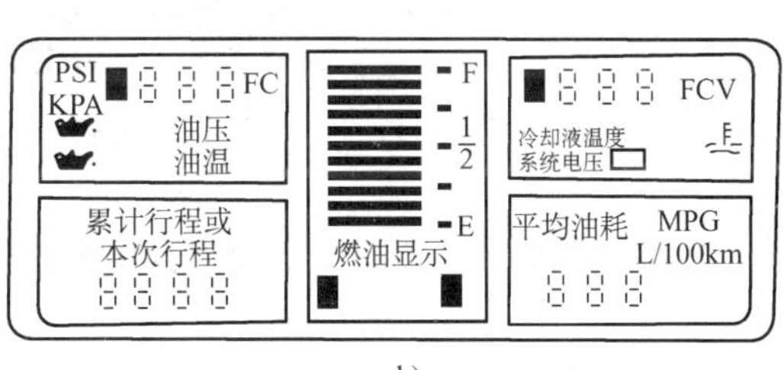

b)

图5-11　汽车电子仪表板

a）电子组合式仪表板　b）驾驶人信息中心

A—驾驶人信息中心　B—车速表　C—发动机转速表

图 5-11a 所示为某种车型的汽车电子组合仪表板，在其仪表板上，有 3 组由微机控制的独立液晶显示装置。其中在仪表板两侧的 B 和 C 分别指示车速和发动机转速情况，既有数字显示，又有曲线图显示；在仪表板中央的 A 为驾驶人信息中心，它包括 5 个独立的显示装置(图 5-11b)，可显示燃油存量、机油压力、机油温度、冷却液温度或系统电压、平均油耗、累计行驶里程和本次出车已行驶里程等信息，需要显示哪个信息可用装在控制板上的开关进行控制。除燃油存量显示外，其他各种显示驾驶人可以用开关关掉。驾驶人信息中心的显示装置上还装有自动警告灯系统，当机油压力及温度、发动机冷却液温度或系统电压超出正常值时，该装置区内的警告灯就会发亮(红灯)，以提醒驾驶人采取措施；如本区内的两个参数同时都超过正常值，则不论选择开关在何位置，显示的数值每 5s 就会变换 1 次(例如由油压变为油温指示值)，以引起驾驶人注意；当燃油存量低于存油显示装置下端的第三根横条时，就会有 1 个淡黄色的警告灯发亮，此时左下方的行程显示装置，不论开关在何位置，都会自动改为显示从发出存油不足警告后已行驶的里程，这样驾驶人就可以计算出剩下的存油大约能够行驶多少里程了。

汽车运行时，其电子组合仪表系统应处于良好的工作状态，以保证适时、准确地给驾驶人提供各种汽车运行状态信息，确保汽车高效、安全运行。当电子组合仪表出现故障时，应及时地进行检测诊断。

任务二　掌握汽车电子组合仪表的检测诊断方法

一、电子组合仪表检测诊断注意事项

汽车电子组合仪表与一般的电子设备不同，它的逻辑电路板较易损坏，部件也比较精密。为了便于检测，系统设计时通常是按一系列独立装置进行设计的，所以在检测前应先弄清楚各个装置的作用和它们之间的相互关系，否则在检测过程中会造成不必要的损坏。因此，检测时应注意下列事项。

1）对于具有自检功能的电子组合仪表，在使用另外的检测设备对仪表进行检测之前，应先完成仪表板的全部自检。

2）在进行检测诊断前，应仔细研究原厂的技术文件，按照厂家的要求进行作业。在作业过程中要特别小心谨慎，防止失误造成损坏。

3）在拆下仪表板时，应事先切断电源，以防在拆卸过程中造成碰线或接地短路，损坏零件。

4）检测诊断时，若需要拆卸组合仪表，则要耐心细致，各车型的组合仪表拆卸方法不尽相同。

5）检测诊断时，除特殊说明外，不能用蓄电池的全电压加于仪表板的任何输入端。

6）检测诊断时，应按规定使用检测仪表工具，若使用不当会造成电子组合仪表系统的微机、电路损坏。

7）检测诊断时，应防止静电放电损害零件。人身是一个大的静电发生器，有时会产生较高的静电电压。其静电电压放电时，会对仪表板的精密零件造成损害。所以拆卸电子仪表板时，要注意防止人身上的静电损坏集成电路片。为清除人体上的静电，作业时应使用静电

保护装置，通常作业人员应戴一个用一根导线接地的手腕带和一个放置电子部件的导电垫板。

8）在拆装作业中，只能用手拿仪表板的侧边，不能碰及显示窗和显示屏的表面部分。

二、电子组合仪表的检测诊断

1. 故障自诊断

一般说来，采用电子组合仪表的汽车通常都由微机进行控制，包括对电子仪表板的控制。采用微机控制的汽车一般具有故障自诊断系统，并配备有故障码存储器。当被监测的传感器或控制元件出现故障时，电控单元 ECU 就会将检测到的故障信息编成故障码并存入存储器中，以便在检修时能读出故障信息。检测时，只要给出指令进入系统的自诊断模式，即可通过专用检测仪或人工方法读出电子组合仪表的故障信息，确定故障范围。

2. 用微机快速检测仪进行故障诊断

使用故障自诊断检测故障有一定的局限性，其读出的故障码只能确定故障范围，如某传感器及其电路，而不能确诊故障的具体部位。灵活运用微机快速检测仪可以克服这一不足。

微机快速检测仪能够模拟各种传感器信号，利用该功能可迅速测出故障的所在部位。如使用微机快速检测仪向仪表板直接输入信号，若原不能正常显示的仪表板现能正确显示，则说明系统中的传感器或其电路有故障；若显示器仍不能显示，则表明电子仪表板有故障。若把微机快速检测仪所发出的信号从不同部位输入，则可分别检测电子仪表系统的传感器、线束、微机和显示装置的工作是否正常。

三、电子组合仪表系统的故障检测

汽车电子组合仪表显示不正常或个别仪表存在故障时，可分解组合式仪表系统，进行故障检测。汽车电子组合仪表系统的故障一般都出在传感器、针状插接器、导线、个别仪表及显示器上。检修时应先将传感器电路断开或拆下，用检测工具对它们进行逐个检查。

1. 传感器的检查

对于各种电阻式传感器，通常可采用测量其电阻的方法来判断它的好坏，即把所测得的电阻值与其标准电阻值相对照，可判断传感器有无故障。若所测得的电阻值小于标准值或为零，则表明传感器内部短路；若测得的电阻值大于标准值或无穷大，则说明传感器内部接触不良或断路，应更换传感器。

2. 插接器的检查

电子组合仪表往往用很多插接器通过电线束和其他部分连接起来，这些插接器一般采用不同的颜色，以便辨认它属于哪一部分的插接器。如某一部分有故障，应检查其插接器接触是否良好，导线是否有断路处。为了保证连接可靠，在插接器上都设有闭锁装置，在进行检测时，应注意不要损伤闭锁装置、插接器针状插头和插座。

3. 显示屏上部分笔画、线段出现故障的检查

当显示屏出现该故障时，应将仪表板上的显示器调整到静态显示状态，仔细观察是否还有别的故障。对于出现的故障，应用检测设备对有关的电路和装置进行检查，若有一两个笔画线段不亮或不显示，则表明逻辑电路传输的信号是正确的，可能是由于显示装置的部分线段工作不正常所致。此时应进一步检查线路是否有接触不良处，若线路接触、连接正常，则

其电子显示元件本身有问题，应更换。

本单元小结

1. 轿车车身在长期使用过程中很容易受到碰撞以至损伤。对轿车车身变形以至损伤的诊断需依赖于车身测量系统，常见的测量系统有机械式测量系统、激光测量系统和计算机辅助测量系统。在车身检测中，其检测基准就是车身的尺寸参照基准，它们是基准面、中心线和参照点。根据检测基准的不同，车身故障诊断的基本方法可分为参数法和对比法。

2. 汽车安全气囊系统(SRS)是一种被动安全装置，它主要由传感器、气体发生器、气囊和电子控制单元(ECU)组成，它可对汽车驾驶人及前排乘员起辅助安全保护作用。SRS 在汽车运行时，应时刻处于无故障正常状态，其工作必须可靠有效，对其进行适时的检测诊断是必需的。在检修前应了解 SRS 检测诊断注意事项，检修时应严格按操作规程进行。对电子控制的 SRS，通常可利用 SRS 指示灯诊断故障、利用 SRS 故障码诊断故障、利用必要的检测工具深入诊断故障。

3. 汽车电子组合仪表用来显示车速、里程、发动机转速、百公里油耗以及警告信号等信息，为驾驶人提供服务。当电子组合仪表出现故障时，应及时地进行检测诊断。检修时应了解电子组合仪表检测诊断注意事项，充分利用故障自诊断以及微机快速检测仪进行故障诊断。当电子组合仪表显示不正常或个别仪表存在故障时，可分解组合式仪表系统，进行故障检测。

思 考 题

1. 何为车身检测基准？它对轿车车身的检测与诊断具有什么实际意义？
2. 为何轿车车身整形后必须进行定位检测？
3. 车身检测诊断的基本步骤、方法有哪些？如何利用检测系统诊断车身？
4. 电子控制安全气囊系统检测诊断时应注意哪些事项？
5. 电子控制安全气囊系统故障的检测诊断方法有哪些？
6. 汽车电子组合仪表检测诊断时应注意哪些事项？
7. 汽车电子组合仪表的检测诊断方法有哪些？

参 考 文 献

[1] 陈焕江. 汽车检测与诊断技术[M]. 北京：人民交通出版社，2009.

[2] 吴兴敏. 汽车检测诊断技术[M]. 北京：中国人民大学出版社，2008.

[3] 邹小明. 汽车检测诊断技术[M]. 北京：人民交通出版社，2006.

[4] 韩顺武. 汽车检测与诊断[M]. 大连：大连理工大学出版社，2007.

[5] 张建俊. 汽车诊断与检测技术[M]. 北京：人民交通出版社，2003.

[6] 方锡邦. 汽车检测技术与设备[M]. 北京：人民交通出版社，2005.

[7] 曹家. 现代汽车诊断检测技术[M]. 北京：清华大学出版社，2003.

[8] 麻友良. 汽车电器与电子控制系统[M]. 北京：机械工业出版社，2007.

[9] 麻友良. 汽车电路分析与故障检修[M]. 北京：机械工业出版社，2006 .

[10] 于建淑，等. 汽车智能化检测设备及应用[M]. 北京：人民交通出版社，2003.

[11] 赵英勋. 汽车诊断与检测技术[M]. 北京：机械工业出版社，2008.

[12] 赵英勋. 现代汽车检测与故障诊断[M]. 北京：国防工业出版社，2007.

[13] 赵英勋，麻友良. 富康系列轿车故障速查手册[M]. 北京：中国标准出版社，2004.

[14] 赵英勋，麻友良. 本田雅阁系列轿车故障速查手册[M]. 北京：中国标准出版社，2005.

[15] 果青，赵英勋. 上海通用赛欧轿车使用与维修手册[M]. 北京：机械工业出版社，2004.

[16] 肖云魁. 汽车故障诊断学[M]. 北京：北京理工大学出版社，2001.

[17] 宋进桂. 进口丰田轿车新结构的维修[M]. 北京：机械工业出版社，2000.

[18] 汤定国. 汽车发动机构造与维修[M]. 北京：人民交通出版社，2005.

[19] 周林福. 汽车底盘构造与维修[M]. 北京：人民交通出版社，2005.

[20] 李军. 汽车使用性能与检测技术[M]. 北京：人民交通出版社，2003.

[21] 明平顺，杨万福. 汽车质量与安全检测[M]. 北京：人民交通出版社，2001.